Stefanie Baumm
101 Gründe, keine Kinder zu kriegen

Zu diesem Buch

Sie kennen das sicher: Der Blick gleitet durch die Wohnung und trifft auf ein Wesen von noch nicht einmal einem Meter Länge, das marodierend durch die Küche zieht, eine Spur der Verwüstung hinter sich lassend. Reste angenagter Brötchen und zerquetschter Bananen pflastern seinen Weg, derweil es unbeirrt auf den Schrank mit dem guten Geschirr zusteuert – vom Tod bedroht. Ein Fall für den Kinderschutz? Nein, meint Stefanie Baumm: Elternschutz, das ist es, was wir brauchen! Lesen Sie »101 Gründe, keine Kinder zu kriegen«, bevor Sie sich auf das Wagnis Kind einlassen. Wenn Sie schon welche haben, so wird dieses Buch trösten und aufmuntern – Kopf hoch, da müssen Sie durch!

Stefanie Baumm, geboren 1963 in Pforzheim, studierte Jura in Hamburg und arbeitet heute als freie Journalistin. Sie lebt mit ihrem Mann und ihren drei Söhnen in Schleswig-Holstein.

Stefanie Baumm
101 Gründe,
keine Kinder zu kriegen

Piper München Zürich

Für meine Eltern und meine vier Männer!

Ungekürzte Taschenbuchausgabe
Piper Verlag GmbH, München
Januar 2002
© 2000 Rake Verlag, Kiel
Umschlag: Büro Hamburg
Isabel Bünermann, Meike Teubner
Foto Umschlagvorderseite: ZEFA / Peisl
Foto Umschlagrückseite: Foto-Studio Schenk
Gesamtherstellung: Clausen & Bosse, Leck
Printed in Germany   ISBN 3-492-23170-5

INHALT

VORWORT

Vor nicht allzu langer Zeit saß ich an einem Artikel für eine große norddeutsche Tageszeitung, der mit den Worten begann: Kinder gehören zu den schwächsten Gliedern unserer Gesellschaft. Während ich noch schrieb, glitt mein Blick über den Rand meines Laptops hinweg auf ein Wesen von noch nicht einmal einem Meter Länge, das marodierend durch meine Küche zog, eine Spur der Verwüstung hinter sich lassend. Leichenreste angenagter Brötchen und zerquetschter Bananen pflasterten seinen Weg, derweil es unbeirrt auf den Schrank mit dem guten Geschirr zusteuerte – den Tod in den Augen.

Dieses Wesen, plötzlich erkannte ich es, war nicht, was es auf den ersten Blick zu sein schien. Es war, als zöge mir jemand einen Schleier von den Augen, einen Schleier der Verblendung, und ich erkannte seine wahre Gestalt. Hinter der Fassade aus großen blauen Augen und einem zarten Babygesicht verbarg sich keinesfalls eines der schwächsten Glieder unserer Gesellschaft, nein, ein berechnendes, zu allem fähiges Wesen war seit gut einem Jahr dabei mein Leben nach seinen Bedürfnissen auszurichten und damit auf dem besten Weg mich endgültig zu seiner willfährigen Sklavin zu machen. Es gelang mir nicht aufzuspringen und die Flucht zu ergreifen. Stattdessen saß ich reglos und starrte es an, unfähig mehr zu tun als mit zitternden Fingern die Löschtaste meines Laptops zu betätigen. Aus dem Augenwinkel sah ich, wie die Worte auf dem Bildschirm verschwanden, der freundliche Artikel über Sinn und Notwendigkeit von Kinderschutz sich in Nichts auflöste. Kinderschutz? Pah! Elternschutz, das ist es, was wir brauchen.

Es musste meine revolutionären Gedanken gespürt haben. Für einen Moment hielt es inne und sah mich nachdenklich prüfend an. Ich setzte ein unschuldiges Lächeln auf, doch es war bereits zu spät. Sein Mund öffnete sich und sein Gesicht nahm eine gefährliche rote Farbe an. Sekundenbruchteile später war die Küche erfüllt von einem ohrenbetäubenden Geschrei und schon tauchten seine großen Brüder aus ihren Höhlen auf, blickten mich aus schmalen Augen finster an.

Ich spürte, wie mir der Schweiß ausbrach, als ich das wahre Ausmaß der Katastrophe begriff:
Sie steckten alle unter einer Decke.
Kinder, die schwächsten Glieder unserer Gesellschaft? Lächerlich.
Kinder, die wahren Herrscher unseres Planeten. Eine große, unberechenbare Macht!

I. WOMIT ALLES BEGINNT

GRUND 1: DER AKT DER ZEUGUNG

Ein wirklich schöner, angenehmer Moment, den zu erleben und genießen sowohl Mann als auch Frau bisweilen viel auf sich nehmen. Aber selbst in diesem schwachen Moment sollte wenigstens einer der beiden die Nerven bewahren und nicht im Rausche innigster Verbundenheit dem folgenschweren Wunsch nach Vermehrung nachgeben.

Die Lust kommt schließlich nicht von ungefähr. Ein Tor, wer vergisst, dass nicht zuletzt die Natur einer der größten Lobbyisten der Kinder ist. Oder warum sonst sollte etwas, das so bittere Folgen haben kann, so viel Spaß machen?

GRUND 2: »HILFE, ICH BIN SCHWANGER«

Ja, es ist ein Hilferuf, ein letztes verzweifeltes Aufbäumen, bevor der Prozess der Selbstaufgabe einsetzt. Auch das bis ins Kleinste von Natur und Gesellschaft geregelt: Freude und Stolz sollen die werdende Mutter erfüllen. Die Erfahrung ein Kind auszutragen und zu gebären ist ein wunderbares Geschenk. Schwangere Frauen sind schön.

Ist es wirklich so?

Wir Frauen hassen es dick zu werden. Nicht umsonst sind wir während einer Schwangerschaft anders als sonst. Verletzlich, unsicher. Unsere Körper verändern sich, werden unförmig und schwerfällig. Wir fühlen uns schlecht. Wir haben Sodbrennen. Beine, Füße und Rücken tun uns weh. Wir werden kurzatmig, müssen dauernd zur Toilette und können nicht mehr richtig schlafen. Wir haben Angst vor der Geburt und wünschen uns doch nichts mehr als diese unsägliche Last in unserem Bauch endlich loszuwerden. Seien wir ehrlich, alles andere ist Schönrederei.

GRUND 3: DIE ANGST IN SEINEM GESICHT

»Schatz, ich bin schwanger.« Wenn sie genau hinsehen würden, könnten Frauen bei dieser Ankündigung das kurze Aufflackern von Panik in den Augen ihrer Männer entdecken – und zu Recht, zu Recht. In der Tat wäre es für jeden Mann das Sinnvollste die Flucht zu ergreifen, sich abzusetzen, so lange es noch geht, aber die Kinder haben längst dafür gesorgt, dass sich gewisse gesellschaftliche und moralische Reglements entwickelt haben, die ein solches Verhalten kaum noch zulassen. Dennoch, die Gefahr als Frau genau in dieser Situation verlassen zu werden ist größer, als manche glaubt. Schließlich ist es für den Mann die letzte Möglichkeit der lebenslangen Geißel zu entkommen, die im Bauch seiner Bettgefährtin gerade ihr erstes parasitäres Dasein auslebt.

GRUND 4: DIE GEBURT

In guten wie in schlechten Zeiten – der Weg in das Krankenhaus und die Stunden im Kreißsaal gehören sicher eher in die Kategorie »schlechte Zeiten«. Auch dem Mann bleibt dieser Weg nur noch selten erspart. Nach oftmals langen Qualen, die kaum ein Folterknecht besser hätte erdenken können, die sie erdulden und er mit ansehen muss, liegt es dann da: Ein verschrumpeltes kleines Wesen mit rotem Gesicht, das mehr dem alten Churchill ähnelt als all den niedlichen, weich-gesichtigen Babys mit den großen Augen, die uns die Werbung immer wieder vorgaukelt. Übrigens auch das wieder ein ganz mieser Schachzug der Lobbyistin Natur, diesmal in erfolgreicher Zusammenarbeit mit der Medienwirtschaft: Große Augen und rundliche Formen wecken instinktiv den Beschützerdrang im erwachsenen Säuger.

Doch auch wenn der eben geborene kleine Parasit weder schön noch niedlich ist, verwandeln sich seine Eltern doch in plappernde Halbidioten, sobald er ihnen seinen ersten berechnenden Blick aus noch trüben Kinderaugen schenkt.

Grund 5: Aus »Mann und Frau« werden »Vater und Mutter«

Ja, das war's, ihr Lieben. Blindlings seid ihr in euer Unglück gelaufen. Der Preis ist eure Freiheit. Mit diesem ersten Blick aus den Augen eures Kindes habt ihr euch verkauft. Euer Leben ist vertan. Ab sofort lebt ihr das Leben eures Kindes. Nie wieder »ich«, nur noch »wir«.

II. KINDER IN PARTNERSCHAFT UND GESELLSCHAFT

Kinder sind Liebestöter und Beziehungsmörder. Was einst so prickelnd, so romantisch begann, findet jäh ein Ende mit der Geburt des ersten Kindes. Vorbei sind wunderbare Nähe und ungestörte Zweisamkeit. Statt Händchenhalten heißt es Kinderwagen schieben, und der Küchentisch mit all seinen verborgenen Reizen wird ab sofort nur noch Ort für gemeinsame Mahlzeiten sein.

Zudem steht zu jeder passenden und unpassenden Gelegenheit die Familie vor der Tür, um den »kleinen Spatz« zu bewundern, und begnügt sich längst nicht damit, das nur von der Tür aus zu tun. Sie bevölkert ganz selbstverständlich das traute Heim, plündert Keks- und Kaffeeressourcen und verdirbt konsequent das Wenige, was an Erziehung beim Nachwuchs angeschlagen hat. Nur wenn es darum geht wirklich einmal etwas Sinnvolles zu tun, etwas wie Babysitten oder die Kinder für drei Wochen hüten, damit die gestressten Eltern Ferien vom Familien-Ich machen können, verschwindet sie auf geheimnisvolle Weise und ist trotz hartnäckiger Nachforschungen vorübergehend unauffindbar. Ein symptomatisches Verhalten, das sich auf unsere gesamte Gesellschaft übertragen lässt: Alle wollen Kinder, aber keiner will sie haben.

Historisch gesehen machte das Kinderkriegen ja noch Sinn. Früher gab es weder Renten- noch Sozialversicherungen und wer nicht gerade das Glück hatte zum vermögenden Adel zu gehören, tat gut daran sich eine Heerschar von Kindern zu halten. Kinder bilde- ten die Stützen der Gesellschaft – ganze Königreiche florierten dank ihrer Arbeitskraft. Auch in jüngerer Vergangenheit schien es ange- sichts staatlich funktionaler Sozialmaßnahmen wie dem Generationenvertrag tatsächlich noch erstrebenswert Kinder zu haben. Aber heute?

Kinder sind ein Luxus, den sich im Grunde niemand mehr leisten kann. Weder der Staat noch der Einzelne. Natürlich gibt das nie- mand zu. Nach wie vor locken vollmundige Versprechungen für den Fortbestand des Volkes zu sorgen. Aber trotz Kindergeld und Paragraph 10e – wer Kinder hat, hat in unserer Gesellschaft verlo- ren. Keine Steuererleichterung, kein Erziehungsgeld, nichts kann den verlorenen Frieden, nichts die einmal geopferte Freiheit ersetzen.

GRUND 6: MAMAS BRUST GEHÖRT DEM BABY

Die weibliche Brust hat etwas, das Männer seit Menschen- gedenken begeistert und erregt. Ob üppig oder flach, ob apfel- oder birnenförmig – Hauptsache vorhanden. Sie ist ein Ort der Lust, aber auch der Nähe und Geborgenheit. Hier fühlt er sich wohl. Gebettet zwischen diesen sanften, weichen Hügeln kann er vergessen, kann er die Sorgen seines Alltags hinter sich lassen.

Doch die Vertreibung aus dem Paradies ist bereits eingeläutet. Mamas Brust gehört nämlich dem Baby. Da hat Vater keine Chance mehr. Zärtlich wird sie den Nachwuchs an ihren Busen drücken und ihm das geben, wovon sein Erzeuger in Zukunft nur noch träumen darf. Die Natur, als Schützerin und Hüterin unserer hilflosen Kleinen, hat es schon gerichtet, dass die frischgebackene Mutter in Bezug auf Männer vorerst wenig Interesse hat an allem, was über das Händchenhalten hinausgeht.

Wagt der Verstoßene nach Wochen der Entbehrung doch einen verzweifelten Versuch das verlorene Terrain zurückzuerobern, wird er bei seiner ehemaligen Gespielin bestenfalls Erstaunen erzeugen. »Du willst doch nicht etwa ...?«, dürfte noch die harmloseste Frage sein, die sie stellt, sobald er versucht sich durch ihren Panzer aus Still-BH und Einlagen hindurch an die Quelle seiner Sehnsüchte zu kämpfen.

GRUND 7: ROTGERÄNDERTE AUGEN STATT GLUTVOLLER BLICKE

Doch auch der Nachwuchs selbst wird nicht müde Vaters Lust nach Mutters Körper bereits im Keim zu ersticken. Babys haben dafür eine geradezu geniale Taktik entwickelt. Bereits im frühesten Stadium ihres infantilen Daseins sabotieren sie gekonnt die drohende elterliche Zweisamkeit. Die in Fachkreisen als »Drei-Monats-Koliken« bekannten nächtlichen Schreianfälle des Neugeborenen lassen Vaters Verlangen schon bald der Vergangenheit angehören. Rotgeränderte Augen und leerer Blick zeugen stattdessen von schlaflosen Nächten und rauben auf die Dauer auch dem attraktivsten Mann die erotische Ausstrahlung. Sex wird zum Fremdwort und die einsame Nacht auf der Couch zur Regel, da das Baby, wenn es schläft, das am liebsten an Mutters Seite tut. Und wie alle Kinder verfügen auch Babys schon über das Talent selbst ein 2x2 m-Bett so auszufüllen, dass für einen Erwachsenen kaum noch Platz bleibt, geschweige denn für zwei.

Sind die ersten drei Monate überstanden, heißt das aber noch lange nicht Zeit zum Aufatmen. Es folgen die ersten Zähne und die ersten schlechten Träume und wer bislang am Wochenende den Tag am liebsten erst einmal Tag sein ließ, wird auch bald eines Besseren belehrt: Guten Morgen, liebe Eltern, es ist sechs Uhr – die Zeit für das aufgeweckte Kind.

GRUND 8: WINDELN KONTRA CHAMPAGNER

Windeln und Champagner gibt es nicht. Es gibt nur Windeln oder Champagner, ähnlich wie Sekt oder Selters. Und da Sie ein Baby haben, haben Sie sich zwangsläufig für Selters entschieden.

Vorbei sind die schönen Zeiten, liebe Frauen, in denen unsere Männer aus dem Einkaufskorb die roten Rosen zauberten. Der Magier ist zum Familienvater mutiert, schaut aufs Geld und konzentriert sich fortan auf Windeln und Babynahrung. »Sparen« lautet das neue große Kapitel in der Partnerschaft, das gleich nach »Baby« kommt. Sparen für das neue Kinderzimmer, sparen für das neue Dreirad, das Fahrrad, die Musikanlage, das erste Auto. Da bleibt weder Geld für Champagner – noch Zeit ihn zu genießen. Denn die romantischen Stunden zu zweit gehören von dem Tag an der Vergangenheit an, an dem sich unser erstes kleines zahnloses Monster seinen Weg aus unserem Körper bahnt.

Von da an sind wir nicht mehr allein. Vor allem dann nicht, wenn wir es uns am meisten wünschen. Bei Kerzenschein und besagten roten Rosen, zum Beispiel, die es jetzt nur noch am Hochzeitstag gibt.

»Weißt du, dass du noch immer Augen wie Sterne hast«, haucht mein Mann mir ins Ohr.

Ich strahle ihn an.

Der Schein der Kerzen hüllt uns in weiches Licht und in den Gläsern vor uns perlt leise der Champagner. Es ist unser zehnter Hochzeitstag. Mit einem wohligen Seufzer gebe ich mich der wunderbaren Stimmung hin und fühle mich dank der Bewunderung in seinen Augen so schön und sexy wie Sharon Stone.

Seine Finger gleiten über meine Schulter.

»Und deine Figur«, fährt er mit schmeichelnder Stimme fort, »noch genau wie damals, als wir uns gerade kennen gelernt hatten.«

»Also, ich finde, Mama hat in letzter Zeit ganz schön zugenommen!«

Peng! Unangenehm hallt mir die durchdringende Stimme meines Sohnes in den Ohren und die romantische Seifenblase zerplatzt. Mit einem polternden Laut pralle ich auf dem Boden der Realität auf. Nicht Sharon Stone. Nein.

Die eben verzehrten Lachsschnitten liegen mir plötzlich schwer im Magen. Die Kerzen leuchten nicht mehr ganz so strahlend und in Windeseile berechne ich den Kaloriengehalt von 100 ml Champagner, während ich verstohlen an meinem Oberteil zupfe.

Der Zauber ist dahin.

Vaters Versuche Sohnemanns Wahrheiten zu kaschieren enden eher kläglich und grelle Deckenbeleuchtung ersetzt Augenblicke später das Kerzenlicht. Der Champagner verschwindet im Kühlschrank, die Platte mit den Schnittchen im Kinderzimmer, Vater vor dem Fernseher – und ich?

Ich finde mich mit einem Diätbuch und einer Flasche Selters im Bett wieder. Ohne Mann. Ohne Sex. Aber den sollten Eltern nach Meinung ihrer Kinder sowieso nicht haben.

GRUND 9: ELTERN UND SEX?

Das ist es nämlich. Alle Leute reden vom Sex, wollen und machen ihn – aber bitte nicht die eigenen Eltern. Die sind ja auch nur äußerlich Mann und Frau. Tatsächlich handelt es sich bei ihnen um neutrale, geschlechtslose Wesen, jenseits aller sexuellen Bedürfnisse. Da helfen auch die wunderbaren Aufklärungsbilderbücher im Kindergarten und der erste Sexualkunde-Unterricht in der Grundschule nichts. Selbst die neugierigen Blicke auf Mamas oder Papas unbekleidete Anatomie und die entsprechenden Fragen zu den kleinen Unterschieden oder dazu, wo man denn nun »herausgekommen sei«, erklären nicht hinreichend, wie man vorher hineingekommen ist. Denn wenn auch überall geschrieben steht oder zu sehen ist, wie es gemacht wird: Eltern machen »so etwas« nicht. Die haben keinen Sex. Punkt. Keine Diskussion.

Und wenn sich dann doch ein Geschwisterchen ankündigt? Vater und Mutter mit glücklich verdrehten Augen von dem baldigen Familienzuwachs erzählen? Dann klickert es zumindest bei den älteren Kindern. Augen weiten sich. Das Entsetzen steht deutlich in den Gesichtern geschrieben und es folgt die unvermeidliche Frage: »Habt ihr etwa miteinander ...?!?«

GRUND 10: »DU SOLLST KEINE ANDEREN GÖTTER HABEN NEBEN MIR«

Kennen Sie schon das sogenannte Eltern-Beschäftigungsprogramm, eingerichtet von der europäischen Babyunion, kurz EBU, in Zusammenarbeit mit der europäischen Kinderunion, kurz EKU? Die derzeitigen Vorsitzenden beider Organisationen leben zusammen mit dem Alterspräsidenten, der sich vor allem durch seine beratende Funktion auszeichnet, in unserem Haushalt. Dass aus diesem Grund ständig unser Telefon und auch das FAX blockiert sind, erklärt sich von selbst. Aber das sind nur unliebsame Randerscheinungen gegen ein Programm, das unlängst in einem Testlauf an uns erprobt wurde und sich inzwischen weit über die Grenzen Europas hinaus etabliert hat.

Inhalte und Ziele definieren sich wie folgt: Wie halten wir unsere Eltern den lieben langen Tag und möglichst auch noch einen Teil der Nacht auf Trab, sodass sie von sich aus die Lust verlieren Freunde, Fußballspiele oder Opernvorstellungen zu besuchen? Dass sie ihren Tanzkurs aufgeben und den Sprachkurs an der Volkshochschule sausen lassen? Dass sie ihre Mitgliedschaft im Fitnessclub kündigen und sich Kinofilme künftig nur noch auf Video ansehen? Kurzum, dass sie von notwendiger Arbeit zwecks Nahrungs- und Spielzeugbeschaffung abgesehen ausschließlich für ihre Kinder da sind.

Glauben Sie mir, wir haben uns gewehrt, wir haben gekämpft wie die Löwen, aber letztlich haben sie uns besiegt. Nachdem wir mehrmals in der Oper wegen zu lauten Schnarchens aufgefallen und im Fitnessclub vor Erschöpfung zusammengebrochen sind, nachdem wir unsere besten Freunde brüskiert haben, weil wir mit leeren Gesichtern ihr über mehrere Stunden vorbereitetes 5-Gänge-Menü in uns hineingeschaufelt und schließlich darum gebeten haben, ob wir den Nachtisch nicht mit nach Hause nehmen könnten, haben wir kapituliert: Keine Freunde, keine Oper, kein Fußball und Fitness mehr. Sprachen, Tanzen und Kino sind gestrichen. Am Himmel unseres beschränkten Universums gibt es fortan nur noch drei Sterne: Klein, gemein und äußerst diktatorisch.

GRUND 11: »BEI PAPA DARF ICH DAS ABER AUCH«

»Bei Papa durfte ich das ganze Wochenende fernsehen«, berichtet der eben zehn gewordene junge Mann begeistert, als er von seinem Besuch beim Vater zurückkehrt. »Wir haben uns »Godzilla« auf Video ausgeliehen und ...« – »Ihr habt was?«, unterbricht Mutter ihn entsetzt. – »Wir haben uns »Godzilla«

ausgeliehen und einen Teil von »Terminator II« hab ich auch gesehen.« Der junge Mann reckt sich stolz. »Und du hast immer gesagt, ich wäre noch zu klein dafür.« – »Das meine ich auch nach wie vor«, bemerkt Mutter schnippisch und greift automatisch nach der Tasche mit der schmutzigen Wäsche, die ihr Sohnemann achtlos in den Flur geworfen hat. – »Ich geh dann jetzt in mein Zimmer«, sagt er mit einem Blick auf die Uhr. »Gleich gibt's ›Akte X‹.« Mutter starrt ihren Sohn entgeistert an. Die Tasche fällt ihr aus den Händen. »Akte X?«, wiederholt sie fassungslos. »Das durftest du noch nie sehen und außerdem –«, sie holt tief Luft, »und außerdem musst du jetzt ins Bett, du hast morgen früh Schule.« – »Papa hat gesagt, dass man ruhig auch mal eine Ausnahme machen sollte, wenn so etwas Gutes wie ›Akte X‹ kommt.«

Mutter schluckt. »So«, erwidert sie und ihre Stimme zittert leicht vor unterdrückter Wut, »und was hat Papa sonst noch so gesagt?« – Ihr Sohn sieht sie einen Moment schweigend an. »Nur weil Papa nicht mehr bei uns wohnt, musst du ja nicht an allem rummeckern was er tut, oder?«, bemerkt er schließlich. Mutter greift erneut nach der Tasche und wendet sich ab. »Godzilla«, murmelt sie vor sich hin, »Terminator II.« Kopfschüttelnd geht sie Richtung Bad. Plötzlich spürt sie eine kleine Hand an der ihren und zuckt zusammen. »Nicht böse sein Mama.« Aus großen unschuldigen Augen blickt ihr Sohn zu ihr auf. »Es war so ein tolles Wochenende.« Mutters Herz schmilzt. »Nein, ich bin nicht böse.« – »Und du schimpfst auch nicht mit Papa?« – »Nein, versprochen.«

Eine halbe Stunde später kommt die große Schwester des Jungen nach Hause. Ungläubig bleibt sie in der Kinderzimmertür stehen. »Seit wann darfst du denn ›Akte X‹ sehen?« Ihr kleiner Bruder wirft einen vorsichtigen Blick, ob Mutter in der Nähe ist. Sie ist es nicht. »Seit ich bei Papa war«, grinst er. – »Der hat dir das erlaubt?« – »Na ja, ich hab ihm erzählt, von Mama dürfte ich das auch.«

Ja, die Großeltern. Wenn man es nicht besser wüsste, könnte man sie glatt für geheime Verbündete der Kinder halten. Bei ihnen dürfen die lieben Kleinen einfach alles. Sie sind milde, großzügig und verständnisvoll und haben immer ein offenes Ohr für die Sorgen und ein offenes Portemonnee für die Wünsche ihrer über alles geliebten Enkelkinder. Dass sie damit uns als Eltern in Folge eine harte Breitseite nach der anderen verpassen, scheint sie nicht besonders zu stören. Im Gegenteil, es scheint ihnen tatsächlich sogar eine stille Freude zu bereiten.

Besonders unangenehm sind in diesem Zusammenhang die Erinnerungen an die Verfehlungen der eigenen Jugend, vor allem, wenn man sie von den eigenen Kindern aufs Brot geschmiert bekommt. Schalten Sie alle ihre Sensoren auf Gefahr, wenn Ihre Tochter oder Ihr Sohn vom Besuch bei den Großeltern mit diesem gewissen triumphalen Gesichtsausdruck zurückkommt, der nur eins heißen kann: »Ich weiß etwas über dich.« Irgendwann wird es kommen, eingeleitet mit den Worten: »Oma hat erzählt, dass du früher auch immer ...« Ihre Kinder werden es zu einem völlig unpassenden Moment vorbringen, es wird Sie bloßstellen und Ihre Erziehung wieder einmal komplett unterminieren.

Ja, Großeltern sind fast so schlimm wie Kinder. Nun fragen Sie sich, warum nicht die Kinder zu den Großeltern geben und damit zwei Fliegen mit einer Klappe schlagen? Wenn das so einfach wäre. Großeltern haben ein ganz besonderes Gespür dafür, wenn es ernst wird. Dann heißt es nämlich plötzlich: »Wir sind doch nur die Großeltern. Nein, ein Kind gehört zu seinen Eltern, und außerdem sind wir dafür schon viel zu alt.«

Vielen Dank für die Hilfe.

GRUND 13: »ICH MAG TANTE KLARA ABER NICHT«

Jeder hat eine Tante Klara – oder einen Onkel Karl. Vielleicht heißen sie auch Hans oder Magda, aber das spielt hier keine Rolle. Einigen wir uns der Einfachheit halber auf Tante Klara. Von frühester Jugend an hat sie uns begleitet. Wir mussten lieb und freundlich zu ihr sein, denn Tante Klara war eine besondere Tante. Sie war weder besonders schön noch besonders nett. Aber sie war reich und kinderlos und sie war unsere Erbtante. Die Betonung liegt auf »war«. Denn so sehr wir uns auch bemüht haben mochten – die Aussicht auf einen geruhsamen Lebensabend dank eines üppigen Erbes ist dahin. Zunichte gemacht mit einem einzigen Satz aus dem Mund eines unserer Kinder:

»Ich will Tante Klara aber keinen Kuss geben, die stinkt immer so.«

Nun heißt es, Kindermund tut Wahrheit kund. Ja, aber es gibt einen Haufen Menschen, die an der Wahrheit nicht besonders interessiert sind. Und zu ihnen gehört zweifellos Tante Klara. Ihr ohnehin schon hauptsächlich aus mürrischen Falten bestehendes Gesicht verzog sich noch mehr und sie betrachtete erst unseren Jüngsten mit Abscheu, dann uns mit Verachtung. »Schlecht erzogen«, hörten wir noch, dann war sie verschwunden und mit ihr das Erbe, das nun irgendeiner blöden Stiftung zugute kommt.

GRUND 14: »WIE VIELE KINDER HABEN SIE DENN?«

Ja, da stehen Sie nun mit Ihrer Schar von Kindern. Die Dame vom Amt beugt sich über ihren Tresen, zählt vier Köpfe, schaut Sie an und fragt: »Alles Ihre?« Sie sind versucht, zwei von ihnen zu verleugnen, tun es dann aber unter dem inquisitorischen Blick der Dame doch nicht. Schließlich sind sie einander auch wie aus dem Gesicht geschnitten. »Ja, alles meine«, erwidern Sie mutig.

Die Dame nickt.

»Wie nett«, murmelt sie, doch ihr Blick spricht Bände: Wieder eine von denen, die sich über das Kindergeld finanziert und jetzt womöglich noch Wohnungszuschuss haben will. Vermehren sich wie die Karnickel.

Während Sie noch abschätzend gemustert werden, steuert Ihr Jüngster zielstrebig die Steckerleiste unter dem Tisch an, der nächste kritzelt ein Formular voll, Ihre älteste Tochter tut, als ob sie nicht dazu gehört, und ihre jüngere Schwester bekommt just in diesem Moment Nasenbluten.

Und Sie? Sie retten die EDV des Einwohneramtes mit einem beherzten Griff in die Träger einer Babylatzhose, zaubern mit der freien Hand eine Packung Tempos für die blutende Tochter hervor und zischen zwischen zusammengebissenen Zähnen ihrer Ältesten zu, sie solle sich jetzt gefälligst um ihre Geschwister kümmern. Dann bitten Sie die Dame vom Amt freundlich beherrscht um ein Anmeldeformular, das Sie dann mit ihrem Jüngsten im Arm mehr schlecht als recht ausfüllen.

»Sie sind neu hergezogen?«, fragt die Dame mit einem weiteren prüfenden Blick über den Brillenrand völlig unnötigerweise, denn das geht zweifellos aus dem Formular hervor, das Sie ihr gerade gereicht haben. »Ja, richtig«, antworten Sie dennoch höflich, während Sie aus dem Augenwinkel beobachten, wie ihr Zweitjüngster soeben seine Zeichnungen auf die Tischplatte ausdehnt.

»Die Abteilung für Wohngeld ist im ersten Stock«, bemerkt die Dame noch, während sie Ihnen den Durchschlag reicht und sich bereits mit fragendem Blick an den nächsten in der Schlange wendet. Sie verschlucken die ätzende Bemerkung, die Ihnen auf der Zunge liegt, und verlassen kommentarlos Raum und Gebäude. Erst auf dem Parkplatz stellen Sie fest, dass Ihr Zweitjüngster fehlt. Vermutlich verschönert er mit seinen Zeichnungen gerade die Wände des Amtes. Unter Prostest geht Ihre älteste Tochter zurück, um ihren Bruder zu holen.

Dann, endlich, sind Sie auf dem Heimweg. Die kleineren Kinder nörgeln auf der Rückbank und Ihre große Tochter sieht missmutig zum Seitenfenster hinaus. »Warum mussten wir eigentlich ausgerechnet hierhin ziehen«, kommt schließlich die unvermeidliche Frage, die Sie in den vergangenen Tagen bereits mehrfach erörtert hatten. Sie antworten nicht, denn inzwischen kennen Sie ihren rethorischen Charakter. Ihre Tochter beendet ihre Litanei erst, als Sie das Haus erreichen, das für die nächsten Jahre Ihr Zuhause sein wird. Bei seinem Anblick seufzen Sie unwillkürlich auf. Ja, warum mussten Sie ausgerechnet hierhin ziehen? Wahrscheinlich weil es die erste Wohnung nach rund 53 vergeblichen Anläufen war, deren Vermieter bei dem Hinweis auf vier Kinder nicht sofort den Hörer aufgelegt hat.

Grund 15: »Ach, Ihr Ältester ist schon sechzehn?«

Ab einem gewissen Alter verlieren Frauen so ganz allmählich das Interesse an eben diesem Alter. Sie wollen eigentlich gar nicht wissen, ob sie 37 oder vielleicht sogar schon 41 sind. Und sie wollen vor allem nicht, dass andere es wissen. Schließlich haben sie einen Haufen Zeit und Geld in die Gymnastikkurse ihres Fitnessclubs und fältchenstraffende Kosmetikprodukte investiert und sind stolz darauf, dass ihr Bauch noch immer flach und ihre Oberschenkel nicht von Cellulitis verunstaltet sind. Sie sind auch stolz darauf noch immer einen Minirock tragen zu können, ohne dass es peinlich wirkt, und lassen die ersten grauen Strähnen beim Friseur regelmäßig übertönen.

Doch wie soll auch nur irgendeine Frau ihr »Gerade-noch-Ende-Zwanzig«-Image aufrecht erhalten, wenn der baumlange junge Mann, der neben ihr im Einkaufszentrum die Rolltreppe hinauffährt, sie in aller Öffentlichkeit mit »Mama« anspricht?

Perfekte Eltern – eine Utopie? Vielleicht.

Immerhin gibt es eine ganze Menge Menschen, die sich dafür halten und anderen mit dieser Einschätzung regelmäßig auf die Nerven gehen.

»Also, meine Tochter ist immer sehr ordentlich«, dringt eine penetrante Stimme während der Weihnachtsfeier der Grundschule an mein Ohr. »Ich brauche mich wirklich um nichts zu kümmern. Ihr Zimmer, ihre Hausaufgaben, immer alles tipptopp.«

Die Antwort der Gesprächspartnerin geht im allgemeinen Gemurmel unter.

»Nein, sie hat überhaupt keine Probleme in der Schule«, erreicht mich erneut die durchdringende Stimme. »Aber sie konnte ja auch schon lesen und rechnen, bevor sie eingeschult wurde.«

Ich seufze unwillkürlich auf und riskiere einen diskreten Blick – doch leider nicht diskret genug.

Ein Paar wässrig blaue Augen treffen auf die meinen, mustern mich investigierend. Ein schmaler Mund öffnet sich: »Sind Sie nicht –«

Ich bin versucht »Nein« zu sagen. Zu erklären, dass ich rein zufällig hier hereingeschneit bin, ohne aktuellen Bezug und vor allem ohne Kinder. Aber sie hat mich bereits erkannt. Nase, Mund und Augen untrüglich meinem Sohn zugeordnet, der zu allem Überfluss in diesem Moment auch noch mit Indianergeheul auf mich zustürzt.

Ihr Blick wandert zwischen mir und dem kleinen Schreihals hin und her. Missfallend.

»Ihr Junge ist ja recht lebhaft«, bemerkt sie schließlich, nachdem dieser nach einem hektisch heruntergestürzten Becher Apfelsaft wieder verschwunden ist. »Meine Tochter hat sich schon des Öfteren über ihn zu Hause beschwert.«

Ich lächle gezwungen. »Junge eben.«

Sie schüttelt den Kopf. »Also ich habe ja auch einen Sohn, aber der –«

– ist sicher ein Muster an Disziplin, beende ich ihren Satz im Stillen.

Was sie zu sagen hat, entspricht im Grundtenor meinen Gedanken, doch der Worte sind mehr. Viel mehr.

» ... und als er so alt war wie Ihr Kleiner hier, haben wir immer darauf geachtet, dass ...« – Unauffällig blicke ich mich nach einer Fluchtmöglichkeit um. – »... sollten Sie vielleicht einmal versuchen ...« – Meine Gesichtsmuskeln verkrampfen sich. – »... mit eben vier wollte er unbedingt Geige spielen ...« – Mir wird übel. – »... und mit seiner Schwester – ein Herz und eine Seele ...« – Mein Kreislauf droht zu kollabieren. Doch die wässrig blauen Augen halten mich gefangen und der schmale Mund bewegt sich unaufhörlich, entlässt ohne Pause unangenehme Laute in meine Richtung. Dann endlich lehnt sie sich zurück. »... und schon während der Kindergartenzeit hat man uns bestätigt, dass wir wirklich perfekte Eltern sind.«

Ich schlucke. »Das freut mich für Sie«, bringe ich mühsam hervor, als sie mich erwartungsvoll ansieht. »Aber wenn Sie mich jetzt entschuldigen –« Luft, ich brauche Luft.

Ihre wässrigen blauen Augen verengen sich vorwurfsvoll. »Sie sollten meinen Rat nicht einfach so in den Wind schlagen. Im Interesse Ihres Sohnes ...«

»Im Interesse meines Sohnes ist es besser, wenn ich jetzt gehe«, erkläre ich mit dem letzten Rest von Selbstbeherrschung, der mir noch geblieben ist, und stehe hastig auf. Raus, bloß raus hier. Auf dem Schulhof umfängt mich kalte Schneeluft. Allmählich kann ich wieder atmen und mein Ekel verliert sich zwischen den bereiften Ästen der Bäume und einem halbvollen Papierkorb. Perfekte Eltern – eine Utopie? Hoffentlich!

III. KIND ODER KARRIERE

Liebe Frauen, ihr wollt Kinder? Und ihr wollt nicht nur Hausfrau und Mutter sein, sondern euren Beruf und eure Karriere weiterverfolgen? Na, klasse. Bucht schon mal einen Platz im Sanatorium und bereitet euch auf eure Scheidung vor.

Schnickschnack, werdet ihr jetzt sagen, alles eine Frage der Organisation.

Sicher. Organisieren kann man fast alles. Es gibt nur gewisse zeitliche Beschränkungen und der 48-Stunden-Tag ist nach wie vor Zukunftsmusik. Davon abgesehen ist es auf die Dauer sicher nicht so attraktiv, das ungesunde Grau in euren Gesichtern und die immer tieferen Ringe unter euren Augen mit immer mehr Schminke zu überdecken. Nicht jede von euch ist das Überweib Hera Lind – und die verdient sicher soviel, dass sie sich bei ihren zahlreichen Nachkommen ein Kindermädchen leisten kann, das ihr die Brut vom Hals hält. Oder sie hat ihren Mann perfekt dressiert.

Liebe Männer, konntet ihr sie doch davon überzeugen, zu Hause zu bleiben und das Mäuschen am Herd zu spielen? Herzlichen Glückwunsch. Vorübergehend habt ihr eure wichtige Position als der Ernährer eures kleinen Clans gefestigt. Genießt die guten Jahre, aber glaubt nicht, dass es so bleibt. Frauen, die sich nur um ihre Kinder und ihren Haushalt kümmern, sind auf die Dauer notorisch unzufrieden. Was für ein Wunder, schließlich haben sie es den lieben langen Tag mit quengelnden, nörgelnden und aufsässigen kleinen Ungeheuern zu tun. Da gibt es weder Anerkennung noch Bestätigung. Ihr hingegen seid fein raus – bis auf die wenigen von euch, die es verpatzt haben und sich nun in der undankbaren Rolle des Hausmannes wiederfinden. Wie dem auch sei – der Aufstand eures Hausmütterchens ist nicht aufgehoben, nur aufgeschoben. Und dann zieht euch warm an. Im Leben einer berufstätigen Frau mit Kindern ist kaum noch Platz für Männer.

Grund 17: Von Traditionen und Verpflichtungen

Von den drei großen Ks, Kinder, Küche, Kirche, bezeichnend für das Leben der Frauen in den vergangenen Jahrhunderten, sind zumindest Kinder und Küche auch heute noch äußerst aktuell. Hat frau sich erst einmal entschlossen ihr Single-Dasein zugunsten einer Familie aufzugeben, sieht sie sich schon bald gefangen in einem Netz aus Traditionen und Verpflichtungen. Mann und vor allem Kinder lassen ihr kaum noch Zeit sich selbst zu entfalten.

Entschließt sie sich den verstaubten Bräuchen die Stirn zu bieten und ihren Beruf weiter auszuüben, wird ihr dennoch niemand die häuslichen Pflichten geschweige denn die damit verbundene Verantwortung abnehmen. Wie noch vor zweihundert Jahren wird die Sorge um den Nachwuchs letztlich ihr Problem sein und bleiben, daran hat auch die Emanzipation nichts geändert. Denn unser Denken ist nach wie vor geprägt von der Frau als »Seele des Hauses«. So kämpft sie nun, wie Don Quichote einst gegen die Windmühlen, gegen Tage mit zu wenig Stunden und Wochen mit zu wenig Tagen, um all das zu bewältigen, was ein Leben mit Kindern und Beruf vor ihr auftürmt.

Grund 18: Und sie kriegen uns doch

Was vom Tage auf jeden Fall immer übrigbleibt, sind Schuldgefühle. Mit bösartigen kleinen Zähnen nagen sie an uns Frauen, rauben uns den Schlaf und die Kraft: Wer ist heute wieder zu kurz gekommen? Kind oder Mann? Vielleicht beide? Was ist im Büro wieder liegengeblieben? Wann haben wir unsere beste Freundin das letzte Mal angerufen?

Vor allem die Schuld, die wir gegenüber unseren Kindern empfinden, droht uns irgendwann zu zermürben. Sie ist ein uraltes Erbe, das sich in dem Moment offenbart, in dem wir das erste Mal in die Augen unseres Kindes blicken. Von da an stellt sich uns immer wieder die eine Frage: »Habe ich wirklich alles für mein Kind getan?«

Natürlich ist auch das einer dieser miesen Tricks der Natur, die sich ja längst als Lobbyistin der Kinder geoutet hat. Aber Trick hin, Trick her, sie hat uns damit im Griff.

GRUND 19: »NIE HAST DU ZEIT FÜR MICH«

Dem hektischen Blick auf meine Uhr folgt der genervte Blick auf meinen Sohn. »Kannst du dich vielleicht mal beeilen, ich habe nicht den ganzen Tag Zeit.« Große blaue Kinderaugen starren mich vorwurfsvoll an. »Du hast sowieso nie Zeit für mich.« Selbstredend impliziert dieser Satz: »Du liebst mich nicht«, und die Schuldgefühle aus Grund Nr. 18 befreien sich aus ihrem Kerker und fallen heulend über mich her. Leise knirsche ich mit den Zähnen. »Es stimmt nicht, dass ich nie Zeit für dich habe«, lasse ich mich unvernünftiger Weise auf die fruchtlose Diskussion ein. Mein Sohn nimmt die Gelegenheit wahr mit dem Schnüren seiner Turnschuhe innezuhalten. »Natürlich hast du nie Zeit für mich. Entweder arbeitest du oder du bist müde. Und immer muss alles schnell gehen. Du hast mich bestimmt nicht lieb.«

Sehen Sie, da ist es. »Keine Zeit« ist gleich »keine Liebe«.

»Natürlich habe ich dich lieb.« – »Das glaube ich nicht. Wenn du mich lieb hättest, wärst du anders zu mir.« – »Anders?« – »Ja, anders. Nicht so eilig. Und du würdest etwas für mich tun.« –

»Hör mal, ich tue den ganzen Tag etwas für dich. Ich mache dir Frühstück und fahre dich zur Schule, ich wasche deine Wäsche, helfe dir bei den Hausaufgaben, liefere dich bei deinen Freunden ab – und so ganz nebenbei muss ich auch noch ein bisschen arbeiten.« Missmutig zuckt er die Achseln. »Wieso musst du eigentlich arbeiten? Du könntest doch auch –«

Das Knirschen meiner Zähne wird unwillkürlich lauter.

Warum sollte der kleine Stinker auch akzeptieren, dass ausgerechnet Mutter ihr Leben mit etwas anderem ausfüllt als der Sorge um das Wohl ihres Nachwuchses?

»Warum soll ich aufhören zu arbeiten? Hörst du auf mit deinen Freunden zu spielen, nur damit du mehr Zeit für mich hast, zum Beispiel, um mir im Haushalt zu helfen?«, falle ich ihm ungehalten ins Wort. »Das ist ja wohl etwas ganz anderes.« – »Ach, ist es das?«, erwidere ich spitz. »Ja, natürlich. Du bist schließlich die Mutter und Mütter –«

Ja, und Mütter haben zu Hause zu sein und sich um ihre Kinder zu kümmern. Vergessen Sie das nicht. Das Weltbild unserer lieben Kleinen ist von deutlich konservativer Prägung. Vor allem dann, wenn es an die eigene Bequemlichkeit geht.

GRUND 20: DAS SCHWARZE SCHAF

Frauen, die arbeiten, sind schlechte Mütter. Auch und gerade im Meinungsbild der Öffentlichkeit. Reizworte wie Schlüsselkinder und Verwahrlosung sind an der Tagesordnung. Wenn Kinder dieser Frauen auch nur ansatzweise aus der Rolle fallen, etwas, was alle Kinder nur zu gern und mit konstanter Bosheit machen, hängt das natürlich nur damit zusammen, dass Mutter berufstätig ist. »Seine Mutter hat ja auch nie Zeit für ihn, kein Wunder, dass der arme Junge so ist«, heißt es dann hinter vorgehaltener Hand. »Der arme Junge« – fragt jemand mal nach der armen Mutter? Nein, natürlich nicht. Sie ist das schwarze Schaf, das ihr Kind dazu zwingt sich mittags sein Essen selbst in der Mikrowelle warm zu machen, es mit seinen Hausaufgaben und sonstigen Problemen allein lässt und überhaupt völlig egozentrisch und alles andere als mütterlich handelt. Wie kann solch eine Frau nur Kinder haben? Ja, das frage ich Sie auch. Müssen Sie sich das wirklich antun?

»Hallo, Susanne!« – »Äh, was? Oh!« Susanne schlägt peinlich berührt die Augen auf und fährt sich mit den Händen durch die Haare. Ihre Kollegin stellt ihr einen Becher Kaffee auf den Schreibtisch. »Den kannst du wahrscheinlich brauchen.«

Susanne nickt und nimmt dankbar einen Schluck des kräftigen, heißen Gebräus.

»Was ist los mit dir? Warst du heute nacht nicht im Bett?«

Müde schüttelt Susanne den Kopf. Nein, sie war nicht im Bett. Drei Nächte hat sie nun dank ihrer kranken Tochter nicht geschlafen. Der Mann in Genf und Zuhause eine bissige Schwiegermutter.

»Frau Maier!«, ertönt da eine Stimme aus dem Flur. Susanne richtet sich hastig auf, schiebt den Kaffee zur Seite und bemüht sich um einen wachen Gesichtsausdruck. Ihr Chef. Ihr Mund wird trocken bei dem Gedanken an die bislang unbewältigten Akten auf ihrem Schreibtisch und zehn Minuten später ist sie sich darüber im Klaren, dass sie an diesem Tag Überstunden machen wird. Müdigkeit hin, Müdigkeit her.

Kurz vor zehn Uhr abends verlässt sie endlich die Rechtsanwaltskanzlei. Draußen ist es dunkel und kalt. Die Scheiben an ihrem Wagen sind zugefroren. »Auch das noch«, schimpft sie leise und macht sich an die Arbeit. Kurz darauf lenkt sie ihr Auto durch das Lichtermeer der Großstadt. Der Gerichtsbezirk, in dem sie zwei der eben gefertigten Schreiben wegen der Fristsetzung noch an diesem Abend einwerfen muss, ist natürlich – wie sollte es auch anders sein – am anderen Ende der Stadt. Sie lässt ihr Auto im Halteverbot vor den Gebäuden stehen und läuft eilig zum Briefkasten. Zurück im Auto schließt sie für einen Moment erschöpft die Augen.

Als sie wieder aufwacht, ist sie völlig durchgefroren. Durch die Eisschicht auf den Scheiben fällt milchiges Licht. Tageslicht. Ungläubig wirft Susanne einen Blick auf ihre Uhr. 7.30 Uhr.

»Das darf doch nicht wahr sein!«, entfährt es ihr. Als sie aussteigt, um die Scheiben frei zu kratzen, findet sie einen Strafzettel hinter dem Scheibenwischer, und als sie wenig später ihre Wohnungstür öffnet, eine nicht besonders freundliche Schwiegermutter.

»Wo ...? », beginnt diese. – »Wie geht es der Kleinen?«, unterbricht Susanne sie außer Atem. »Wunderbar. Sie hat die ganze Nacht ruhig geschlafen. Aber wo warst du?« – »Ich, äh, ich – ich bin im Auto eingeschlafen, vor dem Gerichtsgebäude«, stammelt Susanne und spürt wie ihre Wangen unter dem ungläubigen Blick ihrer Schwiegermutter zu brennen beginnen. »Ach, so nennt man das heute«, bemerkt die alte Frau sarkastisch. »Nun, du wirst schon wissen, wie du das meinem Sohn erklären willst.«

GRUND 22: DIE FREUDEN DER SELBSTSTÄNDIGKEIT

»Mama?« – »Hmpf.« – »Ich kann das hier nicht.« Sie, freie Journalistin, löst sich mit einem Seufzer von dem Artikel, an dem sie arbeitet. »Was kannst du nicht?« – »Mathe.« – »Lass mal sehen.« Sie steht auf, geht um den Schreibtisch herum, greift nach dem Mathebuch und starrt auf die Zahlen. Diesen Moment nutzt ihr jüngerer Sohn. Unbemerkt schlüpft er an ihr vorbei und krebst auf das Towergehäuse des PCs zu. Langsam nähert sich sein kleiner dicker Babyfinger der Reset-Taste. »Da«, sagt er einen Augenblick später zufrieden.

»Hmhm«, macht sein älterer Bruder. »Was ist?«, fragt Mutter abwesend, noch immer in die Magie der Zahlen vertieft. »Wenn ich dir das sage, wirst du wahrscheinlich ziemlich sauer.« – »Wieso, was ist denn passiert?« – »Na ja, wann hast du das letzte Mal abgespeichert?« – »Gespeichert?« Mutter ist in Gedanken immer noch bei den Rechenaufgaben. – »Deinen Text auf dem Computer.« – »Meinen Text?« Mutter sieht von dem Mathebuch auf und –

erfasst mit einem Blick die Situation. Wie von der Tarantel gestochen hechtet sie um ihren Schreibtisch herum. Der PC beendet eben sein Startmenü. »Das darf doch nicht wahr sein!«, entfährt es ihr. Das Baby neben ihr lächelt glücklich und gibt eine Reihe unverständlicher, aber froher Laute von sich. Mit soviel Aufmerksamkeit hatte es nicht gerechnet. Mutter starrt ungläubig auf ihr Kind, dann auf den Monitor und schließlich auf den großen, einladend wirkenden Knopf an der Vorderseite des Towergehäuses. Natürlich nicht abgespeichert. Ein echter Murphy. Zwei Stunden Arbeit für die Katz.

»Verdammter Kackmist«, murmelt sie. – »Ackmis«, wiederholt das Baby, während sein älterer Bruder sie vorwurfsvoll ansieht. »Wenn wir so etwas sagen ...« – »Ach, halt die Klappe«, raunzt Mutter und zerrt an dem Tower. Innerlich verflucht sie die Gedankenlosigkeit von Computerherstellern. Welcher Idiot baut einen solchen Knopf auch an die Vorderseite? Die haben vermutlich alle keine Kinder.

»Kannst du mit mir spielen?«, fragt Sohnemann wenig später, während er seine Schulsachen forträumt. Das Baby ist nach seiner Schandtat in einer Ecke des Zimmers eingeschlafen. Mutter schüttelt den Kopf. – »Mir ist aber langweilig.« – Mutter seufzt. »Also gut, aber eine halbe Stunde brauche ich hier noch.« – Sohnemann trollt sich, steht aber nach fünf Minuten bereits wieder in der Tür des Büros. »Mama?« – Mutter reagiert nicht, starrt auf den Bildschirm ihres PCs. – »Mama!« – Mutter, ohne die Augen vom Bildschirm zu nehmen: »Die halbe Stunde ist noch nicht um.« – »Ich weiß, aber ...« – »Raus!«, zischt sie, um das Baby nicht zu wecken. Er funkelt sie wütend an, dreht sich um und verlässt den Raum. Hinter ihm fällt die Tür knallend ins Schloss. Das Baby schreckt schreiend hoch. Im selben Moment klingelt das Telefon.

Mutter lehnt sich geschlagen in ihrem Schreibtischstuhl zurück und schließt die Augen. Der große Sohn öffnet die Bürotür, das Mobilteil des Telefons in der Hand. »Mama, warum gehst du nicht ans Telefon? Es ist für dich. Einer aus der Redaktion fragt, wann du den Text schickst.« Mutter starrt ihren Sohn an und schüttelt resignierend den Kopf. »Sag ihnen, ich wäre verreist«, murmelt sie und steht auf, um sich um das schreiende Baby zu kümmern.

GRUND 23: FREIES WOCHENENDE?

»Ah«, sagt die Arbeitskollegin, die ihren Platz am Fenster hat, während sie hinausschaut, »es ist Freitag und wunderbares Wetter. Soll übrigens das ganze Wochenende über so bleiben. Wir haben seit Wochen schon einen Motorradausflug mit Freunden geplant. Das passt einfach prima. Habt ihr schon was vor?« »Wir gehen surfen«, kommt es von rechts hinter Ihnen. »Ach, wir werden einfach so auf gut Glück ins Blaue fahren, mal sehen wo wir landen«, steuert das Mädchen aus der Telefonannahme bei und reckt sich genüsslich bei dem Gedanken. Alle Blicke richten sich auf Sie: »Und was machst du?«

»Ich, äh, ich meine wir, ja, ... was wir machen«, unsicher blicken Sie in die Runde. »Unser Wochenende gehört eigentlich immer den Kindern, die dürfen sich aussuchen, was wir machen, weil wir ja beide die ganze Woche arbeiten und –« Sie verstummen angesichts der mitleidigen Blicke, die sie plötzlich treffen. »Macht ihr denn nie mal was alleine, du und dein Mann?«, fragt das Mädchen aus der Telefonannahme neugierig. »Na ja«, erwidern Sie gedehnt, »wir sind mal ein Wochenende in Paris gewesen.« Angestrengt denken Sie nach. Wann war denn das? »Das ist aber schon ein bisschen her«, fügen Sie lahm hinzu, als es Ihnen plötzlich durch den Kopf schießt. Vier Jahre. Sie fürchten beinahe die Zahl könnte sich in Ihrem Gesicht wiederspiegeln. Es war vor der Geburt Ihres zweiten Kindes gewesen. Den »Großen«, damals auch gerade erst drei, hatten sie zu Ihren Eltern gegeben. Ein Fiasko. Bei der

Erinnerung durchläuft sie ein Schaudern. Sie atmen tief durch und schütteln die Erinnerung ab. Nein, seitdem haben Sie nichts mehr ohne die Kinder unternommen.

»... und dann mal wieder richtig schön ausschlafen«, dringt es von irgendwo her an Ihr Ohr. Ausschlafen. Ein langer Seufzer arbeitet sich aus Ihrem tiefsten Inneren empor. Ausschlafen. Ja, das haben Sie seit Paris auch nicht mehr gemacht.

GRUND 24: FREUNDE UND FREIZEIT – WAS IST DAS?

Ganz einfach: Fremdwörter für arbeitende Eltern.

Da sie keine Freizeit haben, können sie diese auch nicht mit ihren Freunden verbringen. Und so werden sie irgendwann auch keine Freunde mehr haben. Da sie keine Freunde haben, mit denen es sich lohnt, ihre Freizeit zu verbringen ...

Sie schütteln den Kopf? Ja, so ist das aber nun einmal.

Nach einem langen, harten Arbeitstag ist der Durchschnittsmensch müde und gestresst. Um das den Tag über im Blut angesammelte Adrenalin abzubauen, gibt es eine Vielzahl von Möglichkeiten, doch für arbeitende Eltern kommen die nicht in Betracht. Da heißt es abends erst einmal Essen machen, bei den verbliebenen Hausaufgaben helfen, vorlesen und ähnliches – nichts, was den erhöhten Adrenalinspiegel auch nur ansatzweise wieder in normale Bahnen lenkt. Sind die lieben Kleinen dann erst im Bett und schlummern selig, ist es für jegliche Aktivitäten meist schon zu spät. Was bleibt, ist ein kurzer Scan durch die Fernsehprogramme, der Blick in ein Buch oder die monatlich abonnierte Zeitschrift, was in der Regel innerhalb der nächsten zwanzig Minuten mit einem kurzen Schlaf auf der Wohnzimmercouch oder im Fernsehsessel endet. Da hat man doch was vom Leben.

7.35 Uhr – Ein letzter prüfender Blick in den Spiegel, da klingelt das Telefon. Der Babysitter – sagt ab. Ein leises, aber von Herzen kommendes »Scheiße« ist in diesem Moment das einzige, was Mutter sich gestattet. In ihrem Kopf spult sie bereits eine Liste möglicher Ersatzleute fürs Babysitten ab. Jetzt bloß nicht nervös werden. Während des Telefonierens packt sie ihre Unterlagen zusammen, bereitet das Fläschchen fürs Baby vor. Drei Anrufe später hat sie einen Ersatzbabysitter. Aber er wird nicht vor acht da sein.

7.45 Uhr – Okay, eine Viertelstunde kann der Kleine auch allein bleiben. Er schläft ja noch. Die vorbereitete Flasche kommt in den Flaschenwärmer, ein letzter Blick ins Kinderzimmer – eine Gelegenheit, die das Handy nutzt um aus der Jackentasche und mit lautem Poltern auf den Holzfußboden zu fallen. Baby schlägt die Augen auf und verzieht das Gesichtchen. Jetzt bloß nicht nervös werden. Tief durchatmen, Baby aus dem Bett nehmen, Flasche geben und den Termin um acht um zwanzig Minuten verschieben.

7.58 Uhr – Der Babysitter steht vor der Tür. Hastig drückt Mutter ihm das Kind in den Arm, greift nach ihrer Tasche – »Äh, entschuldigen Sie, aber Sie haben da einen Fleck auf dem Rock.« Sie knurrt verhalten, lässt alles fallen, rennt zurück ins Schlafzimmer, sucht hastig im Kleiderschrank nach Ersatz. Endlich kann sie gehen. »Wenn etwas sein sollte, erreichen Sie mich über mein Handy«, ruft sie noch, dann ist sie verschwunden. Jetzt bloß nicht nervös werden.

8.30 Uhr – Ihr Gesprächspartner erwartet sie schon ungeduldig. Sie lächelt entschuldigend, aber Murphy arbeitet bereits fleißig mit und die Chancen den nächsten Termin um 9.30 Uhr einzuhalten gehen schon bald gegen Null.

10.30 Uhr – Ein Anruf auf dem Handy. Ihre Tochter hat sich auf dem Pausenhof der Schule verletzt und muss jetzt abgeholt werden. Damit platzen alle weiteren Vormittagstermine.

11.30 Uhr – In all der Hektik hat sie völlig vergessen für das Mittagessen einzukaufen. Das fällt ihr aber erst auf, als sie zu Hause ist. »Bring doch ein paar halbe Hähnchen und Pommes mit«, bittet sie ihren Mann telefonisch, entlohnt den Babysitter und sinkt ermattet auf einen Küchenstuhl. Das Baby krebst glücklich auf sie zu und entleert einen Teil seines Mageninhaltes auf ihre achtlos auf den Boden geworfenen Unterlagen. Jetzt bloß nicht nervös werden. Mit zusammengebissenen Zähnen wischt sie die Unterlagen ab und legt sie zum Trocknen auf die Heizung.

12.15 Uhr – »Warum essen wir heute eigentlich so einen Junk«, will der Älteste wissen, während er sich üppig Ketchup über seine Pommes gießt. »Mama hatte heute keine Zeit zum Kochen«, erwidert der Vater und wirft seiner Frau einen vorwurfsvollen Blick zu. »Vielleicht solltest du dir deine Zeit doch ein bisschen besser einteilen. Du wirkst ein wenig nervös."

Sie atmet tief durch. Jetzt bloß nichts anmerken lassen.

GRUND 26: »DU SIEHST ABER FERTIG AUS«

Ja, wenn solche Texte erst vom eigenen Mann kommen, ist das der Anfang vom Ende. Er, der es von Beginn an nur knurrend ertragen hat, dass sein Weib sich in die Versorgung seiner Familie einmischt, wacht mit Argusaugen über die Entwicklung des missliebigen Projekts und versucht mit einem letzten Aufbäumen seine Position zu verteidigen. Wären da nicht die Kinder, gut, dann könnte er ihren Wunsch nach »Selbstverwirklichung« ja noch verstehen, aber so hat letztlich die ganze Familie darunter zu leiden. Vor allem die Kinder, für die nun niemand mehr so richtig Zeit und Energie aufbringen kann, und er selbst natürlich, aber das sagt er nicht. Stattdessen quält er sich stumm, fühlt sich vernachlässigt und spürt, dass ihm alles aus den Händen gleitet. »Du siehst aber fertig aus«, richtet sich direkt an ihr Ego. Nicht der etwaige Erfolg im Beruf wird gelobt, nein, den kann es ja gar nicht wirklich geben, denn erfolgreiche Menschen sehen nicht fertig aus. Sie strahlen Lebensfreude und Selbstzufriedenheit aus.

Sie, deren Leben mit Beruf und Kindern tatsächlich mehr als ausgefüllt ist, fragt sich plötzlich, warum sie sich mit diesem Querulanten an ihrer Seite noch abstresst, und reicht nach ein bisschen Hin und Her die Scheidung ein. Parallel dazu beantragt sie eine Kur, denn so ganz unrecht hat er nicht, das muss sie ihm lassen, wenn sie einen kritischen Blick in den Spiegel wirft – sie hat schon einmal besser ausgesehen.

IV. URLAUB
– DIE SCHÖNSTEN WOCHEN DES JAHRES
ODER
WIE MAN SICH MIT EINEM AUSFLUG DEN
GANZEN TAG VERDERBEN KANN

Urlaub, die schönsten Wochen des Jahres? Mit Kindern können Sie von diesem Klischee getrost Abstand nehmen. Bereiten Sie sich auf die außergewöhnlichsten und anstrengendsten Wochen des Jahres vor und zeichnen sie auf Ihrer Weltkarte genau ab, wo Sie waren, denn dort können Sie sich mit Sicherheit nicht noch einmal blicken lassen.

Grundsätzlich gibt es kein empfehlenswertes Ziel für Urlaub mit Kindern, egal, was Ihnen die nette Dame im Reisebüro oder die Web-Seite im Internet auch versprechen mögen. Ob Sie in die Berge fahren oder an die See, ob Sie im trauten Deutschland, respektive Europa bleiben oder den Sprung nach Übersee wagen – Ihre lieben Kleinen werden immer etwas zu nörgeln haben, unzufrieden sein und Ihnen den lang ersehnten und vor allem teuer bezahlten Urlaub vermiesen. Denn Reisen mit Kindern ist nicht nur anstrengend, sonder auch überdurchschnittlich teuer. Alle Reiseveranstalter,

Ferienhausvermieter, Fluggesellschaften und wer sonst noch in Sachen Touristik sein Geld verdient, wissen natürlich genau, dass Familien mit Kindern nur in den Ferien verreisen können. Pünktlich zum Ferienanfang schnellen dann die Preise in schwindelerregende Höhen. Da erweisen sich auch die dick herausgestrichenen Kinderermäßigungen lediglich als Tropfen auf den heißen Stein.

Am besten schicken Sie Ihre Kinder unter Vorspiegelung falscher Tatsachen in ein Ferienlager, geben für den Notfall die Telefonnummer der Großeltern an, stellen Ihr eigenes Telefon ab und genießen zwei Wochen kostbarer Ruhe vor dem Sturm. Denn der wird spätestens dann losbrechen, wenn Ihr Nachwuchs mit Bergen von schmutziger Wäsche entnervt nach Hause kommt und Ihnen sehr deutlich sagt, was er von Ferienlagern im Allgemeinen und Ihnen im Speziellen hält.

Ähnlich wie mit dem Urlaub verhält es sich mit der Gestaltung der spärlichen Freizeit, die im Zusammenleben mit Kindern noch verbleibt. Ob Sie einen gemeinsamen Tagesausflug planen, einen Kinobesuch oder zusammen Sport machen wollen – das Desaster ist vorprogrammiert. Schon beim Aufbruch von zu Hause gibt es in der Regel Streit darüber, was mitzunehmen ist oder wer im Auto wo sitzen darf. Doch das ist nur der Anfang.

GRUND 27: WANN SIND WIR ENDLICH DA?

»Mamaaaa! Wann sind wir endlich da?« Die Stimme erklingt hinter mir, kaum dass wir die Straße, in der wir wohnen, verlassen haben. 600 Kilometer liegen noch vor uns. Wenn alles gut geht zirka fünf Stunden Fahrt. »Vielleicht hätten wir die Kinder doch besser zu Hause lassen sollen«, wende ich mich mit verhaltener Stimme an meinen Mann. »Ach was«, erwidert der großspurig. »Der Großvater wird sich freuen, wenn wir sie mitbringen.« Na, ich weiß nicht.

»Papaaa!« – »Ja, mein Schatz?« – »Hältst du gleich bei McDonalds?« – »Wir haben doch gerade erst gefrühstückt.« – »Ich hab aber schon wieder Hunger.«

»Vielleicht hättest du dann mehr als ein Viertelbrötchen mit Marmelade essen sollen«, antworte ich, bevor mein Mann in seiner Sonntagslaune Gelegenheit erhält sich auf Dinge einzulassen, die unseren gesamten Zeitplan durcheinanderbringen. »Ja, aber ...« – »Wenn du Hunger hast, kannst du eins von den Brötchen essen, die ich aufgeschmiert habe. Sie sind in dem Korb, der zwischen euch steht.« Beleidigtes Schweigen antwortet mir von der Rückbank. Das fängt ja gut an. Aber immerhin ist Ruhe. Mein Mann trällert neben mir ein fröhliches Liedchen, während er den Wagen auf die Autobahnauffahrt lenkt. Die Sonne scheint und eigentlich ist es doch ganz schön. Entspannt lehne ich mich zurück.

»Oh, oh«, höre ich da von hinten. All meine Sensoren schalten sofort auf Alarm. »Was ist passiert?«, frage ich scharf. »Och, eigentlich nichts, Mäxchen hat nur ein bisschen Saft verschüttet.« – »Servietten sind auch in dem Korb.« Es raschelt auf der Rückbank und die leisen Stimmen der Kinder vermischen sich mit der Musik aus dem Radio und dem gleichmäßigen Brummen des Motors. Ich schließe die Augen.

»Mamaaa ...« – »Jaaa?« Meine Augen öffnen sich unwillig. – »Haben wir irgendwo noch mehr Servietten?« – »Noch mehr Servietten?« – »Ja.« – »Wieso, da war doch ein ganzer Stapel im Korb?« – »Ja, äh, die sind alle nass.« – »Nass?!?« Die Müdigkeit ist verflogen und ich fahre herum. Ein Bild des Schreckens bietet sich mir.

»Was ist denn passiert?«, will mein Mann wissen. – »Ist hier irgendwo eine Raststätte in der Nähe?«, frage ich, statt zu antworten, während ich den Sicherheitsgurt löse, um mehr Bewegungsfreiheit zu haben. – »Da sind wir gerade dran vorbei gefahren, aber ich kann auf dem nächsten Parkplatz anhalten, wenn du möchtest.« – »Das wäre vielleicht ganz gut«, erwidere ich mit mühsam beherrschter Stimme und funkle meine beiden Söhne wütend an.

Fünf Minuten später rollt der Wagen auf einem mit Bäumen bestandenen Parkplatz aus.

Die Jungs springen aus dem Auto und entfernen sich wohlweislich ein Stück. Vater wird etwas weiß um die Nase, als er
etwa einen Liter Orangensaft gleichmäßig auf der Rückbank seines Firmenwagens verteilt sieht. Kaum haben wir die Besche-
rung beseitigt, sind die beiden kleinen Mistkerle wieder um uns.

»Ich muss mal«, bemerkt der Ältere. – »Dann geh da an den
Straßenrand«, sagt mein Mann, während er einen Arm voll nas-
ser Servietten im nächsten Mülleimer versenkt. Alles klebt und
ein durchdringender Geruch nach Orangen durchzieht das
ganze Auto.

Nachdem wir das mitgenommene Mineralwasser und sämtliche Papiervorräte wie eine angebrochene Rolle Klopapier und
einige Packungen Papiertaschentücher zum Reinigen aufge-
braucht haben, sitzen wir schließlich wieder im Auto. Wenig
später sind wir dann endlich startklar. Unser Familien-
oberhaupt lässt den Motor an –

und schnüffelt irritiert.

»Sag mal, was stinkt hier denn so?« – »Bäh, das riecht ja, als
hätte einer in die Ecke geschissen«, kreischt unser Jüngster. –
»Mäxchen!« entfährt es meinem Mann und mir gleichzeitig,
aber wir müssen ihm recht geben. Es riecht tatsächlich, als hätte
einer ins Auto geschissen.

»Ähm«, kommt es von unserem Ältesten. Drei Paar Augen
richten sich mit durchdringender Schärfe auf ihn. »Hast du in
die Hosen gemacht?«, quiekt unser Jüngster vorlaut. – »Nein,
äh, aber ich glaube, ich bin da in etwas reingetreten –« Mein
Mann und ich wechseln einen entsagenden Blick. »Hättest du
das nicht vor dem Einsteigen sagen können?«, fragt er mit un-
verhohlenem Ekel. – »Da hab ich das noch gar nicht bemerkt.«
Na, klasse. Motor wieder aus, alle raus aus dem Auto und –

sich ekeln.

Unser Großer hatte – wenn schon, denn schon – natürlich
einen Volltreffer gelandet und die weiche braune Masse beim
Einsteigen akribisch im Auto verteilt. »Ich hab dir gleich gesagt,

lass uns ohne die Kinder fahren«, zische ich meinem Mann zu, während wir die kontaminierte Fußmatte im Mülleimer entsorgen und mit einer Zeitung – dem Einzigen, was noch an Papier im Auto ist – notdürftig die Flecken von der Rückseite des Beifahrersitzes entfernen. »Das nächste Mal, mein Herz«, lächelt er angespannt, »das nächste Mal werde ich deinen Rat sicher nicht in den Wind schlagen.«

Schließlich und endlich sind wir wieder unterwegs. Unserem Zeitplan hinken wir inzwischen um gut eine Stunde hinterher und von hinten meldet sich eine kleine Stimme: »Mamaaa, wann sind wir endlich da?«

Grund 28: »Nicht ohne meine Kuschels!«

»Es geht los, Kinder«, ruft Mutter fröhlich ihre Mannschaft zusammen. Vater und Sohn tauchen auf, nur von der fünfjährigen Tochter keine Spur.

»Hat einer von euch –«, beginnt Mutter an ihre Männer gewandt, da hört sie aus dem Kinderzimmer eine kleine Stimme. »Mama, kannst du mir mal helfen?« Da steckt sie also. Mutter öffnet die Tür und prallt zurück. »Was machst du denn da?« – »Ich packe nur meine Kuschels ein«, erwidert ihre Tochter, die inmitten all ihrer Kuscheltiere auf dem Fußboden sitzt, mit unschuldigem Augenaufschlag. »Die wollen den Film doch auch sehen.« Mutter knirscht leise mit den Zähnen. »Das glaube ich dir gern«, sagt sie beherrscht, »aber die können nicht alle mit. Du kannst deinen Lieblingskuschel mitnehmen, die anderen bleiben zu Hause.« Tränen springen in die Augen ihrer Tochter. »Dann bleibe ich auch zu Hause!«, ruft sie aus und schmeißt sich in das Gewühl aus Teddynasen, Hundebeinen und Hasenohren. – »Hör zu, Kleine –«, Mutter versucht es beschwichtigend, » – die sind alle noch viel zu klein, um ins Kino zu gehen.« Die Tochter unterbricht ihr Schluchzen und lugt unter einer großen Stoffkatze hervor. »Ich denke, der Film ist ohne Altersbeschränkung«, bemerkt sie altklug. Mutter schluckt. Jetzt heißt es schlagfertig sein.

»Ja, natürlich für Menschen, aber nicht für Kuscheltiere«, rettet sie sich aus der prekären Situation und verlässt das Zimmer.

Wenig später erscheint Töchterchen in der Tür. Ihr Lieblingsteddy hängt in ihrem Arm und auf dem Rücken hat sie ihren Rucksack, aus dem hier ein pelziges Bein und dort ein Stoffarm herauslugt. »Was –«, setzt Mutter an. – »Sie sind alle über sechs, Mama«, unterbricht das Mädchen sie mit ernstem Gesicht. »Die Kleinen bleiben zu Hause.«

GRUND 29: EIN VERMÖGEN FÜR EINEN SPIELPLATZ

»Patrick hat mir erzählt, dass es hier einen ganz tollen Spielplatz gibt«, kräht der jüngste Spross der Familie. – »Wir sind aber eigentlich hierher gekommen, um uns die Tiere anzusehen«, erwidert Mutter geduldig. – »Wo sind die denn?«

Vater blättert in dem Zooführer, den es trotz eines Eintrittspreises von rund 100 Mark für eine vierköpfige Familie zu seinem persönlichen Entsetzen nicht gratis dazu gab. »Hier gleich im ersten Gehege sind die Braunbären«, informiert er seine Familie.

»Die bewegen sich ja gar nicht. Sind die tot?«, will der Kleine wissen. – »Quatsch, die schlafen«, antwortet seine große Schwester. – »Das ist ja langweilig.« Der kleine Junge sieht zu seinem Vater auf, der noch immer in dem Zooführer blättert. »Hast du den Spielplatz schon gefunden?«

Vater wirft ihm über den Rand seiner Brille hinweg einen insistierenden Blick zu. »Nein, aber die Elefanten.« – »Wo denn?« – »Wir müssen den Weg hier runter gehen und dann ...« – »Ist das in der Nähe vom Spielplatz?« – Vater seufzt. »Lass uns erst einmal losgehen.«

»Die sind ja süß«, ruft die Tochter der Familie nach der ersten Biegung aus und bleibt entzückt vor einem Gehege mit afrikanischen Ziegen stehen. Während dessen erspäht ihr kleiner Bruder auf der anderen Seite des Weges die Eisflagge eines Kiosks. Um Aufmerksamkeit heischend zerrt er an Mutters Ärmel. »Mamaaa, krieg ich ein Eis?« – »Jetzt noch nicht, wir sind doch gerade erst gekommen.« – »Mir ist aber so warm. Und wenn wir schon nicht zum Spielplatz gehen ...« – »Also gut, aber mehr als ein Eis gibt es nicht.«

Wenig später erreichen sie das Freigehege der Elefanten. Ein paar der großen grauen Dickhäuter stehen am Zaun und recken den zahlreichen Menschen auf der anderen Seite ihre Rüssel entgegen.

»Oh, toll!«, kreischt der kleine Junge. »Ich will auch die Elefanten füttern.«

Bevor seine Eltern sich versehen, hat er sich durch die anderen Besucher hindurch an den Zaun gedrängt. Einen Augenblick später jedoch hören alle einen empörten Aufschrei, dem ein kleiner Tumult genau an der Stelle folgt, an dem das jüngste Familienmitglied eben gerade verschwunden war.

»MAMA! PAPA! DER ELEFANT HAT MEIN EIS GEFRESSEN!« Mutter nimmt ihr frustriertes Kind in den Arm. »Ist ja schon gut. Nicht mehr weinen. Hast du dich so erschrocken?« Der Kleine sieht zur ihr auf. »Nein. Ich habe mich nicht erschrocken«, erklärt er bestimmt. »Aber dieser scheißfette Elefant hat mein Eis gefressen! Elefanten sind blöd! ICH WILL JETZT AUF DEN SPIELPLATZ!«

»Pass auf«, mischt sich Vater beruhigend ein. »Wir kaufen dir jetzt ein neues Eis und dann gehen wir weiter.« – »Ich will kein neues Eis«, schreit der Kleine und bricht erneut in Tränen aus. »Ich will auf den Spielplatz.«

»Aber wir haben doch die Affen noch gar nicht gesehen«, versucht Mutter es, »und die Seehunde. Wenn wir uns beeilen, können wir zusehen, wie sie gefüttert werden.« – »Ich will nicht sehen, wie die Seehunde gefüttert werden. Das erinnert mich bloß daran, wie der Elefant mein Eis gefressen hat. ICH WILL JETZT AUF DEN SPIELPLATZ!«

Trotzig schmeißt er sich auf den Boden.

»Jetzt! Jetzt will ich auf den Spielplatz!«

Menschen bleiben kopfschüttelnd stehen.

»Der arme Kleine«, sagt eine Frau, »so gehen Sie doch mit ihm auf den Spielplatz. Es ist wirklich sehr schön dort.« Die Ader an Vaters Hals tritt hervor. »Ich habe nicht –«, beginnt er. Mutter legt beschwichtigend eine Hand auf seinen Arm. Vaters Mund schließt sich wieder, aber die Ader an seinem Hals pocht weiter.

Wenig später sitzen sie am Rand des Spielplatzes. Beide Kinder vergnügen sich auf der endlos langen Rutsche und Mutter streckt mit einem wohligen Laut die Beine in die Sonne.

Vater knurrt leise.

»Was hast du gesagt?«, fragt seine Frau.

»Ich habe gesagt – und das hätte ich auch der Dame am Elefantengehege gesagt, wenn du mich nicht daran gehindert hättest – dass ich normalerweise nicht einhundert Mark dafür ausgebe, nur um mit meinen Kindern auf den Spielplatz zu gehen.«

GRUND 30: WAS FISCHBRÖTCHEN UND KING KONG GEMEIN HABEN

Für einen Jahrmarktsbesuch mit Kindern brauchen Sie vor allem drei Dinge: Mehr Geld, als sie ursprünglich für diesen Ausflug eingeplant haben, starke Nerven und einen belastbaren Magen. Bereiten Sie sich darauf vor, dass sämtliche vorher getroffene Absprachen mit Ihren Kindern beim Betreten des Jahrmarktsgeländes unwirksam werden, und starren Sie nicht schon von weitem entsetzt auf die großen Schleuder- und Schüttelgeräte, denn da müssen Sie gleich rein. Ihre Kinder wollen fahren und das möglichst schnell und mit Sicherheit nicht nur einmal – aber bitte nicht alleine. Und damit fängt der Horror an.

Bei dem, was die moderne Technik heute so möglich macht, gehört die Achterbahn mit doppeltem Looping und Schraube noch zu den harmloseren Vertretern ihrer Art. Richtig interessant wird es erst in Geräten, die Menschen in rasantem Tempo wie gelenklose Gliederpuppen durch die Luft wirbeln, auf den Kopf stellen und durchschütteln, bis der Gleichgewichtssinn kraftlos aufgibt und das eben verzehrte Fischbrötchen sich energisch seinen Weg nach draußen bahnt. Kinder finden das klasse, aber die essen auch keine Fischbrötchen.

Kleinere Kinder sind, dem Himmel sei dank, in diesen Geräten noch nicht zugelassen. Für sie gibt es harmlose bunte Kinderkarussells mit Autos und Flugzeugen. Es ist nicht immer ganz leicht für den kleinen Liebling den begehrten Platz hinter dem Steuer des Feuerwehrautos gleich neben dem Seil für die herrlich laute Alarmglocke zu bekommen, aber mit ein wenig Durchsetzungsvermögen und dem Einsatz spitzer Ellenbogen gegen allzu eifrige Eltern anderer kleiner Lieblinge sollte es zu schaffen sein. Ein paar Runden Ruhe vor dem Nachwuchs ist der Lohn der Angst, wenn dieser auch durch die penetrante Berieselung mit deutschen Schlagern etwas geschmälert wird. Aber freuen Sie sich nicht zu früh. Auch der Jahrmarktsbesuch mit Kindern unterhalb der »Top-Spin«-Grenze hat es in sich. Das merken Sie spätestens an der ersten Losbude. Um einen der überdimensionierten bunten Teddys, Käfer, Hasen oder, was auch immer in diesem Jahr aktuell ist, zu gewinnen, müssen Sie mindestens einen Eimer Lose erstehen. Denn natürlich wird Ihr kleiner Giftzwerg keine Ruhe geben, bevor er nicht auch so einen Staubfänger bekommen hat. Alle seine Kollegen laufen schließlich ebenfalls damit rum.

Ja, und dann ist da noch die Geisterbahn. Je kleiner Ihr Kind, desto größer sein Fantasie-Potential und desto lauter sein Organ, wenn es sich – bequem auf ihren Schultern sitzend, wobei der überdimensionierte Schlumpf, den es in diesem Jahr gab, ständig vor Ihrer Nase und Ihren Augen auf und ab baumelt – plötzlich King Kong gegenübersieht, der aus luftiger Höhe drohend seine Faust in Ihre Richtung schüttelt. Eingekeilt zwischen den Massen vergnügungssüchtiger Jahrmarktsbesucher ist ein schneller, unauffälliger Rückzug ausgeschlossen. Das panische Geschrei ihres Jüngsten angesichts der animalischen Bedrohung wird dem der weißen Frau in nichts nachstehen und etwa ebensoviel Aufmerksamkeit auf sich ziehen. Das ist peinlich, aber typisch für Unternehmungen mit Kindern.

GRUND 31: SAND ODER SANDWICH

Ein Strandausflug ist an sich eine schöne Sache. Bei azurblauem Himmel im Sand liegen, dem Rauschen der Brandung lauschen, ein bisschen schmökern oder Leute beobachten, ab und an im Wasser untertauchen und die Seele baumeln lassen. Klingt doch verlockend, oder? Ja, aber nur so lange, wie Sie sich nicht dazu verleiten lassen, Ihre Kinder mitzunehmen. Dann ist es nämlich vorbei mit dolce vita.

Zuerst geht ja alles noch gut. Begeistert werden die Kinder sich gleich nach der Ankunft ins kühle Nass stürzen. Eine wertvolle Viertelstunde, die Sie unbedingt für sich nutzen sollten, denn viel länger wird es nicht dauern, bis sie tropfnass und mit sandigen Füssen vor Ihrem Badehandtuch stehen und sich mit einem »Ich will auch ein bisschen in der Sonne liegen« ungefragt neben Sie fallen lassen.

Und los geht's.

Still »in der Sonne liegen« können Kinder nämlich maximal drei Minuten. Dann verlangt ihr ungebremster Bewegungsdrang Action. Also Buch beiseite gelegt, Schaufel gegriffen. Jetzt heißt es, Sandburgen bauen und in der auslaufenden Brandung nach Krebsen suchen, Muscheln sammeln und Quallen sezieren.

Wenn Sie schließlich die Flucht ins Wasser ergreifen um wenigstens einmal für ein paar Minuten allein sein zu können, um ungestört das Spiel der Sonne auf der Wasseroberfläche zu beobachten und dem leisen Plätschern der Wellen zu lauschen, dann wappnen Sie sich schon mal für das, was in der Zwischenzeit am Strand passiert.

Die Kinder haben nämlich Hunger bekommen und kurzerhand den Inhalt der mitgebrachten Kühlbox untersucht. Über das Resultat brauche ich mich wohl nicht weiter auszulassen.

Ja, und nach noch nicht einmal einem halben Tag am Strand sitzen Sie nun verschwitzt und abgekämpft auf ihrem feuchten Badetuch, in der Hand mehr Sand als Sandwich, und ihr Blick wandert auf ihre kinderlosen Strandnachbarn, die nach wie vor wohlig ausgestreckt und ungestört in der Sonne dösen, Welten von Ihnen entfernt. Und Ihnen wird eines sehr deutlich klar: Irgend etwas haben Sie falsch gemacht.

GRUND 32: ÜBERRASCHUNGSPICKNICK

»Wir sind da!«, verkündet Vater freudestrahlend. – »Hier?«, die Tochter sieht ungläubig aus dem Autofenster. »Hier ist doch nichts. Was sollen wir denn hier?« – »Abwarten«, verkündet Mutter geheimnisvoll.

Ein kleiner Feldweg windet sich an einer Reihe Pappeln entlang, irgendwo rauscht Wasser und das hohe Gras auf den Wiesen wiegt sich leise im leichten Sommerwind. Vater und Mutter nehmen einen Korb aus dem Kofferraum, Mutter klemmt sich noch eine Tüte unter den Arm. »Nun kommt schon«, rufen sie ihren Kindern zu, die etwas abseits stehen und das Geschehen vorsichtig distanziert beobachten. Im Schatten einiger hoher Pappeln stellt Vater den Korb ab. Mutter nimmt eine große karierte Decke heraus und breitet sie aus. Die Kinder setzen sich, noch immer zurückhaltend.

»Ein Picknick?«, fragt der Sohn ungläubig, während die Eltern Teller, Gläser und Besteck verteilen. – »Ja, ein Picknick«, lächelt Mutter ihn an, »und zwar ein richtig altmodisches, so wie wir es früher immer gemacht haben.« – »Aha.«

Die Tochter wirft einen Blick in den Korb und zeigt auf eine Schüssel. »Was ist das denn?«, fragt sie mit kaum verborgenen Ekel in der Stimme. – »Das ist Wackelpudding. Waldmeister und Kirsche«, erwidert Mutter ungerührt. »Das war früher unser Lieblingsnachtisch.«

»Was gibt's denn sonst noch zu essen?«, mischt sich der Sohn ein. – »Würstchen mit Kartoffelsalat«, erwidert Vater. – »Mmmpf – sind die Würstchen wenigstens warm?« – »Nein, natürlich nicht. Wie sollen wir hier draußen denn Würstchen warm machen?«, eine leise Dissonanz schleicht sich in Vaters fröhliche Stimme und er wird etwas lauter.

Das weitere Mahl verläuft schweigend.

»Fahren wir jetzt wieder zurück?«, fragt der Sohn hoffnungsvoll, als sie die Reste schließlich wieder im Korb verstauen. – »Noch nicht.« Auch Mutters Stimme wirkt inzwischen etwas bemüht. – »Was wollen wir denn noch hier? Hier ist doch nichts los.« – Mutter unterdrückt eine spitze Bemerkung, schluckt und erwidert mit neutraler Stimme: »Vielleicht Drachen steigen lassen?« – Der Sohn sieht überrascht auf. »Drachen steigen? Habt ihr etwa einen Drachen gekauft?« – Vater nickt stolz. »Zwei sogar.«

Anflüge von guter Laune kehren zurück. »Lass sehen!«

Vater packt die schönen alten Drachen mit ihren Adler- und Habichtmotiven aus. »Wir müssen sie nur noch zusammenstecken.« Sohnemann starrt ungläubig auf das Gewirr aus Plastikfolie und Holzstäben. »Was hast du dir denn da andrehen lassen? Das sind doch diese Billigdinger aus dem Supermarkt für dreifuffzig.« Gelangweilt lehnt er sich zurück. »Die sind doch echt öde. Total überholt.« Er wirft seinem Vater einen leicht überheblichen Blick zu. »Heute kauft man Lenkdrachen,

Papa.« Die Adern an Vaters Hals treten hervor, er atmet plötzlich schwer. »So, Lenkdrachen kauft man heute«, erwidert er mit gepresster Stimme. Die Holzstäbe der Drachen knacken unter seinem festen Griff, als er sie wieder zurück in die Tüte packt.

»Da sich das mit dem Drachensteigen wohl erledigt hat, können wir jetzt doch zurückfahren, oder?«, mischt sich die Tochter ein, »ich bin nachher noch mit Anna verabredet.« Mutter fährt auf. »Vielleicht würden dein Vater und ich gern noch ein wenig hier bleiben. Hast du darüber schon einmal nachgedacht oder denkst du immer nur an dich?«

»Diese Kinder denken immer nur an sich«, wirft Vater genervt ein, »oder hast du das schon einmal anders erlebt?« – »Was soll das denn jetzt werden? Die große Abrechnung?« Sohnemann steht auf. »Ohne mich. Ich hatte auf eure Scheißidee sowieso keinen Bock.«

Seine Schwester schließt sich ihm solidarisch an. »Ich erst recht nicht. Wenn ihr uns sucht: Wir warten beim Auto.«

Zurück bleiben die Eltern auf ihrer karierten Decke vor ihrem Picknickkorb – frustriert und ihrer Illusionen beraubt.

GRUND 33: PFERDE-MANIA

Es gibt eine geniale Art zumindest kleine Mädchen in den Ferien für mehrere Wochen loszuwerden, ohne dass es deswegen im Nachhinein Klagen gibt – jedenfalls nicht von Seiten der Töchter.

Schicken Sie Ihr Sonnenscheinchen in Reiterferien.

Kleine Mädchen – und auch manche ältere – lieben Pferde. Warum das so ist? Vielleicht besitzen sie ein gemeinsames Gen, sprechen dieselbe Sprache, riechen gleich – der Möglichkeiten gibt es viele. Welche davon zutrifft, finden Sie ja unter Umständen selbst heraus, sobald Sie eine Tochter haben, die vom Virus »Pferd« infiziert ist.

Und damit wären wir auch gleich beim Kernproblem unserer genialen Idee. Dass die Sache einen Haken hat, haben Sie sich nach bislang aufmerksamer Lektüre dieses Buches sicher schon gedacht, und ich sage Ihnen, Sie liegen richtig. Denn alles, was mit Kindern zu tun hat und sich positiv anlässt, kommt letztlich doch ganz dicke. Das liegt einfach in der Natur der Dinge. Und so ist das auch hier: Einmal Pferd, immer Pferd.

Diese kurze Formel heißt im Klartext: Sie können Ihr Herzchen nicht einfach zwei Wochen in Reiterferien schicken und denken, danach wäre die Angelegenheit erledigt. Einmal infiziert, leidet Ihr Töchterchen an der Pferde-Manie, die sich frühestens mit dem Erwachsenwerden legt, also dann, wenn das andere Geschlecht die Rolle des edlen Hengstes im Leben der jungen Damen einnimmt.

Und für Sie heißt das: Harte Zeiten. Teure Zeiten. Stapelweise »Wendy« (einschlägige Werbezeitschrift) im Kinderzimmer. Pferdeposter, wo die Wände es zulassen. Reitunterricht. Ein eigenes Pferd. Sie werden ein Vermögen in Reitkleidung und Zubehör investieren und Möhren nur noch Sackweise erwerben. Aber das ist alles nichts gegen Ihre kostbare, knappe Freizeit, die Sie fortan in stinkenden Pferdeställen und zugigen Reithallen vergeuden werden. Das ist nichts gegen die langen, kalten Wochenenden, die Sie auf regendurchweichten Turnierplätzen erwarten. Das klingt wie die Hölle? Ich sage Ihnen, es ist die Hölle. Fragen Sie meine Eltern.

Grund 34: Dann lieber abstürzen

Über das Fliegen an sich gehen die Meinungen weit auseinander. Zum Fliegen mit Kindern gibt es eigentlich nur eins zu sagen: Es ist eine Katastrophe.

Das beginnt schon beim Einchecken.

Natürlich wollen alle einen Fensterplatz. Aber zumindest die Kleinen wollen auch alle neben Mama sitzen. Das impliziert auf jeden Fall schon einmal, dass Mama keinen Fensterplatz bekommt. Wegen des Babys hätte Mama aber gern einen Platz mit ein wenig mehr Fußfreiheit, schließlich muss sie sich mit dem kleinen Stressbeutel die nächsten Stunden auf ihrem Schoß arrangieren.

»Warum kann ich nicht auch auf deinem Schoß sitzen?«, fragt sein nächst älteres Geschwisterchen. Die Dame am Schalter lächelt huldvoll. »Dann hat deine Mama ja gar keinen Platz mehr im Flugzeug.« – »Das hat sie auch so kaum«, murmelt Mama, schultert das Bordgepäck, rückt das Baby auf der Hüfte zurecht, greift nach den Bordkarten und steuert, nachdem sie sich vergewissert hat, dass die Kinder vollzählig sind, das Gate an.

An Bord gibt es trotz vorheriger Absprachen erst einmal Gerangel um die Plätze.

»Ich will aber neben Mama sitzen!« – »Nein ich!« – »Mama hat aber gesagt – »

Mama hat gesagt, dass die Älteste neben ihr sitzen soll, damit sie ihr mit dem Baby helfen kann.

»Darauf hab ich aber keinen Bock. Ich will lesen und überhaupt –« Ein drohender Blick von Mama bringt sie zum Schweigen.

Schließlich sitzen alle. Mama, die schmollende Große und das Baby in Reihe 8, die Zwillinge dahinter. Das Bordgepäck ist verstaut, die Gurte angelegt. Das Flugzeug rollt an. »Und was ist, wenn wir abstürzen?«, hört Mama von hinten eine kleine Stimme. »Müssen wir dann sterben?« –

»Wir stürzen nicht ab«, erwidert Mama bestimmt. – »Das weißt du nicht. Natürlich können wir abstürzen. Stell dir doch einfach nur mal vor, es würde uns in der Luft zerreißen!«

Die Dame neben der Großen gibt einen erstickten Laut von sich und sieht plötzlich noch blasser aus als vorher. Mutter schenkt ihr ein bemühtes Lächeln. »Kinder«, sagt sie entschuldigend.

»Ja, oder wir werden entführt«, schlägt jetzt der zweite Zwilling vor. Mama hört, wie der Sicherheitsgurt aufschnappt und er sich auf seinen Sitz stellt. – »Setz dich sofort wieder hin«, faucht sie nach hinten. – »Ich muss doch gucken, ob hier einer ist, der so aussieht wie ein Flugzeugentführer.« – »Nein, du musst dich jetzt hinsetzen und anschnallen. Wir fliegen gleich los.« – »Hallo, junger Mann, du musst dich setzen«, hört Mama die Stimme der Stewardess, die sich lautlos von hinten genähert hatte. – »Das geht nicht. Da hinten ist ein Flugzeugentführer«, gibt der Zwilling kund. Mama hört, wie die Stewardess nach Luft schnappt.

Wenig später sind sie in der Luft. Mama atmet auf. Das wäre geschafft. Das Baby schläft noch immer und die anderen Kinder sind auch friedlich. Erschöpft schließt sie die Augen. Wenig später wird sie von dem Geklapper von Geschirr geweckt.

»Es gibt etwas zu essen!«, hört sie da auch schon die aufgeregten Stimmen ihrer Zwillinge.

Tische werden ausgeklappt, Essensgerüche durchziehen die Flugzeugkabine. »Das riecht aber nicht gut«, bemerkt einer der Zwillinge. – »Du brauchst ja nichts zu essen«, ertönt erstmals die Stimme der Großen neben Mama. – »Ich hab aber Hunger!«

Mama kann ihren Tisch wegen dem Baby nicht ausklappen. Außerdem ist ihr rechter Arm, auf dem das Baby liegt und immer schwerer wird, eingeschlafen. Die Stewardess stellt das Tablett für sie mit auf den Tisch der Großen, was deren Laune nicht gerade verbessert.

»Jetzt hab ich hier überhaupt keinen Platz mehr zum Essen«, mault das Mädchen, macht eine ausholende Bewegung und stößt dabei ihr Getränk um, das sich in hohem Bogen über das Baby ergießt.

Das Baby schlägt die Augen auf. Atmet einmal tief ein und im nächsten Augenblick erfüllt ein durchdringendes Geschrei das ganze Flugzeug. Ein Geschrei, das trotz aller Bemühungen von Seiten Mamas und der Stewardessen die nächsten anderthalb Stunden anhält. Erst dann schläft Mamas jüngster Spross vor Erschöpfung wieder ein.

Zum Essen ist Mama nicht gekommen und die Dame neben der Großen hat inzwischen ihren Sitzplatz gewechselt. Auch die anderen Passagiere gucken alles andere als froh, wenn sie beim Gang zur Toilette einen zufälligen Blick auf Mama erhaschen.

»Sag mal, ist dir das nicht peinlich, wenn unser Baby hier so einen Krach macht? Zum Glück ist das jetzt vorbei«, bemerkt einer der Zwillinge von hinten, als Mama sich erschöpft in ihrem Flugzeugsitz zurücklehnt. – »Auch nicht peinlicher, als wenn du hier unschuldige Menschen als Entführer betitelst«, erwidert Mama mit matter Stimme.

Ihr Magen knurrt. »Haben wir irgendwo noch Kekse?«, wendet sie sich an die Große. – »Die haben die Zwillinge gegessen.« – Mama seufzt. »Na ja, wir sind ja wohl auch bald da.«

Am Flughafen erwartet sie Papa. Die Zwillinge werfen sich mit lautem Hallo in seine Arme, die Große lächelt ihm huldvoll zu und Mama –

Papa sieht den verbissenen Zug um ihren Mund, nimmt ihr schweigend das Baby aus dem Arm und drückt ihr stattdessen eine Tüte mit einem dickbelegten Sandwich und einem Becher Kaffee in die Hand, was er wohlweislich alles schon gekauft hatte. Das letzte Mal war nämlich er mit den Kindern geflogen.

GRUND 35: »DAS IST DOCH ALLES SCHEISSE HIER«

Wunderbar. Da haben Sie eine Menge Geld ausgegeben und Ihren ganzen Clan quer über den Atlantik gekarrt, um ihm das große, wunderbare Amerika zu zeigen, und was macht Ihr Ältester?

Übellaunig stößt er die Tür des Wohnmobils auf, wirft einen flüchtigen Blick auf die grandiose Landschaft und bemerkt genervt: »Das ist doch alles Scheiße hier.«

Und warum? Weil er gestern auf dem Fughafen nicht rauchen durfte. Weil ihn in der Nacht eine Mücke genervt hat. Und weil es zum Frühstück keine Nutella gab.

So ist das nun einmal mit Kindern. Sie sind unflexibel und intolerant. Ihre eigenen Bedürfnisse gehen ihnen über alles und unter ihren Launen hat die ganze Familie zu leiden.

Da können Sie ihnen auf einem Silbertablett das siebte Weltwunder offerieren, wenn den jungen Herrschaften kurz zuvor irgendeine Laus über die Leber gelaufen ist, werden sie die Pyramiden von Gizeh, die Akropolis oder den Grand Canyon bestenfalls mit einem Schulterzucken kommentieren, in der Regel jedoch schlichtweg ignorieren.

Und außerdem, liebe Eltern, haben sie das alles »schon einmal im Fernsehen gesehen«. Also, macht mal halblang und regt euch nicht so auf. Das verdirbt einem ja den ganzen Urlaub.

GRUND 36: FREMDE LÄNDER, FREMDE SITTEN

Warum gibt es auf der Welt nicht einheitliche Standards? Muss jedes Land, jeder Kulturkreis wirklich seine eigenen Gebräuche, Sitten und Essgewohnheiten haben?

»Ja, natürlich«, werden Sie sagen (wenn Sie keine Kinder haben), »sonst könnten wir ja auch zu Hause bleiben.«

»Einheitliche Standards?«, werden Sie begeistert aufkreischen (wenn Sie Kinder haben), »warum ist da nicht schon viel früher einer drauf gekommen?«

Mit zu den schlimmsten Dingen in einem Urlaub mit Kindern gehört nämlich das ständige Genörgel der lieben Kleinen darüber, dass alles ganz anders ist als zu Hause und überhaupt nicht so, wie sie es sich vorgestellt haben. Der Strand ist zu steinig und die Sonne zu hell. Das Frühstück im Hotel ungenießbar und das Wasser im Swimmingpool zu stark gechlort. Der Mietwagen ist zu klein, die Straßen zu schlecht. Und warum, bitte schön, sprechen die Menschen nicht unsere

Sprache? Warum sind sie so komisch gekleidet, dass man sich sofort wie ein Fremder vorkommt?

Doch damit nicht genug. Mit ihrer Intoleranz und Unaufgeschlossenheit bringen uns die kleinen Querulanten außerdem ständig in unangenehme Situationen. Wer läuft in die Moschee mit Schuhen hinein? Ja, natürlich, Ihre Tochter. Wer pinkelt gegen das »Marterl« am Straßenrand? Niemand anders als Ihr Sohn. Irgendwann während dieses Urlaubs werden Sie Ihre undankbaren kleinen Parasiten so satt haben, dass Sie sich schwören nie wieder, aber auch wirklich nie wieder gemeinsam mit ihnen zu verreisen.

Ein seltener, lichter Moment der Erkenntnis. Sie sollten daran festhalten.

GRUND 37: WIESO KULTUR?

Sie wollen mehr vom Urlaub, als nur am Strand liegen und nichts tun? Kirchen, Burgen, Schlösser besichtigen – womöglich gar ein Museum? Eintauchen in die Kultur Ihres Gastlandes, die Geschichte des Abendlandes?

Na, ich bitte Sie – das können Sie Ihren Kindern doch nicht antun.

Kinder interessieren sich nicht für architektonische Meisterleistungen des ausgehenden 16. Jahrhunderts. Rembrandt, Goya und DaVinci können ihnen gestohlen bleiben. Geschichtsträchtiger Boden, Geburtshäuser bedeutender Persönlichkeiten – Orte, an denen wir vor Ehrfurcht erschauern, lassen sie kalt.

Fakt ist: Kinder und Kultur lassen sich nicht miteinander vereinbaren.

Für Kultur braucht man Zeit und Ruhe und nicht eine quengelnde Horde infantiler Ignoranten, die einen ständig mit Fragen wie »Krieg ich ein Eis?« oder »Wann sind wir hier endlich fertig?« aus der Betrachtung gotischer Spitzbögen oder der Meditation über einen Picasso reißen.

Es gibt also nur ein Entweder-Oder: Entweder Sie verreisen mit Ihren Kindern oder Sie machen in Kultur. Entscheiden Sie sich.

GRUND 38: KANN ICH MIR WAS KAUFEN?

Wenn Sie Kinder haben, kennen Sie diesen Satz. Zusammen mit der Kurzform »Krieg ich was?« ist es die von Kindern am häufigsten gebrauchte Wortkombination außerhalb der eigenen vier Wände.

Natürlich ist die Fahrt in den Urlaub keine Ausnahme von dieser Regel. Und die Erfahrung hat uns längst gelehrt, dass jedes der dort so teuer erstandenen und begehrten Stücke sich zu Hause alsbald in einen gar nicht mehr so begehrten Staubfänger verwandelt.

Machen Sie mal den Test.

Wühlen Sie ganz hinten in den Schränken Ihrer kleinen Gierschlunde – oder dahinter. Da finden Sie sie dann, die niedlichen Holzfischerboote aus dem Dänemark-Urlaub von vor drei Jahren, die Takelage zerbrochen, der Lack abgekratzt – bei ihrem verwahrlosten Anblick erinnern Sie sich plötzlich der Tränen, die es damals in Skagen gegeben hatte, weil Sie sie ihrem jüngsten Sohn nicht hatten kaufen wollen. Ja, und daneben, in einem vergessenen Häufchen Staub, die zehn Zentimeter große Nachbildung des Eifelturms von dem Ausflug nach Paris während ihres Frankreich-Urlaubs im vergangenen Jahr. Behutsam nehmen Sie sie auf, pusten den Staub aus dem Zinnguss und sehen mit einem Mal wieder den Souvenirstand am Ufer der Seine vor sich, wo Ihnen Ihre Tochter für das Modell bestimmt dreißig Franc aus dem Kreuz geleiert hatte.

Und dann liegt da noch die Hexenpuppe aus der Schweiz, auf ihrem inzwischen abgebrochenen Besen in trauter Zweisamkeit mit einem blitzroten Ferrari, den es auf irgendeiner Autobahntankstelle in Italien zu kaufen gab ...

Ach, Ihren nächsten Urlaub verbringen Sie in England? Auch nicht schlecht. Die Briten lieben Kitsch und Tand. Ihre Kinder werden dort sicher auf ihre Kosten kommen – und Sie auch.

V. KINDER UND GELD

Kinder und Geld sind ein unvereinbarer Widerspruch. Wer Kinder hat, hat kein Geld, selbst wenn er Geld hat. Denn Kinder sind nicht lieb, sondern teuer. Und sie sind Sammler.

Sie denken jetzt an die glänzende Kastanie in der Jackentasche? Die zauberhafte Muschel- und Steinsammlung oder den ausgetrockneten Froschkadaver in der Schublade des Schreibtisches? Träumen Sie weiter. Solche Sachen sammeln Kinder nur in alten Filmen und in Büchern von Astrid Lindgren. In Wirklichkeit sind Kinder skrupellose Materialisten und in der Art ihre Eltern auszubeuten mindestens ebenso erfolgreich und ausgekocht wie der milliardenschwere Erpel Dagobert bei seinem ewig auf der Verliererseite stehenden Neffen Donald.

Kinder sammeln vor allem Geld, am liebsten in Scheinen, und Statussymbole in Form von teurem Markenspielzeug, Markenbekleidung oder Merchandisingartikeln von Borussia Dortmund oder Michael Schuhmacher. Diese Liste lässt sich mit ausreichend Fantasie beliebig erweitern. Außerdem erwarten die lieben Kleinen von ihren Eltern selbstverständlich eine adäquate Imagepflege.

Grund 39: Der Wert des Geldes

So lange ein Kind sich noch in dem Stadium befindet, dass es Ein- oder Zweipfennigstücke für einen unermesslichen Reichtum hält, lässt sich die Gier in der Regel auf einen gut gefüllten Topf mit den begehrten Kupferlingen beschränken. Aber wehe, wenn es sein erstes Silberstück von einer lieben Tante erhält oder im Kindergarten von einem seiner kleinen Spießgesellen über den wahren Wert des Geldes aufgeklärt wird. Vorbei ist es mit dem monetären Familienfrieden.

GRUND 40: TASCHENGELD

Was folgt, ist der unvermeidliche Ruf nach dem ersten wirklich eigenen Geld – dem Taschengeld.

Machen Sie sich auf harte Tarifkämpfe gefasst und halten Sie sämtliche Tabellen und Vorschläge, die Jugendämter und andere kinderfreundliche Organisationen zu diesem Thema herausgegeben haben, unter Verschluss. Die dort angegebenen monatlichen Beträge werden mit Sicherheit weit über dem liegen, was Sie zahlen können. Denn das Taschengeld selbst stellt tatsächlich nur den monatlichen Rumpfbetrag dessen dar, was Sie an direkten finanziellen Aufwendungen für Ihre Kinder berechnen müssen.

Kinder sind nämlich wahre Meister darin ihren Eltern Geldbeträge beliebigen Ausmaßes aus dem Kreuz zu leiern und die Bemerkung »Dafür hast du doch dein Taschengeld« wird in der Regel nicht mehr als mildes Erstaunen und einen ungläubigen Augenaufschlag hervorrufen: »Wieso Taschengeld? Das musste ich noch nie von meinem Taschengeld bezahlen.«

GRUND 41: GERISSENE KLEINE GESCHÄFTSLEUTE

Emsig bemüht ihren Sparstrumpf zu füllen stellen Kinder ihren Eltern jedes freundliche Lächeln, jede herzliche Bemerkung sofort in Rechnung. Seien Sie also auf der Hut, wenn Ihr kleines Sonnenscheinchen sich plötzlich besonders liebenswürdig zeigt. Alle Alarmglocken sollten schrillen, wenn diese ungewohnte Liebenswürdigkeit außerdem mit einer außerordentlichen Hilfsbereitschaft gepaart ist. Dann wird es richtig teuer.

Angriff ist in diesem Fall die beste Verteidigung. Am besten bauen Sie sich gleich vor Ihrem Nachwuchs auf, wenn er/sie freiwillig beginnt die Spülmaschine auszuräumen, den Müll rauszubringen oder Rasen zu mähen, und fragen mit barscher Stimme: »Wie viel?«. So vermeiden Sie es, von der eigenen Rührung über das ungewohnte Bild ihres emsigen Kindes überwältigt zu werden. Denn das würde das Ganze noch teurer machen. Glauben Sie übrigens nicht, um das Zahlen herumzukommen. Das wird Ihnen nicht gelingen. So ist das nun einmal mit Kindern. Aber zumindest um Schadensbegrenzung sollten Sie bemüht sein.

GRUND 42: MONOPOLY

»Ich würde sagen, es sieht schlecht aus für dich«, konstatiert der Sohn trocken und wirft seiner Mutter einen kurzen Blick zu. Acht. Ein Wurf, der Mutters Schicksal endgültig besiegelt.

»Damit kommst du auf die Parkstraße. Das würde deine Schulden bei mir noch einmal um 12.000 erhöhen«, dringt die kühle Stimme ihres Filius wie durch einen Nebel an ihr Ohr.

»Das kann ich nie zurückzahlen«, erwidert sie erstickt und schüttelt resigniert den Kopf.

Dabei hatte sich die heutige Partie so gut angelassen. Sie hatte auf Anhieb alle Bahnhöfe bekommen und die roten und grünen Straßen, doch dann war diese Gefängnisserie gekommen. Vorbei. Das dritte Mal in dieser Woche.

Während ihr Sohn mit einem zufriedenen Lächeln mit seinen kleinen dicken Fingern über die Scheine vor ihm streicht, sieht sie etwas in seinen Augen, das so gar nicht zu seinem lieblichen Kindergesichtchen passen mag und sie erschrocken nach Luft schnappen lässt. Habgier schimmert darin, Gewinnstreben und dort, im Herzen seiner Pupillen, schwimmen doch tatsächlich zwei kleine Dollarzeichen. Das glauben Sie nicht? Dann spielen Sie selbst einmal mit Ihren lieben Kleinen Monopoly.

GRUND 43: KONSUMTERROR ODER
WAS STAR WARS UND BARBIE GEMEINSAM HABEN

»Ich hab vierzig Mark gespart, Mama«, hört man die Stimme eines kleinen Jungen, »wenn du mir noch zwölf dazu gibst, kann ich mir den X-Wing kaufen.« – »Warum willst du dir denn noch einen von den Fliegern kaufen? Du hast doch letzte Woche erst über zwanzig Mark für so ein Teil ausgegeben.« – »Mama, davon verstehst du nichts. Krieg ich nun zwölf Mark von dir?«

»Wie wär's, wenn du dir statt dieser Star Wars Sachen vielleicht mal ein schönes Spiel kaufst? Dann könnten wir alle zusammen ...« – »Mama, wie soll ich denn mit meinen Freunden spielen, wenn ich nur ein X-Wing und einen Tie-Bomber habe. Ich brauche ein ganzes Geschwader. Timo hat sich jetzt gerade einen A-Wing gekauft und Kevin – »

Mutter ist für uns nicht zu sehen. Sie steht genau hinter einem großen Karton mit Darth Vaders Laserschwert, aber es fällt nicht schwer sich ihr Gesicht vorzustellen, mit dem sie schließlich den Geldbeutel zückt, um ihrem Filius das nötige Kleingeld beizusteuern, damit er für das nächste Treffen mit seinen Freunden gut gerüstet ist. Stolz schreitet der mit dem Karton im Arm zur Kasse und bezahlt.

Auf dem Weg nach draußen kommen sie an der Regalreihe »Barbie« vorbei. Ein kleines Mädchen steht dort in Tränen aufgelöst neben seiner Mutter. »Mami«, weint das Mädchen, »bitte, gib mir doch noch zwölf Mark. Dann kann ich für meine Sunshine-Barbie das Abendkleid kaufen.«

Mutter und Sohn bleiben stehen und beobachten die Szene fasziniert.

»Du hast doch vor zwei Tagen erst ein Kleid für sie gekauft. Ich erinnere mich noch deutlich. Es hat dreißig Mark gekostet.« – »29 Mark 80«, schnieft das kleine Mädchen. – »Und warum braucht sie jetzt schon wieder eins?« – »Aber Mama, sie kann doch nicht das gleiche Kleid auf zwei Bällen kurz hintereinander tragen. Was sollen denn da ihre Freundinnen denken! Und morgen Nachmittag treffen wir uns alle bei Anna. Ich kann da nicht hin, wenn ich nicht ...« – Die Mutter zückt mit einem Seufzen den Geldbeutel. »Also, mein Kleiderschrank ist nicht so gut sortiert wie der deiner Barbie.« – »Das ist doch auch etwas ganz anderes, Mama.«

»Das ist unfassbar«, murmelt die Mutter des Jungen. »Was für ein Konsumterror.« Die Mutter des Mädchens – eben gerade auf dem Weg zur Kasse – schnappt ihre letzten Worte auf und dreht sich um. »Ach, Sie sind es.« – Die Mutter des Jungen blinzelt verstört. »Kennen wir uns?« – »Nein, aber was Sie da gerade sagten, das waren genau meine Worte, als ich Sie vor zehn Minuten mit Ihrem Sohn vor dem Star Wars-Regal beobachtet habe. Ist das nicht drollig?«

GRUND 44: DIE WELT DER VIDEO- UND COMPUTERSPIELE

Haben Sie soeben mit Ihren lieben Kleinen die Galaxis Lego und Playmobil verlassen? Gehören Puppen, Stofftiere und Matchbox-Autos nun endgültig der Vergangenheit an? Schön. Dann nehmen Sie jetzt als erstes einen, bitte nicht zu kleinen, Kredit auf. Denn was jetzt kommt, wird an finanzieller Aufopferung alles bisher Dagewesene in den Schatten stellen. Der Aufenthalt in der Welt der Video- und Computerspiele wird Ihre Haushaltskasse für die nächsten Jahre komplett ausbluten lassen.

Ein beliebtes Einstiegsmodell für die Jüngsten ist der Game-Boy. Die Vielzahl von Spielen, die sich alsbald im Kinderzimmer ansammelt, und der Ruf nach der ersten richtigen Spielkonsole, die natürlich jährlich vom Nachfolgemodell ersetzt werden muss, lässt manche Eltern vor allem wegen der finanziellen Aufwendungen, die damit verbunden sind, bald glauben größere Unternehmensanteile am Nintendo-Konzern erworben zu haben.

Dann, plötzlich, nach Jahren der Leidenschaft, verliert die interessante Sammlung ihren Reiz. Tausende von investierten D-Mark sind mit einem Mal wertlos. Schrott, der in der Zimmerecke verstaubt.

Warum, werden Sie zu Recht fragen. Ganz einfach: Der erste Computer ist im Freundeskreis Ihres Nachwuchses aufgetaucht. Natürlich brauchen Kinder einen absoluten Hochleistungs-PC mit großer, schneller Festplatte, Sound, viel Speicher und vor allem immer der neuesten Grafikkarte. Denn nur so laufen all die Hau-drauf-und-Zock-ab-Spiele, die nun emsig unter den Kids ausgetauscht werden.

Glauben Sie übrigens nicht, dass Sie nach der einmaligen Anschaffung eines solchen Geräts aus der Pflicht entlassen sind. Computer haben die Eigenschaft schneller zu veralten, als man den für sie aufgenommen Kredit abbezahlen kann. Und die wirklich interessanten, neuen Spiele laufen natürlich immer nur auf den neuesten Modellen.

Sie stöhnen?

Was denn, dabei habe ich Ihnen doch noch gar nicht erzählt, dass inzwischen auch Musikanlage und Fernseher längst zur Standard-Kinderzimmereinrichtung gehören. Denken Sie an meine Worte: Nehmen Sie den Kredit nicht zu klein auf.

Grund 45: Bitte Markenware

Heute ist Vater einkaufen. Frohgemut schiebt er den Einkaufswagen durch die Regalreihen und studiert den Einkaufszettel.

Sein Auge fällt auf – Pizza. In Druckbuchstaben. Eindeutig Kinderhandschrift.

Er wirft einen Blick in die nächstgelegene Tiefkühltruhe und erstarrt bei den Preisen, die ihm von den bunten Verpackungen entgegenleuchten. Doch dann geht ihm ein Gedanke durch den Kopf und ein Strahlen über sein Gesicht.

Pizza – natürlich bei Aldi. Bei den Mengen, die von den Kindern vorzugsweise zu nachtschlafender Zeit vernichtet werden, ansonsten nicht zu finanzieren.

Vater bringt einen großen Stapel der begehrten Objekte mit nach Hause und versenkt sie in der Gefriertruhe.

Etliche Stunden später.

Einer seiner Söhne wirft, nachdem er sich davon überzeugt hat, dass das von den Eltern vorbereitete Mittagessen ungenießbar ist, einen Blick in die Gefriertruhe und holt sich eine Pizza heraus. Das heißt, er hat es eigentlich vor, bis –

ja, bis er die Pizza erkennt. Empört schnaubend kehrt er in die Küche zurück und baut er sich vor den Eltern auf.

»Die Pizza ist ja von Aldi!« – Vater: »Ja, aber das ist eine ganz normale Pizza. So, wie ihr sie immer esst.« – Sohn: »Die Pizza von Aldi schmeckt zum Kotzen.« – Vater: »Das stimmt doch gar nicht. Die hast du neulich erst gegessen, da war sie noch okay.« – Sohn: »Gar nicht wahr! Die hat da auch schon zum Kotzen geschmeckt. Du kaufst die nur, weil sie billig ist.« – Vater: »Hör mal, die Sachen von Aldi sind nicht so teuer wie woanders, aber trotzdem genauso gut.« – Sohn: »Sind sie eben nicht! Du kaufst wahrscheinlich auch das Katzenfutter bei Aldi, weil es da billiger ist. Das ist echt fies. Die Katze kann sich nämlich nicht wehren. Wahrscheinlich findet sie das Futter auch zum Kotzen. Ich will 'ne richtige Pizza haben.«

Die Diskussion zieht weitere Kreise, dreht sich immer brutaler um den zentralen Punkt »billig«.

Sie ahnen es sicher schon: Kurz darauf schleicht Vater reuevoll und entnervt zur Gefriertruhe, schmeißt den »billigen Dreck« in den Müll und kauft die superteure, aber eben geschätzte Pizza aus der Werbung.

Ach ja: Nicht nur die billige Pizza ist voll daneben. Auch billige Cola, billige Kekse, billige Chips, billige Klamotten und –

billiges Katzenfutter. Damit dürfen Sie Ihren Kindern nicht kommen. Kinder sind diesbezüglich sehr qualitätsbewusst. Es spricht allerdings nichts dagegen, wenn Erwachsene so was für den eigenen Bedarf kaufen. Und vielleicht ist Vaters Laune beim Samstagseinkauf in Zukunft nicht mehr ganz so gut. Aber das ist ja sein Problem.

GRUND 46: IHR KAUFT EUCH DOCH AUCH DAUERND WAS NEUES!

Wagen Sie es. Trauen Sie sich. Kaufen Sie sich einmal selbst etwas. Ganz egoistisch. Einen neuen Fernseher. Oder endlich die langersehnte Couch. Investieren Sie Ihr Geld, so lange Sie es noch haben. Eines der Lieblingsargumente unserer Kinder, wenn Sie etwas haben wollen, lautet nämlich:

»Ihr kauft euch doch auch dauernd etwas Neues!«

Das stimmt so natürlich überhaupt nicht. Selbstverständlich kaufen wir nicht dauernd etwas Neues und schon gar nicht für uns. Unser hart erarbeitetes Geld schnurrt an uns vorbei, direkt in die raffgierigen, kleinen Hände unseres nimmersatten Nachwuchses, ohne dass wir auch nur das Geringste davon haben. Aber das weiß bekanntlich niemand zu würdigen, am wenigsten unsere Kinder. Die stehen immer nur da und fordern. Neue Kleider, neue Spiele, neue Fahrräder. Und wenn wir als geplagte Eltern die Hände über dem Kopf zusammenschlagen und verzweifelt ausrufen, dass wir doch nicht ständig etwas Neues für unsere Kinder kaufen könnten, ja, dann kommt er wieder, der Spruch:

»Ihr kauft euch doch auch dauernd etwas Neues.«

Bitte. Da bleibt nur eins: Vorurteile bestätigen. Greifen Sie also zu. Geben Sie gleich am Monatsanfang Ihr gesamtes Geld aus. Machen Sie Schulden. Nur so entkommen Sie dem Kaufrausch Ihrer Kinder.

GRUND 47: DÄMON WERBUNG

Täglich schillert er schrill und bunt über unsere Bildschirme, leuchtet uns aus Zeitungen und von Plakatwänden entgegen und hat nur einen Lebenszweck: Uns das Geld aus der Tasche zu ziehen. Er lauert verborgen hinter strahlenden Gesichtern, bösartig, schleimig – ein gieriges Ungetüm voller Lügen und falscher Versprechungen: Der Dämon Werbung.

Mit Kindern lebt er in einer symbiotischen Verbindung. Ohne sie wäre er ein Nichts, ohne ihn müssten sie auf vieles verzichten. Gemeinsam gelingt es ihnen jedoch uns Eltern vorzugaukeln, dass Kinder nur in einer bunten Welt aus immer neuem Spielzeug, Milchschnitten und Fruchtzwergen ein glückliches und gesundes Aufwachsen beschert ist.

»Aber das habe ich doch in der Werbung gesehen«, ist demnach eine Äußerung aus kindlichem Mund, die Eltern das Hassen lehrt und dem Fernseher unter Umständen einen abrupten Tod beim Sturz über die Balkonbrüstung beschert. Eine Äußerung, die in der Regel immer einen gnadenlosen Angriff auf die ohnehin schon strapazierte Haushaltskasse nach sich zieht.

GRUND 48: STATUSSYMBOLE

Statussymbole haben Macht. Vielleicht gehören Sie zu denen, die sich dieser Macht bislang entziehen konnten. Wenn Sie erst Kinder haben, ist es damit vorbei. Denn Kinder lieben Statussymbole.

Warum? Nun ja, Kinder sind kleine Angeber und es kratzt an ihrem kindlichen Selbstverständnis, wenn die Eltern nicht das größte Haus haben und Papa nicht das teuerste Auto fährt. Als Eltern müssen Sie nun einmal eine adäquate Imagepflege betreiben, da führt kein Weg dran vorbei. Und Sie werden sich wundern, auf was die lieben Kleinen so alles wert legen.

Da schielen sie zum Beispiel tagelang mit gerunzelter Stirn auf Nachbars gut geschnittenen, unkrautfreien Rasen. Schweigend vorerst, doch das ist nur die Ruhe vor dem unvermeidlichen Sturm, der mit der Bemerkung: »Wir brauchen einen Vertikutierer«, unverhofft und urplötzlich hereinbricht. »Einen Vertiku- was?«, werden Sie irritiert fragen. – »Einen Vertikutierer«, wird Ihr Kind geduldig wiederholen, »das ist ein Gerät, das den Rasen vom Moos befreit.« – »Aha«, werden Sie erstaunt von sich geben, »und wofür brauchen wir so etwas?« – »Hast du dir noch nie Schulzes Rasen angeguckt?«, wird Ihr Kind Sie mit vorwurfsvoller Stimme fragen. »Schulzes Rasen?«, wiederholen Sie begriffsstutzig. – »Ja, Schulzes Rasen. Der sieht viel besser aus als unserer.« – »Schulzes sind ja auch Rentner, haben keine Kinder und den ganzen Tag Zeit sich um nichts als ihren Rasen zu kümmern«, bricht es aus Ihnen hervor.

Ihr Kind bleibt davon unbeeindruckt. »Die befreien ihren Rasen nur regelmäßig vom Moos und mähen zweimal die Woche«, lautet die kühle, überlegene Antwort.

Wenn Sie sich dann alsbald im Baumarkt wiederfinden auf der Suche nach einem Vertikutierer, sollten Sie nicht vergessen, danach im Supermarkt in der Kosmetikabteilung gleich noch eine Nagelschere mitzunehmen. Damit werden Sie dann demnächst auf Knien rutschend die Rasenkanten bearbeiten – unter dem wohlwollenden Blick Ihres Nachwuchses.

GRUND 49: »KRIEG ICH DAS MAL, WENN IHR TOT SEID?«

Es gibt Dinge im elterlichen Haushalt, auf die Kinder ihr ganz besonderes Augenmerk gerichtet haben. Oft schon haben sie unauffällig versucht, den schönen Schreibtisch, den Spiegel oder die Perlenkette aus dem Familienschmuck in ihren Besitz zu bringen, doch leider, leider hat es bislang nicht geklappt. Wenn Eltern sich hartnäckig und halsstarrig erweisen, muss das gebeutelte Kind natürlich zu anderen Mitteln greifen. Besonders in Familien mit mehreren Kindern bietet es sich da an das Erbe doch schon einmal im Vorwege aufzuteilen. Die freundliche Frage »Krieg ich das mal, wenn ihr tot seid?« hat schon manche Eltern ob der plötzlich sehr deutlich gewordenen Vergänglichkeit ihres eigenen Daseins schlucken lassen.

Einzige Möglichkeit wirklich passend zu reagieren, ist die Drohung bei weiteren Fragen dieser Art das gesamte Erbe dem Taubenzüchterverein oder einer Hundestiftung zu vermachen. Ansonsten werden Sie sich alsbald bei einer akribischen Auflistung Ihrer Schätze wiederfinden, natürlich begleitet von ihren Kinder, die schon mal überall ihr Zeichen setzen. In Zukunft wird dann immer häufiger der Satz fallen: »Geht bitte sorgfältig damit um, schließlich erbe ich das mal.«

VI. KINDER UND KOOPERATION – WELTEN PRALLEN AUFEINANDER

Kinder und Kooperation sind zwei Dinge, die einander grundsätzlich ausschließen. Kinder sind nicht kooperativ. Von ihrem ersten Atemzug an sind sie rebellisch, aufsässig und trotzig und das schlichte Wörtchen »nein« motiviert sie immer wieder zu Höchstleistungen. Außerdem haben sie ein untrügliches Gespür dafür, wann sich die volle elterliche Aufmerksamkeit von ihnen abzuwenden droht, und schon die Jüngsten unter ihnen wissen sich angesichts dieser Gefahr durch eine ganz perfide Maßnahme zu wehren: Sie sabotieren uns in jeder nur erdenklichen Hinsicht.

Ich spreche nicht von so offensichtlichen Kleinigkeiten wie dem schmollenden Rückzug ins eigene Zimmer gepaart mit der Drohung jetzt endgültig auszuziehen (oh, täten sie es doch!). Kinder verfügen da über wesentlich subtilere Methoden. Mit ihrem unschuldigen Äußeren versuchen sie uns zu täuschen und immer wieder erliegen wir der Verführung ihres hilflosen Kinderblicks. Was sie dabei

geschickt zu verbergen wissen, ist ihr kalter Hunger nach Macht, der
nur in Momenten, in denen sie sich unbeobachtet glauben, verstoh-
len in ihren weit aufgerissenen Augen aufblitzt und ihr wahres
Wesen erkennen lässt.

GRUND 50: DER TÄGLICHE KAMPF
UMS KLEINGEDRUCKTE

Jede Firma, jeder Betrieb hat sein Kleingedrucktes, seine sogenannten Geschäftsbedingungen. Eine Familie hat so etwas
auch. Nur – was sich in einer Firma einmal festgeschrieben
schwarz auf weiß auf Briefpapier und Verträgen wiederfindet,
muss in jeder Familie täglich neu ausgehandelt werden. Das ist
zeitraubend und zermürbend. Eltern verfügen jedoch in der
Regel weder über Zeit noch über ein besonders strapazierfähi-
ges Nervenkostüm. Und das wissen Kinder gnadenlos zu ihrem
Vorteil auszunutzen.

Da nörgeln und quengeln sie so lange über Sinn und Zweck
der ihnen zugeteilten Aufgaben und trödeln bei ihrer sowieso
mehr schlecht als recht ausgeführten Erledigung, dass die
Eltern, der ewigen Diskussionen müde, die lästigen Pflichten
oft selbst übernehmen. Ähnlich verhält es sich mit Regelungen
darüber, wann die Hausaufgaben zu machen sind oder wie spät
der Nachwuchs abends zu Hause zu sein hat. Einmal getroffene Abmachungen gelten längstens für den Moment und sind
bereits am Folgetag als völlig überholt anzusehen. Appellieren
Eltern in ihrer Verzweiflung dann an die Moral der Kinder, an
die hehreren Versprechungen des Vortages, da halten die lieben
Kleinen es gern mit dem ersten Kanzler unserer Republik.
Vielleicht nicht immer wörtlich ausgesprochen, steht es doch
deutlich in ihren Gesichtern geschrieben: »Was interessiert
mich mein Geschwätz von gestern.«

GRUND 51: DAS PROBLEM MIT DEM »NEIN«

»Nein« ist ein Wort, das Sie im Umgang mit Ihren Kindern tunlichst vermeiden sollten. Umschreiben Sie Ihre Ablehnung, finden Sie andere Worte. Benutzen sie jedoch niemals das Wort »Nein«, wenn Sie wirklich etwas erreichen wollen. Denn »Nein« löst bei Kindern heftige Reaktionen aus, allen voran den gefürchteten Trotz.

Was hinter all diesen Aktionen steht, ist völlig klar: Es geht um die Machtverteilung in der Familie. Von Geburt an versuchen Kinder die Macht an sich zu reißen und ihre Eltern nach ihrem Gusto zu beherrschen. Und die Natur will es, dass sich Eltern dem kaum entziehen können. Es ist schon faszinierend zu beobachten, wie viel Leidensfähigkeit ein erwachsener Mensch für den unschuldigen Augenaufschlag und das Engelslächeln seines Kindes entwickeln kann.

GRUND 52: WIE DU MIR, SO ICH DIR

Stellen Sie sich einmal vor, Ihr agiles Kleinkind hätte sich das antike Porzellanschälchen vom Beistelltisch geangelt und betrachtet seine jüngste Errungenschaft gerade mit viel »Da« und »Gu«, als Sie das Wohnzimmer betreten. Was tun? Den von Herzen kommenden Ausruf: »Du verdammtes kleines Miststück, wenn du die Schale fallen lässt, drehe ich dir den Hals um!«, der Ihnen jetzt vielleicht auf der Zunge liegt, den sollten Sie unterdrücken, wenn Ihnen an dem Schälchen noch etwas liegt. Ihr Kind wird Ihren Wutausbruch – und das zu recht – so werten, dass Sie ihm seine Errungenschaft entwenden wollen, und mit der typisch kindlichen Einstellung »Wie du mir, so ich dir« das antike Stück zu Boden schmettern. »Wenn ich es nicht haben darf, liebe Eltern, dann ihr aber, bitte schön, auch nicht.«

Widerstehen Sie also Ihrem ersten Impuls und üben Sie sich stattdessen in Selbstbeherrschung. Etwas wie: »Oh, wie schön.

Hast du Mamas bestes Schälchen gefunden?« Und während Sie das mit honigsüßer Stimme aussprechen, bewegen Sie sich unauffällig auf den kleinen Übeltäter zu. Motivieren Sie ihn nicht durch hektische Bewegungen zum Weglaufen. Bleiben Sie ruhig, bis Sie ihn erreicht haben, und handeln Sie dann schnell und bestimmt. Unter keinen Umständen darf er merken, dass Sie planen ihm seinen Schatz zu entreißen, bevor Sie es getan haben. Und vergessen Sie nicht: Nur wer zuletzt lacht, lacht am besten. Stellen Sie das antike Stück für die nächsten Jahre auf den Schrank, auch wenn es dort nicht mehr so schön zur Geltung kommt.

GRUND 53: »KOMISCH, SONST IST SIE NIE SO«

Kennen Sie das? Sie besuchen Ihre Freunde zum Abendessen und eigentlich ist alles ganz nett. Das Essen ist gut, der Wein noch besser, die Runde gesellig – wenn, ja, wenn da nicht die kleine Tochter ihrer Freunde wäre. Die nervt nämlich den ganzen Abend mit konstanter Bosheit rum.

Das beginnt bereits beim Aperitif. Ein wunderbar trockener Martini. Man prostet sich zu, erinnert sich alter Zeiten und dann –

erscheint ein blasses Nachtgespenst im Schlafanzug: »Mamaaa, ich kann nicht schlafen.«

Die Gastgeberin entschuldigt sich, bringt ihr Kind mit einer Vielzahl von Versprechungen wieder ins Bett, doch die Stimmung hat schon einen kleinen Beigeschmack erhalten. Vorahnungen machen sich zwischen Kerzenschein und Kräckern breit. Und tatsächlich, nach der Suppe taucht der kleine Störenfried wieder auf.

»Mamaaa, ich hab' Durst.«

Diesmal lässt sich die junge Dame nicht so einfach wieder abschieben. Also, Platz gemacht am Tisch und schon thront sie zwischen Mama und Papa, einen Weinkelch mit Brause in der

Hand und vor sich ein wenig von der Lasagne für die Gäste. Das Tischgespräch erlahmt zusehends, bis Vater sich schließlich erbarmt und das Kind abräumt, bis, natürlich, Sie haben es schon geahnt, bis zum Dessert.

Das mit zitternder Stimme hervorgebrachte: »Mamaaa, da ist ein Geräusch in meinem Zimmer!« nimmt ihr niemand ab, aber Sie als Besuch sind zu höflich, um es zu sagen, und die Eltern machen gute Miene zum bösen Spiel.

Und jetzt kommt es auch, worauf Sie schon die ganze Zeit warten. Dieser typische, verhasste Spruch, mit dem wir Eltern die unvermeidlichen Entgleisungen unserer Kinder in der Öffentlichkeit zu entschuldigen pflegen:

»Komisch«, heißt es da, »komisch, sonst ist sie nie so!«

Aber das rettet den Abend auch nicht mehr. Sie sind dankbar, als endlich der Kaffee gereicht wird, und verabschieden sich von Ihren Freunden, zwischen deren Beinen hindurch Ihnen die kleine Tochter einen letzten Gruß zuwinkt.

GRUND 54: BEDROHUNG TELEFON

Das Telefon stellt gerade für Kleinkinder eine ganz eklatante Bedrohung dar. Tatsächlich sehen sie in ihm eine direkte Konkurrenz in Bezug auf die elterliche Zuneigung. Was hat dieses Teil, dass es stundenlange Aufmerksamkeit von Seiten der Eltern erhält, dass es liebevoll ans Ohr gedrückt und mit ihm gesprochen wird, während der eigentliche Mittelpunkt der Familie vernachlässigt um das mental abwesende Elternteil herumkrebst und um Aufmerksamkeit heischen muss?

Schnell erkennen die Kleinen, dass sie dem Telefon wenig anhaben können. Es ist ein totes Stück Technik, dass sich zwar mit viel Mühe zertrümmern lässt, dann aber in der Regel sehr schnell einen robusten Nachfolger und einen Platz erhält, der nur sehr schwer oder gar nicht zugänglich ist. Also konzentriert sich das verstörte Kleinkind auf seinen telefonierenden

Elternteil. Es muss einfach etwas geben, was ihn dazu bringt den verhassten Hörer aus der Hand fallen zu lassen und sich um seinen eigentlichen Lebensinhalt zu kümmern.

Und so entwickelt sich ein beinahe magisches Spiel. Denn sobald das Telefon klingelt, wird das Kleinkind nun in gut sichtbarem Umkreis um das telefonierende Elternteil herummarodieren. Es wird Schränke ausräumen und Blumenvasen umkippen, die bunten Knöpfe der Stereoanlage betätigen und die Fernbedienung des Fernsehers verschleppen. Dabei hat es selbstredend immer ein Auge auf Telefon und Elternteil und wenn Mutter, respektive Vater endlich das Gespräch mit den Worten »Ich muss jetzt aufhören, unser Kleiner macht hier nur Mist«, beendet, dann wird es sich schlagartig wieder in das liebste Wesen der Welt verwandeln.

Etwas schwieriger ist die Situation für die gebeutelten Kleinen mit der Erfindung des schnurlosen Telefons geworden, das den Aktionsradius der Eltern doch um eine Vielfaches vergrößert. Aber wenn gar nichts anderes mehr hilft, verlegen sie sich eben auf ein spontanes Training ihrer Stimmbänder. So ein ausgewachsenes Babygeschrei unterbindet schlagartig jede fernmündliche Kommunikation.

GRUND 55: VOLLE WINDELN UND VOLLGEKOTZTE AUTOSITZE

Nein, Ihr Baby möchte nicht mit zu den Großeltern. Auch Baby hat schon begriffen, dass es dort langweilig ist und die lange Autofahrt, eingepfercht zwischen großen Geschwistern, gefesselt an den ungeliebten Kindersitz –

»Der Kleine hat die Windeln voll! Wir können noch nicht los!«

Baby hat es perfekt gemacht. Nicht nur die Windeln, auch der Body ist durch, der Strampler. Mama wirkt in ihrer feinen Bluse am Wickeltisch schon etwas angestrengt. Jetzt noch ein gezieltes Pieschern und – Ja, Treffer!

»Es dauert noch ein bisschen, ich muss mich auch eben noch umziehen!«

Baby hält still bis zur Autobahnauffahrt, erträgt sogar den ungeliebten Kindersitz und die Ausdünstungen seiner älteren Geschwister, die bereits wieder im Streit miteinander liegen. Aber dann, dann ist seine Stunde gekommen. Einem heftigen Rülpser folgt die eben noch vor dem Aufbruch vertilgte Banane, ein wenig anverdaute Milch und ja, tatsächlich, es klappt, das Frühstück wollte nicht allein zurückbleiben und verteilt sich stinkend zwischen Kindersitz und nächst älterem Geschwister auf dem Autositz von Papas Firmenwagen.

Ein bisschen eklig findet es selbst das Baby, was da geschehen ist, aber der Erfolg ist durchschlagend.

»So können wir unmöglich weiterfahren«, hört es Mamas Stimme. – »Wenn wir jetzt umdrehen ...« Der Rest von dem, was Papa sagt, geht unter, weil Mama es gerade mit Kleenex-Tüchern abwischt. – »Dann sagen wir eben ab«, hört es dann aber wieder Mamas Stimme, die sich noch immer über es beugt.

Das Baby kann sich ein kleines Glucksen nicht verkneifen, als Mama mit dem Wischen endlich fertig ist und es sieht, wie Papa nach dem Autotelefon greift. Nur gut, dass keiner versteht, was es damit meint.

GRUND 56: BAHNHOFSHALLE ELTERNSCHLAFZIMMER

»Guten Morgen«, haucht er ihr verführerisch ins Ohr. Sie reckt sich, blinzelt verschlafen und lächelt. »Guten Morgen«, erwidert sie und schmiegt sich in seinen Arm. Seine Hand wandert über ihr Rückgrat, sein Mund –

nun ja, ich überlasse es Ihrer Fantasie, wie sich diese Situation entwickeln könnte, was für interessante Optionen sie enthält. Könnte, wohlgemerkt, denn just in dem Moment, wo die Eltern drohen die Welt um ihr kleines kuscheliges Lager völlig zu vergessen, erhebt sich aus dem Zimmer des Babys ein markerschütterndes Geschrei.

»Mmpf«, macht Vater nur und hält sein holdes Weib fest an sich gepresst. »Können wir nicht einmal – »

Das Geschrei aus dem Babyzimmer verstärkt sich wie zur Antwort um einige Dezibel. Seufzend löst sie sich aus seinen Armen und steht auf.

Eine halbe Stunde später. Das Baby liegt wohlversorgt wieder in seinem Bettchen, das Kuscheltier fest im Arm und die Äuglein selig geschlossen in Erinnerung an die eben erlebte Nähe auf Mutters Arm und Glückseligkeit in Form seines Morgenfläschchens. Ein bisschen Nähe und Glückseligkeit hat auch Mutter im Hinterkopf, als sie wieder in das eheliche Bett schlüpft.

Vater lässt sich nicht lange bitten. Mit einem zufriedenen Grunzen zieht er sie in seinen Arm, seine Hand wandert über ihr Rückgrat, sein Mund –

Ja, ich weiß, soweit waren wir schon einmal, aber weiter werden wir auch nicht kommen, denn auf dem Flur nähert sich soeben das leise Tapp-tapp nackter Kinderfüße. Die Schlafzimmertür wird ohne Vorwarnung aufgestoßen und es erscheint ein zerzaustes Kleinkind.

»Mama, Papa? Mir ist kalt.«

Mit einem leisen Seufzer rücken die Eltern voneinander ab, ihr Nachwuchs schiebt sich zwischen sie und drückt ein paar kalte Füße gegen ihre Beine.

Zwanzig Minuten später.

Vater und Mutter sind gerade wieder eingenickt, als sich eine kleine Stimme zwischen ihnen zu Wort meldet: »Mir ist langweilig.« – »Dann geh doch ein bisschen spielen«, schlägt Vater im Halbschlaf vor. – »Darf ich fernsehen?«

Über den Kopf ihres Nachwuchses hinweg tauschen die Eltern eine Vielzahl beredter Blicke: »Noch viel zu klein, um alleine vor dem Fernseher zu sitzen.« »Ausnahmsweise mal, dann könnten wir vielleicht doch noch ...«

Die Verführung des letzten, unausgesprochenen Gedanken siegt. Wenig später sitzt das Kind vor der Mattscheibe, über die bunte Trickfilme mit einer hektischen Geräuschkulisse flimmern, während die Eltern leise die Schlafzimmertür hinter sich ins Schloss ziehen.

Wohlig gurrend schmiegt sie sich in seinen Arm, seine Hand wandert über ihr Rückgrat, sein Mund –

kommt nicht zu dem, was er ursprünglich vorhatte, denn in diesem Moment öffnet sich erneut die Schlafzimmertür. Die älteste Tochter blickt verschlafen auf ihre Eltern herab. »Wieso liegt ihr denn noch im Bett? Gibt es heute kein Frühstück?« – »Vielleicht dürfen wir am Sonntag auch mal länger schlafen?«, knurrt Mutter bissig. Die Tochter setzt zu einem Kommentar an, verschluckt ihn aber angesichts der eisigen Blicke, die sie treffen. – »Wie wäre es, wenn du mal Frühstück machst?«, schlägt Vater vor. »Du kannst uns dann ja Bescheid sagen, wenn es fertig ist.« – »Na, da geh ich lieber wieder ins Bett«, murmelt das Mädchen und trollt sich.

Seufzend nimmt Vater seine Frau wieder in den Arm. »Sind jetzt alle durch?« – »Ich glaube schon«, murmelt sie. Sie schmiegt sich in seinen Arm, aber so das rechte Prickeln will sich nicht mehr einstellen und seine Hand hält auf halbem Weg über ihr Rückgrat inne.

»Die Luft ist raus«, konstatiert er trocken.

»Ja, ich fürchte auch«, stimmt sie ihm zu.

In diesem Moment springt die Familienkatze aufs Bett und fordert laut miauend ihr Frühstück ein. »Bahnhofshalle Elternschlafzimmer«, bemerkt Vater resigniert, während er die Katze vom Bett schiebt und sich mühsam aus den Decken schält. »Fehlen nur noch die Züge.«

GRUND 57: EINE KRÄHE HACKT DER ANDEREN KEIN AUGE AUS

Geschwisterliebe? Sie lesen zuviel Courths-Mahler.

Kinder sind wie Krähen. Sie rotten sich zusammen, weil Gemeinschaft stärkt. Mehr aber auch nicht. Ein Zweckverband zur Arterhaltung. Und so gehen sie auch miteinander um. Es herrscht das Gesetz des Stärkeren. Wer aufmuckt, wird niedergemacht. Unterdrückung, Folter und Ausbeutung sind hinter den verschlossenen Türen der Kinderzimmer an der Tagesordnung, denn trotz all ihrer sonstigen Schutzmaßnahmen für den Nachwuchs betreibt die Natur eine harte Selektion. Im Chaos zwischen Spielzeugautos und Puppenwagen, zwischen Schulbuch und elektrischer Eisenbahn entscheidet sich, wer später auf der Gewinnerseite des Lebens Platz nehmen darf.

Doch so sehr sie sich auch untereinander bekriegen und bekämpfen, sobald sie sich ihrem gemeinsamen Feind in Form ihrer Eltern gegenübersehen, verlieren all ihre internen Streitereien plötzlich an Bedeutung. Gemeinsam bilden Geschwister eine unüberwindliche Front und wer glaubt, sie gegeneinander aufwiegeln oder einen Keil zwischen sie treiben zu können, der wird sein blaues Wunder erleben. Eine Krähe hackt der anderen nun mal kein Auge aus. Geschwister können trotz all ihrer Dispute hervorragend kooperieren, wenn es darum geht der gemeinsamen Sache gerecht zu werden und die Eltern zu sabotieren.

GRUND 58: »ICH WILL ABER MIT!«

»Du wirst es nicht glauben, aber unsere kleine Tina ist krank.« Mit diesen Worten empfängt Mutter ihren Ehegespons an der Haustür. Er stöhnt unwillkürlich auf. »Das passt ja prima! Was hat sie denn?« – »Masern. Wir können sie so unmöglich zu den Großeltern bringen.«

Das ist es nämlich. Die Eltern wollen verreisen. Eine Woche Italien – aber ohne Klein-Tina. Die soll in Abschiebehaft zu Oma und Opa. Also was tut Tina, die bereits seit Wochen gegen diesen Alleingang ihrer Eltern erfolglos opponiert? Sie greift zum letzten Druckmittel gegen renitente Eltern und wird schlicht und ergreifend krank. Die Masernviren trieben sich bereits seit einiger Zeit im Kindergarten herum und angesichts der drohenden Gefahr hatte sie sich vorsichtshalber schon einmal ein paar davon mit nach Hause genommen.

Jetzt liegt sie in ihrem Bettchen, blass, fiebrig, mit roten Pusteln übersät. Vater zögert bei ihrem kläglichen, ja, geradezu jämmerlichen Anblick nicht lange, greift zum Telefon und sagt die geplante Reise ab und Mutter kocht ihrem bedauernswerten kleinen Liebling ein Süppchen.

Und Tina? Sonnt sich in Aufmerksamkeit und badet in Mitgefühl – auch eine Art Urlaub, oder?

GRUND 59: WANN DIE ELTERN INS ROTIEREN KOMMEN

Da bricht Panik aus, wenn zu Ostern plötzlich bekannt wird, dass Ihr Kind bis zu den Sommerferien kaum in der Lage sein wird seine schulischen Defizite aufzuholen und das Klassenziel zu erreichen, sodass er/sie versetzt werden kann. Jetzt werden Sie sich sicher fragen, ob dieser Grund nicht vielleicht besser im nächsten Kapitel aufgehoben wäre, aber lesen Sie erst einmal weiter, dann werden Sie schon sehen, dass er hier ganz richtig ist. Denn der schulische Boykott seitens der Kinder ist eines der beliebtesten Mittel Eltern dazu zu bringen, wirklich alles stehen und liegen zu lassen und sich nur noch ihrem Nachwuchs zu widmen.

Da werden dann also erst einmal die Schulleistungen rapide gegen Null heruntergefahren, einer auf Psycho gemacht und zur Belohnung entspannt beobachtet, wie die Eltern ins Rotieren kommen. Moderne Eltern arbeiten bei schlechten

Zensuren nämlich längst nicht mehr mit Prügelstrafe und Hausarrest, sondern machen Angebote, schenken Aufmerksamkeit, sind plötzlich wieder da für ihre lieben Kleinen. Da lässt Vater den Treff mit Kollegen sausen, um mit Sohnemann Mathe zu pauken, und Mutter verzichtet auf ihren Gymnastikkurs, um ihrem Kind die englische Grammatik näher zu bringen. Gemeinsam sind wir stark, lautet die Parole. Die Welt Ihres Kindes kommt wieder ins Lot und Sie noch ein wenig mehr in Abhängigkeit und unter Kontrolle.

GRUND 60: KONSTANTE BOSHEIT DER NATUR

Oh, wenn sie schlafen, verwandeln sich die kleinen Teufel tatsächlich in Engel. Wenn sie mit entspannten kleinen Gesichtchen in ihren Betten liegen, ja, dann sind sie einfach unwiderstehlich. Das Herz geht uns über, während wir ihren leicht geöffneten Mund oder die feuchte Locke an ihrer Schläfe beobachten, den ruhigen, gleichmäßigen Atemzügen lauschen. Verlor das magische Band, das Eltern mit ihren Kindern verbindet, im Kampf des Alltages bisweilen an Festigkeit, hier am Bette unseres Kindes verfallen wir wieder gänzlich dem Zauber, den Mutter Natur mit konstanter Bosheit über das Elternvolk legt. Unschuld und Verletzlichkeit sprechen aus der ganzen Haltung unserer lieben Kleinen und wieder einmal wird uns klar, dass nur wir sie beschützen, nur wir sie durch die Tücken des Lebens leiten können. Mit verklärtem Blick betrachten wir unsere kleinen Tyrannen, aus deren Mund in diesem Moment kein Schreien, kein Nörgeln, kein Widerwort entweicht, sondern nur ein Seufzer wohligen Schlummers. Und statt die kostbare Ruhe selbst für ein Schläfchen zu nutzen, statt Kraft zu tanken und uns für den unausweichlich folgenden Kampf des nächsten Tages zu wappnen, verlieren wir uns in ihrer Betrachtung und der Illusion eines glücklichen Lebens mit Kindern.

VII. KINDER UND SCHULE

Ein ganz heikles Thema. So lange sie nicht dürfen, wollen sie. Greift jedoch erst der staatliche Zwang, endet die Begeisterung schlagartig. Für geplagte Mütter und Väter der Beginn einer schier unendlichen Geschichte, eines jahrelangen Martyriums.

Kinder sind in der Regel lernunwillig, faul und an allem, was irgendwie nach Schule riecht, nicht für fünf Pfennig interessiert. Würden unsere lieben Kleinen nämlich in der Schule aufpassen, mitarbeiten, ihre Hausaufgaben machen und für die ein oder andere Arbeit das Gelernte noch einmal Revue passieren lassen, könnten die Zensuren vier bis sechs bald abgeschafft werden. Tatsächlich ist es aber so, dass sie genau das nicht tun.

Ja, und wir als Eltern sind nun in der Pflicht uns nicht nur mit unangenehmen Lehrern auseinanderzusetzen, sondern unseren parasitären Nachwuchs auch noch für den Besuch der ihm verhassten Bildungseinrichtung zu motivieren. Denn dass wir als Eltern an einem möglichst zügigen und erfolgreichen Abschluß unserer Kinder an derselben interessiert sind, liegt auf der Hand: Nur so gibt es ansatzweise eine Gewähr dafür, dass wir sie rechtzeitig zum 18. Geburtstag vor die Tür setzen können, ohne auch noch unsere Rente an sie vergeuden zu müssen.

GRUND 61: EINSCHULUNG

Bei den heutigen Klassenstärken in den Grundschulen lässt es sich gar nicht vermeiden, dass eine Einschulung zur Massenveranstaltung wird. Und jetzt stellten Sie sich bitte einmal eine Masse Kinder vor. Aufgeregt, laut und schwitzend. Dazu Elternteile, Großeltern, Patentanten, Schultüten, und das alles in der schlechtdurchlüfteten Enge einer dilettantisch geschmückten Aula oder dem wenig attraktiven Ambiente einer überhitzten Turnhalle. Das Ganze am Samstagvormittag und Sie mittendrin.

Ist es nicht das Grauen?

Das plötzliche Geschrei, das von der provisorischen Bühne zu Ihnen herüberhallt, identifizieren Sie nach einer Schrecksekunde schließlich als Auftritt des Schulchors. Die darauffolgende Rede des Schulleiters strapaziert weniger Ihre Ohren, dafür aber Ihre Nerven. Ist er endlich fertig, kommt die Flötengruppe der Schule, dann ein Sketch, vorgeführt von der Theatergruppe der Schule. Niemand, aber auch wirklich niemand kann solche Vorführungen gut finden. Sie sind einfach nur schlecht und der stürmische Beifall am Ende eines jeden Auftritts zeugt einzig und allein von der Erleichterung des Publikums darüber, dass er – dem Himmel sei dank – endlich vorbei ist.

Und dann haben sie ihren Auftritt, die adretten Grundschullehrerinnen mit dem aufmodellierten Lächeln, und das ist wirklich das einzig Gute an der ganzen Veranstaltung: Denn jetzt werden Sie tatsächlich für eine knappe halbe Stunde Ihre Kinder los, bevor sie mit glänzenden Augen und einem ersten provisorischen Stundenplan wieder zu Ihnen zurückkommen und Ihnen erzählen, wie sehr sie sich auf ihren ersten richtigen Schultag am Montagmorgen freuen. Genießen Sie diese einmalige Freude Ihrer Kinder. Sie werden Sie in den folgenden neun bis dreizehn Schuljahren nicht wiedererleben.

GRUND 62: ELTERNARBEIT

Nicht genug damit, dass Sie nun Ihre Kinder vom regelmäßigen Schulgang, der Notwendigkeit von Hausaufgaben und ähnlichen Dingen überzeugen müssen. Nein, die Schule verlangt auch noch Elternarbeit. »Wir wollen die Eltern in die Schule mit einbinden«, heißt es da. Seien Sie auf der Hut, wenn die erste Einladung zum Elternabend kommt. Und glauben Sie niemandem, der Ihnen erzählt, die Wahl zum Elternvertreter sei eigentlich nur Formsache und überhaupt nicht zeitaufwendig. Das ist eine Lüge. Tatsächlich wird ständig das Telefon klingeln und resignierte, empörte oder einfach nur mitteilungsfreudige Eltern werden Ihnen mit den Problemen, die sie mit ihren Kindern, Lehrern oder Hausaufgaben haben, die Ohren abkauen. Haben Sie nicht genug an dem, was Ihre eigenen Kinder in dieser Hinsicht machen oder auch gerade nicht machen?

Doch auch wenn Sie sich um die Wahl zum Elternvertreter erfolgreich drücken konnten, gibt es noch eine Vielzahl von Dingen im schulischen Leben, bei denen Sie zur Mitarbeit aufgerufen werden. Da werden Helfer für Veranstaltungen benötigt, Feste müssen ausgerichtet und Projektwochen betreut werden. Ihr Kind wird erwarten, dass Sie sich engagieren. Mit der nervtötenden Bemerkung »Die anderen Eltern machen das aber auch« wird es Sie unter Druck setzen und schon bald werden Sie sich wider Willen zwischen Horden von Kindern wiederfinden, Girlanden basteln oder Plätzchen backen, auf dem Schulfest Kuchen verkaufen oder den Stand mit dem Dosenwerfen betreuen. Und danach wissen Sie um das Geheimnis des aufmodellierten Lächelns.

GRUND 63: DAS MORGENDLICHE AUFSTEHEN

Vater tritt an die Kinderzimmer heran, die durch Codetastaturen gegen den Zutritt feindlicher Personen abgesichert sind, klopft einmal links und einmal rechts. Keine Reaktion. Wiederholung. Keine Reaktion. Erneute Wiederholung.

Links kommt ein verschlafenes Kind aus der Tür, rechts keine Reaktion.

»Guten Morgen! Bitte beeile Dich etwas mit dem Duschen ...« – »Ich will heute morgen nicht duschen. Und ich hasse es, mich morgens immer beeilen zu müssen«. Na gut, warum sollte man auch jeden Morgen duschen.

»Ich mache Dir ein Brötchen zurecht. Ein Mohnbrötchen.« – Das hat er gestern geliebt – »Was möchtest Du darauf haben?«

– »Weiß nicht.« – »Was Würziges oder was Süßes?« – »Weiß nicht.« – »Putenbrust?« – »Ich mag keine Putenbrust mehr.« – »Frischkäse, vielleicht mit Gurken?« – »Bloß keinen Frischkäse!« – »Nutella oder Marmelade?« – »Weiß nicht.« Dann, nach einer geraumen Weile unter Vaters inquisitorischem Blick: »Okay, mach mir Marmelade drauf.«

Von dem großen Bruder ist immer noch nichts zu sehen oder zu hören. Vater birst erbost in das Allerheiligste, macht wutschnaubend das Licht an. Sohn Nr. 2 dreht sich genervt zur Tür um, öffnet ein Auge.

»Würdest du jetzt bitte aufstehen und duschen? Dein Frühstück steht schon da. Um viertel vor acht hole ich euch ab und fahre euch zur Schule, dann müsstet ihr bitte auch fertig sein, inklusive Zähneputzen und was sonst so dazu gehört.« – »...«

Mutter, die gerade aus dem Bad kommt, bekommt noch einen Kuss, Sohn Nr. 1 seinen Frühstücksdrink, dann rauscht Vater ab, in dem angenehmen Bewusstsein diesen Tag erfolgreich begonnen zu haben.

Viertel vor acht. Vater kehrt zurück und betritt die Küche, aber wo sind die Kinder?

Die Frühstücksplätze sind beide nahezu unberührt. Aus dem Zimmer des Großen dringen gedämpfte Laute. Der ist also gar nicht erst aufgestanden. Sein jüngerer Bruder hat sich im Bad eingeschlossen.

Irritiert marschiert Vater zu Mutter. Die zuckt resigniert mit den Schultern. »Ja, der Große ist wohl gestern Abend zu spät ins Bett gegangen. Und sein kleiner Bruder mochte sein Brötchen nicht. Er sagt, Mohnbrötchen sind eklig, vor allem mit Marmelade.« Vater knirscht mir den Zähnen. Mutter legt ihm tröstend eine Hand auf den Arm: »Nimm es dir nicht so zu Herzen. So sind sie nun einmal. Vor allem morgens beim Aufstehen.« Die nächsten zehn gehässigen Bemerkungen, die ihm spontan durch den Kopf schießen, schluckt Vater hinunter. Etwas bemüht lächelnd bemerkt er: »In Zukunft kannst du die

Jungs ja morgens wecken.« Mutter weicht zurück. »Also ich«, erwidert sie mit deutlicher Abwehr in der Stimme, »also ich habe eigentlich schon genug mit dem Baby zu tun.«

Vater seufzt resigniert und eins wird ihm plötzlich klar: Wer einen guten Start in den Tag haben möchte, dazu vielleicht ein erstes Erfolgserlebnis, für den gibt es nur eins: Keine Kinder und schon gar nicht morgens.

GRUND 64: HAUSAUFGABEN

Hier sollten Sie eins nie vergessen: Vertrauen ist gut, Kontrolle ist besser. Kinder sind faul, nicht fleißig. Glauben Sie also nicht, dass Ihr Kind, wenn es sich nach dem Mittagessen in seine Gemächer zurückzieht, dort in der nächsten Stunde auch tatsächlich mit gebeugtem Rücken über den Hausaufgaben brummt. Viel eher wird es Musik hören, fernsehen oder einfach nur ein kleines Verdauungsschläfchen machen, nach dem es dann ausgeruht und frohgemut zu seinen Altersgenossen aufbricht oder dieselben bei sich zu Hause empfängt.

Natürlich ist es für uns Eltern bequemer auf die Kontrolle der Hausaufgaben zu verzichten und damit auch den ständigen Diskussionen über das Wann und Warum einfach aus dem Weg zu gehen. Und längst stimmen wir mit unseren Kindern darüber überein, dass Hausaufgaben einfach nur Scheiße sind. Aber da wir aus bekannten Gründen an guten Schulleistungen interessiert sein sollten, sind hier weder Nachsicht noch Bequemlichkeit angebracht. Sonst werden wir die kleinen Plagegeister nie los.

GRUND 65: AUS HEITEREM HIMMEL

Da sitzen Sie beim nachmittäglichen Kaffee, entspannt, nichts Böses ahnend und plötzlich klingelt das Telefon. Bis Sie den Hörer abnehmen, ist Ihre kleine Welt noch in Ordnung, doch sobald Sie die Stimme am anderen Ende erkennen, sobald Sie den genannten Namen zuordnen können, ist es mit der Ruhe vorbei. Ein Anruf vom Lehrer, aus heiterem Himmel, und das bedeutet immer etwas Schlechtes. Schlechte Zensuren, schlechtes Betragen – eine quälende Litanei ergießt sich über Sie, die Sie, unvorbereitet und sprachlos, über sich ergehen lassen müssen. Sie hören die Genugtuung in der Stimme des Lehrers, wenn er Ihr Erstaunen bemerkt: »Hat Ihr Kind Ihnen denn nichts erzählt?« Natürlich hat es das nicht. Kinder hoffen immer, dass sie sich mit ihren kleinen Lügen und Tricks durch die Welt der Erwachsenen hindurchmanövrieren können. Und natürlich weiß das auch der Lehrer. Nichtsdestotrotz heuchelt er Verwunderung über das schlechte Kommunikationsverhältnis zwischen Ihnen und Ihrem Kind, lässt unausgesprochen durchblicken, dass das vieles erklärt, und ergötzt sich an Ihrem Unbehagen.

Das Verhalten Ihres Kindes wirft Schatten auf Sie, kratzt an Ihrem Image. Eins ist ganz klar, ein Anruf vom Lehrer bedeutet immer: Sie haben versagt. In der Erziehung. Bei der Hausaufgabenüberwachung. Und überhaupt. Und den Looser gibt keiner gern.

Grund 66: Kinder haben Freunde!

Ein Unglück kommt selten allein, heißt es im Volksmund. Ähnlich ist es mit Kindern.

Geben Sie zu, das haben Sie bestimmt nicht bedacht, als Sie sich unvernünftiger Weise zu einem Kind entschlossen haben: Nämlich, dass dieses Kind gerade im Schulalter ausgeprägte Freundschaften zu Altersgenossen entwickelt, die dann – bevorzugt in schmutzigen kleinen Horden – Ihr Haus oder Ihre Wohnung bevölkern.

Aber damals kannten Sie ja auch noch nicht die Formel, die da besagt, dass sich der Schmutz und Lärm, den Kinder produzieren, mit ihrer Anzahl nicht multipliziert sondern potenziert. In Normaldeutsch heißt das: Ein Kind macht Dreck und Krach für einen, zwei für vier, drei für neun, und so weiter.

Ja, hätten Sie das damals schon gewusst ...

GRUND 67: DIE WEITERFÜHRENDE SCHULE

Zum Thema »weiterführende Schule« gehen die Meinungen von Eltern und Kindern oft weit auseinander. Kinder interessieren sich in erster Linie für die Schulart, auf die das Gros ihrer Freunde wechseln wird. Eltern setzen da etwas andere Präferenzen. Es ist jedoch völlig gleichgültig, wie Sie sich letztlich entscheiden. Die weiterführende Schule wird zunächst einmal ein Kulturschock sein, sowohl für Ihr Kind als auch für Sie. Aus der noch relativ behüteten und übersichtlichen Welt der Grundschule geht es nun ins wirkliche Leben hinaus. Die Schonzeit ist vorbei. Fächer- und Lehrerzahl erhöhen sich plötzlich drastisch, auf dem Schulhof wird geraucht und mit Drogen gehandelt und Lehrer erweisen sich immer häufiger als frustrierte und desillusionierte Gehaltsempfänger. »Friss oder stirb« heißt es hier für Ihr Kind. Und wenn Sie einen halbwegs adäquaten Schulabschluss im Auge haben, sind Sie als Eltern mehr denn je in der Pflicht.

GRUND 68: SCHLECHTE ZENSUREN

Das wird teuer! Nachhilfe kostet als aller erstes einmal Geld. Und das nicht zu knapp. Da jedoch in den Schulen die Qualität des Unterrichts aufgrund staatlicher Sparmaßnahmen ständig sinkt, die Anforderungen jedoch gleich bleiben, muss Nachhilfe immer häufiger in Anspruch genommen werden. Sie als Eltern sind da gleich doppelt belastet. Zum einen finanziell und zum anderen nervlich. Der finanzielle Aspekt bedarf kaum einer weiteren Erklärung, was die nervliche Belastung angeht – nun ja, glauben Sie wirklich, dass Ihr Kind freiwillig auch noch nachmittags Unterricht macht?

Natürlich könnten Sie die Nachhilfe für Ihre Kinder auch selbst übernehmen. Das würde zumindest eine ganze Menge Geld sparen. Fraglich ist nur, ob diese Einsparungen im Familienhaushalt das Magengeschwür und die abendliche schlechte Laune rechtfertigen, die Nachhilfestunden mit dem eigenen Kind unwillkürlich zur Folge haben werden. Denn einmal abgesehen von der akuten Unlust, die Ihr Kind an den Tag legen wird, wird es nicht versäumen Ihnen während jeder gemeinsamen Sitzung erneut klarzumachen, dass Ihre Methoden lineare Gleichungen zu lösen völlig veraltet und überholt sind. Und schneller als Ihnen lieb ist, werden Sie feststellen, dass selbst so absolute Werte wie Geschichtszahlen eine breite Diskussionsgrundlage bieten können, wenn es darum geht, dem Nachhilfeunterricht mit den Eltern auszuweichen.

GRUND 69: DIE FAULKRANKHEIT

Eine hochgradig ansteckende Erkrankung, die bevorzugt Kinder im Schulalter befällt. Ist Ihr Kind erst infiziert, hilft nichts mehr. Keine Ermahnungen, keine Drohungen, schon gar nicht modernes Verständnis. Die Auswirkungen der Krankheit, deren Symptome von Eltern in der Regel immer zu spät erkannt werden und von kaum einem Arzt sicher diagnostiziert werden können, sind verheerend. Drastischer Abfall der schulischen Leistungen, die oftmals ein Nicht-Erreichen des Klassenziels und eine Zerrüttung der Familienverhältnisse zur Folge haben. Es gibt kein Gegenmittel, keine vorbeugenden Impfungen. Eltern, Lehrer und Psychologen stehen dem Phänomen selbst nach Jahren intensiver Forschung nach wie vor ratlos gegenüber. Einzige Chance für die Erkrankten: Die Selbstheilungskräfte der Natur.

Klassenausflüge oder gar eine Klassenreise sind erst mal etwas Nettes. Die Kinder sind fort, versorgt und Sie haben Ihre Ruhe. Manchmal kann es aber auch ganz anders kommen. Da klingelt wenige Tage vor der Abfahrt bei Ihnen das Telefon. Nichts Böses ahnend nehmen Sie den Hörer ab und erstarren kurz, wenn sich am anderen Ende die Klassenlehrerin Ihres Sohnes meldet (siehe Grund Nr. 65). Aber nein, diesmal läge kein Beschwerdegrund vor, sie hätte nur eine vielleicht etwas ausgefallene Bitte, kommt es ungewohnt freundlich durch die Leitung. Vor spontaner Erleichterung sind Sie zu allem bereit, und bevor Sie sich versehen, haben Sie zugesagt an der viertägigen Klassenreise der Klasse 6c als Begleitperson teilzunehmen. Als Ersatz für die zweite Lehrkraft, die plötzlich erkrankt ist.

Erst nachdem Sie den Hörer wieder aufgelegt haben, wird Ihnen allmählich klar, auf was Sie sich da gerade eingelassen haben: Sie haben zugesagt für ganze vier Tage mit einer Horde von 25 Kindern in ein Landschulheim an die See zu fahren. Ungläubig holen Sie Luft. Wie konnte das geschehen?

Energisch bekämpfen Sie einen Panikanfall und den dringenden Wunsch nach dem Telefonhörer zu greifen und Ihre Zusage rückgängig zu machen. Nein, diese Blöße wollen Sie sich auch nicht geben. Schließlich klingen Ihnen noch die Komplimente der Klassenlehrerin in den Ohren: Dass Sie gleich an Sie gedacht hätte, da Sie doch so gut mit Kindern umgehen könnten, vor allem mit der wilden Clique um Ihren eigenen Sohn herum. Und als Selbstständige hätten Sie ja vielleicht auch eher die Möglichkeit kurzfristig für ein paar Tage frei zu machen ... Und überhaupt: Wenn Sie nicht zusagen würden, müsste die ganze Reise ins Wasser fallen.

Sie erkennen die Ausweglosigkeit Ihrer Situation und frustriert sinkt Ihr Kopf in Ihre Hände. Es gibt kein Zurück. Wenn

Sie sich jetzt zurückziehen, würde Ihr Sohn sicher erfahren, dass Sie es waren, an der die Klassenfahrt gescheitert ist. Und Kinder sind mindestens ebenso nachtragend wie Elefanten. »Du warst damals der Grund, weshalb wir in der 6. Klasse nicht auf Klassenfahrt fahren konnten«, würde es noch Jahre später heißen. Alles würde sich auf dieses erlebte Defizit zurückführen lassen: Die schlechten Schulleistungen, das Rauchen, die Probleme mit den Frauen. »Wenn wir damals in der 6. Klasse ...«

Seufzend stehen Sie auf. Vier Tage. Gut. Und danach mindestens zwei Wochen Urlaub. Und vor Klassenreisen nicht mehr ans Telefon gehen.

GRUND 71: EIGENTOR

»Das soll ein Zeugnis sein?«, birst Vater beim Überfliegen desselben wütend los. »Das ist ja nicht einmal das Papier wert, auf dem es geschrieben steht!«

Sohnemanns Miene bleibt ungerührt, ja, tatsächlich umspielt ein kleines Lächeln seine Mundwinkel. Vater entgeht das nicht.

»Du bist wohl auch noch stolz auf deine miserablen Leistungen, was? Drei Fünfen in den Nebenfächern und eine Vier minus in Mathematik! Du solltest dich was schämen. Dieser Wisch ist kein Leistungs- sondern ein Faulheitsnachweis. Was tust du eigentlich den ganzen Tag in der Schule? Schlafen?«

Das versteckte Lächeln in Sohnemanns Gesicht wandelt sich bei Vaters wütenden Worten allmählich in ein breites Grinsen.

»Ich weiß nicht, was es da so unverschämt – «, braust Vater auf, doch plötzlich erstirbt seine Stimme. Blässe überzieht sein Gesicht, als ihm mit einem Mal klar wird –

»Das ist eins von deinen alten Zeugnissen, Papa«, bricht Sohnemann prustend hervor. »Ich hab es von Opa.« Er reicht ihm ein weiteres Papier. »Das hier ist meins. Es ist auch nicht besser, aber unter den Umständen kannst du dir deine übliche Strafpredigt wohl schenken, oder?«

GRUND 72: WILLKOMMENE UNTERBRECHUNG?

Endlich Ferien! Ferien? Ich gebe Ihnen genau drei Tage, bis Sie die willkommene Unterbrechung des zermürbenden Schul-alltages so satt haben, dass Sie sich nichts mehr wünschen, als in eben diesen zurückzukehren. Spätestens dann steht Ihr Nachwuchs nämlich nörgelnd vor Ihnen, weil er nicht weiß, was er machen soll. Alle Freunde sind im Urlaub, das Wetter ist schlecht und dort, wo sich sonst ein gut Teil der kindlichen Energie ablädt, nämlich in der Schule, tut sich plötzlich ein großes Nichts auf, das Sie als Eltern, bitte schön, aufzufüllen haben. Statt Ihrerseits ein wenig entspannen zu können, weil die ständige Kontrolle der Hausaufgaben, das ewige Lernen für Arbeiten über ein paar Wochen aus dem Terminplan fällt, sehen Sie sich einem gelangweilten Kind gegenüber, das be-schäftigt werden möchte. Da heißt es dann, Lego bauen und alte Spiele abstauben, Ausflüge planen und erfolgreich den Pausenclown und Animateur geben, damit Ihr Kind nicht drei-viertel seiner Zeit vor dem Fernseher oder Computer verbringt. Und wenn die Ferien vorbei sind?

Einen Moment werden Sie aufatmen. Endlich Schule! Schule? Ich gebe Ihnen genau drei Tage ...

VIII. MIT KINDERN LEBEN

Leben mit Kindern ist das Grauen schlechthin. Privatsphäre wird zum Fremdwort, Ihr Heim zum Schlachtfeld und mit Ihren Nachbarn werden Sie über kurz oder lang bis aufs Blut verfeindet sein. Kinder sind rücksichtslose, kleine Egoisten, was sich auch und gerade im Zusammenleben mit ihnen sehr unangenehm bemerkbar macht. Kein Bett, kein Stuhl, kein Fernseher gehört mehr Ihnen. Sie haben kein Anrecht auf ein eigenes Zimmer – wohl aber Ihre Kinder – und auch Ihr Lieblingsjogurt wird zum Allgemeingut erklärt und ist immer gerade dann leer, wenn Sie Appetit darauf haben. Da kommt Freude auf.

GRUND 73: NUR IM EIGENEN HAUS

Nach allem was Sie bis jetzt gelesen haben, wollen Sie immer noch Kinder? Dann gehören Sie wohl zu den unverbesserlichen Optimisten, zu denen, die sagen: Mag ja alles sein, aber bei uns wird das ganz anders.

Vielleicht haben Sie ja recht. Aber Hand aufs Herz: Gehören Sie auch zu den reichen Optimisten? Nein? Sehen Sie. Aus der Traum. Ein halbwegs vernünftiges Leben mit Kindern lässt sich nämlich nur realisieren, wenn Sie die finanziellen Mittel zur Verfügung haben sich ein großes Haus mit großem Grundstück oder noch besser in Alleinlage zu kaufen oder bauen. Denn nur in einem großen Haus mit möglichst vielfältigen Ausweichmöglichkeiten haben Sie ansatzweise die Chance mit Ihrer Brut zusammenzuleben, ohne dass Sie bereits nach drei Jahren mit Herz- und Magenbeschwerden und einer Vielzahl weiterer psychosomatischer Leiden zum dauerhaften und gut zahlenden Klienten Ihres Psychotherapeuten werden. Oder zum Outlaw Ihres Wohnbezirks.

Vergessen Sie nicht: Kinder sind laut und unzurechnungsfähig und eines ihrer beliebtesten Spiele ist es, ihre Eltern zu diskreditieren. Nur in der halbwegs isolierten Umgebung eines alleinstehenden Einzelhauses können Sie dem zumindest teilweise Einhalt gebieten und Ihren Ruf noch ein wenig wahren – wenigstens so lange, bis die Brut ihren Aktionsradius über das elterliche Anwesen hinaus vergrößert. Dann hilft nur noch ein Haus in absoluter Alleinlage, es sei denn Sie sind gewillt sich ständig mit Ihren Nachbarn über Lärmbelästigung, angeblich zerkratzte Autos, mit Sand gefüllte Briefkästen oder ähnlichen Unsinn auseinander zu setzen.

GRUND 74: SAUBERKEIT IST ETWAS FÜR KINDERLOSE

Denn Sauberkeit und Kinder schließen einander aus. Nehmen Sie also Abstand von blitzblanken Bädern, glänzenden Küchen und Fußböden, von denen man essen kann, wenn Sie sich entschließen Kinder zu haben. Machen Sie sich stattdessen gedanklich damit vertraut, dass das Waschbecken im Bad immer so aussehen wird, als hätte dort gerade der Schichtwechsel in einer Kohlengrube stattgefunden, und bereiten Sie sich darauf vor, dass Kinder eine Klobürste bestenfalls zum Kacheln schrubben, aber niemals ihrem eigentlichen Zweck entsprechend benutzen.

In der Küche werden halbausgelöffelte Jogurtbecher, Kakaospuren und Marmeladeflecken das Bild bestimmen. Tischdecken werden abgeschafft und durch Plastiksets ersetzt und das gute Geschirr ab sofort in der Vitrine verwahrt.

Fußböden? Nun, ich empfehle einen nicht zu hellen, möglichst melierten Belag, der auch eine Reinigung mit scharfen Putzmitteln nicht übel nimmt, sonst haben sie keine Chance gegen die Vielzahl von Flecken, bestehend aus umgekippten Getränken, heruntergefallenen Brotbelägen und eingetretenen Schokoladenresten, die sich in den nächsten Jahren in Ihrer ganzen Wohnung verbreiten werden.

Ein kleiner Tipp noch zum Schluss: Wenn Sie sich nach einem langen, arbeitsreichen Tag abends für ein gemütliches Stündchen ins Wohnzimmer zurückziehen wollen, vergessen sie den Staubsauger nicht. Es ist mehr als unbequem sich auf ein Sofa zu setzen, auf dem Ihr Jüngster eine Stunde zuvor zum Lieblingstrickfilm sein Lieblingsbrötchen verspeist hat, das Ganze natürlich in der Lieblingshose, mit der er den ganzen Nachmittag auf dem Lieblingsspielplatz verbracht hat.

Der Begriff »Ordnung« ist äußerst dehnbar und kann für Eltern und Kinder eine höchst unterschiedliche Bedeutung haben. Nehmen wir allein einmal die Ordnung in den Kinderzimmern. Was Sie als heilloses Chaos empfinden, hat für Ihre Kinder durchaus etwas Heimeliges. Das Konglomerat aus Spielzeug und Müll, das gleichmäßig den Fußboden bedeckt und den Belag desselben nur noch erahnen lässt, ist nur für Sie unüberschaubar und unerträglich. Die lieben Kleinen dagegen wissen genau, wo ihr Lieblingsauto unter der Chipstüte begraben liegt, und auch, wo sie nicht hintreten dürfen, um nicht mit den Füßen an einer klebrigen Masse aufgeweichter Salinos und ausgekipptem Tuschewassers hängen zu bleiben.

Das wissen Sie natürlich nicht. Entsprechend heftig wird Ihre Reaktion ausfallen, wenn Sie ungläubig auf die widerliche Substanz an der Unterseite Ihres Strumpfes starren. Mit zornbebender Stimme werden Sie das sofortige Aufräumen des Zimmers anordnen und mit üblen Restriktionen wie Hausarrest *und* Fernsehverbot drohen, wenn Ihren Anordnungen nicht sofort Folge geleistet wird.

Der Trotz, der im Gesicht Ihres Kindes aufkeimt, wird die Situation nicht unbedingt verbessern. Ebenso wenig die altkluge Bemerkung: »Das ist doch mein Zimmer und meine Sache, wie es da aussieht.« Atmen sie jetzt erst einmal tief durch, bevor Sie antworten. Lassen sie sich nicht provozieren und vor allem nicht zu der Drohung verleiten: »Wenn Du jetzt nicht tust, was ich dir sage, räume ich hier auf und schmeiße alles weg, was auf dem Fußboden herumliegt.« Das, genau das will ihr Nachwuchs ja nur erreichen. Wenn das Zimmer schon gegen seinen Willen aufgeräumt werden muss, dann doch bitte auch von den Eltern. Die wenigen Dinge, die Ihrem Kind wirklich wichtig sind, werden in Windeseile vom Fußboden verschwunden sein und der Rest, nun ja, der wandert halt in die große Mülltüte, mit der Sie wenig später, noch immer wutschnaubend, in das Zimmer zurückkehren. Natürlich wird das arme Kind bittere Zähren darüber vergießen, was alles in dem gierigen Schlund des Müllsacks verschwindet, aber lassen Sie sich nicht täuschen, das ist Berechnung. Tatsächlich weiß es genau, dass Sie das ehemals teuer gekaufte Lego nicht einfach wegschmeißen und die kaputten Autos und die Modellbauverpackungen, nun gut, darauf kann es auch verzichten, ebenso auf den Drachen, die Saison ist eh gelaufen und im nächsten Jahr gibt es einen neuen. Dazu sieht es mit Genugtuung, wie Sie Ihren gesamten freien Nachmittag damit verbringen, Ordnung nach Ihrem Gusto zu schaffen, gibt es ihm doch die Möglichkeit, das geliebte Chaos dann in den nächsten Tagen völlig neu zu gestalten.

GRUND 76: SONNTAGMORGEN

7 Uhr. Ein wenig gerädert kämpft Papa sich aus den Linnen, als er die ersten Laute aus dem Zimmer des Anderthalbjährigen vernimmt. Schnell eine Flasche mit Milch warmgemacht und Baby noch einmal ruhig gestellt, um Brötchen zu holen.

7.15 Uhr. Mit Brötchentüte und Zeitung kehrt Papa zurück, öffnet die Haustür und erstarrt. Gleichmäßig über den gesamten Eingangsbereich verteilt, liegt der Inhalt des Eimers mit dem Hundetrockenfutter. Hund und Katze laben sich genüsslich und mittendrin fährt Papas Jüngster mit dem leeren Eimer Schlitten. »Das, also – sag mal, wie bist du denn aus deinem Bett gekommen?!?« »Damaxblohuh«, gibt das Baby froh von sich und strahlt. Vater stöhnt, verfrachtet das Baby mit ein paar zwischen den Zähnen zerkauten Flüchen wieder ins Bett, vertreibt Hund und Katze aus dem Schlaraffenland und macht sich ans Aufräumen.

7.30 Uhr. Fertig. Etwas entnervt schleppt Vater sich in die Küche, stellt Brötchentüte und Zeitung ab. Aus dem

Wohnzimmer dringen frohe Babylaute. Papa fährt auf. Aus dem Wohnzimmer? Mit drei Schritten ist er dort und ertappt seinen Jüngsten dabei, wie er gerade die Kerzen im fünfarmigen Leuchter umsortiert – mit dem Docht nach unten. Der neue Wohnzimmertisch ist mit Kuli bemalt und die Asche aus der Ofenschublade –

Für einen winzigen kleinen Moment hegt Papa Mordgedanken, dann hat er sich wieder im Griff. Mit einem entsagenden Laut nimmt er sein schmutziges Baby, das zu allem Überfluss auch noch kräftig stinkt, und verschwindet Richtung Bad.

8.30 Uhr. Mama wacht auf, wundert sich, dass es schon so spät noch so ruhig und ihr Ehegespons nicht im Bett ist, und steht auf. In der Küche erwarten sie ein gedeckter Frühstückstisch, ein Baby, das auf dem Boden sitzend glücklich auf einem Brötchen kaut, und auf einem Stuhl am Tisch ein schlafender Papa. »Guten Morgen«, sagt sie leise. Das Baby kräht begeistert »Mama!«, Papa schlägt die Augen auf, lächelt verschlafen und sagt nur: »Jetzt wo du wach bist, kann ich ja wieder ins Bett gehen, oder?« »Geht es dir nicht gut«, fragt sie besorgt. »Es ist alles in Ordnung«, versichert er. »Es war nur – ja, es war halt nur so ein üblicher Sonntagmorgen.«

Grund 77: Wäsche

»Mamaaa! Wo ist eigentlich meine graue Hose?« Mutter, noch gar nicht ganz wach, versucht sich zu erinnern. »Die ist noch nicht gewaschen«, antwortet sie schließlich. – »Und was soll ich dann anziehen?« – »Du hast doch noch andere Hosen.« – »Die sind aber –« Die Antwort der Tochter geht im lauten Rufen ihres jüngeren Bruders unter. »Mamaaa, ich hab keine Socken!« –

»Kein Wunder«, erwidert Mutter, »die liegen ja auch alle schmutzig unter deinem Bett!« – »Warum holst du sie da denn nicht weg und wäschst sie mal, hä?« – »Weil ich nur das wasche, was im Wäschekorb ist.« – »...!«

Szenen einer Familie. Alltäglich und allbekannt. Aber trösten Sie sich. Der Kampf gegen die Wäsche ist ein Kampf, den niemand, der Kinder hat, gewinnen kann. Ein Kampf, der frustriert und entmutigt und der weder Lob noch Wohlwollen einbringt. Denn auch wenn Sie sich tagtäglich tapfer schlagen, Ihre kleinen Lieblinge werden ständig auf der Suche nach irgendeinem Kleidungsstück sein, das Sie a) noch nicht gewaschen, b) gerade in die Maschine gesteckt oder c) just zum Trocknen aufgehängt haben. Einzige Wege, dem Wäschechaos zu entfliehen: Verbrennen Sie alle Schmutzwäsche oder schaffen Sie sich eine Waschfrau an.

GRUND 78: DIE JAHRESHAUPTVERSAMMLUNG DER HEIMWERKER

Musik oder das, was Kinder dafür halten, löst bei Eltern in der Regel eine Vielzahl von Aggressionen aus. Die zwischen zusammengebissenen Zähnen und mit letzter Beherrschung vorgebrachte Aufforderung: »Kannst du jetzt bitte deine Musik leiser machen?«, die oftmals sehr schnell ihre Steigerung im haltlos gebrüllten »Leiser!« erfährt, ist einer der am meisten ausgesprochenen und am meisten belastenden Sätze im familiären Zusammenleben.

Dabei liegt das Problem häufig nicht in der tatsächlichen Lautstärke, sondern in der Art dessen, was die lieben Kleinen so für Musik halten. Die Geräusche, die da aus des Nachwuchses Zimmer dringen, haben für uns mit Musik im klassischen Sinne nämlich oftmals wenig gemein, sondern erinnern bestenfalls an die Jahreshauptversammlung der Heimwerker. Ein ohrenbetäubender, unangenehmer Lärm, das ist es, womit wir uns konfrontiert sehen. Und schon stecken wir mitten im herrlichsten Generationenkonflikt.

Für unsere Kinder ist nämlich völlig klar: Unser Unverständnis für »ihre Musik« zeugt von nichts anderem als unserer beschränkten Weltsicht und unserem offensichtlichen Negieren eines modernen Zeitgeistes, und bevor wir uns versehen, finden wir uns fein säuberlich verpackt in der Schublade »altmodisch und verkalkt« wieder. Eine nicht gerade günstige Ausgangsposition, um auch in Zukunft ernst genommen zu werden.

GRUND 79: VORSICHT, LEGO!

Spielzeug besitzt nicht nur eine magnetische Anziehungskraft auf Schmutz aller Arten, sondern außerdem auch die äußerst unangenehme Eigenschaft überall da aufzutauchen, wo es nicht hingehört. In einem Haushalt mit Kindern werden Sie ständig damit beschäftigt sein, Spielzeug aufzuräumen. Vom Küchentisch, aus der Garderobe, von der Wohnzimmercouch, aus dem Badezimmer, aus dem Katzenklo und dem elterlichen Bett. Nach einer gewissen Zeit wird Ihnen das gar nicht mehr auffallen, nur manchmal, wenn Sie wieder einmal auf einem Matchbox-Auto ausgerutscht sind oder ein weiteres scharfkantiges Legoteil sich schmerzhaft in Ihre Fußsohle bohrt, dann platzt Ihnen plötzlich der Kragen. Mit der bissigen Bemerkung »Warum muss dein Spielzeug eigentlich überall herumliegen«, werden Sie jedoch bestenfalls einen erstaunten Augenaufschlag und die lapidare Antwort »Eure Sachen liegen doch hier auch überall herum« ernten.

Ändern wird sich nichts, Kinder haben nun einmal ein sehr einnehmendes Wesen, besonders dann, wenn es die elterliche Wohnung betrifft. Arrangieren Sie sich also mit Luke Skywalker und Barbie in Ihrem Wohnzimmer, mit Winnie Pooh in Ihrem Bett und der Sammlung von Gummitieren im Badezimmer und achten Sie fortan darauf, wo Sie hintreten – wegen der Legos.

Grauenvoll. Es ist Bettzeit für Baby und Pooh ist verschwunden. Fieberhaft suchen die Eltern in der ganzen Wohnung, rücken Sofas, sehen unter Schränke – und streiten sich, während das Baby im Bett steht und schreit. Schlafen kann es nämlich nicht. Nicht ohne Pooh. Leider hat aber Pooh bisweilen die üble Angewohnheit gerade zur Bettzeit einen kleinen Zug durch die Gemeinde zu unternehmen und damit unauffindbar zu werden.

Wenn Sie dieses Buch bis jetzt aufmerksam gelesen haben, wissen Sie, dass Kinder alles andere als flexibel sind, und das Baby, von dem hier die Rede ist, macht da keine Ausnahme. Kein anderes Kuscheltier kann es trösten und auch die Eltern sind nicht gefragt – entweder es gibt jetzt Pooh zum Einschlafen oder ein Riesengeschrei.

»Ich war von vornherein dagegen, ihm den Bären zu geben«, faucht Vater, während er mit rotem Kopf das Sofa an seinen Platz zurückschiebt.

»Und ich habe dir gesagt, wir sollten ein paar von ihnen in Reserve haben, dann bräuchten wir jetzt nicht zu suchen«, giftet Mutter zurück und sieht sich hilflos um.

Im Kinderzimmer steigert sich das Geschrei zu einem haltlosen Gebrüll.

»Wenn er noch eine Weile so schreit, ist es sowieso vorbei mit Schlafen. Pooh hin, Pooh her«, brummt Vater und verschwindet im Flur, wo er noch einmal alle Schuhe auskippt.

Mutter geht derweil ins Kinderzimmer, nimmt den Schreihals aus dem Bett und trägt ihn in die Küche. Leise summend versucht sie das Baby zu beruhigen, aber es ist hoffnungslos. Während sie jedoch mit ihm auf und ab geht, erspäht sie plötzlich einen roten Schimmer, dort zwischen Backofen und Kühlschrank.

»Ich glaube, ich habe ihn!«, ruft sie aufgeregt in den Flur.

Vater ist sofort da. Im nächsten Moment zieht er den kleinen honigfarbenen Bären an seinem roten T-Shirt aus der engen Spalte. »Da ist er ja, der Halunke«, entweicht es ihm erleichtert.

Auch Baby hat seinen Freund entdeckt. Das Geschrei verstummt schlagartig, die Ärmchen recken sich dem weichen Stofftier entgegen. Es drückt sein Gesichtchen in den honiggelben Pelz, die Finger schließen sich um den Arm des Bären und die Augen fallen ihm zu.

»Mmpf«, macht Vater, seine Stimme ungewohnt laut in der plötzlichen Stille.

Mutter blickt mit einem angespannten Lächeln auf das selig schlummernde Kind in ihrem Arm herab und spürt einen kleinen Stich von Eifersucht. Warum ausgerechnet ein Bär?

GRUND 81: HILFE, BESUCH DROHT

Hat man sich im Leben mit Kindern schließlich weitgehend arrangiert, sich an Schmutz und Dreck gewöhnt und das Chaos um sich herum als unvermeidlich akzeptiert, so bricht doch gelinde Panik aus, wenn sich Besuch ankündigt. Dann nämlich springt einem jäh das ganze Tohuwabohu wieder mit übergroßer Deutlichkeit ins Auge. Eins wird plötzlich klar: Entweder eine Epidemie vortäuschen und dem Besuch absagen oder aufräumen und saubermachen.

In 95 Prozent aller Fälle werden Sie sich zu letzterem entschließen und sich damit die kommenden Tage bis zum Eintreffen des Besuchs aufs Gründlichste verderben. Denn wenn Sie erst einmal mit dem Putzen und Aufräumen angefangen haben, dann werden Sie damit einen Erdrutsch in Ihrer häuslichen Umgebung lostreten, dessen Folgen kaum überschaubar sind.

Und wenn der Besuch dann vor der Tür steht und Sie dieselbe müde und abgearbeitet von den Anstrengungen der letzten Tage öffnen, wird Ihnen plötzlich siedend heiß bewusst, dass

Sie in der ganzen Hektik völlig vergessen haben etwas zum Essen vorzubereiten, und Wein, ja, Wein, ist auch keiner mehr im Haus. Hilflos wird Ihr Blick zu Ihrem Ehegespons wandern, der darauf mit einem Schulterzucken zu seiner Jacke greift, den Besuch freundlich anlächelt und sagt: »Wir haben uns überlegt euch bei unserem Lieblingsitaliener zum Essen einzuladen. Wollen wir gehen?«

GRUND 82: BLEIBENDE KUNSTWERKE

Für die ersten künstlerischen Darstellungsversuche unserer lieben Kleinen kann das zu verschönernde Objekt gar nicht groß genug sein – das finden zumindest die Kinder. Was bitte sollen sie mit dem kleinen weißen Papierfetzen in DIN-A4-Format? Der bietet ja nicht einmal im Ansatz Platz für Kreativität und Entfaltung. Liebevoll wird ihr Auge stattdessen über die fleckenlose Tapete im Wohnzimmer gleiten, über die glatten unifarbenen Flächen des Sofas – da ist Platz für wirklich bleibende Kunstwerke. Kunstwerke, die Aufmerksamkeit erregen und nicht mit einem »Ach, wie nett« auf den großen Stapel mit Erinnerungen gepackt werden.

Als Eltern haben Sie da kaum eine Chance. Auch wenn Sie jeden Stift, jedes Stück Kreide, einfach alles unter Verschluss halten, womit Kinder sich malender- oder zeichnenderweise entfalten könnten, irgendwann kommt der Tag, an dem Sie unvorsichtig werden, an dem Sie in der täglichen Hektik den Kugelschreiber oder Fineliner liegen lassen. Sie werden nicht glauben mit welcher Geduld und Hingabe unsere lieben Kleinen dann ans Werk gehen und vor allem mit welcher Heimlichkeit. In den seltensten Fällen treffen Sie den kleinen Künstler bei seiner Arbeit an. Das neuentstandene Kunstwerk werden Sie erst nach seiner Fertigstellung zu Gesicht bekommen, dafür haben Sie dann aber um so länger Freude daran.

Mutter traut ihren Augen nicht. Da hinter der Garage liegen doch tatsächlich Küchenabfälle, die ganz augenscheinlich auf den Kompost gehören. Na warte, denkt sie, wer das getan hat, der darf hier gleich gründlich saubermachen.

»Sag mal, hast du die Küchenabfälle für den Kompost hinter die Garage gekippt«, will sie wenig später von ihrem ältesten Sohn wissen. – »Wieso sollte ich die hinter die Garage kippen?«, erwidert der irritiert. – »Ich weiß es nicht. Jemand hat da einen Eimer voll hingekippt. Und du warst diese Woche dran die Abfälle rauszubringen.« – Er zuckt die Schultern. »Ich war es jedenfalls nicht. Frag doch mal Max.«

Gesagt getan, doch Max will es auch nicht gewesen sein. »Da kippe ich die Küchenabfälle nun wirklich nicht hin«, sagt er mit Nachdruck. – »Wieso, wo kippst du sie denn hin?« – »Na ja, manchmal kippe ich sie in das Brombeerdickicht«, gibt der Kleine zu, »aber auch nur, wenn ich gerade sauer auf euch bin oder keine Lust habe im Dunkeln durch den ganzen Garten zu laufen.« Mutter stöhnt auf. Noch liegt Schnee auf dem ganzen Grundstück. Was mag alles zum Vorschein kommen, wenn er erst getaut ist? Noch einmal spricht sie ihren Ältesten an. »Hast du irgendwann einmal die Küchenabfälle überhaupt irgendwo anders als auf den Kompost gekippt?« – Eine leichte Röte überzieht sein Gesicht. »Na ja«, kommt es etwas zögerlich, »da zwischen den Tannen –« Zwischen den Tannen, also. Na prächtig. Einen Moment fragt Mutter sich, warum sie die Abfälle nicht von vornherein selbst hinaus gebracht hat. Im nächsten ist sie erleichtert, dass sie nur zwei Kinder hat. Wer weiß, wo sie sonst noch Küchenabfälle auf dem Grundstück finden würde. Ihr großer Sohn betrachtet sie derweil nachdenklich. »Weißt du Mama, wenn ich so sehe, wie viel Stress du manchmal mit uns hast, weiß ich, dass ich später keine Kinder haben werde.«

»Mama, Mama, wir haben einen Papagei!«, ruft mir mein Jüngster bereits entgegen, als ich noch nicht einmal ganz aus dem Auto gestiegen bin. – »Einen Papagei?« – Meine Kinder nicken eifrig. »Er ist ganz bunt«, erzählt der Kleine. – »Und wo ist dieser ... Papagei?«, frage ich unsicher. – »In Mäxchens Zimmer, im Katzenkorb.« Das Gesicht meines großen Sohnes ist eigentlich zu ernsthaft und vor meinem geistigen Auge erscheint Mäxchens alter Stoffpapagei, trübselig zwischen den Gitterstäben unseres Katzentransportkorbes hervorlugend. »Klar, ein Papagei«, lächle ich erleichtert. – »Ja«, Mäxchen ist wirklich nicht zu bremsen, »du musst ihn dir unbedingt sofort ansehen.«

Ich folgte meinem aufgeregt vor mir her hüpfenden Sohn mit einem milden Lächeln. Klar, ein Papagei.

In seinem Zimmer auf dem Schreibtisch am Fenster steht tatsächlich der alte Katzenkorb. Langsam gehe ich darauf zu und mache mich darauf gefasst, den zerschlissenen Stoffpapagei mit dem gebührenden Ernst zu begrüßen, als plötzlich ein etwa sperlingsgroßer Vogel mit leuchtend gelbgrünem Gefieder und einem zartrosa Köpfchen an das Gitter springt. Seine dunklen Knopfaugen streifen mich mit einem belustigten Blick. »Der ist ja echt!«, entfährt es mir. »Wie ... wo ...?« Hilflos wandert mein Blick einen Atemzug lang zwischen dem Vogel und meinen Kindern hin und her, dann gewinne ich meine Fassung wieder. »Woher wollt ihr überhaupt wissen, ob das ein Papagei ist?«, frage ich überheblich. »Der ist doch viel zu klein.« – »Papa sagt, es ist ein Papagei«, kontert Mäxchen gelassen, »sieh dir doch nur einmal seinen Schnabel an.« – »Können wir ihn behalten? Wir wollten doch schon immer Vögel haben!«, krähen beide Kinder dann unisono.

»Wie ist er überhaupt hierher gekommen?«, weiche ich geschickt einer Antwort aus. – »Er ist draußen auf der Pergola der Terrasse gelandet«, erklärt der Große. »Dann ist er runtergefallen und beinahe hätten ihn die Katzen erwischt, aber Papa war schneller.«

Ich seufzte unwillkürlich und mein Blick wanderte zu dem Vogel im Katzenkorb. Ja, ich sehe ihn direkt vor mir, wie er mit letzter Kraft zwischen den Tannen hindurch die Pergola ansteuert, ermattet auf dem alten Holz entlang taumelt und schließlich im freien Fall zu Boden stürzt, wo unsere Katzen ihn bereits lächelnd erwarten. Der arme Kerl. Aber behalten? »Also, er ist bestimmt jemandem entflogen, der jetzt sehr traurig ist, dass sein Vogel weg ist. Wir sollten erst mal versuchen, ob wir seinen Besitzer ausfindig machen können. Wenn das nicht klappt, dann –»

»– dann können wir ihn behalten?« Mäxchen kann sehr niedlich sein, wenn er etwas erreichen will. – »Mal sehen«, murmle ich mit einem letzten Blick auf den bunten Federball.

Natürlich haben wir ihn behalten, denn alle Anstrengungen ihn wieder loszuwerden erwiesen sich als vergeblich. Der Besitzer war untergetaucht und wir sollten noch früh genug erfahren warum. Bei dem auf den ersten Blick so niedlichen kleinen Vogel handelte es sich nämlich um einen der gefürchteten Rosenkopfpapageien, der als erstes nach einem Artgenossen verlangte. So kam Hansi zu Butschie und beide schließlich zu einem Käfig, denn das Leben im Katzenkorb ist auf die Dauer doch nicht so das Wahre. Und dieser Käfig, ja der steht jetzt bei uns im Wohnzimmer, weil die Vögel den Kindern in ihren Zimmern zu laut waren. Und wir Eltern? Wir sitzen jetzt immer in der Küche.

IX. SCHOKOKEKSE STATT SALAT

Wie bei allem anderen befinden sich Kinder auch beim Essen in ständiger Opposition. Gut und lecker ist nur das, was es gerade nicht gibt. Und die Auswahl dessen, was nach Kindermeinung essbar ist,

ist auch bei unserem immer größeren Angebot an Nahrungsmitteln verschwindend gering.

Was Sie selbst zu Hause an Nahrung zubereiten, halten Kinder größtenteils für schlichtweg ungenießbar und verderben mit ihrem Meckern und Mäkeln den Frieden jeder Mahlzeit. Vergessen Sie die in den Medien immer wieder gern gezeigte glückliche Familie, deren strahlende und erwartungsvolle Kinder sich zum Mittag um den Küchentisch versammeln, wo gemeinsam in guter Stimmung und mit viel Appetit dem liebevoll zubereiteten Essen zugesprochen wird. So etwas gibt es nicht. Kinder sind mittags weder erwartungsvoll noch strahlend, sondern in erster Linie skeptisch. Nach einem halben Tag Schule sind die Größeren unter ihnen missgelaunt und streitsüchtig, in den Ferien sind sie zum Mittag vermutlich noch nicht einmal aufgestanden. Das Essen mit den Kleineren, die unter Umständen sogar noch gefüttert werden müssen, fordert jedoch ein mindestens ebenso großes Maß an Energie und Selbstbeherrschung vonseiten der Eltern. Die Folgeschäden sind abzusehen: Immer mehr Erwachsene entwickeln Paranoia angesichts gemeinsamer Mahlzeiten. Magengeschwüre und Ess-Störungen werden häufiger.

Und die Kinder?

Nachdem sie ihrem Ruf als Tyrannen jeder Familie wieder einmal gerecht geworden sind, feiern sie ihren Sieg mit geheimen Süßigkeitenreserven aus Gummibärchen, Lakritzschnecken und Schokokeksen und weiden sich an dem Unglück ihrer Eltern.

GRUND 85: DIE GEMEINSAME MAHLZEIT ALS PRÜFUNG

Wenn Sie bislang im Essen mehr als nur den schlichten Akt der Nahrungsaufnahme gesehen haben, wenn Sie es lieben, ein Essen zu zelebrieren, daraus ein nettes Beisammensein, ja, ein gesellschaftliches Event im kleinen Rahmen zu machen, dann sollten Sie davon jetzt Abschied nehmen. Essen mit Kindern hat nämlich absolut nichts mit Geselligkeit zu tun und ist nicht nett, sondern nervig.

Irgendeiner hat immer etwas zu meckern. Irgendeiner hat immer gerade keinen Hunger und Kinder und Tischmanieren sind sowieso ein Quell ewigen Ärgernisses. Die Atmosphäre ist spannungsgeladen und es genügt ein kleiner Funke, um es zur großen Abrechnung, zum mittäglichen Familien-Showdown kommen zu lassen. Rund um – was Sie einst geliebt haben, nämlich das nette und gemütliche gemeinsame Essen, wird für Sie über kurz oder lang zum roten Tuch werden. Was einst Genuss war, ist zu einer täglichen Prüfung Ihrer Geduld und der Belastbarkeit Ihrer Nerven mutiert. Da hilft auch keine noch so liebevolle und raffinierte Zubereitung mehr. In einer Runde griesgrämiger Gesichter schmeckt es keinem so richtig.

GRUND 86: DAS MASSENGRAB

Vater hat sich eine schöne Dose Krabbensalat für das Frühstück mitgebracht. Frohgemut schneidet er sich ein Brötchen auf, öffnet die Dose und streicht sich die kleinen Tierchen in ihrem Bett aus Mayonnaise mit hungrigem Blick satt auf die untere Brötchenhälfte. Das Wasser läuft ihm im Mund zusammen, als er das Brötchen schließlich zum Mund führt. Doch bevor er herzhaft abbeißen kann, hört er auf einmal die fragende Stimme seiner Tochter, die ihn die ganze Zeit schon mit Argusaugen beobachtet hat.

»Sag mal, Papa, sind das Krabben, die du dir da auf das Brötchen geschmiert hast?«

Vater nimmt das Brötchen wieder runter, und zwar ohne abzubeißen, und wirft einen Blick darauf.

»Nordseekrabben«, erwidert er und lächelt seine Tochter strahlend an. Die Brötchenhälfte ist wieder auf dem Weg zum Mund. Der Mund öffnet sich –

»Weißt du eigentlich, wie die getötet werden?«

Die Brötchenhälfte verharrt unschlüssig in der Luft. Der Mund schließt sich, öffnet sich –

»Die werden lebendig in kochendes Wasser geschmissen.«
Vater seufzt und die Hand, in der er die Brötchenhälfte mit dem diskussionswürdigen Krabbensalat hält, sinkt herunter.

»Meine Liebe«, bemerkt er geduldig, »wo gehobelt wird, fallen nun einmal Späne. Du isst doch auch Wurst und Fleisch. Meinst du die Rinder, Schweine und Hühner werden nicht getötet? Die Fische nicht gefangen?« Die Brötchenhälfte bewegt sich wieder Richtung Mund.

»Das ist etwas völlig anderes«, bemerkt die junge Dame ihm gegenüber indigniert. »Ich habe noch von keinem Rind gehört, dass lebendig in kochendes Wasser geschmissen wird.« Mitleidig wirft sie einen Blick in die noch zu dreiviertel gefüllte Dose mit dem Krabbensalat. »Ob sie wohl Schmerzen verspürt haben?«

Vater, der gerade abbeißen wollte, hält erneut inne. »Es reicht jetzt, ja?«, bemerkt er gereizt.

Seine Tochter sieht ihn kopfschüttelnd an, während er endlich zu seinem ersten Bissen kommt. »Ich finde, du hast wirklich kein Herz. Plünderst in aller Seelenruhe ein Massengrab.« Mit einem letzten vorwurfsvollen Blick steht sie auf und verlässt den Raum.

Vaters Lippen schließen sich und er spürt die kleinen Körper der Krabben in seinem Mund. Leichen. Bei lebendigem Leib gekocht, um dann ihr Grab in einer Schale fettiger, kalter Mayonnaise zu finden. Und dann auch noch ein Massengrab. Er schluckt schwer. Die Hand mit dem Brötchen sinkt herab. Langsam legt er das Brötchen auf sein Frühstücksbrett zurück.

In diesem Moment kommt seine Frau in die Küche.

»Was ist mit dir?«, fragt sie besorgt. »Du siehst so blass aus.« Sie wirft einen Blick auf das angebissene Brötchen und die angebrochene Dose mit dem Krabbensalat. »Ist etwas mit dem Krabbensalat nicht in Ordnung?« Prüfend nimmt sie die Dose auf und schnuppert daran.

»Kein Krabbensalat«, murmelt ihr Mann entsagend, »ein Massengrab.«

Mit einem langen, langen Seufzer steht er auf, nimmt seiner Frau die Dose aus der Hand, schiebt mit dem Messer die restlichen Krabben von seinem Brötchen hinein, wirft noch einen letzten Blick auf die Masse kleiner rosiger Leiber inmitten des jungfräulichen Weißes der Mayonnaise, schließt die Dose schließlich sorgfältig und versenkt sie mit ernstem Gesicht im Mülleimer.

Grund 87: Sonntagsfrühstück

Nichts macht den dauernden Konflikt zwischen Eltern und Kindern deutlicher als die komplett gegensätzlichen Vorstellungen von einem sonntäglichen Frühstück. Für Eltern ist es etwas ganz Besonderes: Ein Frühstück in aller Ruhe, ohne die Uhr im Nacken, ohne Hektik und Stress, mit den Kindern in gemütlicher Familienrunde. Da wird dann reichlich aufgetischt, von den Cornflakes über Eier in allen gewünschten Variationen, Brötchen, frisch gepresstem Saft ... Klingt eigentlich gut, oder? Ja, aber nur für uns Erwachsene. Kinder haben ab einem gewissen Alter, das in etwa dem der Schulpflichtigkeit entspricht, an all diesen sonntäglichen Köstlichkeiten wenig Interesse. Sie können sich auch nicht an dem liebevoll gedeckten Tisch, den Kerzen und schon gar nicht an der allgemeinen Sonntagsstimmung erfreuen, die die Eltern ungefragt verbreiten. Denn ein Sonntagsfrühstück heißt für sie in erster Linie: Aufstehen. Und das viel früher, als ihnen lieb ist.

Mit verquollenen Augen und lustlosen Gesichtern werden sie auf ihren Plätzen sitzen, appetitlos und schlechtgelaunt. Die Brötchen werden nicht knusprig genug sein, der frisch gepresste Saft zu sauer, die Milch für die Cornflakes zu kalt und die Eier zu heiß. Rund um: Alles wird völlig verkehrt sein. So lange bis Sie als gestresste Eltern endlich die Nase voll haben und Ihre Kinder unter bitteren Flüchen zurück in Ihre Zimmer schicken, wo diese sich wohlig grunzend wieder in ihre Laken kuscheln, während Sie frustriert an einem verwaisten Frühstückstisch zurückbleiben – appetitlos und schlechtgelaunt.

GRUND 88: DIE MILCHSCHNITTE

Auch Jahrzehnte nach ihrer Einführung steht ihr kaum jemand unbeteiligt gegenüber: Von der Werbung gepriesen, den Kindern geliebt und von allen erziehungsberechtigten Erwachsenen verdammt, ist sie ein Musterbeispiel für die Lügen der Nahrungsindustrie und den Konsumterror, dem wir uns durch unsere Kinder täglich ausgesetzt sehen.

Verkauft wird sie als gesunde kleine Zwischenmahlzeit. Und wer nicht genau hinschaut, könnte sie auch dafür halten, sieht sie doch aus wie ein Schwarzbrot mit Quark. Ist sie aber nicht. Tatsächlich besteht sie aus Schokoladenkuchen mit Cremefüllung und hat sich längst zu einer der anstrengendsten Komponenten im ewigen Kampf zwischen Eltern und Kindern um das »was« in der Nahrungsaufnahme entwickelt.

Es soll übrigens Kinder geben, die sich ausschließlich von Milchschnitten ernähren. Groß werden die auch, aber Mangelerscheinungen machen sich ja auch nicht immer gleich bemerkbar.

GRUND 89: WIR GEHEN ESSEN

Mutter hatte an alles gedacht. Die Buntstifte und den Malblock, den Extrasatz Bierfilze – Bierfilze gibt es für Familien mit Kindern in Restaurants nämlich immer zu wenig –, die Autos und ein Buch zum Vorlesen. Eigentlich konnte jetzt gar nichts mehr schief gehen.

Eigentlich. Uneigentlich, ja, uneigentlich fing das Dilemma schon beim Betreten des Restaurants an, als nämlich der Kleine mit seinem Schwung der Kellnerin zwischen die Beine geriet. Das war laut. Laut und unangenehm und selbst die Leute ganz hinten in der Ecke wussten jetzt, dass Familie Meier mit ihren Kindern ins Steakhouse gekommen war.

Immerhin waren die Kinder danach erst einmal ruhig. Vater hatte zwar bereits diese bedenkliche Falte zwischen den Augenbrauen, doch Mutter war noch guter Dinge, dass der Abend einen positiven Verlauf nehmen würde. Noch. Zuerst ließ sich ja auch alles ganz gut an. Töchterchen schlug das Malbuch auf und Söhnchen versuchte sich im Bauen eines Bierfilzhauses, während Vater die Speisekarte inspizierte.

»Für die Kinder nehmen wir am besten das Pumuckl-Menü oder was meinst du?« – »Ich will kein Pumuckl-Menü«, kreischt Söhnchen, bevor Mutter antworten kann. »Ich finde Pumuckl blöd.« – »Aber das Pumuckl-Menü ist ein Stück Hähnchen mit Pommes, das magst du doch so gern«, versucht Mutter zu vermitteln und wirft Vater einen Blick zu, der nichts anderes besagt als »Wie konntest du vergessen ...« – »Ich will überhaupt kein Kinderessen«, kräht der Kleine weiter. »Ich will das Gleiche wie ihr.« Und natürlich Cola. Kinder wollen immer Cola, wenn ihre Eltern sie zum Essen ausführen. – »Und was möchtest du?«, wendet Vater sich an Töchterchen. – »Eigentlich hab ich gar keinen Hunger«, erwidert die. »Muss ich was essen?« Die Eltern tauschen einen entsagenden Blick und bestellen für Töchterchen das Pumuckl-Menü, für sich das Filet-Steak mit der gebackenen Kartoffel und für Söhnchen dasselbe, nur als halbe Portion.

Als das Essen kommt, starrt Söhnchen ratlos auf seinen Teller, nimmt einen großen Schluck Cola, sieht seine Eltern ernst an und sagt: »Ich glaube, das mag ich nicht. Warum habe ich nicht das, was sie hat?« Mit ausgestrecktem Finger weist er auf den Teller seiner Schwester. – »Das ist aber meins«, wehrt Töchterchen sich. – »Ich denke, du hast keinen Hunger«, erinnert sich Söhnchen. – »Jetzt schon.«

Die Falte zwischen Vaters Augenbrauen vertieft sich und Mutter versucht die Situation mit einer lustigen kleinen

Geschichte zu retten, was fehlschlägt, weil ihr niemand wirklich zuhört. Vater und Sohn starren sich wütend über den Tisch hinweg an, während Töchterchen futterneidisch ihren Teller umklammert hält. Zum Essen kommt eigentlich keiner. Das merkt auch die Bedienung, die eine gute halbe Stunde später die noch immer vollen, aber inzwischen kalten Teller wieder abräumt. »Hat es nicht geschmeckt?« – »Es war –«, beginnt Mutter versöhnlich, aber Vater fällt ihr ins Wort. – »Es war ein Fehler, die Kinder mitzunehmen«, bemerkt er kühl. »Die Rechnung, bitte.«

GRUND 90: DAS DING MIT DEN BURGERN

Wow, endlich gibt es auch bei uns einen McDonald. Diese Woche war Eröffnung, was prompt ein Verkehrschaos im Industriegebiet nach sich zog. Natürlich mussten auch wir hin. Endlich mal ein Mittagessen, bei dem keiner nörgelt. Endlich einmal nicht kochen. Klasse! Oder nicht?

»Also, eigentlich hab ich gerade heute nicht so viel Bock auf Junkfood«, bemerkt Sohn Nr. 2 auf der Fahrt zum Kulttempel aller Burgerfreunde. Ich ignoriere die Bemerkung geflissentlich. Jedoch nur bis wir den Parkplatz erreichen. Denn der ist voll. Übervoll. »Das fängt ja gut an«, lässt Sohn Nr. 1 verlauten und die übliche mittägliche Skepsis schleicht sich in seine Stimme. Augenblicke später sind wir dann mittendrin. In einer nicht enden wollenden Schlange vor dem Verkaufstresen. In der halben Stunde, die wir wartend verbringen, haben wir genug Zeit uns zu überlegen, welches der Maxi-Spar-Menüs wir mit welchem Getränk haben möchten. Genug Zeit, um uns darüber zu streiten, wer auf Sohn Nr. 3 aufpasst, der per Allradantrieb ständig das Weite sucht.

Dann, dann ist es endlich soweit. Mit dem überquellenden Tablett steuern wir einen Tisch an. Sohn Nr. 1 organisiert noch einen Kinderstuhl für Sohn Nr. 3 und los geht's: Aus Pappschächtelchen zaubern wir McChicken und BigMäcs – wer wollte eigentlich einen FishMäc? –, Getränke werden über den Tisch geschoben und die Pommes verteilt.

»Die Pommes sind kalt und ungesalzen«, bemerkt Sohn Nr. 2, kurz nachdem er mit einem Blick des Widerwillens seinen FishMäc in die Verpackung zurückgelegt hat. Nun schiebt er auch die Pommestüte von sich. Sohn Nr. 1 greift danach und verteilt dabei mit einem beherzten Ellenbogenkick seinen Milchshake über die Tischplatte. Reglos starrt er auf die sich langsam verteilende Masse, die jetzt, zu allem Unglück auch noch, in zähen Tropfen dem Boden zustrebt. »Sieht das eklig aus«, entfährt es ihm. – »Ja, stell dir vor, wenn du es nicht ausgekippt hättest, hättest du es getrunken«, bemerkt Sohn Nr. 2 sachlich. Ich schiebe mir den Rest meines Burgers in den Mund, Sohn Nr. 3 noch eine Pommes in den seinen und ignoriere die Blicke von den umliegenden Tischen.

Dennoch – als wir gut eine Stunde nach unserer Ankunft wieder im Auto sitzen und Sohn Nr. 2 mit seinem genialen timing bemerkt: »Irgendwie hab ich noch Hunger«, da wird mir klar, dass es vielleicht doch einfacher, schneller und befriedigender gewesen wäre, einfach zu Hause zu kochen.

GRUND 91: IGNORANTE ESSER

Wenn Sie für Kinder kochen, vergessen Sie als erstes die großen, buntbebilderten Kochbücher mit Titeln wie »Kochen für Kinder« oder »Was Kinder gerne essen«. Ich weiß nicht, wo die Autoren solcher Werke ihre Ideen her haben – sicher nicht von Kindern. In diesen Büchern finden Sie vor allem Kochexperimente mit viel gesundem Gemüse. Die Zubereitung sei es, die Optik mache es, heißt es da. Glauben Sie mir, Sie werden kein Stück Fenchel an Ihre Kinder verfüttern, auch wenn die nette Knolle noch so appetitlich drapiert oder angerichtet ist. Im Grunde haben Sie nur dann eine Chance wertvolles Gemüse zu verfüttern, wenn es zu einer glatten Sauce püriert über dem Kartoffelbrei liegt. Und selbst dann sollte es möglichst »vertraut« schmecken, ein Kriterium, das Fenchel in den meisten Familien sicher nicht erfüllt.

Wie dem auch sei. Fakt ist, dass Sie es nur in den seltensten Fällen richtig machen – das Kochen für Ihre Kinder, meine ich. Es gibt sie, diese Tage, an denen alle glücklich am Mittagstisch sitzen, keiner nörgelt, keine Reste übrigbleiben, aber sie sind selten, so selten, dass sie fast gar nicht wahr sind. Und glauben Sie nicht, dass Sie Ihren Erfolg mit dem gleichen Gericht in der nächsten Woche wiederholen könnten. Es gibt keine Gewähr, dass das, was einmal geschmeckt hat, auch beim nächsten Mal wieder schmeckt. Ganz im Gegenteil. Die unvorsichtige Bemerkung Ihrerseits »Das hat dir doch letztes Mal auch so gut geschmeckt« wird eine Flut von Belehrungen auslösen. Wenn Sie diese reumütig über sich haben ergehen lassen, werden Sie wissen, dass Essen eben nicht gleich Essen ist und dass die Begleitumstände des Essens ein nicht unwesentlicher Faktor einer gelungenen Mahlzeit sind.

Aber trösten Sie sich. Sie sind nicht allein. Unzählige kochende Eltern sehen sich tagtäglich aufs Neue dieser Ignoranz ausgesetzt. Unzählige kochende Eltern fragen sich jeden Tag wieder: Was habe ich falsch gemacht? Unzählige kochende Eltern suchen beständig nach Lösungen, die es nicht gibt.

GRUND 92: NIE WIEDER EINKAUFEN MIT KINDERN!

»Wir müssen noch einkaufen«, bemerkt mein Mann am späten Samstagvormittag. – »Und die Kinder?«, frage ich. – »Och, die nehmen wir mit.« – »Willst du nicht lieber alleine ...«, wage ich einzuwerfen, aber sein Gesicht zeigt mir deutlich, dass er nicht will. Also gut. Kinder ins Auto und auf in den Kampf. Der Supermarkt ist voll. Hektische Menschen schieben überquellende Einkaufswagen durch enge Regalreihen. Die Schlange am Fleischstand reicht bis zum Milchregal. »Gib mir den Einkaufszettel und stell du dich schon mal an«, zieht mein Mann sich geschickt aus der Affäre und lässt mich mit einem übellaunigen Kleinkind und einem sich im Kaufrausch befindlichen Fünfjährigen zurück.

»Mama, da hinten gibt es ...« – »Nein.« – »Aber du weißt doch noch gar nicht ...« – »Will ich auch nicht.« – »Du bist blöd.« Okay, damit kann ich leben. Womit ich nicht leben kann, ist das widerliche Kleinkind vor mir im Einkaufswagen, das seit fünf Minuten abwechselnd versucht seinem stählernen Sitz zu entfliehen und die Einkäufe auszuräumen. Gerade eben noch konnte ich den Eierkarton vor dem Absturz retten.

»Was darf's sein?« Endlich bin ich dran. – »Mamaaa!« – »Jetzt nicht. Ich hätte gern ...« – »Aber Mama ...« – Ja, was hätte ich denn gern? »Aufschnitt, Salami ...« – »MAMA!« – »Herrgott, was ist denn?« – »Darf ich mir ... kaufen?« – »Nein.« – »Aber Papa ...« – »Nein.« Zu dem geduldigen Herrn hinter dem Fleischtresen: »Und ein bisschen Leberwurst.« Endlich taucht mein Mann wieder auf, deponiert seine gesammelten Schätze im Einkaufswagen und guckt irritiert: »Hatte ich nicht schon Eier geholt?« – »Die sind ganz unten.« – »Ja, aber ...« – Da bleiben sie auch, wegen dem Baby.« – »Ach, so«, sprach's und verschwand.

Zehn Minuten später stehe ich in der nächsten Schlange – diesmal an der Kasse. Gleich ist es geschafft. Doch vorher heißt es noch Spießruten laufen durch die Süßigkeiten. »Mama, krieg ich ein Überraschungsei?« – »Nein.« – »Aber Tommi hat auch zwei.« – »Tommi?!?« Tatsächlich. Das agile Kleinkind vor mir im Wagen hat sich tatsächlich zwei der begehrten Eier geangelt und eins davon bereits halb ausgepackt. Deshalb war er so friedlich. Herzlos wie ich bin, nehme ich sie ihm natürlich weg und lege sie zurück. Das Geschrei, in das Tommi daraufhin ausbricht, konzentriert die Aufmerksamkeit aller anderen

Wartenden zwangsläufig auf uns und macht es auch meinem Mann nicht allzu schwer uns ausfindig zu machen.

Dann endlich ist es soweit. Die Waren liegen auf dem Band und ich riskiere schon mal einen Blick auf die Auslage der Bäckerei im Foyer des Supermarktes. Hm, Cremeschnitten, Obsttörtchen, gefüllte Schnecken – als Entschädigung für den Einkauf mit den Kindern – »Oh, verdammt!« höre ich da die Stimme meines Mannes und sie klingt nicht froh. Als ich mich umwende, sehe ich warum. Tommi hat es doch noch geschafft. Im Eierkarton sind noch genau drei Eier. Der Rest? Ja, zwei liegen im Einkaufswagen der Dame hinter uns, ein weiteres wischt die Kassiererin gerade mit mühsam beherrschtem Gesicht vom Laufband und die anderen vier befinden sich ebenfalls in einem Stadium desolater Auflösung zwischen den Stäben unseres Einkaufswagens und dem Fußboden. Tommis großer Bruder kichert hinter vorgehaltener Hand und bekommt vor lauter unterdrücktem Lachen einen hochroten Kopf als ihn Vaters zorniger Blick trifft. Und ich? Ich schwöre mir gerade: Nie wieder einkaufen mit Kindern, und wenn ich sie in den Schrank sperren muss!

GRUND 93: SPEISEPLAN

Können Sie sich vorstellen, wie viel Einfallsreichtum es erfordert, jeden Tag aufs neue Ideen für das Mittagessen zu haben? Sieben Tage in der Woche, das ganze Jahr hindurch ohne Raum für Kreativpausen und ohne Lob für die Mühen?

Ja, das klingt nicht nur hart. Das ist hart. Bitterhart.

Irgendwann drängt sich da bei jedem kochenden Familienvorstand die Frage auf: Warum mache ich das eigentlich und vor allem, warum alleine? Und schon ist sie geboren, die Idee für einen wöchentlichen Speiseplan, für den jedes Familienmitglied je nach Größe der Familie nun regelmäßig ein bis drei Essensvorschläge abgeben muss.

Soweit, so gut. Nur, setzen Sie das einmal in die Tat um. Obwohl Ihre Kinder ständig am Essen herumnörgeln und nichts richtig ist, wie Sie es machen – glauben Sie nicht, dass der Gedanke der Mitbestimmung in dieser strittigen Frage sie deshalb zu Höchstleistungen anspornen würde. Dem ist leider nicht so. Es wird Sie eine Menge Geduld und noch mehr Drohungen kosten, Ihren Kindern jede Woche wieder Vorschläge für den Speiseplan zu entlocken. Und spätestens dann, wenn nur noch komplett unqualifizierte Beiträge wie »Ein halbes Schwein auf Toast« kommen, werden Sie wieder auf Ihre eigene Kreativität und Ideenvielfalt zurückgreifen. Einfach, weil es schneller geht.

GRUND 94: DER KAMPF UM DIE BESTEN HAPPEN

Warum eigentlich hat eine Gans nur zwei Brusthälften, warum besteht ein Hühnchen nicht nur aus Keulen? Bei all den gentechnischen Manipulationen, die derzeit die Grenzen von Ethik und Moral zu sprengen drohen, hätten die Herren Forscher doch wenigstens mal an all die gebeutelten Menschen mit Kindern denken und ihre fragwürdigen Versuche in diese Richtung ausweiten können. Damit hätten sie dem Frieden in zahllosen Familien dieser Welt sicher einen Bombendienst erwiesen.

Ja, natürlich kann man insbesondere das Federvieh auch zerlegt bekommen. Nur Keulen oder auch nur Brüste. Aber das schmeckt dann einfach anders, hat nicht diesen ganz besonderen Touch, diese archaische Erinnerung an den ganzen Ochsen, der über dem Herdfeuer schmurgelt, die in jedem von uns noch irgendwo verborgen steckt.

Aus dieser archaischen Zeit muss auch der Kampf um die besten Happen noch herrühren, der insbesondere von Kindern so geliebt wird. Mit gefletschten Zähnen und wildem Blick fordern sie ihr Stück vom erlegten Wild ein und erinnern plötzlich mehr an ein hungriges Wolfsrudel als an eine Schar halbwegs zivilisierter Mitteleuropäer. Und für alle läuft der »beste Happen« natürlich auf das Gleiche hinaus, nämlich auf das Stück, das der andere bekommen hat. Gäbe es für alle Keulen, respektive Brust, ja, dann wäre der Unterschied nicht so eklatant und folglich der Streit nicht so heftig. Aber so?

Als Eltern sollten Sie sich übrigens wohlweislich mit den leftovers begnügen – all dem, was von der Jugend nicht geschätzt ist.

Sie essen aber auch gern Brust und Keule? Tja, dumm gelaufen.

GRUND 95: WOANDERS SCHMECKT ES IMMER BESSER

Es ist ein Phänomen. Es ist schier unglaublich und hat schon so manche Eltern ernsthaft an ihrem Verstand zweifeln lassen. Aber es ist tatsächlich wahr: In der Fremde essen unsere Kinder Dinge, über die sie zu Hause bestenfalls die Nase rümpfen, selbst wenn diese »Fremde« nur ein paar Häuser weiter, in der Küche der Eltern ihres besten Freundes beziehungsweise ihrer besten Freundin, liegt. Da zeigen sie sich plötzlich probierwillig und experimentierfreudig und geben sich Gaumenfreuden hin, auf die sie am heimischen Herd in der Regel mit Brechreiz reagiert hätten.

Fassungslos werden Sie hören, wie gut das Essen doch bei eben jener Freundin/jenem Freund schmeckt und dass Ihr eigenes Kind sich nach Jahren der Entbehrung endlich einmal richtig satt essen konnte. In Ihrem Inneren wird sich bei der Beschreibung der in Butter gedünsteten Möhren, die Ihr Nachwuchs besonders lobt, etwas zusammenziehen, denn Sie erinnern sich plötzlich genau, dass es sich dabei um Ihr eigenes Rezept handelt. Ein Rezept, das Sie vor nicht allzu langer Zeit auf Anfrage an eben jene Familie herausgegeben haben.

Greifen Sie jetzt nicht zum Strick und belasten auch noch die Staatskasse mit der Waisenrente für Ihre Kinder. Kochen Sie stattdessen nur in Zukunft genau das, worauf Sie Appetit haben, und ignorieren Sie geflissentlich die Wünsche Ihrer Kinder. Sperren Sie sie aus, wenn sie nörgeln. Recht machen können Sie es der Brut sowieso nicht, aber so haben wenigstens Sie etwas vom Essen.

X. ERWACHSENWERDEN

Manche werden es nie. Andere kultivieren das Kindsein aus taktischen und gesellschaftspolitischen Gründen. Der größte Teil der Kinder schafft es jedoch tatsächlich. Der Weg dorthin ist allerdings ein steiniger – besonders für die Eltern.

GRUND 96: PUBERTÄT – GANZ HARTE ZEITEN

Das Wesen der Pubertät lässt sich für Eltern mit acht Worten umschreiben:

Zickige Töchter, trotzige Söhne und jede Menge Stress.

GRUND 97: MIT DEM AUSZUG IST ES NICHT GETAN

Ja, wenn Sie glauben, dass alles geschafft ist, sobald ihr Nachwuchs seine eigenen vier Wände bezieht, dann haben Sie sich getäuscht. Einmal Eltern, immer Eltern – bis ins Grab.

Vielleicht rücken Ihnen die lieben Kleinen – die dann gar nicht mehr so klein sind, ebenso wenig wie ihre Ansprüche – nicht mehr so oft auf die Pelle, aber wenn sie kommen, dann wird es meistens teuer oder sehr aufwendig. Als Eltern sind und bleiben Sie der letzte Rettungsanker im stürmischen Meer des Lebens. Ob das Haus finanziert oder die Kinder gehütet werden müssen, wenn nichts mehr geht, sind Sie plötzlich wieder in der Pflicht.

Entkommen können Sie dieser Bürde nur, wenn Sie all Ihr Hab und Gut verkaufen, mit unbekanntem Ziel das Land verlassen und irgendwo in einer unbesiedelten Gegend ohne moderne Kommunikationsmittel Ihr Lager aufschlagen. Alternativ könnten Sie auch obdachlos werden oder Opfer einer schweren, unheilbaren Krankheit, aber das ist vielleicht nicht gerade das, was Sie sich von Ihrem Lebensabend erhofft haben, oder?

GRUND 98: HOTEL MAMA

Die Vorzüge des Hotels Mama sind vor allem bei erwachsenen Söhnen geschätzt und Mütter müssen da schon sehr subtil handeln, um ihre Brut loszuwerden. Jens Oliver Haas hat in seinem Werk »101 Gründe ohne Frauen zu leben« sehr detailliert beschrieben, mit welchen Gräueltaten Mütter ihre erwachsenen Söhne aus dem Haus treiben – was er leider nicht verstanden hat: Es handelt sich dabei um reine Verzweiflungstaten. Wie sonst sollen wir Mütter die Parasiten an unserem Herd los werden? Rausschmeißen können wir sie nicht. Das verbietet uns unser mütterliches Gewissen, aber wenn wir sie nicht anders dazu kriegen, freiwillig zu gehen – ja, dann müssen wir halt schweren Herzens in die Trickkiste greifen. Was wir dabei zu Tage fördern, ist individuell sehr verschieden, aber unangenehm ist es allemal für unsere Söhne, wenn sie dann aber so einsichtig sind wie Jens Oliver und das Weite suchen – dann wow, ja, dann haben wir endlich unsere Ruhe.

GRUND 99: VON BERUF SOHN/TOCHTER

Es gibt sie, diese Kinder, die freiwillig im Schatten ihrer Eltern wandeln. Ein Leben lang immer einen Schritt hinter Papa, am Arm von Mama. Natürlich nicht ohne Grund.

Diese Kinder werden keinesfalls von ihren Eltern gegängelt oder unterdrückt. Was sie tun, tun sie freiwillig und sie lassen sich fürstlich dafür bezahlen. Denn ihre Eltern haben in der Regel mehr Geld als sie ausgeben können und die Kinder haben sich – den Umständen entsprechend – für eine naheliegende Tätigkeit entschieden: Sie sind von Beruf Sohn – oder Tochter. Ihr Arbeitsfeld beschränkt sich darauf, an der Seite ihrer Eltern bei allen offiziellen Gelegenheiten eine gute Figur zu machen und ansonsten das Geld eben dieser Eltern auszugeben. Für Autos, Kleidung, Reisen, Yachten, Partys und was es sonst noch so gibt auf dem Markt der Reichen und Schönen.

Wenn die Eltern solcher Kinder einmal das Zeitliche segnet, bleibt im Interesse der Kinder nur zu hoffen, dass sie ihnen neben ihrem Geld auch einen guten Vermögensverwalter hinterlassen, denn sonst werden die lieben Kleinen wahrscheinlich trotz allem bald pleite sein. Geld verdienen haben diese Kröten nämlich nie gelernt. Die wissen nur, wie man es ausgibt.

GRUND 100: DAS KIND IM MANNE

Das Kind im Manne, ja, das ist kein freundliches kleines naives Wesen. Nach allem, was Sie in diesem Buch über Kinder gelesen haben, kann es das auch nicht sein. Denn Kinder sind weder freundlich noch naiv.

Das Kind im Manne vereint all die negativen Eigenschaften unserer lieben Kleinen in sich und hat sie perfektioniert. Berechnung, Gier und Hunger nach Macht kennzeichnen es. Es spielt nach wie vor gern Krieg mit Panzern und Düsenjägern, gibt horrende Summen für Nach- und Aufrüstung aus und ignoriert mit typisch kindlicher Egozentrik die wahren Probleme seines Umfeldes.

Das Leben? Nicht mehr als ein Poker um Macht und Geld. Nur wer oben steht, kann die Puppen tanzen lassen. Nur wer die Bank sprengt, hat gewonnen. Dem Kind im Manne sind Moral und Ethik unbekannt. Es ist gefährlich skrupellos und gerade deshalb erfolgreich. Und – das Kind im Manne ist überall.

ZU GUTER LETZT

GRUND 101: DIE ACHTE PLAGE

Sie gehören also auch zu denen, die bisher glaubten, es gäbe nur sieben Plagen. Prima. Eins zu null für Gott. Diese Geschichte mit der achten Plage hat er wirklich ganz geschickt aufgezogen. Hat uns weisgemacht, es handle sich um ein Geschenk, etwas ganz Besonderes. Und wir? Klar, wir haben natürlich begeistert danach gegriffen. Freiwillig. In der Werbebranche wäre er bestimmt einer der ganz Großen geworden. Aber er wollte uns ja nur noch einmal zeigen, dass das Leben auf Erden kein Zuckerschlecken ist. Wozu hätte er Adam und Eva sonst aus dem Paradies vertrieben? Und so hat er jedem von uns seine ganz eigene Schlange ins Nest gelegt. Die Schlange, die uns das Leben vergällt und den Alltag schwer macht. Na? Schon drauf gekommen? Ja, Treffer. Der große alte Mann hat uns den Kinderwunsch geschenkt, die Sehnsucht nach Vermehrung. Der alte Lump. Das Leben hätte so schön sein können.

GLOSSAR

Jens Klocke, Laabs Kowalski

101 Gründe, kein Fernsehen zu gucken

119 Seiten. SP 3166

Es gibt 101 Gründe, kein Fernsehen zu gucken. Das jedenfalls meinen ausgerechnet die zwei Fernsehprofis Jens Klocke und Laabs Kowalski. Kritisch, witzig und frech nehmen sie das schrillste Medium des Jahrhunderts unter die Lupe. Kaum etwas entgeht ihren lästerlichen und schonungslosen Enthüllungen: Talkshows und ihre Moderatoren, Soaps, Sitcoms, Spielfilme und Serien, Quiz-Shows, Kultur- und Kindersendungen werden genußvoll durch den Kakao gezogen. Und mal ehrlich: Welchem Talkshow-Moderator würden Sie zutrauen, das Wechselgeld richtig herauszugeben? Eine humoristische Liebeserklärung für alle, die in aufrichtiger Haßliebe dem täglichen Programm verbunden sind, alle Moderatoren kennen, obwohl sie nachmittags nie fernsehen, und eine absolute Lieblingsserie haben, die sie gegen alle Welt verteidigen.

Jens Oliver Haas

101 Gründe, ohne Frauen zu leben

119 Seiten. SP 3165

Mit messerscharfer Logik beweist Jens Oliver Haas, daß der Mann für das Zusammenleben hervorragend geeignet ist – nicht jedoch mit einer Frau. Das Ergebnis bestätigt, was wir im stillen schon immer wußten: Die Frau, ob als Mutter, als Mitbewohnerin, Freundin oder Ehefrau, macht das Leben des Mannes zum Martyrium. Mütter stricken ihren Söhnen babyblaue Pullover, um sie zu demütigen, Mitbewohnerinnen schleppen fremde Männer in die WG, um das Selbstwertgefühl ihrer Mitbewohner zu zerstören, und Freundinnen stellen den Radiowecker auf die absurdesten Zeiten. Augenzwinkernd erzählt Jens Oliver Haas aus dem Leben eines geplagten Mannes – amüsant und herzerfrischend für Menschen beiderlei Geschlechts.

Gute-Nacht-Geschichten für Männer, die nicht einschlafen wollen

Herausgegeben von Ingrid Kahl. 143 Seiten. SP 2651

Es gibt eine Alternative zu den zwei üblichen Tätigkeiten im Bett – und ihr ist dieses Buch gewidmet: Frau kann dem Manne an ihrer Seite auch etwas vorlesen. Zum Beispiel eine der Geschichten dieses Bandes, für den sechzehn Autorinnen sechzehn Erzählungen und einen Abzählreim beigesteuert haben. So gibt es kein schlafloses Herumwälzen mehr, das den eigenen Schlaf kostet. Und selbst das männliche Sägewerk kann zur Ruhe gebracht werden. Einfach vorlesen! Und daß die Geschichten nicht vom Liebesleben der Flußkiesel erzählen, sondern hineingreifen ins volle Liebesleben von Mann und Frau, versteht sich bei diesen Betthupferln von allein. Hier wird geliebt und gelitten, gestritten und Versöhnung gefeiert, daß es eine wahre Freude ist. Und alle Geschichten dienen ausschließlich dem einen guten Zweck: Vergnügen zu bereiten.

Warum heiraten?

Ein Lesebuch rund um die Ehe. Herausgegeben von Regula Venske. 192 Seiten. SP 2747

Heute wird in Großstädten jede zweite Ehe geschieden. Trotzdem wird weiter sich hingegeben, gehochzeitet und die Zugewinngemeinschaft zelebriert. Warum nur? Wozu die Quälerei? Oder ist an der eingetragenen Lebensgemeinschaft nicht doch etwas dran? Die größten Experten sind vermutlich die Heiratsschwindler, die größten Skeptiker Singles. Regula Venske hat mehr als dreißig Autorinnen und Autoren eine Meinung zu diesem Thema entlockt. Ein buntschillerndes Kaleidoskop ist entstanden, das allen Zögerlichen und Heiratsscheuen, aber auch Enthusiasten zeigt, daß übers Heiraten noch längst nicht alles gesagt ist. Denn schon allein die Frage »Warum heiraten?« wirft eine Gegenfrage auf: »Warum nicht?«

SERIE
PIPER

**Ellen Fein,
Sherrie Schneider**

*Die Kunst, den Mann
fürs Leben zu finden*

»The Rules«. Aus dem
Amerikanischen von Renata Platt.
176 Seiten. SP 2461

Wie angle ich mir meinen Märchenprinzen? Dieses Buch verrät Ihnen große und kleine Tricks, die bei der Eroberung Ihres Herzblatts (fast) immer ins Schwarze treffen.

»Vierunddreißig Regeln für den Männerfang legen Ellen Fein und Sherrie Schneider heiratswilligen Frauen ans klopfende Herz. Männer sind Jäger, wissen sie, und begehren stolzes Wild. Daher hat eine Frau freitags Einladungen für den Samstag abzulehnen. Kurzfristige Zusagen lassen sie als leichte, langweilige Beute erscheinen und den Mann fürchten, daß sie nur darauf warte, sich und ihr Elend ihm an den Hals zu werfen. Das trifft zwar zu, sie verschweigt es aber und spielt in heiratstaktischem Feminismus die Selbständige – nicht um ihrer Autonomie willen, sondern weil den Männern

nur die Frauen keine Ruhe lassen, die sie in Ruhe lassen.«
FAZ–Magazin

Die neue *Kunst, den
Mann fürs Leben zu
finden*

»The Rules II«. Aus dem
Amerikanischen von Ursula
Buntspecht. 232 Seiten. SP 2702

Auf in die zweite Runde! Nach dem Sensationserfolg ihres Buches »Die Kunst, den Mann fürs Leben zu finden« bieten Ellen Fein und Sherrie Schneider einen neuen Katalog mit Tips und tieferen Einsichten, damit auch Sie ihn endlich bekommen: den Mann fürs Leben. Jede Menge Singles laufen heutzutage herum, es wäre doch gelacht, wenn da nicht einer für Sie dabei ist. Nur müssen Sie es richtig machen. Wie hole ich meinen langjährigen besten Freund vor den Traualtar? Wie bekomme ich meinen Ex zurück? Was mache ich aus der Büroaffäre? Was, wenn er geschieden ist und Kinder hat? Was, wenn er reich ist und mich zu einem luxuriösen Wochenende einlädt? Unverblümt und offen stehen Ellen Fein und Sherrie Schneider mit Rat und Tat zur Seite.

Ilse Gräfin von Bredow

Willst du glücklich sein im Leben...
Geschichten von gestern – Geschichten von heute.
222 Seiten. SP 2438

»Mit Nora wollte ich eine Frau meiner Generation zu Wort kommen lassen, wie es viele gibt: unbekümmert und unsentimental, selbstironisch und ein wenig naiv, immer bereit, sich am eigenen Schopf aus dem Sumpf zu ziehen.« Genau das hat Nora ihr Leben lang getan. Wie viele andere Frauen ist sie zur falschen Zeit jung gewesen und wird zur falschen Zeit alt, wie eine der eindrucksvollen Gestalten in diesem Roman so treffend sagt. Denn der Krieg fiel auch in Noras Jugend – und was sie nach ihrem Ausscheiden aus dem Berufsleben an Rente erwartet, kann ihr nicht ohne weiteres ein geruhsames, sorgenfreies Alter sichern. Wir begleiten Nora auf ihrer turbulenten Suche nach einer Tätigkeit und erleben ihren unerschrockenen Mut und gesunden Menschenverstand, ihren Charme und ihren Humor, der sie sicher durch die Schatten- und Sonnenseiten des Lebens führt.

Denn Engel wohnen nebenan
Rückkehr in die märkische Heide.
255 Seiten. SP 2439

»Kartoffeln mit Stippe« – das war die unvergeßlich schöne, an Erinnerungen reiche Jugendzeit eines Mädchens: das Leben einer gräflichen Familie in einem höchst ungräflichen Forsthaus in der märkischen Heide. Der weltpolitische Umbruch hat es möglich gemacht, daß die große Erzählerin Ilse Gräfin von Bredow an den Ort ihrer Kindheit und Jugend zurückkehren konnte. In einer einzigartigen Mischung aus Erinnerung und Erleben der Gegenwart, aus verlorener Zeit und neuer Begegnung eröffnet sich ein Panorama von Lebensläufen und Schicksalen, wie es nur jemand beschreiben kann, der das alles selbst erlebt, erlitten und erfühlt hat.

Familienbande
und andere alltägliche Geschichten.
256 Seiten. SP 2911

SERIE PIPER

Lia Franken (Hrsg.)

Ganz wie bei uns daheim

Die schönsten Familien-geschichten. 384 Seiten. SP 2437

Familie werden ist nicht schwer, Familie sein dagegen sehr? Unsentimental und doch voller Liebe, mit Witz und Charme erzählen hier bekannte Autoren über Familien als solche und ihre eigene im besonderen. Man findet Genossen in Freud und Leid des Familienlebens bei Isabel Allendes kleiner Alba, bei Wolfram Siebecks weitverzweigter Verwandtschaft oder bei Barbara Noacks Geschwistern. Es ist ein buntes Völkchen auf dem Familienplaneten: Väter und Mütter, Brüder und Schwestern, Onkel, Tanten, Nichten, Neffen, die Schwäger und Schwägerinnen nicht zu vergessen, und erst recht nicht die Schwiegermütter... Mit dieser Versammlung ernsthafter und fröhlicher Geschichten kann man erfolgreich Familienbande wieder ins rechte Licht rücken und Gewitterwolken am Familienhimmel zerstreuen.

Leonie Ossowski

Weichselkirschen
Roman. 388 Seiten. SP 1027

Es ist eine gewagte Reise, die die deutsche Journalistin Anna Mitte der siebziger Jahre nach Polen antritt: Nicht nur in ein fremdes Land, auch in die eigene Vergangenheit führt die Fahrt nach Niederschlesien. Nach dreißig Jahren besucht sie das kleine, ehemals deutsche Dorf, in dem sie aufgewachsen ist. In Ujazd, wie das frühere Ruhrdorf jetzt heißt, begegnet sie ihrer alten Liebe Ludwik, dem Vater ihrer Tochter, und der neuen politischen Wirklichkeit. Dieses ebenso unterhaltsame wie nachdenkliche, ebenso gefühlvolle wie intelligente Buch ist der erste Teil von Leonie Ossowskis großer Schlesien-Trilogie, die den Ruhm und Erfolg dieser herausragenden deutschen Erzählerin begründete.

»Ein Stück Wirklichkeit, wie sie unbewältigt und subjektiv erfahren wurde.«
Der Tagesspiegel

Eva Demski

Das Narrenhaus
Roman. 448 Seiten. SP 2685

Das vierzehnstöckige Narrenhaus ist ein Hochhaus am Rand einer Stadt. Dort wohnt alles, was sonst keinen Platz findet und Miete zahlen kann. Eine bunte Gesellschaft, Eigentümer und Mieter, Wessis und Ossis, Gutsituierte, Problemfälle, letztere vom Sozialamt eingemietet. Eva Demski erzählt die tragischen, komischen und verrückten Lebensgeschichten der Bewohner dieses Hauses. Vierzehn Stockwerke zählt das Narrenhaus, und jede Etage hat ihre verrückten, tragischen und komischen Geschichten. Dieses Hochhaus am Rand einer großen Stadt ist ein übereinandergetürmtes Dorf, eine Festung, ein biographischer Ankerplatz, wie eine Bühne für unterschiedlichste Stücke in wechselnder Besetzung. Hier wohnen Eigenbrötler, alte Witwen, Transvestiten, der einbeinige Christian und die Hausmeisterin Sybille Heisterberg, die die Anarchie zu kontrollieren versucht. Im Kel-

ler wohnt der Erzähler, ein alter Requisiteur und Stöberer. Den ersten Stock wiederum beherrscht ganz Mafalda Trautwein, die alle, außer dem Erzähler, für ein Gottesgeschenk halten. Souverän und elegant erzählt Eva Demski die großen und kleinen Geschichten der verschiedenen Hausbewohner und fädelt ganz nebenbei ein halbes Jahrhundert deutsche Geschichte auf – ein Zeit- und Gesellschaftspanorama mit Witz und Spott.

»Eva Demski gelang eine Satire auf die närrischen Eigenschaften ihrer Zeitgenossen, überreich an Einzelheiten und pointensicher.«
Süddeutsche Zeitung

Goldkind
Roman. 278 Seiten. SP 2977

»Das ›Goldkind‹ von Eva Demski ist ein lesenswertes, ein beachtliches Buch.«
Marcel Reich-Ranicki

SERIE PIPER

Adolf Schröder

Der fremde Junge
Roman. 344 Seiten. SP 2597

Robert Bilkowsky, den alle nur Bob nennen, fährt tagsüber Taxi. Die Nächte verbringt er in seinem Atelier. Er ist Maler. Eines Abends findet er einen zehnjährigen Jungen in seiner Wohnung. Bob ist ratlos. Das Kind spricht keinen Ton, sondern verständigt sich mit ihm über Zeichensprache und schreibt verschlüsselte Botschaften auf Papierflieger. Irgend etwas in Bob weigert sich, den Jungen zur Polizei zu bringen. Er fühlt sich auf geheimnisvolle Weise angezogen, traumatische Kindheitserinnerungen werden in ihm wach, und so beginnt eine seltsame Freundschaft, in deren Entwicklung Bob sich immer mehr mit dem Jungen identifiziert. Obwohl ihm das Kind seinen Tagesablauf durcheinanderbringt, seine Freunde ihn warnen, läßt er sich nicht davon abbringen. Er muß hinter das Geheimnis dieses wundersamen Jungen kommen.

Stephen Krawczyk

Das irdische Kind
Roman. 266 Seiten. SP 2526

Das verbundene Bein von Onkel Alfred, Großmutters Groschenring und Onkel Kurt, der zu festlichen Anlässen immer denselben Nadelstreifenanzug anzieht – leichtfüßig, anrührend und unsentimental erzählt Stephan Krawczyk seine Kindheit und Jugend. Lauter private Weltereignisse, lauter intime Fotos aus dem Familienalbum, die stellvertretend für eine ganze Generation stehen. Stephan Krawczyk, neben Wolf Biermann bekanntester Liedermacher der ehemaligen DDR, erzählt aus dem Dorf Weida mit dem Flüßchen Auma präzise, herzlich und so privat, daß eines klar wird: Das Leben läßt sich nicht zurückrechnen auf dürre politische Daten.

Josef Škvorecký

Eine prima Saison

Ein Roman über die wichtigsten Dinge des Lebens. Aus dem Tschechischen von Marcela Euler. Mit einem Beitrag von Walter Klier. 284 Seiten. SP 2804

Danny ist sechzehn. Und folglich hinter den Mädchen her. Seine Flammen wechseln ständig: Da sind Irena und Alena, die beiden reizenden Zwillingstöchter des strengen Herrn Rat, Marie mit den wollenen Kniestrümpfen, die hexenhafte Karla-Marie, die langbeinige Tänzerin Kristýna An die zwanzig Versuche hat Danny schon unternommen, aber diesmal – das steht für ihn fest – muß es mädchenmäßig eine prima Saison werden. Heiter, jung, leichtlebig und scheinbar unbeschwert läßt sich dieser Roman zunächst an. Aber die reine Idylle ist er nicht. Denn seine Geschichte spielt in jener Zeit, als die Tschechoslowakei als »Protektorat Böhmen und Mähren« unter Nazi-Okkupation stand. Zwischen Schülerlieben und Jazzbegeisterung tauchen die Gespenster von Krieg und Diktatur auf, die das harmlose Leben des Provinzstädtchens Kostelec bedrohen.

»Poetisch verklärt und nicht ohne Nostalgie schildert Škvorecký, wie immer derselbe Gymnasiast Danny in Kostelec immer anderen und oft auch wieder denselben Mädchen hinterherjagt. Aufgrund welcher Intrigen und schicksalsträchtigen Verhängnisse Danny, das Glück vor Augen und sehr greifbar nah, die Irenas, Alenas oder Maries dann doch nicht bekommt, warum er statt des längstverdienten Beischlafs Mathematikunterricht erhält, Berge besteigen oder bis zur Ohnmacht Rum trinken muß – das macht den handlungsträchtigen Inhalt dieser poetischen Erzählungen aus.«
Frankfurter Rundschau

SERIE PIPER

BERND ZELLER BEI RAKE

Quiz-life *live*
ISBN 3-931476-33-2

Die Quizshow als Lebensentwurf: Zeller hat den Prototyp der deutschen TV-Quiz-Familie untersucht und ihr Verhalten im Alltag protokolliert.

Familie Weiß besteht aus Vater Georg, Mutter Eva und den beiden Kindern Kevin und Melanie, alle zusammen leben in einem mittleren Reihenhaus. Aber das sind nicht die einzigen ungewöhnlichen Lebensumstände, denen sie ausgesetzt sind. Fernsehquizsendungen haben sie vollkommen in Beschlag genommen. Ob ihr Leben zum Quiz wurde oder das Quiz zu ihrem Leben, wissen sie heute selbst nicht mehr genau und müssten raten.

In der Fachliteratur gilt Familie Weiß als einziger bekannter Fall, bei dem eine derartige Involvierung von Ratequiz und Tagesablauf auftritt. Allerdings schätzen Experten die Dunkelziffer auf A: zweitausend, B: zehntausend, C: einhundertfünfzigtausend und D: vier Millionen.

Dieses Buch gewährt nicht nur Einblicke in das Leben der Betroffenen mitsamt den aus dokumentarischen Gründen unvermeidlichen privaten Details, es ermöglicht auch dank des interaktiven Lesens ein aufregendes und spannendes Mitmachen und Mitraten!

ERHÄLTLICH IN JEDER BUCHHANDLUNG!
168 SEITEN
MIT ILLUSTRATIONEN
DM 19,80
Euro 9,90 (ab 1.1.2002)

RAKE

VERLAG

An die verschiedensten Orte der Welt ist Kirsten Jacobsen Henning Mankell gefolgt, von Indien bis nach Amerika, von Mosambik bis an die französische Riviera und immer wieder in seine Heimat Schweden. Und sie hat den verschlossenen Schriftsteller dazu gebracht, von sich zu erzählen: wie er ohne Mutter aufwuchs, mit sechzehn Jahren die Schule verließ und auf einem Schiff anheuerte, einen Job beim Theater fand und mit dem Schreiben anfing. Als er mit knapp zwanzig in eine leere Stockholmer Wohnung zog, nahm er die Backofenklappe als Tisch und das Licht aus dem Backofen als Schreibtischlampe. Mankell berichtet über seine erste Reise nach Afrika, die Zusammenarbeit mit dem Theater in Maputo und über die »Geburt« seines weltberühmten Kommissars Kurt Wallander am 20. Mai 1989. Zusammen mit Beiträgen von Desmond Tutu, Kenneth Branagh, Horst Köhler, Mankells Sohn Jon und seiner Frau Eva Bergman ist ein sehr persönliches und vielschichtiges Porträt Henning Mankells entstanden.

Kirsten Jacobsen, 1942 geboren, ist eine dänische Journalistin und Publizistin. Sie ist Autorin mehrerer vielbeachteter Biografien, u. a. über Lars von Trier. Zusammen mit dem Übersetzer Lutz Volke veröffentlichte sie 2012 ›Das Leben der Anderen. DDR und Dänemark‹.

Kirsten Jacobsen

Mankell über Mankell

Kurt Wallander und
der Zustand der Welt

Aus dem Dänischen
von Lutz Volke

dtv

Ausführliche Informationen über
unsere Autoren und Bücher
www.dtv.de

Ungekürzte Ausgabe 2015
2. Auflage 2015
dtv Verlagsgesellschaft mbH & Co. KG, München
Lizenzausgabe mit Genehmigung des Paul Zsolnay Verlags
© 2011 Kirsten Jacobsen & Gyldendal
Published by agreement with Gyldendal Forlag, Copenhagen and
Leonhardt & Høier Literary Agency A/S, Copenhagen
Titel der dänischen Originalausgabe: ›Mankell om Mankell‹
© 2013 der deutschsprachigen Ausgabe:
Paul Zsolnay Verlag, Wien
Umschlagkonzept: Balk & Brumshagen
Umschlaggestaltung nach einem Entwurf
von Hauptmann & Kompanie Werbeagentur, Zürich
unter Verwendung eines Fotos von Sara Appelgren
Satz: Eva Kaltenbrunner-Dorfinger, Wien
Druck und Bindung: Druckerei C.H.Beck, Nördlingen
Gedruckt auf säurefreiem, chlorfrei gebleichtem Papier
Printed in Germany · ISBN 978-3-423-21599-2

Inhalt

Neu-Delhi, 2011

Ich will das tun, was mir am meisten liegt –
nämlich Geschichten erzählen, und ich will auf
diese Weise meine Sicht auf die Welt verdeut-
lichen. Ich denke, die Art, wie ich erzähle, sagt
vielleicht am besten etwas über mich aus.

Henning Mankell

In seinem Leben wie in seinem Werk steht Henning Mankell mit einem Fuß im Schnee, Schweden, und mit dem anderen im Sand, Afrika. (Foto: Torbjörn Selander)

L iebe Freunde.«
Ein nüchterner Raum mit fleckigen, gekalkten Wänden, Neon-
röhren an der Decke und summenden Ventilatoren. Nach der Begrüßung fragt Henning Mankell die indischen Studentinnen und
Studenten:

»Wer von euch träumt davon, Schriftsteller zu werden?« Drei,
vier Arme gehen nach oben.

»*I don't believe you*«, hält ihnen Mankell in flüssigem Englisch
entgegen, dem kein schwedischer Akzent anzumerken ist. Er
spricht in der *University of Delhi*, Indiens größter Universität mit
320 000 Studierenden.

Mehrmals hatte Henning Mankell Einladungen zu Gesprächen
hier in Delhi und zu einem Literaturfestival an den darauffolgenden Tagen in Jaipur erhalten, doch erst jetzt hat er zugesagt. Und
er ist in Umgebungen wie diesen sichtlich in seinem Element, hat
die Studenten bereits in seinen Bann gezogen:

»Lasst mich mit einer Geschichte beginnen. Als Einleitung
scheint mir das passend und logisch zu sein, denn ich stehe vor euch
als *storyteller*. Wie ihr wisst, habe ich einen Großteil meines Lebens
auf dem afrikanischen Kontinent zugebracht, vorwiegend in Mosambik. Ich werde später darauf eingehen, wie es dazu kam.

Zu Beginn der Achtzigerjahre wurde das Land von einem
furchtbaren Bürgerkrieg überzogen. Söldnertruppen und bezahlte
Banditen, unterstützt vom damaligen Apartheidsregime in Südafrika, taten, was sie konnten, um Verwirrung und Schrecken in
Mosambik zu verbreiten. Es waren grauenvolle Zeiten. Es gab keinen Menschen im Land, der nicht schreckliche Leiden erfahren
hatte – auf die eine oder andere Art.

Während des Bürgerkriegs hielt ich mich einmal im Norden von Mosambik auf, in der Provinz Cabo Delgado, an der Grenze zu Tansania. Eines Tages ging ich auf einem schmalen Pfad auf ein Dorf zu. Das Gebiet war zerstört, die Felder abgebrannt, alles um mich herum roch nach Tod und Verelendung und Leiden.

Plötzlich kam mir ein junger Afrikaner auf dem Pfad entgegen. Er war um die fünfzehn Jahre alt, sehr abgemagert und sicherlich ausgehungert. Er war in Lumpen gekleidet, und als ich auf seine Füße blickte, entdeckte ich etwas, was ich im Leben nie vergessen werde:

Er hatte sich Schuhe auf seine Füße gemalt.

Mit Hilfe von Kräutern und Erdfarben hatte er sich die Schuhe gemalt, die er nicht besaß. Ich dachte: Wie stark sind doch Wille und Kraft des Menschen, wenn es darum geht, seine Würde zu verteidigen, selbst in den schwärzesten Stunden äußerster Not. Das ist seine Art, Würde zu bewahren. Er tut es, indem er Schuhe auf seine Füße malt. Und indem er das tut, setzt er Hoffnung auf die Zukunft. Er ist ein Mann, der sich zur Wehr setzt, *a man of resistance.*

Ich weiß nicht, wie es weiterging mit dem jungen Mann. Ich kenne seinen Namen nicht. Er ist höchstwahrscheinlich gestorben. Für mich aber lebt er, und er hat mir eines der wichtigsten Dinge im Leben vor Augen geführt: Selbst im tiefsten Elend besitzen wir Menschen eine unglaubliche Kraft, die uns befähigt, unsere Würde zu verteidigen und Widerstand zu leisten.

Vielleicht hat er mich auch daran erinnert, dass wir alle uns eines Tages auf genau diese Fähigkeit besinnen müssen: nämlich dass wir in der Lage sind, eine Kraft zur Verteidigung unserer Würde zu mobilisieren! Um den Mächten Widerstand leisten zu können, die Finsternis und Unterdrückung verkörpern und uns in dieser Welt immer wieder heimsuchen.

Wir besitzen alle die Fähigkeit, Schuhe auf unsere Füße zu malen.

Das Bild dieses jungen Mannes sehe ich vor mir, wenn ich meine

Bücher oder meine Theaterstücke oder meine Filmmanuskripte schreibe. Normalerweise schreibt ein Autor wohl das, was er selbst gern liest; aber ich schreibe eben auch für diesen jungen Mann. Er wird immer mein wichtigster Leser sein, obwohl er wahrscheinlich tot ist oder nie lesen gelernt hat.

Was ich euch gerade erzählt habe, ist in Wirklichkeit geschehen, es hätte aber auch eine Geschichte sein können, die meiner Phantasie entsprungen ist. Wie ich es sehe, gibt es für Fiktion nur *eine* Definition: Fiktion bedeutet, etwas niederzuschreiben, was passiert sein *könnte*, aber nicht passiert sein *muss*. Ich denke, man kann das so einfach ausdrücken.«

Göteborg, 2010

So sieht Schweden aus, dachte er. Bäume, Wind,
Kälte. Steine und Moore. Ein einsamer Mensch
tief im Wald.

Die Rückkehr des Tanzlehrers

Warum hat er »Ja« gesagt?

An einem diesigen Augusttag gegen 12 Uhr gleitet die *Stena Line* durch den wunderschönen Schärengürtel auf die zweitgrößte Stadt Schwedens zu. Die Fähre wendet langsam im Fluss Göta und legt am Masthuggskai an.

Unvermittelt wechselt das Licht, und der Regen hämmert mit solcher Wucht auf das Stahldeck, dass die Tropfen Blasen schlagen. Beinahe wie eine Warnung für uns, die wir auf dem Weg ins Kurt-Wallander-Reich sind, diesen kälteren Teil vom *Folkhem* (dem »Volksheim« – wie die Schweden ihren Sozialstaat nennen), auch wenn die Jagdreviere des weltberühmten schwedischen Kriminalkommissars hauptsächlich in der Hafenstadt Ystad und den umliegenden Dörfern liegen, auf offenen Feldern und in dichtem Laubwald, knapp vierhundert Kilometer weiter südlich an der Ostsee.

Hier in Göteborg erwartet uns die Begegnung mit dem Erfinder des Kommissars Kurt Wallander: mit Henning Mankell. Mit einem Autor, der sich – nach neun von der Kritik gelobten belletristischen Büchern – zu Beginn der Neunzigerjahre vornahm, seine Landsleute vor dem Rassismus zu warnen. Gleich mit seinem ersten Wallander-Krimi füllte er die Leerstelle hinter dem erfolgreichen Schriftstellerpaar Sjöwall/Wahlöö aus und gab den Startschuss ab für eine Reihe neuer Schwedenkrimis mit neuen Autoren, die jedoch nicht an Mankell heranreichten, weder an seine sprachliche Spannweite noch seine glaubwürdige Personenschilderung.

»Kreativität ist der Grundstein in meinem Leben«, sagt Henning Mankell.
(Foto: Lina Ikse Bergman)

Das ist auch der Grund dafür, dass er in einem BBC-Porträt von seinem britischen Schriftstellerkollegen John Harvey zum *Master of Crime Fiction* ernannt wurde. Allerdings scheut er, was seine Person betrifft, die Öffentlichkeit und hat jedes Mal »Nein« gesagt, wenn er gebeten wurde, an Veranstaltungen wie dieser teilzunehmen – unabhängig davon, ob sie von nationalem oder internationalem Charakter waren.

Das Hotel liegt an Göteborgs prachtvoller Kungsportavenue.

Ein helles Vestibül, der Rundhorizont hinter der Rezeption mit einem Material bekleidet, das an goldene Elefantenhaut erinnert. Die Reisenden, überwiegend Männer in leichten Trenchcoats, kommen und gehen mit ihren Rollkoffern oder umfangreichem Golfgepäck.

Ungefähr fünf Minuten vor dem verabredeten Zeitpunkt tritt er durch die Schwingtür ein. Leicht zu erkennen, zumal sein Gesicht markanter ist als auf vielen Fotos. Ein charismatischer, sonnengebräunter, adretter Mann mit grauweißem, halblangem Haar. Er trägt einen klassischen Baumwollmantel mit verdeckter Knopfleiste.

»Henning Mankell«, sagt er, lächelt kurz und reicht die Hand.

Ich registriere, dass er seinen Nachnamen hervorhebt und die Betonung auf die erste Silbe legt, sodass es wie *Onkel* klingt und nicht – wie die meisten annehmen – wie *Pedell*.

»Ich sitze gewöhnlich dahinten in der Ecke, aber da haben heute die Handwerker zu tun, sodass wir wohl besser in die Bar gehen?«

Er wählt einen Tisch hinten am Fenster mit Blick auf eine Rasenfläche und bestellt Kaffee, Tee und Mineralwasser.

»Was hast du mit mir vor?«, fragt er und duzt mich unbekümmert, wie es in Skandinavien üblich ist.

»Ich will ein Buch über dich schreiben.«

»Das ist klar, und wir haben uns deine Arbeiten gründlich angesehen. Sonst würde ich nicht hier sitzen.«

16

»Der Schwerpunkt soll auf deinen Büchern liegen, weniger auf den Theaterproduktionen«, sage ich.

»Ich habe fast die Hälfte meines Lebens mit der Theaterarbeit zugebracht«, erwidert er.

»Aber es ist schwierig, Theatererlebnisse von verschiedenen Inszenierungen und aus unterschiedlichen Ländern zu vermitteln, weil es ja kaum möglich ist, einen Referenzrahmen zu finden. Theatervorstellungen leben vom Augenblick, deine Bücher jedoch kann man sich ausleihen oder kaufen, falls man sie nicht sowieso schon kennt«, antworte ich.

»Alle?«, Mankell sieht mich an und sagt dann:

»Die enorme Bedeutung des Theaters außerhalb deiner und meiner privilegierten Welt besteht darin, dass man große Werke Analphabeten in Afrika, in Indien, in Südamerika, in China nahebringen kann. Menschen, die nicht lesen gelernt haben, sind durchaus in der Lage, die sprachliche Magie bei Shakespeare und in den klassischen griechischen Dramen nachzuempfinden, bei Tennessee Williams, Henrik Ibsen, Strindberg, Dickens, Holberg und Dario Fo. Das Theater kann folglich auf mehr Menschen einwirken, als Bücher das können, und es kann selbst in die entferntesten Winkel und Flüchtlingslager gelangen.«

Auf diese Art hatte ich noch nie über Theater nachgedacht, nicht aus dieser globalen Perspektive.

Den Mantel hat er über eine Stuhllehne am Nachbartisch geworfen, sein iPhone meldet sich in regelmäßigen Abständen, aber er nimmt es nicht aus der Tasche. Offensichtlich will er sich nicht ablenken lassen. Das lose herabhängende ultramarinblaue Hemd passt zu seinen Augen. Er legt einen in hellbraunes Leder gebundenen Kalender auf den Tisch und vermittelt ein Gefühl von Anwesenheit und Intensität. Gleichzeitig geht aber auch eine gewisse Rastlosigkeit von ihm aus. Ein richtiges Alphatier, das aber auch Entgegenkommen zeigt.

»Wie lange wirst du mich brauchen?« Er blickt in seinen Kalender.

»Die Zeit, die du mir gewährst.«

»Da musst du schon genauer sein.«

Ein paar Gäste auf dem Gang zur Toilette entdecken zu ihrer Verwunderung, an wem sie gerade vorbeigehen. Er lässt sich in keiner Weise ablenken.

»Wir werden schon klarkommen«, meint er Tee trinkend. »Legen wir gleich los.«

Smalltalk ist seine Sache nicht. In diesem Punkt sind wir uns einig.

Wie sich schnell herausstellt, ist Henning Mankells Kalender so voll mit Terminen für Auslandsreisen und Verabredungen wie die Regale mit Wallander-Titeln bei seinen Fans überall in der Welt: von Japan, China, Korea, Vietnam, Thailand über den Nahen Osten bis Osteuropa, Skandinavien, Deutschland, Großbritannien, Frankreich, Italien, Spanien und weiter in die USA, nach Kanada und Brasilien.

Wie schafft es dieser rastlose Mann, auch nur eine einzige Zeile zu schreiben?

Er scheint meine unausgesprochene Frage im Bruchteil einer Sekunde decodiert zu haben und nimmt die Antwort vorweg:

»Ich will dir von einem Mythos über einen kleinen Vogel vom Amazonas erzählen. Von der Sekunde an, in der er seine Flügel ausbreitet und den ersten Flügelschlag tut, ist er gezwungen zu fliegen. Setzt er sich, stirbt er. Natürlich ist das unmöglich, denn ein Vogel muss sich auch mal niederlassen, unter anderem, um Eier zu legen und Junge auszubrüten. Aber es handelt sich ja um einen mythologischen Vogel. Ich identifiziere mich mit diesem mythologischen Vogel, der so lange fliegen muss, bis es nicht mehr geht. Wenn die Kräfte verbraucht sind und er sich setzen muss, um auszuruhen, ist Schluss.

Glücklicherweise war ich nie abhängig von einem festen Arbeitsplatz. Von Beginn an war mir klar, dass es diesen bestimmten Schreibtisch an einem bestimmten Platz vor einem bestimmten Fenster mit einer bestimmten Blumenvase davor nicht gibt. Ich musste lernen, mich an allen möglichen Orten auf meine Arbeit zu konzentrieren, und weil ich dazu in der Lage bin, kann ich mich, wo auch immer, total von meiner Umgebung abschirmen. Das gewährt mir eine große Freiheit.

Ich fühle mich wie ein Nomade. Ich kann im Flieger schreiben, im Hotelzimmer, allein oder im Beisein anderer, an jedem Flecken der Erde. Ich kann hier mit dir am Tisch sitzen und ein Kapitel beenden, dann aufstehen, mich an einen anderen Tisch setzen und das nächste Kapitel beginnen.«

Er fügt hinzu, da ich augenscheinlich weder meine Skepsis, noch meinen Neid oder meine Bewunderung verbergen kann:

»Der seltsamste Arbeitsplatz, den ich je hatte, war in Stockholm. Ich war jung, knapp zwanzig Jahre alt, arm und hatte eine leere Wohnung gemietet. Keine Möbel, keine Beleuchtung, kein Bett. Ich schlief auf dem Fußboden und entdeckte, dass im Backofen eine kleine Birne anging, wenn man die Klappe öffnete. Dieses Licht war meine Lampe und die Backofenklappe mein Tisch. Da habe ich dann gearbeitet.

Kreativität ist der Grundstein in meinem Leben. Ein sinnliches Gefühl. Ein Wort + ein Wort + ein Wort ergibt einen Satz. Und ein Satz + ein Satz + ein Satz wird zu einer Geschichte. Ich *glaube* an Geschichten. Der Leser wird zum Fest geladen, sitzt mit am Tisch und ist bei der Mahlzeit dabei.«

»Der dänische Schriftsteller Klaus Rifbjerg hat das künstlerische Schaffen eine Sublimierung *der erotischen Kraft* genannt«, unterbreche ich.

»Klar, im menschlichen Leben gibt es nichts Größeres als die Erotik. Und Schreiben kann auch so etwas wie eine erotische Spannung erzeugen«, antwortet er, sich zurücklehnend, und fährt sich mit den Fingern durch die Haare:

»Ich will nicht das Wort *Glück* gebrauchen, denn das ist heute zu einem Klischee verkommen: Glück–Unglück. Für mich ist Schreiben Sinnerfüllung. Und ich verspüre eine große Freiheit dabei. Das ist der Kern der Kreativität: dass man sich verwandeln kann. Irgendjemand hat ausgerechnet, dass ich in meinen Büchern in zirka zweitausend unterschiedliche Personen geschlüpft bin.

Ein kleines bisschen von mir selbst findet sich natürlich in allen wieder, ob es nun Kinder sind, Frauen, Alte, Chinesen, Afrikaner, Dänen oder wer noch zum Teufel. Ich bin ein Teil – groß oder winzig klein – all dieser Tausende von Charakteren. Ich verpflanze Bausteinchen meines Ichs in diese vielen verschiedenen Gestalten. Genauso ist es.« .

Henning Mankell spürt, dass es gerade diese Arbeitsmethode ist, von der ich mehr wissen will, und fährt fort:

»Am Anfang meiner Bücher steht immer eine Frage, die ich an mich selbst richte: Wie kann es sein, dass …? Ich denke darüber nach, untersuche das Problem, und am Ende weiß ich Bescheid. Wenn ich alles weiß, beginne ich zu schreiben. Manchmal schreibe ich den Schluss zuerst, manchmal den Mittelteil, und ein andermal gehe ich chronologisch vor. Ich glaube an das Ideal der Aufklärungsepoche. Du kannst mich durchaus einen Enzyklopädisten nennen. Ich glaube an das Rationale, an den vernunftbegabten Menschen, an das Wissen.

Die Entwicklung in unserer Welt schreitet mit Riesenschritten voran. Aber schreiben wir heutzutage bessere Liebesgedichte als seinerzeit Petrarca? Nein! Der Mensch ist zur Langsamkeit geboren. Die Stärke der Demokratie liegt gerade darin, dass sie langsam ist. Die Langsamkeit passt besser zu uns. Dennoch gilt in *unserer* Zeit derjenige als effektiv, der schnelle Entscheidungen fällt. Afrikaner dagegen bezeichnen jemanden, der schnelle Beschlüsse fasst, als einen dummen Menschen.

Wir alle wissen, dass das Land der Kindheit, das wir bewohnt und geliebt haben, verschwunden ist; ich aber glaube, es ist als mentaler Schatten in uns vorhanden. Wir sprechen viel über das Haus unserer Kindheit ... ich glaube nicht, dass es physisch vorhanden sein muss. Wir reden auch viel über unsere Wurzeln. Verwurzelt kann man an mehreren Stellen sein. Man kann das mentale Land in seinem Inneren hegen und pflegen wie den Boden, auf dem wir schreiten.

Experten behaupten, dass nur die rechte Hirnhälfte sich weiterentwickeln kann. Die linke, der Sitz der Gefühle, habe bereits ihr Maximum erreicht. Und diese Erkenntnis, muss ich sagen, finde ich beunruhigend«, meint Mankell.

Leidenschaftliche Verehrer glauben zu wissen, dass ihn sehr viel mehr beunruhigt als das Entwicklungspotential der linken Hirnhälfte. Zum Beispiel die Frage, die in vielen seiner Romane gestellt wird und die in konzentrierter Form in folgendem Zitat aus dem Kriminalroman *Der Chinese* zum Ausdruck kommt:

Wie hatte es so weit kommen können, dass das demokratische System durch ein wankendes Rechtssystem gefährdet wurde?

Gesellschaftskritik und Kampf für eine gerechte Welt, sowohl in lokaler wie globaler Hinsicht, zieht sich wie ein flammender Appell durch sein gesamtes Schaffen, radikaler und nachhaltiger als bei anderen, die sich in seinem Kielwasser aufhalten. Unter anderem handeln die Kurt-Wallander-Bücher – über den Krimiplot sowie die elende Befindlichkeitskurve und das Gefühlsleben der Titelgestalt hinaus – *immer* auch von der Stärke und Verletzlichkeit der Demokratie und des Wohlfahrtsstaats, vom Verlust von Geborgenheit, von menschlicher Isolation und dem Mangel an Solidarität. In der Essenz vom Abgesang des Wohlfahrtsstaats.

»Wallander und du, ihr liegt nicht auf der gleichen politischen Linie?«, frage ich.

»Nein, und das letzte Buch mit Wallander, *Der Feind im Schat-*

ten, handelt ja gerade davon, dass er zugibt, kein politisches Wesen zu sein«, entgegnet Henning Mankell.

»Er hat verloren oder von sich aus einen ungeheuer wichtigen Teil des Lebens aufgegeben, nämlich den, dass man, weil man in einer Art Kontrakt mit anderen Menschen steht, ein politisches Wesen *ist*. Dem entzieht sich Kurt Wallander. Und davon handelt das Buch. Aber ja, er hat bestimmt bei Wahlen seinen Stimmzettel abgegeben, doch Politik war für ihn meistens ein Irritationspunkt, und er konnte sich gewaltig aufregen, wenn die Steuern erhöht wurden, und die meisten Politiker hielt er für dümmer als andere Menschen.

Er hat sich nie als einen Teil der politischen Landschaft begriffen. In diesem Punkt gibt es natürlich einen großen Unterschied zwischen ihm und mir. Das war auch so beabsichtigt, denn die meisten Menschen sehen sich nicht als Teil der politischen Landschaft. Sie verdrängen, dass sie das aber zwangsläufig sind. So entsteht eine der größten Bedrohungen der Demokratie. Und immer mehr wollen nicht einsehen, dass sie es sind, die eine Demokratie ausmachen. So ist es in vielen Teilen der Welt. Ich würde behaupten, dass dieser Prozess in Schweden in den Sechzigerjahren begonnen hat. 1963 wurden bei uns die Kommunen zusammengelegt, was auf einen Schlag bedeutete, dass die Beschlüsse für ein betreffendes Gebiet zehn schwedische Meilen (zirka einhundert Kilometer) weiter entfernt gefasst wurden. Damit verschwand für die Menschen das Gefühl von Nähe und des sich-Identifizieren in Bezug auf die politischen Beschlüsse. Und darum sage ich, dass der entscheidende Umschwung in der schwedischen Politik stattfand, als wir von den vielen kleinen Kommunen zu Großkommunen übergingen.«

»Du bist im Milieu der Fünfzigerjahre aufgewachsen, in Sveg in Härjedalen, mit einem Vater, der allein für dich und deine beiden Geschwister zu sorgen hatte«, werfe ich ein.

Hennig Mankell blickt mich an, als wollte er mich fragen, worauf ich eigentlich hinauswill, dann aber sagt er:

Sveg in den Fünfzigerjahren – »Wir alle wissen, dass das Land der Kindheit, das wir bewohnt und geliebt haben, verschwunden ist; ich aber glaube, dass es als mentaler Schatten weiterhin in uns vorhanden ist«, sagt Henning Mankell. (Privatfoto)

»Ich wurde in Stockholm geboren, aber die komplizierte und unglückliche Ehe meiner Eltern stellte meinen Vater vor die Aufgabe, die Erziehung alleine zu übernehmen. Das war durchaus ungewöhnlich im Schweden der Fünfzigerjahre, zumal in einer Position wie der seinen, aber meine Mutter hatte uns verlassen.

Mein Vater war Richter, also Teil der höchsten juristischen Instanz. Um unser Leben erträglicher zu machen, hat er sich nach Sveg versetzen lassen, in einen kleinen Ort, von dem er wohl meinte, dort Familie und Beruf besser unter einen Hut bringen zu können. Das war für ihn ein schwerwiegender Beschluss, denn damit verließ er alles, was er kannte, liebte und was ihn interessierte, unter anderem die Welt der Musik. Aber die Entscheidung war natürlich richtig. In einer kleinen Stadt war es leichter, den Alltag als alleinerziehender Vater zu bewältigen.

Ich kam also, als ich gerade mal ein Jahr alt war, nach Sveg, und das Erste, woran ich mich erinnere, ist Schnee. Schnee ist für mich die erste wirkliche Erinnerung meines Lebens. Das erste Bild, das ich in mir hervorrufen kann. Die Gardinen im Schlafzimmer wurden beiseitegezogen, und in der Nacht hatte es geschneit. Draußen alles weiß. Der Schnee hinterließ bei mir einen gewaltigen Eindruck. Der Schnee und die Dunkelheit. Das Weiße und das Schwarze. Das Weiche und das Kompakte.«

»Henning ist ein sehr engagierter und großzügiger Mensch, aber in ihm verbirgt sich ein einsames Kind«, sagt sein Verleger Dan Israel über Henning Mankell, mit dem ihn eine 35-jährige Freundschaft verbindet. (Privatfoto)

»Was für eine Bedeutung hat dieser Hintergrund für dich?«

»Ich will dir von einem Erlebnis berichten, das ich als Kind hatte«, sagt Henning Mankell und beugt sich vor.

»Eines Tages waren mein Vater und ich im Auto unterwegs. Plötzlich bremste er sehr vorsichtig, mitten auf der öden Landstraße. ›Sieh mal dorthin‹, sagte er leise, ›dort zu dem Stein!‹ Ich drehte meinen Kopf in die Richtung und sah es: ein *lodjur*! Diese Großkatze, die in schwedischen und norwegischen Wäldern vorkommt. Mit spitzen Ohren.«

»Ein Luchs?«

»Ja. Ein unglaublich seltenes Tier, und dann sieht man solch ein Tier mit eigenen Augen ...! Wir saßen ganz still im Auto, andächtig, und sahen es an. Es blickte zurück, drehte sich um und sprang vom Stein, graziös, wie nur ein Katzentier springen kann, und verschwand im Wald. Das ist einer der magischen Augenblicke meines Lebens. Dieses Gefühl, dass es mitten im Wald ein geheimes Leben gibt, bedeutet viel für mich.

Viele, viele Jahre später, eines Nachts in der Kalahariwüste unter blauem Mondlicht, blickte ich in die Landschaft und dachte: Hier sieht es genauso aus wie in Sveg! Eine Winternacht in Härjedalen mit blauem Mondschein auf weißem Schnee gleicht der Kalahariwüste. Auf diese Weise tragen alle Landschaften alle anderen Landschaften in sich. Man findet die dichten Wälder in Afrika wieder und die öden Weiten in Härjedalen.

Ich bin immer auf Landschaften aus, ich bin fasziniert von ihnen und von dem, wie sie auf Menschen einwirken. Was eine offene Landschaft für Menschen bedeutet, eine Gebirgslandschaft oder eine mit dichtem Wald, und ich trage sie alle in mir. Wenn ich träume, verschmelzen die Landschaften. Ich kann träumen, dass ich durch die Wüste oder durch dichten Busch in Afrika gehe und die Hitze kaum auszuhalten ist, und plötzlich bin ich in einem von Norrlands Kiefernwäldern, und immer noch ist da diese teuflische afrikanische Hitze, und ich habe großen Durst ...«

»Die Personen in deinen Büchern träumen viel und haben oft grausame Träume, darüber müssen wir später noch sprechen, aber lass uns fortfahren mit der Kindheit in Härjedalen ...«

»Ich lebte also in Sveg bis zum Teenageralter. Dann zogen wir um, Richtung Süden, nach Borås, das war 1960. Der Grund war, dass meine ältere Schwester das Gymnasium besuchen sollte, und es gab keins in Sveg. Aber die elf, zwölf Jahre, die ich dort lebte, haben kräftige Spuren bei mir hinterlassen.

Man könnte sagen, dass ich meine Waldquote wirklich erfüllt

habe. Aber wenn ich zurückkehre, fühle ich mich immer noch sehr zu Hause. Die unendlichen Wälder geben ein tiefes Gefühl von Geborgenheit. Dieses Gefühl, dass man sich nur drei Meter vom Wegrand entfernen muss, um im Wald zu verschwinden. Um ganz weg zu sein, in einer anderen Welt zu leben, tief im Wald.

Wenn ich an Härjedalen denke, dann fällt mir oft ein Gedicht von Tomas Tranströmer ein:

Mitten im Wald liegt eine unerwartete Lichtung, die nur von dem gefunden werden kann, der sich verlaufen hat.

Diese Zeilen drücken genau das aus, was ich meine. Sie fassen in unglaublich schönen Worten und auf eine rätselhafte Weise meine Kindheit zusammen. Aber soll es nicht für heute genug sein?«

Als ich nicke, zieht Henning Mankell das Handy aus der Manteltasche und überfliegt die Meldungen. Es klingelt, er geht ein wenig beiseite und antwortet. Alles um ihn herum scheint *getimet* zu sein. Der sechsunddreißigjährige Robert Johnsson ist zu uns gestoßen und übernimmt das Telefongespräch. Ein großer, schlanker Mann, der Kompetenz und Zuvorkommenheit ausstrahlt.

Robert Johnsson ist ein Teil des vierblättrigen Kleeblatts, das alle Details in Henning Mankells weltweiten Aktivitäten koordiniert: den Kalender, die Verlagsverträge, die Buch-, Theater- und Filmrechte, die Millionenspenden, darunter die Finanzierung eines ganzen SOS-Kinderdorfs in Mosambik, die Reisen, die internationalen Kulturarrangements, die Promotion, die Preisverleihungen usw.

Die anderen Teile des Kleeblatts sind Dan Israel, Henning Mankells Freund seit 35 Jahren, Verleger und Leiter ihres gemeinsam betriebenen *Leopard Förlag* in Stockholm, Anneli Høier, seit den Neunzigerjahren seine literarische Agentin in Kopenhagen, und Inke Nordström, verantwortlich für die ökonomischen Belange, wohnhaft in Malmö.

In den letzten Jahren ist Henning Mankells jüngster Sohn, Jon Mankell, zum Bindeglied zwischen dem Kleeblatt und der skandinavischen Produktionsgesellschaft *Yellow Bird* geworden, die hinter den schwedischen und englischen Fernsehserien um Kurt Wallander steht – und im Übrigen auch hinter der *Millennium-Trilogie* nach Stieg Larssons drei Bestsellern.

Diese Menschen, denen Henning Mankell unbedingtes Vertrauen entgegenbringt, sind sein Filter gegen eine sich mehr und mehr aufdrängende und Forderungen stellende Umwelt. Robert Johnsson und ich sprechen eine Reihe von Terminen für die nächsten Treffen mit Mankell ab.

Dann gehen alle ihrer Wege.

Es hat aufgehört zu regnen, doch der Himmel hängt weiter tief über Göteborg, und die Sicht auf den Schärengürtel ist nicht klarer als beim Anlegen des Schiffs.

Ich bin einem Mann begegnet, der lokal wie global verankert ist. Ein nach vorn schauender Schriftsteller und großer Menschenkenner, der in einer phantasiebeflügelnden Bildsprache, aber auch mit großer Bestimmtheit schreibt, denkt und spricht. Ein Mann, der es hasst, Zeit zu vergeuden.

Wie es Kurt Wallander so häufig passierte, schleicht sich bei mir ein Gefühl von Schwindel ein, vom Polizeikommissar beschrieben in *Mörder ohne Gesicht*:

Ein Durchbruch, dachte er. In allen Ermittlungen, die erfolgreich abgeschlossen werden, gibt es einen Punkt, an dem wir die Wand durchbrechen. Wir wissen nur nicht so genau, was wir dahinter zu sehen bekommen. Aber irgendwo dort wird sich die Lösung finden.

In meinem Kopf wirbeln die Bruchstücke durcheinander. Sie müssen sich zusammenfügen zu einem großen und komplizierten Muster, zu einem Gesamtbild von Henning Mankell als Schriftsteller und Mensch.

Ich weiß, es braucht Phantasie und Ausdauer, um das Bild zu erkennen. Und im selben Augenblick schält sich ein Baustein heraus: die »Geburt« von Kurt Wallander, sein konfliktreiches Leben, sein schweres Schicksal. Den zentralen Platz, den dieser Baustein einnimmt, muss ich finden.

Als einen Anfang.

Neu-Delhi, 2011

Whatever I write, reality is always worse.

I don't believe in evil people, but in evil circumstances.

Henning Mankell

In seinem mit Auszeichnungen bedachten kleinen Buch *Der Chronist der Winde*, das 1996 auch für den renommierten schwedischen Literaturpreis, den Augustpreis, sowie für den Preis des Nordischen Rates nominiert wurde, dichtet Henning Mankell ein wenig weiter an seiner Schuhgeschichte:

> Ich schlafe immer in meinen Schuhen, sagte der Mann. Sonst ist die Gefahr groß, dass jemand sie stiehlt. Um meine Schuhe zu stehlen, muss der Dieb leider auch meine Füße abhacken. Das wäre ein großes Unglück.

In der indischen Universität spricht er weiter über Kurt Wallander, die Figur, die ihn zu einem der berühmtesten Schriftsteller Schwedens werden ließ und weltweit zu einem der meistgelesenen. Henning Mankells Bücher sind in mehr als vierzig Sprachen erschienen und wurden in etwa einhundertzwanzig Ländern mit annähernd vierzig Millionen Exemplaren verkauft:

»Wie ihr wisst, habe ich seit den Neunzigerjahren eine Serie sozial- und gesellschaftskritischer Kriminalromane mit Kommissar Kurt Wallander geschrieben«, erzählt er dem indischen Publikum.

»Später habe ich erfahren, dass viele Leser versuchten, meine Bücher als eine Art Wegweiser zu benutzen. Sie meinten, sie wüssten nun genau, wo in Schweden die verschiedenen Handlungen und Verbrechen stattgefunden haben. Und einige Orte existieren ja tatsächlich. Aber da die Leser anhand meiner Bücher auf die Jagd nach Straßen und Orten gehen, sind sie irritiert, wenn sie einige finden, andere wiederum nicht. Und dann müssen sie enttäuscht feststellen: ›Hier ist es, und trotzdem ist es nicht hier!‹

Damit haben sie recht. Ich habe nämlich, bevor ich anfing zu schreiben, Recherchen auf zweierlei Weise angestellt. Zuerst habe ich mir Klarheit darüber verschafft, was ich unbedingt wissen sollte, und danach eine Art *negativ research* gemacht. Das heißt, ich beschrieb sehr authentisch eine bestimmte Stelle in der Landschaft, dann jedoch entfernte ich einen kleinen See, verschob die Straße, änderte die Architektur eines Hauses oder platzierte eine Kirche dorthin, wo eigentlich keine Kirche steht usw.

Wenn die Leser mit meinen Büchern in der Hand an diesen Orten herumsuchen, müssen sie einsehen, dass Romane keine Landkarten sind, und so verstehen sie, dass es einen Unterschied gibt zwischen dokumentarischem Realismus und Fiktion.«

Henning Mankell erzählt noch weiter und beantwortet danach fast zwei Stunden lang Fragen. Er trägt seine unumstößlichen Botschaften vor: Kampf gegen Analphabetismus als Allerwichtigstes, auch im Kampf gegen Aids, und er hebt hervor:

»Während wir hier miteinander sprechen, sind mehr als eintausend afrikanische Kinder an Malaria gestorben. Das müsste nicht sein.«

Er schließt mit der Frage an die Anwesenden, ob jetzt noch mehr als zu Beginn davon träumen, Schriftsteller zu werden. Es ist so. Er schreibt viele Autogramme, verlässt dann aber schnell den Ort und kehrt in sein Hotel zurück, das vornehme *Taj Palace*. Dort wird er auch die Theaterregisseurin Eva Bergman, seine Frau seit 1998, treffen.

Am Abend arbeitet er. Wie immer. Er bereitet sich auf ein Gespräch beim Literaturfestival in Jaipur in zwei Tagen vor.

Kurt Wallander, 1991–2009

Es erstaunte ihn einen Augenblick, dass er überhaupt nicht an seinen Vater dachte, als er sich nun wieder in der Nähe des Todes befand. Aber im Innersten wusste er, warum er es nicht tat. Er hatte es schon so oft erlebt. Tote Menschen waren nicht nur tot. Sie hatten nichts Menschliches mehr an sich.

Die fünfte Frau

1989 kehrt Henning Mankell nach jahrelangem Aufenthalt in Afrika, überwiegend in Sambia und Mosambik, in ein Schweden mit zunehmendem Rassismus zurück. Und weil »Rassismus ein Verbrechen« ist, will er seine Landsleute warnen.

Er schreibt seinen ersten Kriminalroman, obwohl er vorher nie erwogen hat, sich auf diesem Gebiet zu betätigen. Der weltberühmte und geliebte Kriminalkommissar Kurt Wallander wird – falls Mankell sich richtig erinnert – am 20. Mai 1989 »geboren«, nachdem sein Schöpfer beim Blättern im Telefonbuch auf diesen Namen gestoßen war.

Im Krimidebüt von 1991, *Mörder ohne Gesicht*, deutet eine Spur darauf hin, dass der bestialische Mord an einem schwedischen Ehepaar von Ausländern begangen wurde. Das löst einen gewaltsamen Ausländerhass aus, und die Nachforschungen Kurt Wallanders führen in abschreckende Winkel der schwedischen Gesellschaft, zu rassistischen Gruppen, brennenden Kreuzen und Telefondrohungen, die Katastrophen und plötzlichen Tod ankündigen:

Aber über eine Sache war er sich völlig im Klaren. Die nächtlichen Drohungen mussten ernst genommen werden. Im letzten Jahr waren allzu viele Dinge geschehen, die zeigten, dass es mehr oder weniger organisierte Gruppen im ganzen Land gab, die nicht zögerten, offene Gewalt gegen in Schweden lebende ausländische Mitbürger oder asylsuchende Flüchtlinge anzuwenden.

Aus Gebüschen heraus wird wahllos auf Asylsuchende geschossen und Auffanglager werden angegriffen, sodass die Polizei ihre Patrouillen intensivieren muss:

> Das Lager bestand aus einer Anzahl von Baracken, die in langen Reihen auf einem freien Feld standen. Kräftige Scheinwerfer beleuchteten die grüngestrichenen flachen Kästen.
> Er stellte den Wagen auf einem Parkplatz ab und stieg aus. Ganz in der Nähe schlugen die Wellen ans Land.
> Er betrachtete das Auffanglager.
> Noch einen Stacheldraht drumherum und es sähe aus wie ein Konzentrationslager, dachte er.
> Er wollte gerade wieder in den Wagen steigen, als er ein leises Klirren hörte.
> Im nächsten Augenblick hörte man einen dumpfen Knall.
> Dann schlugen hohe Flammen aus einer der Baracken.

So formulierte Mankell bereits 1991 seine Warnungen.

Wir treffen uns das nächste Mal im Zentrum Göteborgs.

Die Wohnung liegt in einem gutbürgerlichen Gebäude mit Blick auf Grünanlagen und viel Himmel. Ein gepflegter Treppenaufgang und ein knirschender Aufzug bis zur vierten Etage. Die Eingangstür zur Wohnung ist angelehnt, denn ich hatte mich über die Haussprechanlage angekündigt. Ich klopfe und trete ein. Auf einem kleinen Bauerntisch in der Diele liegen Post und mehrere Schlüssel.

Mankell, im bequemen schwarzen Freizeitanzug, ruft »Hej«, wirft mir ein kurzes Lächeln zu und kommt mir auf den blank gescheuerten Dielen auf Strümpfen entgegen. Für den nächsten Tag hat er zu einem frühen Termin einen Flug nach Frankreich gebucht, wo Eva Bergman und er sich ein Haus in dem reizvollen alten Fischerstädtchen Antibes gekauft haben, an der Mittelmeerküste zwischen Nizza und Cannes.

Mankell, Jahrgang 1948, wirkt heute besonders locker, und ich könnte ihn mit der Frage konfrontieren: Warum muss Kurt Wallander seine Tage in der demütigenden Isolation als Alzheimer-Kranker beenden?

»Ich fühle mich einsam«, sagt der Kriminalkommissar oft in den Büchern, worauf sein eigensinniger alter Vater regelmäßig erwidert: »Sind wir nicht alle einsam?« Aber warum darf Wallander, der in seinem aktiven Leben mit so vielen Gespenstern und Verbrechern zu kämpfen hatte, nicht einfach tot umfallen – mitten in der Aufklärungsarbeit zu einem Mord –, an den Füßen die ungeputzten, häufig mit Lehm und Erde beschmierten Schuhe?

Ist es, um der eigenen Furcht des Schriftstellers zuvorzukommen, sie zu bannen? Wünschen wir denn nicht alle uns und unseren Nächsten einen Abschied in Würde, so wie es der Polizist Stefan Lindman nach dem stillen Gebet seines Vaters in *Die Rückkehr des Tanzlehrers* formuliert?

Sein Vater sah ihn mit angsterfüllten Augen an. Seine Lippen waren blau. Sie bewegten sich, formten Wörter: »Ich will nicht so sterben. Ich will aufrecht sterben wie ein Mann.«

Ich halte es für besser, mit der Alzheimer-Frage wegen dieser unsichtbaren, doch zähen Schutzhülle, die sich deutlich um Henning Mankells Person spannt, ein wenig zu warten. Eine Aura von *Noli me tangere*. Rühr mich nicht an!

Eigentlich überraschend, weil er uns als Autor direkt in die intimsten Sphären seiner Hauptpersonen geführt hat: Ambitionen, auch fehlgeschlagene. Verliebtheit und Liebe, Eifersucht und Träume, auch erotische. Gebrechen, Krebssymptome, Albträume, Schlaflosigkeit, Völlerei, Alkohol- und Verdauungsprobleme. Und nicht zuletzt Gefühle von Unzulänglichkeit und Ohnmacht gegenüber Ehepartnern, Geliebten, Kindern, Freunden, Kollegen und Eltern – besonders gegenüber Vätern.

Henning Mankell hat selbst zum Totentanz aufgefordert. Auch wenn ich in einem schönen Zimmer voller Bücher, Videokassetten und bequemer heller Möbel sitze, die zum Herumlümmeln einladen, überkommt mich hartnäckig ein Flashback zu *Der Feind im Schatten* – dem letzten, sehr bewegenden Buch in der Wallander-Serie –, wo wir Abschied vom Kriminalkommissar nehmen müssen:

> Plötzlich überkam ihn ein furchtbarer Schrecken. Sein Gedächtnis ließ ihn wieder im Stich. Er wusste nicht, wer das Mädchen war, das auf ihn zurannte. Er hatte sie schon einmal gesehen, aber wie sie hieß und was sie hier tat, er hatte keine Ahnung.
> Es war, als würde es vollkommen still. Als verschwänden die Farben und ließen ihm etwas in Schwarz und Weiß zurück.

Kurt Wallander und wir als Leser haben allerdings schon früher Hinweise auf das grausame Schicksal erhalten, das ihn erwartet, unter anderem als er eines Abends seine Dienstwaffe im Restaurant des Ortes vergisst und der Inhaber des Lokals sie zur Polizeistation bringen muss:

> Wallander starrte auf die Pistole. Ein eisiges Gefühl von Entsetzen durchfuhr ihn, das seinen Kater beinahe verdrängte. Er erinnerte sich, gestern Abend seine Waffe gereinigt zu haben. Aber was war danach geschehen? Er versuchte, in der Erinnerung zu graben. Vom Küchentisch war seine Pistole auf Martinssons Tisch gelandet. Was in der Zwischenzeit passiert war, wie sie dorthin gekommen war, wo sie jetzt lag, dafür hatte er keine Erklärung, keine Ausrede.
> [...]
> Es war etwas, was tiefer hinabreichte als die Tatsache, dass er betrunken gewesen war. Eine Art von Vergessen. Ein Dunkel, in dem er kein Licht anzuzünden vermochte.

Doch denk daran, spricht eine warnende Stimme in mir, begehe nicht den naheliegenden fundamentalen Fehler, den Künstler mit dem Kunstwerk gleichzusetzen, den Autor mit seinen Figuren.

Hier in der Wohnung im vierten Stock jedoch sind wir abgehoben von Kurt Wallanders physisch und psychisch zermürbendem Polizistenalltag, der Aufklärungsarbeit und dem düsteren Ausblick auf seinen Lebensabend.

In der sonnendurchfluteten Wohnküche bereitet Henning Mankell für uns Grünen Tee und Earl-Grey-Tee und leckere Lachsschnitten mit frischem Dill und serviert sie mit ein paar Cookies – und einem beinahe verlegenen Lächeln:

»Das hat sich Eva so ausgedacht … Na, fangen wir an?«

»Du hast jetzt dein letztes Buch über Kurt Wallander geschrieben. Vermisst du ihn nicht?«

»Nein, und nicht ich sollte ihn vermissen, sondern der Leser«, antwortet Henning Mankell und lehnt sich im Sofa zurück.

»Ich muss Distanz zum Charakter und zur Entwicklung wahren. Ich bin der Autor. Ich weiß alles, bestimme alles, also auch Kurt Wallanders Schicksal. Ich glaube den Autoren nicht, die behaupten, dass ihre Personen während des Schreibprozesses die Führung übernehmen und sich ihre eigene Wirklichkeit erschaffen. Ich höre mir natürlich an, was sie zu sagen haben, diese Autoren, aber ich glaube ihnen nicht.

Kurt Wallander und ich gleichen uns nur in drei Punkten: Wir sind ungefähr gleich alt, lieben beide die italienische Oper und verbringen unglaublich viel Zeit mit unserer Arbeit. Abgesehen davon sind wir sehr unterschiedlich. Ich glaube nicht einmal, dass wir, wenn er tatsächlich existieren würde, Freunde wären. Ich wäre jedenfalls lieber mit Sherlock Holmes befreundet. Ohnehin ist es für einen Schriftsteller und für einen Schauspieler interessanter, sich mit Jago zu befassen als mit Othello.

Jago? Shakespeares intriganter, doppelzüngiger Schurke! Wir Leser lieben den wutentbrannten, einsamen Kurt Wallander ja gerade wegen seiner ewigen Zweifel, wegen seines verworrenen Gefühlslebens, seiner ausgeprägten Ambition, Verbrechen unter allen Umständen aufklären zu wollen, und wegen seiner Bemühungen, ein aufmerksamerer, umgänglicherer und kontaktfreudigerer Mensch zu werden.

»Was lehnst du an Wallander ab?«

»Da gibt es ein paar konkrete Dinge«, erwidert er. »Ich habe Kurt Wallander als einen Menschen gestaltet, der Frauen nicht besonders gut behandelt. Er ist verhaftet in einem altmodischen, traditionellen Frauenklischee, und das ist mir fremd. Sowohl als Mann als auch als Mensch. Ich mag auch nicht, wie er sich vernachlässigt. Er isst zu fett und zu viel. Und nicht selten trinkt er zu viel.

Ich mag so etwas ganz einfach nicht. Ich kann nicht mit Menschen umgehen, die zu viel trinken. Das ertrage ich nicht. Doch es gibt noch mehr Dinge: Er vertritt Haltungen, die ich nicht ausstehen kann. Nun kann man wiederum einwenden, diese Fehler kann man nicht ihm anrechnen, sondern mir. Ich habe das ja so festgelegt, und das habe ich, weil ich eine Person erschaffen wollte, die unterschiedliche Züge hat – gute und schlechte Seiten –, damit sie Glaubwürdigkeit erhält.

Aber jetzt, wo wir über seine schlechten Eigenschaften reden, wollen wir doch einmal seine guten betrachten: Er hat eine relativ hohe Moral, und er arbeitet mit einer Intensität, die inspirierend und imponierend ist. Für mich kam es also darauf an, einen Mann zu schaffen, der, um als Mensch glaubwürdig zu sein, hinlänglich kompliziert und vielschichtig sein muss.

Hinzu kommt der Aspekt, den ich schon vorhin erwähnt habe, dass es interessanter ist, über jemanden zu schreiben, den man nicht unbedingt mag. Du kannst das überall in der Literatur verfolgen, die Schriftsteller lassen sich von Menschen inspirieren, bei denen dunkle und komplizierte Seiten überwiegen. Es ist sehr schwer, über Menschen zu schreiben, die man gut leiden kann und mit denen man übereinstimmt.«

Auf meine Frage, ob wir vielleicht häufig dunkle, komplizierte Seiten einer Person für besonders nennenswert halten, erwidert er:

»Nein, so einfach ist das nicht. Ich glaube, dass Wallander menschlich wirkt, weil er so widersprüchlich ist. Leser sind ja nicht dumm; sie wissen, dass die meisten Menschen widersprüchlich sind, dass alle Menschen Schatten und Dunkel in sich tragen.

Immer wieder wird ein Zweikampf zwischen dem ›guten‹ und dem ›schlechten‹ Ich ausgetragen. Wohl auch deshalb erkennen sich viele Leser in ihm wieder. Sie mögen ihn, weil er in seinem Menschsein Schwächen zeigt. Nicht alle können wie Jesus sein.«

»Aber Wallander könnte auch eine Seite von dir selbst haben, die du nicht besonders magst oder sogar verdrängst?«

»Ich habe eigentlich nicht viel Zeit darauf verwendet, Wallander – oder meinetwegen mich selbst – zu psychologisieren. Intensiver habe ich eine andere Absicht verfolgt, nämlich die, zu zeigen, dass der Mensch eine Summe seiner Handlungen ist. Und dass Handlungen meistens einer Überlegung folgen und eine Überlegung Handlungen auslösen kann«, antwortet er.

»Was mich aber am meisten interessiert, ist, wie die Gesellschaft auf ihn einwirkt; denn sein Beruf als Polizist bringt es mit sich, dass er sich da aufhält, wo die gesellschaftlichen Extreme am stärksten aufeinanderprallen. Welche Gedanken bewegen ihn, wenn er überlegt, warum das, was geschehen ist, geschehen musste? Und was, glaubt er, sollte man verändern? Seine herausgehobene Stellung in der Gesellschaft interessiert mich als Hintergrund. Wie konnte er zu dem Menschen werden, der er ist?

Wohl auf alle Menschen trifft doch zu, dass unser Handeln weniger psychologisch motiviert ist, als wir glauben. Das Milieu und die äußeren Umstände sind grundlegend dafür verantwortlich, dass wir zu dem werden, was wir sind. Ich leugne jedoch gleichzeitig nicht, dass in uns seit der Geburt etwas vorgegeben ist. Der genetische Code bestimmt, wie alt wir werden, an welchen Krankheiten wir sterben und wie wir unser Leben gestalten. Auf die Gene können wir als Gesellschaft nicht entscheidend einwirken. Aber auf das soziale Umfeld und auf die äußeren Umstände, darauf können wir Einfluss ausüben.

Polizisten leben dort, wo die Entwicklung der Gesellschaft am deutlichsten erkennbar wird, wenn es um große moralische Fragen und die Rechtssicherheit geht und darum, wie Demokratie *tatsächlich* funktioniert. Deswegen ist es mir nie eingefallen, Wallander zum Psychologen zu schicken, um herauszufinden, wie es um sein Gefühlsleben bestellt ist. Das interessiert mich nicht, und das würde weder ihn noch den Leser interessieren. Glaube ich.«

Mankell schaut mich gespannt an, als ich dafür plädiere, dass das, was die Krimiserie so besonders authentisch und interessant macht, ja gerade die Entwicklung Wallanders ist.

Dass er älter und wehmütiger wird, stärker reflektiert. Dass seine Träume sich ändern. Dass er diese momentane Vergesslichkeit hat und die zunehmende Angst vor Krankheit und Tod. Auf den Punkt gebracht in *Der Feind im Schatten*:

Einen Moment lang überkam ihn Panik und Todesangst, stärker als je zuvor. Zumindest was Situationen betraf, die nichts mit seinem Beruf zu tun hatten. Die Angst des Polizisten war eine Sache, die des Privatmannes eine andere.

Diese Erkenntnis bringt Kurt Wallander dazu – eine große Ausnahme –, sich einem Kollegen gegenüber zu öffnen:

Zum ersten Mal erkenne ich meine Grenzen, was das Alter und meine Kräfte anbelangt. Früher ist es mir nie so ergangen. Ich bin nicht mehr vierzig und muss mich also damit abfinden, dass die Zeit, die vergangen ist, nicht wiederkommt. Ich glaube, ich teile die Illusion mit den meisten Menschen, dass es trotz allem möglich ist, zweimal in den gleichen Fluss zu steigen.

Mankell hat gelächelt, während ich zitiert habe, und erwidert jetzt:
»Was Wallander und ich gemeinsam haben, ist, wie gesagt, das Alter, und ich habe ihm Diabetes dazugegeben, um ihn zu entheroisieren. Man kann sich James Bond nicht mit einer Insulinspritze im Arm vorstellen, oder? Wenn man in die Sechziger kommt, muss man sich mit einigem abfinden. Man *weiß* gewisse Dinge. Man weiß, dass man die Hälfte des Lebens längst hinter sich hat, denn es gibt verdammt wenig Menschen, die 120 Jahre alt werden – oder noch älter. Das ist das Eine.

Das Andere ist, dass man sich bewusst ist, die wichtigsten Entscheidungen seines Lebens bereits getroffen zu haben. Natürlich kann man noch etwas ändern. Man kann erneut heiraten. Man kann als Mann noch Kinder zeugen; aber die großen und wichtigsten Entscheidungen, die hat man bereits getroffen.

Äußerst selten trifft man auf einen sechzigjährigen Arzt, der seinen Beruf aufgibt, um Journalist zu werden. So etwas passiert so gut wie nie. Vielmehr ist es doch so, glaube ich, dass automatisch das Gefühl aufkommt, jetzt muss ich mich umdrehen, um zu überschauen, wie sich das eigene Leben darstellt in Relation zu den Träumen, die man einstmals hatte.

Das kann erschreckend sein, wenn man einsehen muss, dass die Träume unterwegs verpufft sind, dass sie nicht realisiert worden sind, dass sie sich in nichts aufgelöst haben. Besonders bitter ist es, wenn man entdecken muss, dass das durch eigene Schuld passiert ist. Dass man sein Leben vergeudet hat.

Falls es äußere Gründe dafür gibt, dass man am Leben vorbeigelebt hat, kann man sich vielleicht noch damit rausreden; aber wie unerträglich muss der Gedanke sein, Inhalt und Sinn ohne Not verspielt zu haben. So eine qualvolle Erkenntnis, stelle ich mir vor, kann sehr wohl die Furcht vor dem Tod verstärken. Denn die Zeit wird knapp und knapper, uns bleibt immer weniger. Und wenn man sich in dieser Phase eingestehen muss, dass man die Möglichkeiten, die das Leben bietet, schlecht genutzt hat, was zum Teufel soll man dann machen? Ein Neubeginn ist ja kaum noch drin.

Deswegen verstehe ich gut, dass der Gedanke an den Tod erschreckend sein kann. Mir selbst geht es nicht so, glücklicherweise nicht. Ich kann zurückblicken und konstatieren, mich selbst und meine Zeit hier auf Erden so gut ich es vermochte eingebracht zu haben. Ich habe zweifellos viele verkehrte Entscheidungen und manchmal eine falsche Wahl getroffen, aber lieber das, als sich für nichts zu entscheiden. Als gar keine Wahl zu treffen!

Wir in den Sechzigern müssen uns mit dieser neuen Phase des Lebens abfinden. Vielleicht kommt die Einsicht ein wenig früher, vielleicht ein wenig später, aber sie kommt.«

Henning Mankell erhebt sich und meint:

»Jetzt haben wir so lange geredet. Wollen wir nicht eine kleine Pause machen und die Beine ein wenig strecken?«

Es sind genau 56 Minuten vergangen.

Nachdem er frischen Tee zubereitet hat und wir an unsere Plätze zurückgekehrt sind, beginne ich:

»Auch wenn es für einen Skandinavier schwer ist, sich daran zu gewöhnen, dass Wallander und die Leute aus der Gegend um Ystad in den britischen Fernsehversionen Englisch sprechen, finde ich, dass Kenneth Branagh der berührendste Kurt Wallander ist. Das spürt man bis in die kleinsten Nuancen: Schmerz, Liebe und Ohnmacht, all das spiegelt sich in den Gesichtszügen Branaghs wider, besonders in den Szenen zwischen Kurt Wallander und seinem eigensinnigen alten Vater …«

»Was Letzteres betrifft, bin ich mit dir einig, doch gleichzeitig will ich unterstreichen, dass jeder der drei Schauspieler, die Wallander verkörpert haben – Rolf Lassgård, Krister Henriksson und jetzt

44

also Kenneth –, der Figur etwas Spezielles hinzugefügt hat. Etwas ganz Eigenes, sodass ihre Leistung für mich gleichwertig ist.«

»Ich habe den Eindruck, dass die britischen Verfilmungen mehr Gewicht auf die Psychologie als auf die Gesellschaftskritik legen.«

»Ja und nein. Es ist den Engländern gelungen, die Filme als Lebensgeschichte zu erzählen, als Schicksalsdrama, und ich weiß, dass Kenneth in diesem Prozess eine äußerst wichtige Rolle gespielt hat. Nicht umsonst ist er Shakespeare-Darsteller. Der Schwerpunkt wurde auf die Schicksalsgeschichte gelegt, vieles andere wurde weggeschnitten, und das, denke ich, haben sie auf vorbildliche Weise getan.

Nichts von dem, was ich geschrieben habe, ist jemals so nahe an der griechischen Tragödie angesiedelt worden. Und die Filmleute waren sich genauso wie ich darüber im Klaren, dass die griechische Tragödie ein Porträt der Gesellschaft war. Ich stimme also nicht mit dir darin überein, dass es eine psychologische Dominanz gegenüber sozialer Wirklichkeit gibt. Sie haben etwas sehr Faszinierendes geschaffen. Kenneth Branagh ist ein phantastisch guter Kurt Wallander, aber die Qualität besteht auch in der Art, wie sie die Geschichte erzählen, sie Seite für Seite aufdecken, unglaublich *pure*, und ich weiß, dass Kenneth gern noch weitere Wallander-Filme machen würde.«

»In *Mörder ohne Gesicht* legst du – über die Warnungen vor Rassismus hinaus – Kurt Wallander auch einige politisch unkorrekte Äußerungen in den Mund. Wie beurteilst du das zwanzig Jahre später? Ich zitiere:

Rydberg verschwand in seinem Zimmer, während Kurt Wallander zu Martinsson hineinging, um dessen Computerausdruck zu studieren. Dort zeigte sich, dass es eine verblüffend umfassende Statistik über Ausländer gab, die in Schweden ein Verbrechen begangen hatten oder dessen verdächtigt wurden. Martinsson hatte auch eine Kontrolle über frühere Raubüberfälle auf alte Menschen durchgeführt. Mindestens vier unterschiedliche Personen oder Banden hatten während des letzten Jahres in Schonen Überfälle auf alte, isolierte Menschen begangen.

[...]

Hatten Regierung und Einwanderungsbehörde überhaupt noch eine Kontrolle darüber, was das für Menschen waren, die nach Schweden kamen? Wer war ein Flüchtling, und wer ein Glücksritter? Konnte man die Unterschiede überhaupt noch feststellen?

Wie lange konnte das Prinzip einer großzügigen Asylpolitik noch gelten, ohne dass das Chaos ausbrach? Gab es dafür überhaupt so etwas wie eine Obergrenze?

Mankell antwortet nach kurzem Schweigen:

»Die schwedische Ausländerpolitik ist eine einzige Katastrophe. Man hat in humaner Hinsicht so viele fehlerhafte Wertungen getroffen. Man hat die Schnauze gehalten, anstatt eine offene Diskussion zu wagen. Die Politiker haben sich zwar mächtig aufgeregt, aber immer erst dann, wenn es zu spät war.

Die Kritik von dänischer Seite war in diesem Punkt richtig. Was unseren missverständlichen humanistischen Blick auf die Welt betrifft. Man fürchtete sich davor, der Wirklichkeit in die Augen zu sehen. Die klassische Geschichte: Man sitzt im Nichtraucherabteil eines Zuges – also damals, als man im Zug noch rauchen durfte! – und dann kommt ein Mann herein und beginnt zu rauchen. Man wagt nicht zu protestieren, denn man will nicht als Antiraucher-Extremist dastehen.

Eine ähnliche Tendenz herrschte in Schweden in Bezug auf die Ausländerpolitik vor. Man hat nicht gewagt, irgendetwas zu unternehmen. Nicht gewagt, sich zu verteidigen, und das hat zu einer verwässerten Diskussion über alle mit der Einwanderung zusammenhängenden Probleme geführt.

Diese Tatsache werfe ich vor allem den Sozialdemokraten vor, die in den Zeiten, als die Einwanderung in Schweden verstärkte Ausmaße annahm, größtenteils an der Macht waren. Ich werfe ihnen ihr unklares, ausweichendes und konfliktscheues Reagieren gegenüber all jenen vor, die die Ausländerpolitik diskutieren wollten. Das Resultat sehen wir heute.«

»Aber hast du nicht gerade davor in fast all deinen Büchern gewarnt?«

»Ich glaube, ich habe nur eine Tendenz aufgezeigt, die längst vorhanden war. Ich kann mich erinnern, dass man vor ungefähr zehn Jahren in einer Untersuchung festgestellt hat, dass die Mehrzahl derer, die in schwedischen Gefängnissen sitzen, sogenannte Migranten waren. Der Staat beschloss, diese Tatsache geheim zu halten, aber die Information gelangte natürlich trotzdem nach draußen. Und das brachte zu Recht die Leute auf, die sich nun zunehmend skeptisch gegenüber der Einwanderungspolitik verhielten.

Sie haben gefragt: ›Was zum Teufel geht hier eigentlich vor?‹ Das hat man vom Verschweigen. Man hätte besser die Diskussion darüber aufnehmen sollen, warum die Zahlen diese traurige Tendenz auswiesen. Ich jedenfalls hatte nie Berührungsängste bei diesem Thema.

Ich denke, dass die zirka 300 000 Menschen, die bei der letzten Wahl ihr Kreuz bei den stark rechtsorientierten Schwedendemokraten gesetzt haben, eigentlich nicht *für* sie gestimmt haben, sondern *gegen* andere. Insbesondere gegen die Sozialdemokraten.

Viele Gewerkschaftsverbände haben für die rechtspopulistischen Schwedendemokraten gestimmt, weil sie den arroganten sozialdemokratischen Führungsstil verdammt satthatten, die Riesengehälter und das Bonzentum. Die Hälfte von denen, die für die Schwedendemokraten gestimmt haben, sind keine Rassisten. Es sind Arbeitslose und Frührentner, die in Sveg oder anderen abgeschiedenen Orten Schwedens leben und eine unzureichende Ausbildung haben.

Das klassische Muster: Es sind diejenigen, die immer die einfache Lösung wählen. Diejenigen, die sich abgehängt fühlen. Aber Rassisten sind sie nicht. Wenn man bereit ist, mit ihnen in eine wirkliche Diskussion zu treten, wenn man bereit ist, sie und ihre Sorgen ernst zu nehmen, dann verschwinden, aufs Ganze gesehen, die Schwedendemokraten bei der nächsten Wahl wieder. Ich glaube nicht, dass ihre Zahl wächst. Nicht in Schweden.

Die Schweden sind schon in Ordnung; aber es ist wie überall in der Welt: Schweden ist ein Land in Veränderung. Ich bin nicht sicher, dass die Sozialdemokraten ihren Platz als staatstragende Partei zurückerobern. Die Zeit ist vorbei. Leider. Daran sind sie selbst schuld.

Von der neuen Politikergeneration, die 1969 zusammen mit Ministerpräsident Olof Palme an die Macht gelangte, hatte die Mehrzahl nie etwas anderes betrieben als Politik. Früher waren Lehrer, Bauern, Krankenschwestern und Polizeibeamte Politiker geworden, in den Gemeinden und auch landesweit. Die Reichstagsabgeordneten von heute sind nie einer normalen Arbeit nachgegangen, sondern kamen über die Jugendverbände und Studentenorganisationen direkt ins Parlament.

Mona Sahlin von der Sozialdemokratischen Partei ist ein gutes Beispiel dafür. Gewiss hat sie drei Monate lang als Büroangestellte gearbeitet. Drei Monate! Das ist – wenn ich mich sehr diplomatisch ausdrücke – natürlich nicht die Welt. Die Sozialdemokratie hat mit allen Kräften ihre Politikerfabrikation gefördert, und unter anderem aus diesem Grund ging es für die alte Arbeiterpartei bei der letzten Wahl so schlecht aus.«

»Wir wollen noch einmal zu Kurt Wallander zurückkehren. Du hast schon erwähnt, welche Bedeutung die Landschaft für dich hat ... Woher hast du die Idee zu den Hunderten von Bildern, die Wallanders Vater mit dem immergleichen Motiv malt: eine Landschaft mit oder ohne Auerhahn?«

»Das ist eine ganz bewusste Überlegung, überhaupt kein Zufall. Die Grundidee bei der Anlage von Wallander war zu zeigen, wie schwer es ein guter Polizist in einer sich im Wandel befindlichen Welt hat. Er kann kein guter Polizist sein, wenn er sich diesem Wandel in der rauhen Wirklichkeit nicht stellt.

Im Gegensatz dazu haben wir nun den Vater, der sich gegen jegliche Veränderung stemmt. Seine Welt steht still und soll immer gleich bleiben, Tag für Tag. Anders kann er sie nicht ertragen. Die einzige Variation, die er in seinem Leben zulassen kann, besteht darin, Bilder *mit* oder *ohne* den großen, schweren Vogel, den Auerhahn, im Vordergrund des gleichen Motivs zu malen.

Wallander und sein Vater repräsentieren also zwei verschiedene Weltsichten. Ich habe sie bewusst einander gegenübergestellt. Darum diese Konstellation. Und die erzählt viel über Menschen, nicht wahr?

Ich denke manchmal an Henrik Ibsens *Peer Gynt*: Das ist natürlich ein Theaterstück der Extraklasse, das beste, das je im Norden geschrieben wurde. Wovon handelt *Peer Gynt*? Von einem Mann, der sich weigert, sich anzupassen an eine sich verändernde Welt. Auf diese Weise gleicht Peer Wallanders Vater. Erst viel später habe ich daran gedacht, dass es tatsächlich eine verwandtschaftliche Beziehung zwischen Wallanders Vater und Peer Gynt gibt, sodass sie einander gegenübersitzen und sich zunicken oder zuwinken könnten.«

»Ist Peer Gynt nicht auch einer dieser Unentschlossenen, die einerseits wollen und andererseits auch wieder nicht?«

»Ja, aber natürlich trägt er auch viele andere Eigenschaften in sich. Das Interessante an Peer Gynt ist ja, dass … Das Stück beginnt mit dem Satz von Peers Mutter Åse: ›Peer, du lügst!‹ Und Peer antwortet: ›Nein! Ich lüge nicht!‹ Hätte er ›Ja‹ gesagt, wäre das Stück vorbei, denn es basiert auf einem fundamentalen Grundsatz: auf der Lüge. Ich amüsiere mich oft bei dem Gedanken daran, was passiert wäre, wenn Peer gesagt hätte: ›Ja, Mutter, du hast recht. Ich lüge!‹ Dann wäre *finish* gewesen, danke, das war's.

Ich habe das einmal Ingmar Bergman gegenüber erwähnt, und er hat sehr darüber gelacht. Ich weiß, dass er es weitergetragen hat, natürlich, als hätte er selbst diesen Gedanken gehabt, aber dieses Geschenk mache ich ihm gern.«

»Du hattest neun Wallander-Bücher geschrieben und warst mit dem zehnten Band fast fertig, als du das Manuskript verbrannt hast. 2009 kam dann *Der Feind im Schatten* heraus, als Buch Nummer zehn! Was war mittlerweile geschehen?«

»Zu Anfang hatte ich keine bestimmte Anzahl von Büchern über Wallander vor Augen. Es ging mir nur darum, Geschichten, die ich gerne erzählen wollte und in denen Wallander ein Instrument sein sollte, niederzuschreiben.

Ich begann in dem vernichteten Buch mit einer Geschichte, die an sich sehr gut war, aber auch sehr unter die Haut ging. Und eines Tages vermochte ich nicht, daran weiterzuschreiben. Sie war zu widerwärtig, zu abstoßend. In der Geschichte ging es um den Missbrauch von Kindern, und ich verbrannte das Manuskript. Das bedaure ich heute natürlich, ich hätte es nicht tun sollen! Ich hätte dieses Buch schreiben sollen, denn es ist eine wichtige Geschichte; aber zu dem Zeitpunkt ... Ich habe aufgegeben. Ich konnte einfach nicht mehr.

Danach, so dachte ich, wäre Schluss mit Wallander. 1989 habe ich das erste Buch über ihn geschrieben. Knapp zehn Jahre später dann das gerade besprochene, von dem ich glaubte, es wäre das letzte. Aber ich habe es dann verbrannt. Und nach weiteren zehn Jahren schrieb ich das Buch, das nun wirklich zum letzten wurde.

Dazwischen lagen also viele Jahre, in denen ich überhaupt nicht auf den Gedanken kam, ein neues Wallander-Buch zu schreiben. Dann jedoch begann ich zu überlegen, ob es nicht doch noch eine Geschichte über ihn geben könnte. Nämlich eine Geschichte, die von Wallander selbst handelte. In der er nicht Objekt im Verhältnis zu anderen Objekten ist, sondern sowohl Subjekt als auch Objekt. Und so entstand *Der Feind im Schatten*.

Heute kündigen Schriftsteller gern an, dass sie sechs oder zehn Bücher zu einem Thema schreiben wollen. So etwas nenne ich Industrieproduktion, denn niemand kann von vornherein wissen, ob er genügend tragfähige Geschichten zur Verfügung hat. Die Welt verändert sich schnell, und einige Geschichten verlieren schnell ihren Sinn. Trotzdem behaupten sie: ›Ich habe sechs, sieben Geschichten auf Lager!‹

Wo bleibt der kreative Prozess im Verhältnis zu so einer Art von Langzeitplanung? Liza Marklund hat sich zum Beispiel in dieser Weise geäußert. Ich mag Liza, aber jemand sollte ihr nahelegen, so etwas lieber nicht zu sagen. Der kreative Prozess funktioniert nicht auf diese Weise. Na gut, nun habe *ich* es gesagt.«

»Warum lässt du Kurt Wallanders Tochter Linda Polizistin und so zu einer möglichen Hauptperson in einer Reihe weiterer Wallander-Bücher werden?«

»Weil es mich amüsiert hat, Kurt Wallander als Vater mit den Gefühlen konfrontiert zu sehen, mit denen er seinerzeit *seinen* Vater konfrontiert hatte. Jetzt war nicht er es, der durchsetzen wollte, Polizist zu werden, jetzt war es seine Tochter. Wie reagiert er darauf? Und wie unterscheidet er sich dabei von seinem Vater? Das war primär der Grund, die Geschichte zu erzählen.«

»Im Februar 2007 beging die junge schwedische Schauspielerin Johanna Sällström, die die Linda in der schwedischen Fernsehverfilmung gespielt hat, Selbstmord, gleich nachdem *Vor dem Frost* abgedreht war. Linda Wallander war da als neue Hauptperson eingeführt worden. Danach wolltest du nicht mehr über Linda schreiben, die du, wohlgemerkt, mit einem Selbstmordversuch ausgestattet hattest. Warum wolltest du das nicht mehr?«

»Als ich das von Johanna hörte, habe ich gedacht: Nein, verdammt nochmal, ich kann das nicht einfach fortführen. Und ich habe dann auch keine Wallander-Bücher mehr geschrieben, wenn man von *Der Feind im Schatten* als Abschluss der Serie absieht. Wir haben Johanna auch aus einigen Filmen herausgelassen, und den letzten Streifen haben wir ihr dann gewidmet. Das war natürlich eine sehr heikle Situation.

Ich erinnere mich deutlich an den Morgen, als Krister Henriksson anrief und sagte, dass Johanna Selbstmord begangen habe. Keiner von uns konnte das begreifen. Das Einzige, was wir in Erfahrung brachten, war, dass sie sich fest dazu entschlossen hatte. Sie hatte dafür gesorgt, dass niemand sie rechtzeitig finden und retten konnte. Johanna hat eine kleine Tochter, sodass ihr Tod besonders schmerzvoll und eigenartig war. Als ob Wirklichkeit und Fiktives ineinander übergegangen wären. Und ich fühlte, jetzt muss ich aussteigen. Ich wollte keine Bücher über Linda Wallander mehr schreiben ...«

»Und daran hältst du fest?«

»Im Moment ist es meine Absicht, aber genau weiß man das nie. Vielleicht ist es mir möglich, wenn der Abstand größer geworden ist ...«

Henning Mankell sieht aus dem Fenster.

Ich frage, wie er es bei seiner privilegierten finanziellen Lage und Arbeitssituation schafft, sich in Wallanders triviale Sorgen zu versetzen: Ob er saubere Wäsche zum Anziehen hat oder das Geschirr noch gespült werden muss. Ob er die Werkstattrechnungen bezahlen kann. Ob er den Kredit für ein neues Auto bekommen wird oder seinen Traum von einem einsamen Hof draußen auf dem Lande begraben muss.

»Es ist schwer, dir eine zufriedenstellende Antwort auf deine Frage zu geben. Eigentlich kann ich nur sagen: Das ist es, was ich können muss! Das ist es, was einen Schriftsteller ausmacht. Sonst wäre ich kein Schriftsteller.

Aber es kommen noch zwei weitere Dinge hinzu. Zum einen habe ich ein ungewöhnlich gutes Gedächtnis, zum anderen verfolge ich sehr aufmerksam, was um mich herum geschieht. Auch wenn ich noch nie ein Rad am Auto gewechselt habe, habe ich doch anderen dabei zugesehen. Ich habe die Probleme anderer miterlebt, ihre Gespräche aufmerksam verfolgt. Ich notiere und registriere, was um mich herum abläuft. Das, kombiniert mit meinem guten Gedächtnis, reicht, sodass es mir nicht besonders schwerfällt, alle die von dir genannten Dinge in Sätze zu gießen und eine Geschichte glaubwürdig zu gestalten.«

Mankell überlegt eine Weile:
»Wenn ich mich selbst so höre und alle meine Erklärungen, dann möchte ich am liebsten einen Punkt setzen und nur wiederholen: *Das ist es, was ich können muss!* Sonst wäre ich kein Schriftsteller oder Geschichtenerzähler oder wie du mich auch immer nennen willst. Darum fällt es mir schwer, dir eine zufriedenstellende Antwort zu geben. Ich habe keine! Ich könnte das Thema intellektualisieren, aber dazu habe ich keine Lust. Denn methodisch ist es ganz einfach: gutes Gedächtnis, ungeteilte Aufmerksamkeit und das Gefühl, ich muss es können.«
»Kannst du zwischen der fiktiven Welt und der Wirklichkeit hin und her springen?«
»Ja, das kann ich, und das können, glaube ich, alle Schriftsteller. Man ist immer an zwei Orten zugleich. Man ist in der Geschichte, und man befindet sich außerhalb der Geschichte. Gleichzeitig.
Wie gesagt, soll nicht *ich* fühlen, wie Kurt Wallander fühlt, sondern der Leser soll es nachempfinden können. Wenn ich schreibe und das Telefon klingelt, dann – falls ich das Gespräch annehme – bin ich sofort aus Wallanders Welt ausgestiegen. Ich schließe eine Tür und betrete meine eigene Welt.
Ich glaube, jede gute Kunst ist eine handwerkliche Frage. Man kann nicht einfach auf mystische Weise in literarischen Phantasiewelten verschwinden … Da bin ich sehr skeptisch und glaube nicht daran. Die Schriftsteller, mit denen ich rede und zu denen ich Vertrauen habe – und das sind sehr gute Schriftsteller –, stimmen mir zu: Schreiben ist ein rationales Handwerk, keine Frage eines magi-

schen oder wundersamen Abtauchens in geheime literarische Welten. So funktioniert der Prozess nicht.

Also kann ich das Telefon beiseitelegen und mich sofort wieder in das Universum Kurt Wallanders zurückbegeben. Das ist überhaupt nicht schwer. Der kreative Prozess besteht darin, die Existenz zweier verschiedener Welten gleichzeitig zu beherrschen. Sagen wir mal, ich sitze in meinem Arbeitszimmer und beschreibe Wallanders Küche! Bei diesem Vorgang existieren beide Räume parallel in meinem Kopf, lebendig und sichtbar. Ich kann jede Einzelheit dieses verdammten literarischen Raums erkennen und gleichzeitig jedes einzelne verdammte Detail in meinem Arbeitszimmer. Die beiden Räume existieren nebeneinander. Ich kann sogar in drei, vier, fünf Räume, Landschaften oder Situationen gleichzeitig abtauchen.

Das ist nicht merkwürdiger, als wenn ein Jongleur vier, fünf Bälle gleichzeitig in der Luft hält. Das erfordert Übung, aber es ist machbar. Wenn ich genügend trainieren würde, könnte ich wahrscheinlich auch mehrere Bälle in der Luft halten. Ich verkörpere als Person selbst die Brücke zwischen den parallelen, voneinander abgeschiedenen Welten, den privaten und den fiktionalen.«

»Warum hat deiner Meinung nach ein menschlicher Polizeikommissar wie Kurt Wallander so viele Leser, wo doch gerade gegenüber der Polizei eine große Skepsis herrscht – nicht zuletzt wegen der brutalen Methoden und der Korruption?«

»Er ist für sie vielleicht eine Märchenfigur, eine Traumgestalt. Ich habe auch schon darüber nachgedacht. Er muss einem ja in einem Land mit verbreiteter Polizeibrutalität wie der reinste Paradiespolizist vorkommen. Bei uns in den demokratischen Ländern ist er trotz allem eine recht realistische Figur, aber wahrscheinlich liest jeder seine eigenen Erfahrungen in ihn hinein. Ich bringe jedenfalls, wenn ich ein Buch lese, meine eigenen Erfahrungen in den Text oder in die Personen mit ein. Vielleicht ist man verblüfft, vielleicht erkennt man sich selbst.

Vielleicht wird Wallander empfunden wie jemand aus einem Märchen von Hans Christian Andersen. Erwähnt habe ich ja bereits, dass das Geheimnis seiner Popularität auch darin besteht, dass er sich die ganze Zeit über verändert. Das spricht, glaube ich, auch die Leser in Südamerika, Asien oder wo auch immer an. Die Frage, wie wird er jetzt handeln und in der nächsten und übernächsten Situation. Das weiß man nie genau – denn er entwickelt sich ja die ganze Zeit. Sodass die Leser vielleicht ebenso neugierig auf Wallanders Entwicklung sind wie auf die Geschichte, den Plot.

Ich habe die unglaublichsten Erklärungen für die Strukturmodelle meiner Bücher erhalten, und viele Male war ich begeistert von dem, was andere da hineingelesen haben – oder auch nicht. Aber so ist es doch. Wenn du und ich das gleiche Buch lesen und darüber sprechen, würden wir wahrscheinlich zu dem Ergebnis kommen, wir hätten zwei verschiedene Bücher gelesen.«

»Da du offenbar nicht mehr über Kurt und Linda Wallander zu schreiben gedenkst, werden sich deine zukünftigen Bücher wohl mehr auf internationalem Gebiet bewegen wie schon *Der Chinese*?«

»Ich arbeite jedenfalls gerade jetzt an einer unglaublich faszinierenden Geschichte aus Afrika. Es gab einen großen Unterschied zwischen dem portugiesischen Kolonialismus und dem englischen. Die Engländer haben die Vermischung der Rassen untersagt, während es für die Portugiesen, die ja unter anderem in Mosambik die Macht hatten, eigentlich in Ordnung war. Darum wurde die Hauptstadt Maputo zu einem Ort, an den die weißen südafrikanischen Männer wallfahrten, wenn sie mit schwarzen Frauen zusammen sein wollten. Ende des 19. Jahrhunderts war Maputo ein riesiges Bordell.

Eines schönen Tages ist ein Wissenschaftler bei mir zu Hause aufgetaucht. Er beschäftigte sich mit alten portugiesischen Dokumenten, weil er eine Abhandlung über das Steuersystem Mosambiks schrieb, und durch Zufall war er auf etwas Merkwürdiges gestoßen:

Es stellte sich heraus, dass in den Zwanzigerjahren eine Schwedin, ich nenne sie Hanna Lundmark, das größte Bordell Maputos besessen hat. Sie kam aus dem Nichts, und plötzlich besaß sie das größte Bordell und zahlte gewaltige Steuersummen. Nach drei Jahren verschwand sie wieder. Das war es, was er mir erzählen konnte. Und ich dachte, das ist doch eine unglaubliche Geschichte. Wer aber war sie?

Jetzt schreibe ich einen Roman mit dieser Geschichte als Ausgangspunkt. Also kein dokumentarisches Buch, nur Fiktion, denn wir konnten nicht viel über sie herausbekommen. Wir nehmen an, sie könnte als Köchin auf einem schwedischen Schiff nach Afrika gekommen sein. Damals verkaufte Schweden Zinn nach Australien, und auf der Route legten die Schiffe gewöhnlich am Kai von Maputo an, bevor sie ihre lange Reise nach Australien fortsetzten. Hanna kann aus irgendeinem Grund an Land geblieben und schließlich im Bordell gelandet sein, bis sie nach drei Jahren weiterzog. Vielleicht zu den Goldminen in Südafrika … Was weiß ich.

Es ist eine ganz ungewöhnliche Geschichte, die ich unbedingt schreiben musste, denn sie enthält auch eine Menge Fragen: Mit welchen Augen hat diese Hanna die schwarzen Frauen gesehen? Und wie sah sie – eine weiße Schwedin – auf diese beinahe unwirkliche afrikanische Gesellschaft, wo eine ganze Stadt von der Lust weißer Südafrikaner auf schwarze Frauen lebte?

Als ich das erste Mal nach Maputo kam, traf ich zufällig eine Fünfundsechzigjährige, die mir ohne Zögern erzählte, dass sie genau in dieser Zeit als Prostituierte gearbeitet habe. ›Aber du warst doch verheiratet‹, habe ich gesagt. ›Ja, ja‹, hat sie erwidert. ›Wie hat dein Mann das gesehen?‹, fragte ich zurück. ›Ach, er wusste doch, dass ich ihm treu bin, denn die Kunden waren ja alles Weiße‹, gab sie zur Antwort.

In dieser Aussage steckt eine eigentümliche Logik, die ich zwar gut verstehen, aber nicht teilen konnte. Wenn ich nun ihre Erzählung mit der Geschichte über die schwedische Hanna Lundmark verknüpfe, so soll mich der Teufel holen, wenn daraus nicht ein gutes Buch wird.

Ich nenne es *Erinnerung an einen schmutzigen Engel*.«

»Bekommst du von anderen auch Geschichten und Ideen geliefert?«

»Davon habe ich selbst genug im Kopf. Aber einmal habe ich einen Brief von einer Person erhalten, die anonym bleiben wollte. Der Inhalt war jedoch so aufwühlend, dass ich den Brief der Polizei übergeben habe. Die konnte daraufhin ein Verbrechen aufklären, einen Mord. Mehr will ich dazu nicht sagen, aber es war bestimmt die dramatischste Zuschrift, die ich je bekommen habe.

Es gibt viele Menschen, die mit Geschichten zu mir kommen, und oft wollen sie auch, dass ich *ihre* Lebensgeschichte aufschreibe. Ich sage dann immer, ich kann das nicht. Denn die einzige Geschichte, die ich erzählen kann, ist meine eigene. Das verstehen sie nicht immer, aber hoffentlich werden sie es einmal verstehen …«

»Deine Bücher sind reich an Details und verweisen auf eine gründliche Recherche …«

»Heutzutage hilft mir Robert Johnsson dabei, und er ist phantastisch. Er bringt mir das, was ich brauche, aber er bringt mir auch etwas, von dem ich gar nicht wusste, dass ich es brauche. Er ist einzigartig. Es gibt allerdings eine Form von Recherche, die Robert nicht leisten kann. Die muss ich selbst machen, und das hängt davon ab, worüber ich schreibe.

Wenn ich über Afrika schreibe, muss ich weniger recherchieren, als wenn ich über europäische Verhältnisse und Orte schreibe. Ich habe zum Beispiel eine Menge Fotografien gefunden, die zeigen, wie es in Maputo um die vorletzte Jahrhundertwende aussah. Studiert man sie lange und gründlich genug, bekommt man viele Informationen darüber, wie die Menschen gelebt haben. Ich kenne die Namen der schwedischen Schiffe, die im Hafen angelegt haben, ich weiß, wie viele Masten sie hatten und wie groß die Besatzung war … Ich könnte nichts rüberbringen, wenn ich nicht über die Details Bescheid wüsste.«

»Als ich *Mörder ohne Gesicht* gelesen habe, bin ich darüber gestolpert, dass Kurt Wallander mehrmals die gleichen erotischen Träume hat: von einer schwarzen Frau. Ist das nicht ungewöhnlich für einen Polizisten, der in Ystad lebt und arbeitet und nicht viel herumgekommen ist?«

»Doch.«

»Träumen alle weißen Männer von schwarzen Frauen?«

»Das glaube ich. Aber ich habe es auch geschrieben, weil es, wie du angemerkt hast, ungewöhnlich ist. Klar, sowohl bei Weißen wie bei Schwarzen gibt es gewisse Neigungen zu erotischem und sexuellem Verlangen nach der anderen Rasse. Vielleicht ist das eine Art Eroberungskrieg mit kolonialistischen Wurzeln. Von beiden Seiten.«

»Du schreibst beispielsweise in *Kennedys Hirn*:

Er ist nicht der erste weiße Mann, der in ein armes afrikanisches Land kommt und sich auf die schwarzen Frauen stürzt. Nichts ist so wichtig für einen weißen Mann, wie zwischen die Beine einer schwarzen Frau zu kommen. Für einen schwarzen Mann ist es ebenso wichtig, mit einer weißen Frau zu schlafen. Sie können in dieser Stadt tausend schwarze Männer finden, die bereit sind, ihr Dasein dafür zu opfern, sich auf Sie zu legen.

Ist es, mit diesem Zitat und der Kolonialzeit im Hinterkopf, überhaupt für Schwarze und Weiße möglich, eine gleichwertige Freundschaft oder ein Liebesverhältnis zu entwickeln?«, frage ich.

»Wahrscheinlich ist ein Rest von Bitterkeit bei vielen zurückgeblieben, die die Kolonialzeit erlebt haben, bei Weißen wie bei Schwarzen. Das gibt es jedoch bei den Jüngeren, die die Unterdrückung nicht erlebt haben, nicht mehr. Da fühlt man sich in einem Verhältnis absolut gleichwertig, ich spüre das jeden Tag in Mosambik.

Die Mosambikaner wissen ja, dass ich Schwede bin und aus einem Land komme, das keine Kolonialmacht war, wie sie auch wissen, dass Dänemark Kolonien besaß. Sie kennen ihre Geschichte. Aber die Begegnung zwischen Schwarzen und Weißen ist nicht nur davon bestimmt, wer man ist und wie man sich benimmt. Die Handlungen entlarven die Haltungen. Das ist meine Hauptthese.

Nelson Mandela hat das sehr eindringlich formuliert: ›Wir können die politische Unterdrückung beseitigen, doch nicht die mentale. Die ist bei Schwarzen wie bei Weißen fest verankert, und es kann eine Generation dauern, bis sie verschwunden ist.‹ Das hat sich als wahr erwiesen.

Aber ist es nicht genug für heute?«

Auf dem Weg zum Fahrstuhl überfällt mich – zum wiederholten Mal – eine beinahe Wallandersche Missstimmung, weil ich in der Sache mit dem Alzheimer nicht nachgehakt habe.

Na ja, dazu ist noch jede Menge Zeit. Andere Dinge drängen sich vor; denn so viel Henning Mankell auch über Väter geschrieben hat, so wenig beschäftigt er sich mit Müttern. Ich muss mehr über die Quellen der Inspiration erfahren: über das Land der Kindheit, das Aufwachsen bei einem alleinerziehenden Vater in Härjedalens weißem Schnee und dunklen Wäldern. Und hinzu kommt die Geschichte der verschwundenen Mutter.

Aber zuallererst:

Auf meinem Laptop erscheint eine E-Mail des Schauspielers Kenneth Branagh, der zugesagt hatte, mir seine Meinung über Henning Mankell und Kurt Wallander, den er so hervorragend in den britischen Fernsehfassungen verkörpert, zuzusenden.

Kenneth Branagh

»Im Zentrum all dieser Bücher steht ein Mensch wie du und ich«, schreibt Kenneth Branagh über Kurt Wallander. (Foto: Yellow Bird)

Hennings Bücher lernte ich als ein passionierter Krimileser erst 2007 kennen. Als ein an Skandinavien sehr interessierter Leser. Ich kaufte ein Buch nach dem anderen beim Buchhändler, und innerhalb von etwa zwei Monaten hatte ich die ganze Folge der Wallander-Romane gelesen. Ursprünglich hatte ich nicht beabsichtigt, sie zu verfilmen. Ich genoss ganz einfach die Bücher – die Idee, die dahintersteckte, die Orte, die Personen, die Gedankengänge des Autors.

Ein Weilchen später musste ich feststellen, dass ich die Figur des Kurt Wallander nicht mehr aus dem Kopf bekam, und ich begann, an eine englische Fernsehfassung zu denken. Eine Menge Leute hatten die gleiche Idee, und ich hatte das Glück, mit den besten von ihnen ein Team zusammenstellen zu können. Unsere Vorstellung war, Hennings kompliziertes Werk einem breiten Publikum zu präsentieren. Die Sache musste nur richtig angepackt werden!

In seinem letzten Buch, *Der Feind im Schatten*, ist Wallanders Schicksal überraschend dramatisch dargestellt, dazu mit Hennings typischem unsentimentalem Blick auf die Person. Ich spüre eine dunkle, lebendige, kompromisslose Realität darin. Bewegend und an die Substanz gehend.

Im Zentrum all dieser Bücher steht ein Mensch wie du und ich. Ein kaputter Philosoph, der die dunkle Welt des menschlichen Daseins durchschreitet. Eine schwere Bürde ist ihm auferlegt worden. Ein Leben inmitten anscheinend sinnloser Gewalt, unterbrochen durch lange Perioden von Trivialität, nicht erfolgreich, gemessen an menschlichen Maßstäben. Aus seinen Fehlern kann man lernen. Seine Melancholie lässt einen schmunzeln und berührt gleichzeitig.

Er lebt in einem selbstauferlegten dunklen Wachtraum. Seit ich mich mit ihm beschäftigt habe, bin ich dankbar für die Zeit, in der ich von ihm aufgesogen war – und er hat in mir das Bedürfnis geweckt, mich in Bewegung zu halten, gesund zu essen, Freunde zu treffen und von der Arbeit rechtzeitig zu lassen.

Er hat also einen sehr positiven Einfluss auf mich ausgeübt. Ein ruhiger, tapferer, einsamer Mann, frei von Heroismus, aber umsichtig und empfindsam, ein Mann, der zu unser aller Wohl einen hässlichen Job erledigt, ein Mann, dem wir Dankbarkeit und Respekt entgegenbringen müssen.

Ich hoffe, wir können noch mehr Wallander erwarten. Und ich hoffe, ich kann Hennings Roman *Die italienischen Schuhe* verfilmen.

Kenneth Branagh, *geboren 1960 in Belfast, Nordirland. Britischer Schauspieler, Regisseur und Drehbuchautor. Wurde bereits als 23-Jähriger Mitglied der* Royal Shakespeare Company. *Fünfmal für den Oscar nominiert. Seit 2008 ist er der Darsteller des Kurt Wallander in einer Fernsehserie für die* BBC, *die in Schweden gedreht wird und auf Henning Mankells Kriminalromanen basiert.*

Härjedalen, 2010

Die nächtliche Dunkelheit ist eine zwiespältige Gestalt, Freund und Feind zugleich. Aus der Schwärze kann sie Albträume und vage Ängste heraufbeschwören. Das verkrampfte Gebälk verwandelt sich in der eisigen Kälte in Finger, die nach ihm greifen. Doch die Dunkelheit kann auch ein Freund sein, eine Möglichkeit, sich Gedanken über das Bevorstehende zu machen, das, was man Zukunft nennt.

Das Auge des Leoparden

Henning Mankell (ganz links in der untersten Reihe) auf einem Klassenfoto der Norra Skolan in Sveg. (Privatfoto)

Die Europastraße 45 erstreckt sich über 4920 Kilometer vorwiegend Autobahn und verbindet Nord-, Mittel- und Südeuropa. Von Sizilien im Süden bis Karesuando an der schwedisch-finnischen Grenze im Norden. Aber man muss nicht weit fahren im langgestreckten Schweden, bis die E 45 zu einer schmalen Landstraße wird, flankiert von den im malerischen Falunrot gestrichenen Häusern mit Maibäumen und schaukelnden Blumenkränzen.

Nördlich von Schwedens sechstgrößtem See, Siljan, zieht sich Kilometer für Kilometer der rötliche Asphalt hin, daneben ein Baumstammspalier wie von strammstehenden Soldaten. Wald wechselt sich mit Felsen und Seen ab. Wald und wieder Wald, mehr Felsen, neue Seen. Und noch mehr Wald, Wald, Wald. Dreieckige Straßenschilder warnen davor, dass Elche oder Bären die Straße überqueren könnten.

In diese Gegend kam Henning Mankell als Kleinkind, und in dieser Wirklichkeit wuchs er auf bis zum Teenageralter.

In *Das Auge des Leoparden* empfindet der belesene und suchende Held des Romans, der zwölfjährige Hans Olofson, zum ersten Mal seine Einsamkeit und Fernweh:

Nachher, allein auf dem Schulhof, umgeben vom Exekutionskommando des Spotts, beschließt er, sein exotisches Wissen nie wieder nach außen zu kehren. In dieser Hölle aus schmutzigem Schnee und Holzhäusern hat man keinen Sinn für die Wahrheiten, die auf den Meeren zu suchen sind.
Mit verquollenem Gesicht kommt er nach Hause, setzt Kartoffeln auf und wartet auf seinen Vater. Ist das der Moment, in dem

er beschließt, dass sein Leben eine unendliche Reise werden soll? Beim Kartoffelkochen fährt der heilige Geist des Reisens in ihn, über dem Herd hängen die feuchten Wollsocken des Vaters. Segel, denkt er. Geflickte, ausgebesserte Segel …

Hans Olofson verlässt seine Familie und die Heimat und entschließt sich für ein Leben auf der anderen Seite der Weltkugel, in Afrika.

Ist es genau das, wonach sich der unter privilegierteren Umständen aufgewachsene zehn- bis zwölfjährige Henning Mankell sehnt, sodass er sich einige Jahre später in den ständig reisenden Internationalisten und calvinistisch streng arbeitenden Schriftsteller verwandelt, mit dem einen Fuß im Schnee, mit dem anderen im Sand?

Jedenfalls entdeckt Henning Mankell in Härjedalen, dass seine Phantasie nicht nur sein Schaffen und sein Schreiben beflügelt, sondern auch ein Mittel zum Überleben ist. Denn das Härjedalen der Fünfzigerjahre erweist sich für einen heranwachsenden Jungen als ein Träume und Phantasien beflügelnder Ort, und später lässt er diese gewaltige Landschaft, die Isolation, die Stille, die Kälte, die Dunkelheit, den Schnee und das gedämpfte Leben im Städtchen zum Hintergrund werden für mehrere seiner fiktiven Verbrechen und Personen, unter anderem festgehalten in dem Thriller *Der Chinese*:

Doch der Blutgeruch ist da, kein Zweifel. Der Wolf wartet am Waldrand. Versucht zu wittern, woher der Geruch kommt.
Dann läuft er langsam durch den Schnee. Der Geruch zieht von einem der Häuser herüber, das am Rand des kleinen Dorfes liegt. Er ist jetzt auf der Hut, in der Nähe von Menschen gilt es, vorsichtig und geduldig zu sein. Wieder hält er inne. Der Geruch kommt von der Rückseite des Hauses. Der Wolf wartet. Schließlich bewegt er sich. Als er zu dem Haus kommt, sieht er den frischen Kadaver. Er zieht die schwere Beute zum Wald-

rand. Noch hat niemand ihn entdeckt, nicht einmal Hunde bellen. Das Schweigen an diesem kalten Morgen ist vollkommen.

Henning Mankell ist am 3. Februar 1948 im Stockholmer St.-Göran-Krankenhaus zur Welt gekommen. Er wurde nach dem Großvater benannt, einem Komponisten, der achtzehn Jahre zuvor gestorben war.

Nachdem sie noch einen Sohn zur Welt gebracht hatte, macht die Mutter, Birgitta Mankell, geborene Bergström, was man eher Vätern zutraut: Sie verlässt die Familie! Der Vater Ivar, ein Jurist, trägt nun allein Verantwortung für drei kleine Kinder: für Henning, die ältere Schwester Helena und für das Baby Gustav.

Nach der Scheidung 1950 zieht Ivar Henningsson Mankell mit den Kindern nach Norden in das Städtchen Sveg in Härjedalen, wo ihm eine Stelle als Richter angeboten worden war. Richter Mankell stellt eine Hauswirtschafterin ein, und die Familie wohnt oben im Gerichtsgebäude, im *Tingshus*, am Rande von Sveg. Die Wohnung ist geräumig, von den Fenstern an der Südseite des Hauses sieht man auf den breiten Fluss *Ljusnan*.

Der Wille zur Veränderung kommt nicht von ungefähr. Zurückliegende Generationen der Familie waren Musiker, Organisten und Geiger und wohnten an der Grenze zwischen Dänemark und Deutschland, wanderten jedoch im 18. Jahrhundert nach Schweden aus. Nach der Tagesarbeit ist das Tingshus mit Musik erfüllt, und Richter Mankell gründet im Namen seines Vaters eine philanthropische Musikgesellschaft, sodass klassische Konzerte gegeben werden konnten – auch im fernen Sveg.

Die Freude an der Musik findet später in den Werken des Sohnes ihren Widerhall, nicht zuletzt in den Krimis mit Kurt Wallander. Und Henning Mankell hat mehrmals seinem Wunsch Ausdruck verliehen, »schreiben zu können, wie Charlie Parker spielt«.

Am Donnerstag, wenn Gerichtsverhandlungen im Tingshus am Fjällvägen stattfinden, müssen sich die Kinder oben in der Woh-

Die Familie zieht oben im Gerichtsgebäude von Sveg in eine geräumige Wohnung. Hier verbringt Henning Mankell seine Kindheit. (Privatfoto)

nung still verhalten. Es kursieren Geschichten über Spielzeugautos, die in den Gerichtssaal geholt werden, um Zusammenstöße zu rekonstruieren. Die beiden ältesten Kinder, Helena und Henning, verfolgen oft vom Balkon aus die Urteilsverkündung nach Verhandlungen über Verbrechen und Streitigkeiten. Besonders Henning ist davon beeindruckt. Von früher Kindheit an interessiert er sich für das Rechtssystem und dafür, wie es funktioniert.

Die Mutter hat erneut geheiratet und den jüngsten Sohn zu sich nach Sollefteå geholt, ein paar hundert Kilometer nordöstlich von Sveg. Gustav jedoch kommt, als er eingeschult werden soll, wieder zurück zu seinem Vater und den Geschwistern nach Sveg. Henning begegnet seiner Mutter erst mit fünfzehn Jahren wieder. Liebe entsteht nicht daraus. Sie stirbt, als er Ende zwanzig ist.

Die Schatten der Wahrheit sind interessanter als die Wahrheit selbst, denkt Kurt Wallander in *Der Mann, der lächelte*. Sind hier in Sveg vielleicht die Schatten der Wahrheit zu finden – oder auch nur ein kleiner Teil davon?, überlege ich.

Der erste Schritt in die Vergangenheit ist für mich eine Zimmerbuchung im *Hotell Mysoxen*, wo Stefan Lindman, der Polizist aus *Die Rückkehr des Tanzlehrers*, logiert hat. Es folgt ein Spaziergang über die Straße der Kindheit, um mir eine Vorstellung von Henning Mankells Leben in Sveg von 1950 bis 60 zu machen, also von der Zeit, bevor die Familie wieder nach Südschweden zog, nach Borås, in der Nähe von Göteborg.

In den vier Kinderbüchern über *Joel*, den Jungen aus Härjedalen, heißt das Hotel *Mysoxen* noch *Stora Hotellet*, der ursprüngliche Name bis 1970. Heute thront das mit roter Ziegelsteinverkleidung, weiß gestrichenen Fenstern und Neonreklame versehene *Mysoxen* auf dem Fjällvägen gegenüber vom Gebäude der Lokalzeitung *Tidningen Härjedalen*, unweit vom Marktplatz.

Hier wehen die vier nordischen Fahnen, hier gibt es Blumenkübel aus Beton und ein Kinderkarussell, dessen Farbe abblättert. Die Pizzeria *Knuten* lockt mit bunten Neonlichtern, der *Centrumkiosken* mit Rollstuhlrampe aus galvanisiertem Metall wirbt mit einem schwedischen Fastfood-Angebot: *pölsa med potatismus* (Würstchen mit Kartoffelbrei).

Das Abendlicht verschwindet hinter den Baumwipfeln auf den Bergen. Der Laden für alkoholische Getränke, *Systembolaget*, hat längst die eisernen Jalousien heruntergelassen. Nur vom Eingang der Pizzeria ist metallisches Klappern zu hören, wenn die Sveg-Bewohner hineinströmen, um ihre Pizzas abzuholen oder à la carte zu essen. Es ist kurz nach acht, und der Fjällvägen liegt wie ausgestorben da. Genau wie es Stefan Lindman in *Die Rückkehr des Tanzlehrers* erlebt:

Bisher war ihm kein einziger Mensch begegnet. Er ging weiter und kam zu einer Tankstelle, an der noch eine Würstchenbude geöffnet war. Nachdem er gegessen hatte, ging er zurück zum Hotel. Er lag eine Weile im Bett und sah bei heruntergedrehtem Ton fern. Das Schnarchen des Testfahrers war durch die dünne Wand zu hören.

Morgennebel überzieht Sveg und Umgebung mit grauem Schleier. Hinter den Hausdächern ahnt man Nadelbäume, Nadelbäume und wieder Nadelbäume. Der Fußboden des Hotelzimmers besteht jedoch nicht aus hölzernen Dielen, sondern ist belegt mit fleckigem Nadelfilz. Der vom Badezimmer wurde mit Vinyl ausgegossen, und die Deckbetten sind aus synthetischem Material. Das ganze Hotel dünstet eine Atmosphäre aus, wie sie der Fotograf Karsten Höglin im Roman *Der Chinese* beschreibt:

> Irgendwie vermittelte es ihm den Eindruck von einem Schweden, das immer schon so ausgesehen hatte. Schweigende Menschen, über Zeitungen und Kaffeetassen gebeugt, jeder mit seinen eigenen Gedanken, seinem eigenen Schicksal befasst.

Das Mankell-Zentrum ist ein Anbau am *Folkets Hus,* gelegen am Parkplatz einer Einkaufspassage mit Fastfood-Restaurant, nahe der größten Straßenkreuzung des Ortes mit schaukelnden Verkehrsschildern und blinkenden Ampeln. Hier führt die E 45 entweder hinunter zum Øresund oder hinauf nach Lappland.

Das geschmackvolle Schild mit der Aufschrift *Kulturcentrum MANKELL* und die scherenschnittartige Silhouette des Schriftstellers wirken blass gegen die flatternden orangefarbenen Banner der Cafeteria, auf denen das Gericht des Tages angezeigt wird. Das Innere des Hunderte von Quadratmetern großen Kulturzentrums, verteilt auf zwei Etagen, zeugt vom Stilgefühl des Architekten: Blankgehobeltes Holz, Fußbodenheizung, schwarze Möbel, an

Das Kulturzentrum MANKELL in Sveg. (Privatfoto)

den Wänden Schriftzüge in Gold, Originalmanuskripte, hinter ver-
glasten Regalen Bücher in vielen Sprachen, darunter Chinesisch,
Koreanisch, Thai, Hebräisch, eine Palette von Titelseiten, Bilder,
Fanbriefe und ein von der Decke hängender weißer Projektor, der
Dias auf eine große Leinwand wirft. In Bild und Ton findet sich
hier alles, was Herz und Verstand des Mankell-Freundes begehren.

»Henning und ich saßen eines Abends im Hotel *Mysoxen* bei einem
Glas Wein zusammen«, erzählt Lasse Lohmander, der Ideengeber
und Initiator vom *Kulturcentrum MANKELL*. »Wir kamen auf
die Sternzeichen zu sprechen. Beide sind wir im Zeichen des Was-
sermanns geboren. ›Lasse, bist du Ende Februar geboren?‹, fragte
er mich. ›Nein, am 3. Februar‹, entgegnete ich. ›Ich auch‹, meinte
er. ›Weiß ich‹, gab ich zur Antwort, ›nur dass ein Jahr dazwischen
liegt.‹ Merkwürdiger Zufall, nicht?«

Lasse Lohmander breitet die Arme aus, kampfbereit und zugleich ein wenig frustriert. Er ist einer von den Feuerköpfen, ohne die eine jede Gemeinde ärmer wäre, mit denen sie aber auch ihre Schwierigkeiten hat.

Er kam 1998 von der Westküste nach Sveg und wurde von der Kommune beauftragt, sich um die kulturellen Belange in Härjedalen zu kümmern. Dass Henning Mankell in der Stadt aufgewachsen ist, war ihm bekannt, und er wunderte sich darüber, dass Sveg kein Kapital aus dem berühmten Sohn der Stadt zog, um die Aufmerksamkeit von Touristen zu wecken.

»Ich sagte: ›Ich möchte eine Mankell-Abteilung in der Bibliothek einrichten!‹ Keine Reaktion. Es ist nicht leicht, Prophet im eignen Lande zu sein, heißt es ja. Hier trifft es jedenfalls zu. Aber ich blieb hartnäckig. Jahr für Jahr.

Eines Tages, auf einer Zusammenkunft mit den Spitzenleuten der Kommune, war es schließlich so weit. Mit einem Mal interessierten sie sich für das Projekt! Wir erhielten zwei Millionen schwedische Kronen (zirka 220 000 Euro) von der EU, die Kommune steuerte weitere drei Millionen bei, und wir konnten das Mankell-Zentrum als Anbau am *Folkets Hus* verwirklichen.«

»Das *Kulturcentrum MANKELL* wurde im August 2007 eingeweiht, und Henning Mankell kam und brachte viele angesehene Leute mit. ›Ich bin stolz‹, sagte er zur Eröffnung. Aber ich weiß, dass er genau wie ich enttäuscht war von der zögerlichen Haltung und der Passivität der Kommune.

Einige Leute meinten wohl, Henning sei kein echter Härjedalener, weil er in Stockholm geboren wurde. Das sagen sie ihm natürlich nicht ins Gesicht, aber mir sagen sie es. ›Mein Gott‹, erwidere ich dann, ›er war ja kaum zwei Jahre alt, als er hierherkam, und er hat die Jahre, die einen Menschen am stärksten prägen, in unserer Stadt verbracht. Er hat sie berühmt gemacht durch seine Bücher.‹

Aber sie meinten, er halte sich nicht oft genug hier auf. Das Positive ist, dass das *Kulturcentrum MANKELL* von vielen Schulklassen und Touristen aus der ganzen Welt besucht wird. Die Touristen kommen hierher zum Angeln, zum Jagen und um die großartige Natur zu genießen, und viele von ihnen haben Hennings Bücher gelesen.

Wir hoffen auch, dass Literaturwissenschaftler, die über Mankell forschen, den Weg zum Zentrum finden werden. Hier haben sie ja Zugang zu seiner gesamten Produktion und können die Originalmanuskripte studieren, die wir im Tresor aufbewahren«, sagt Lasse Lohmander, dem der Ausbau des Zentrums am Herzen liegt.

Dafür, dass Henning Mankell Sveg nicht so häufig aufsucht, kann es – über Zeitknappheit hinaus – mehrere Gründe geben.

Das Tingshus, sein Haus der Kindheit während der Fünfzigerjahre, ist weiterhin staatliches Eigentum, aber ein wenig ramponiert. Man sagt, er habe der Kommune ein Kaufangebot über 1,8 Millionen schwedische Kronen gemacht, dort aber spekulierte man wohl, anstatt sich angemessen zu verhalten, auf seine enormen Einnahmen als Schriftsteller und verlangte 3,2 Millionen. Damit wurde eine glänzende Gelegenheit für den Ort verspielt.

Zeitweilig rückten die Finanzbehörden als Mieter ein, doch nun gibt es wieder spielende Kinder im Haus und in dem großen Garten, der hinter dem Gebäude zum ruhig dahinfließenden Ljusnan abfällt. Die Kinder sind jedoch nur für die Zeit hier, in der die Kindereinrichtungen der Kommune von Feuchtigkeit und Schimmelbefall befreit werden.

Ein paar üppige Laubbäume bedecken fast die gesamte Fassade des Hauses und den Eingang, und am gelben Nachbargebäude, der Kanzlei des ehemaligen Gerichts, ist immer noch *Härjedalen Domkansli* in zierlicher Schrift zu lesen. Ein Stück vom Fjällvägen entfernt führt ein kleiner Seitenweg zu der über einhundert Jahre alten verrosteten Eisenbahnbrücke. Im Ort nennt man sie stets nur die *Mankell-Brücke*, weil Henning Mankell sie so malerisch in seine Bücher einbezogen hat, unter anderem in seine populären Kinder-

bücher mit dem kleinen Joel im Mittelpunkt, wie hier in *Der Hund,
der unterwegs zu einem Stern war*:

> Joel ist allein mit der Brücke. So groß wie jetzt ist sie noch nie
> gewesen.
> Joel steht bei der Verankerung der Brücke und schaut hinauf zu
> den gewölbten Bögen, die in der Dunkelheit verschwinden.
> Unter ihm liegt der zugefrorene Fluss.
> Jetzt muss er klettern. Nicht denken. Nicht nach unten gucken.
> Er klettert auf das Brückengeländer. Dort beginnt der breite
> Bogen. Wenn er die Arme so weit ausbreitet, wie er kann, schafft
> er es gerade, die äußersten Ränder zu erfassen.
> […]
> Er legt die eine Hand gegen das Eisen. Die Kälte kriecht sofort
> durch seinen Fäustling. Er schließt die Augen und beginnt, nach
> oben zu robben.
> Warum mache ich das bloß, denkt er verzweifelt. Ich schaff es
> nicht, ich werde runterfallen und mich zu Tode stürzen.
> […]
> Papa Samuel, denkt er, das hier schaff ich nicht. Du musst kom-
> men und mir helfen.

Der Ljusnan, der unter der Brücke hindurchfließt, verwandelt
sich in der Phantasie des sechs- bis achtjährigen Henning in einen
Fluchtweg hin zu fernen Horizonten, und die dahingleitenden
Baumstämme, die später zu Bauholz verarbeitet werden, sind für
ihn Krokodile in Afrikas Kongo.

Richter Mankell wird als ein kluger und verständiger Vater beschrieben, und es ist darum eine offene Frage, warum der Sohn in
seinen Werken den Todestrieb und das Fernweh des Jungen so ein-
fühlsam in den Brennpunkt rückt:

An jenem hellen Sommerabend [...] hatte er sich zum ersten Mal die Frage gestellt, warum er er selbst war – und kein anderer.
[...]
Am Fluss setzte er sich auf einen großen Stein und blickte auf das braune Wasser hinab, das träge Richtung Meer trieb. Ein Ruderboot zuckelte an einer Kette, und ihm wurde klar, wie einfach das Verschwinden sein könnte.

Im Zentrum von Sveg, gleich hinter der Kirche und dem Friedhof, erhebt sich ein anderes Symbol seiner Kindheit. *Norra Skolan* in der Härjedalsgatan wurde 1928 gebaut, massiv und damals grau. Heute ist die Schule rot gestrichen – mit weißem Rahmen – und hat hohe Sprossenfenster. Auf dem Schulhof schlägt der Asphalt immer noch Beulen.

Ivar Mankell hatte seine Mutter, nachdem sie Witwe geworden war, eingeladen, bei der Familie zu wohnen. Und diese Großmutter war es, die ihrem Enkel die Kunst des Schreibens beibrachte – noch bevor er sechs wurde. So kam er ein Jahr früher in die Schule.

In dieser Zeit liest er bereits seine beiden Lieblingsbücher, *Robinson Crusoe* und *Der alte Mann und das Meer*. Er ist schon als kleiner Junge beeindruckt von der Kunst Defoes und Hemingways, die Leser in die Geschichten und die Schicksale der Hauptpersonen hineinzuziehen und zu fesseln.

Als ich meine Eindrücke aus Sveg schildere, meint Mankell:
»Ja, ich *war* mit Robinson auf der Insel, und ich *saß* mit dem alten Mann im Boot und kämpfte mit dem Fisch. Ich brauchte beide, um glücklich zu sein.

Mein Leben in Sveg liegt unendlich weit zurück, aber ich empfinde eine große, durch und durch naive Dankbarkeit in mir, sodass Norrland mich mein ganzes Leben hindurch begleitet hat. Dieses Kraftfeld von Einsamkeit.

Wie du weißt, habe ich den Hof *Jänspers* in Överberg gekauft,

*»Ich war selbst ein einsames Kind und bin immer noch ein einsames Kind«,
sagt Henning Mankell. (Privatfoto)*

sechs Kilometer außerhalb von Sveg, habe ihn zu einem Refugium
für Künstler umgestaltet und dem Schriftsteller- und Dramatiker-
verband Schwedens vermacht. Glücklicherweise wollen sehr viele
gern dort arbeiten, und ich bekomme Briefe von Schriftstellern, die
es da oben phantastisch finden.

Aber heute ist Sveg eine Stadt, durch die man hindurchfährt
und die nicht länger ihre Funktion als kulturelles und kommunales
Zentrum erfüllt. Es ist ein Ort, an dem man nachtankt, bevor man
sich auf den Weg ins Fjällgebiet macht. Diese Entwicklung findest
du in all den kleinen Orten, in denen die Zahl der Älteren stetig zu-
nimmt und aus denen die Jungen wegziehen. Eines Tages werden
wohl die Holländer oder die Dänen da auftauchen und die isoliert
liegenden roten Höfe im Wald aufkaufen.«

»Aber du schreibst fortwährend über die Kinder von da oben,
über ihre Einsamkeit und ihr Fernweh.«

»Ja, ich schreibe viel über Kinder. Ich war selbst ein einsames
Kind und bin immer noch ein einsames Kind. Ich bin gern allein«,
erwidert Henning Mankell.

Die verschwundene Mutter, 1950

Sie wollte nicht. So lautet die Erklärung, die er von seinem
Vater bekommt. Wenn sein Vater ihr Fortgehen überhaupt
erwähnt, benutzt er immer diese Worte.
Jemand, der nicht will.
Schnell und unerwartet ist sie verschwunden, soviel begreift
er. Eines Tages war sie fort, mit einem Koffer. Jemand hat
sie in den Zug Richtung Orsa und Mora steigen sehen. Die
Finnmark hat sich hinter ihrem Verschwinden geschlossen.

Das Auge des Leoparden

Noch ein Mosaikstein soll hinzugefügt werden.

Im Joel-Buch *Der Hund, der unterwegs zu einem Stern war,* das 1990 in Schweden den Preis als bestes Buch für Kinder und Jugendliche erhielt, schreibt Henning Mankell:

> Er hat einen Vater, der Samuel heißt, und er sehnt sich nach dem Meer.
> Er hat eine Mutter, die die Unruhe in sich hatte, und sie ging einfach ihrer Wege.

In der Wohnung in Göteborg sage ich:

»Ich möchte gern mehr über deine Kindheit und über die Mutter, die euch verließ, erfahren.«

Henning Mankell überlegt einen Augenblick, bevor er antwortet:

»Man muss immer in Betracht ziehen, dass die Kindheit eines jeden Menschen ihm ganz allein gehört. Man darf nicht außer Acht lassen, dass sein Umfeld möglicherweise die gleichen Begebenheiten und Umstände ganz anders erlebt hat als er selbst. Wir können nur für uns selbst antworten.

Ich hatte eine Kindheit, in der alle Möglichkeiten gegeben waren, um der Phantasie und der Einbildungskraft freien Lauf zu lassen. Das Instrumentarium, das man braucht, um ein ganzer Mensch zu werden. Gleichzeitig war da ständig dieser rätselhafte Schatten von der verschwundenen Mutter. Ja, der Schatten war tatsächlich

»Sie entzog sich der Verantwortung«, sagt Henning Mankell über seine Mutter Birgitta Mankell, geborene Bergström. (Privatfoto)

anwesend! Aber weil mein Vater ein emotional starker Mann war, der keine Angst davor hatte, Zärtlichkeit und Gefühle zu zeigen, vermissten wir unsere Mutter vielleicht nicht allzu sehr.

Ich erlebte, als ich ungefähr zehn Jahre alt war, etwas tief Beeindruckendes. Etwas, das meine Welt auf eine ganz entscheidende Weise verdunkelte und sie schrumpfen ließ.

Es war Winter, es war Nacht, und nach und nach wurde ich von einem eigentümlichen Geräusch aus dem Schlaf gerissen. Ich wusste nicht, was es war, und wollte auch lieber weiterschlafen, aber das Geräusch zog mich in die Wirklichkeit. Ich wurde vollständig wach, knipste die Lampe an, stand auf, und dann sah ich es: Mein Vater lag auf dem Fußboden, blutüberströmt. Der Schock, das Licht, das Blut! Ich weiß nicht mehr, was ich dachte, aber in meinem Bewusstsein tobte es: *Nun darfst du nicht auch noch verschwinden, sonst habe ich niemanden mehr!*

Er hatte einen Schlaganfall, war gestürzt und hatte sich schwer verletzt. Irgendwie gelang es mir, mit der Situation fertig zu werden, einen Arzt und einen Krankenwagen mitten in der Nacht herbeizurufen. Aber das war ein entscheidender Augenblick in meinem Leben: *Mein Vater darf nicht verschwinden, er nicht auch noch, das halte ich nicht aus!*

In diesem Moment wurde ich erwachsen, im Dezember 1958. Da war meine Kindheit zu Ende, definitiv. Ich wurde schnell erwachsen und wollte weg aus Sveg, aus der Landschaft meiner Kindheit. Denn wenn man erwachsen wird, fängt man an, sich nach einer anderen Welt umzusehen. Aber seltsam ist es doch, dass man so genau sagen kann, in welchem Augenblick die Kindheit endete. Andererseits ist es vielleicht nicht so ungewöhnlich, dass Kinder plötzlich erkennen: Nun gehe ich hinein in eine andere Welt, nun lasse ich die alte Welt hinter mir zurück.«

»Die gleiche Situation, nämlich von einem Geräusch geweckt zu werden, seinen Vater in größter Not zu sehen und von einem Augenblick auf den anderen erwachsen zu werden, erleben sowohl

»Er war ein phantastischer Mensch, und ich habe sehr getrauert, als er 1972 starb«, sagt Henning Mankell über seinen Vater. (Privatfoto)

Joel als auch der Junge in *Das Auge des Leoparden*. Ist das Wirklichkeit in Fiktion umgesetzt?«

»Ja und nein. Allen Künstlern geht es wohl wie Johann Sebastian Bach: Wir variieren immer das gleiche Thema, wieder und wieder und wieder. Als Schriftsteller verfügt man vielleicht über drei, vier, fünf Geschichten oder Grundkonflikte, die man unendlich variiert. Wenn wir uns die klassischen griechischen Dramen ansehen, so finden wir diese Tendenz bereits dort. Ein gewisser Typus von Konflikt wird variiert. Möglicherweise ist es einfach so, dass es nicht so viele unterschiedliche Überlieferungen und Erzählungen gibt. Warum also nicht?

Wie du weißt, betone ich immer, dass der wahre Künstler im Kind zu finden ist. Als Kind hat man ein vollständiges, uneingeschränktes Zutrauen zur Einbildungskraft, zur Phantasie. Das ist nicht nur darauf zurückzuführen, dass es Spaß macht, mit einem Stecken zu spielen und sich sonst etwas darunter vorzustellen, die Vorstellungskraft dient auch dazu, das Leben verstehen zu lernen.

Kinder verfügen über viele bedeutende Kräfte. Ich hatte immer diese Phantasiemutter im Kopf – eine Mutter, die sehr viel besser ist als die der Wirklichkeit. Vielleicht kann man es so einfach ausdrücken: Wir Menschen besitzen das, was uns zu eigen ist, weil wir es brauchen. Würden wir keine Phantasie brauchen, hätten wir sie auch nicht.

Henning und die Schwester
Helena am Haus in Sveg.
(Privatfoto)

Solange man Kind ist, haben Phantasie und Einbildungskraft den gleichen Wert wie die Wirklichkeit. Wenn man sich später im Leben in der einen oder anderen Form künstlerisch betätigen will, muss man zu dem Kind in sich zurückfinden. Zu diesem Zutrauen, dem Schlüssel eines jeden kreativen Prozesses.«

»Hast du eine Ahnung, warum deine Mutter euch verließ?«

»Die habe ich durchaus. Keine Gewissheit, aber eine Ahnung.«

»Möchtest du sie mit mir teilen?«

Mankell schweigt einen Augenblick, dann sagt er:

»Meine Schwester glaubt sich zu erinnern, als ganz kleines Mädchen gesehen zu haben, wie meine Mutter mit einem Messer in der Hand meinen Vater in unserer Stockholmer Wohnung rund um den Küchentisch jagte. Was der Grund dafür war, ob vielleicht Eifersucht oder Verzweiflung, das weiß ich nicht. Ich sah meine Mutter erst wieder, als ich fünfzehn war. An das Kleinkindalter habe ich keine Erinnerung …

Meine Mutter und ich wollten uns in einem Restaurant im Zentrum Stockholms treffen. Natürlich hatte ich einerseits Angst davor, andererseits spürte ich große Neugier. Als ich das Restaurant betrat, sah ich sie sofort. Sie war recht klein, dunkelhaarig und sehr schön. Aber das Erste, was sie zu mir sagte, war: ›Komm nicht so dicht an mich heran, ich bin erkältet!‹

Das sind die ersten Worte, die ich jemals von ihr gehört habe, jedenfalls soweit ich mich erinnern kann. Ich habe sehr oft darüber nachgedacht. Später standen wir auf einigermaßen freundschaftlichem Fuß miteinander, um es mal so zu sagen. Aber als sie tot war, habe ich sie nicht vermisst. Überhaupt nicht.

Wenn du mich fragst, warum sie tat, was sie tat, so weiß ich eigentlich nicht, was ich darauf antworten soll. Meine Mutter war nicht emanzipiert, jedoch eigenständig und intelligent, und später hatte sie einen ausgezeichneten Arbeitsplatz in Stockholm. Sie machte wohl nur, was Männer immer schon getan haben: Sie entzog sich der Verantwortung. Natürlich quälte sie das auch, und möglicherweise schied sie deswegen aus dem Leben.«

»Es gibt eine Fotografie, wo sie dich zu deinem ersten Geburtstag auf dem Schoß hält. Sie umfasst dich nicht, sondern hält dich auf merkwürdige Art von sich weg.«

»Ja.«

»Dieses Foto hat dir als Kind einen ersten Eindruck von deiner Mutter vermittelt, es muss dir auch etwas von der Möglichkeit oder vielmehr der Abwesenheit emotionaler Nähe erzählt haben.«

»Meine Großmutter väterlicherseits lebte bei uns, und bei ihr spürten wir diese Nähe, obwohl sie eigentlich eine sehr reservierte Person war. Sie war, als ich geboren wurde, auch schon alt, um die siebzig.«

Meine Großmutter väterlicherseits lebte bei uns, und bei ihr spürten wir diese Nähe, obwohl sie eigentlich reserviert war«, sagt Mankell. (Privatfoto)

»Welche Bedeutung hat das Foto für dich?«

»Dazu kann ich nichts sagen.«

»Außer deiner Großmutter gab es auch noch eine Hauswirtschafterin. Wie war sie?«

»Sie war eine gute Frau. Sie lebt noch und wohnt im nördlichen Schweden. Ich versuche ihr zu helfen, denn sie ist recht unbemittelt, eigentlich arm, sodass ich ihr ein wenig Geld zukommen lasse. Sie ist ein ganz rührender Mensch und zärtlich auf ihre Art.«

Henning Mankell steht auf und schenkt Tee nach. Dann sagt er:

»Natürlich hast du recht … Diese Fotografie ist verdammt interessant. Ich habe sie einmal Eva gezeigt, und sie hatte den gleichen Eindruck wie du. Dass meine Mutter wohl am liebsten das Kind – *mich* – von sich weggeschoben hätte.

Warum sie das tat, darauf könnte nur sie selbst eine Antwort geben. Vielleicht hatte ich in die Hosen geschissen oder habe gerade schrecklich laut geschrien? Vielleicht gab es auch einen ganz anderen Grund? Aber bei mir stellt sich ein unangenehmes Gefühl ein, wenn ich mir das Bild ansehe.«

»Das hat ein Berufsfotograf aufgenommen?«

»Ja, in einem Fotoatelier.«

»Deine Mutter oder deine Eltern gemeinsam haben gerade dieses Bild, vermutlich unter mehreren, ausgewählt.«

»Vermutlich. Aber vielleicht sah sie oder sahen sie nicht dasselbe in dem Bild wie wir heute.«

»Hat das Bild eine Bedeutung für dich in deinem Verhältnis zu Frauen?«

»Eigentlich weniger, als man annehmen könnte. Ich habe die Frauen, mit denen ich zusammengelebt habe, und das waren ja etliche, gefragt, ob sie eine Art uneingelöster Muttersehnsucht bei mir feststellen konnten. Aber sie haben das strikt verneint: ›Nein, Gott bewahre, überhaupt nicht.‹ Ich glaube nicht, dass ich mit irgendeiner Sehnsucht oder dem Gefühl von Mutterverlust herumgelaufen bin.

Meine Phantasiemutter war wunderbar, mein Vater sehr liebevoll, und ich war von warmherzigen Menschen umgeben. Wie man in Afrika sagt: ›Es braucht ein ganzes Dorf, um ein Kind aufzuziehen.‹ Darin liegt eine große Wahrheit, sodass die abwesende Mutter mir nicht so viel bedeutete. Andere würden möglicherweise etwas anderes behaupten, aber nein …!«

»Sie hatte deinen kleinen Bruder zu sich genommen?«

»Kurze Zeit. Dann kam er zu uns zurück, denn es funktionierte nicht mit den beiden. Ich glaube, meine Eltern einigten sich darauf, es gab keinen Kampf. Doch vermutlich hat mein Bruder am meisten darunter gelitten. Das könnte ich mir gut vorstellen. Andererseits entstand sofort ein unglaublich enges Verhältnis zwischen ihm und meiner Schwester. Während meiner gesamten Kindheit gab es die beiden da – und dann mich! Ich war allein, die beiden waren zusammen, und das war ganz okay. So sehe ich das.

Ich habe auch eine Halbschwester oben in Norrland. Sie gleicht mir sehr vom Aussehen her und ist eines der Kinder aus der neuen Ehe meiner Mutter. Ich stehe übrigens nicht auf so hoher Warte, dass ich mich über das Leben meiner Mutter erheben dürfte. Ich habe selbst dreimal geheiratet, mein Vater ebenfalls dreimal und mein Bruder zweimal. Das liegt offenbar in der Familie.

Aber wollen wir nicht fünf Minuten Pause machen und uns die Beine vertreten?«

Mankell geht in die Küche und bereitet frischen Tee, und als er zurückkehrt, fahren wir auf dem eingeschlagenen Weg fort.

»Warum gibt es so viele Vaterkonflikte in deinen Büchern?«

»Vielleicht weil ich zu den Glücklichen gehöre, die nie Probleme bekommen haben, wenn sie aufbegehrten. Mein Vater hat mir jederzeit beigestanden, hat sich über meine Aufsässigkeit gefreut. Warum sollte ich ihm etwas vorwerfen? Er hat gesagt: ›Geh deinen eigenen Weg. Finde selbst heraus, was du werden willst.‹ Ich habe früh gewusst, dass ich mit ihm das große Los gezogen hatte.

Er war ein phantastischer Mensch, und ich habe sehr getrauert, als er 1972 starb. Das war eine Trauer, wie Trauer sein soll. Ein tiefes, tiefes Verlustgefühl. Ein Verlust, der wirklich zu spüren war, und das Gefühl, jetzt hat sich die Welt verändert, weil ein bestimmter Mensch – *er* – nicht mehr da ist.

Vielleicht kann ich deine Frage so beantworten: Einerseits schreibe ich darüber, was ich selbst erlebt habe, aber andererseits gerade auch über Dinge, die ich *nicht* selbst erlebt habe.«

Ich trinke meinen Tee, und bald danach gehen wir auseinander.

Jaipur und Neu-Delhi, 2011

Jeder Kunst sollte der Wille zugrunde liegen, das
Leben zu verbessern, die Welt zu verbessern. Aber
unterdrückte Menschen sind der lebendige Beweis
dafür, dass das nicht gelungen ist.

Henning Mankell

Henning Mankell setzt sich in einem nach drei Seiten hin offenen Zelt, einem Munghal Tent, in einen niedrigen indischen Sessel auf dem Podium.

Vor ihm sitzen mehrere hundert Menschen, in der Mehrzahl Inder beiderlei Geschlechts, und außerhalb des Zeltes scharen sich noch mehr zusammen. Einige haben sich auf den Boden, d. h. die blanke Erde, gesetzt. Es ist der zweite Tag des Literaturfestivals in Jaipur.

Henning Mankell, Eva Bergman, deren Nichte Karin Bergman, Anneli Høier und Inke Nordström sind seit vier Uhr morgens auf den Beinen, da sie den Frühzug um sechs Uhr nach Jaipur erreichen mussten. Die Zugfahrt dauert vier bis fünf Stunden, man sitzt in Staub, Schmutz und Menschengedränge, aber es werden Tee und ein Imbiss während der Reise serviert.

In Jaipur können sich die Skandinavier im Hotel nur kurz frisch machen, bevor sie zum Festival gefahren werden. Dort empfängt sie ein Farbgewitter, als wären sämtliche Farben Rajasthans über dem Gelände ausgekippt worden: auf Flaggen, Decken, Zelte, Abdeckungen und Stoffwände – um gar nicht vom Publikum selbst zu reden.

In Delhi war Henning Mankell am Tag zuvor seinem Herzen gefolgt und hatte sich mit einer Straßentheatertruppe getroffen, die ihn und die anderen Skandinavier durch Delhis Straßen und in das Inferno eines Industriegebiets außerhalb der Stadt gefahren hat.

Hier, inmitten von Dreck und Chaos, wird der Verkehr angehalten, und mitten auf der Straße wird blitzschnell durch eine einzige auf dem Boden ausgebreitete Decke eine Bühne angedeutet und ein Lehrstück auf Hindi aufgeführt. Ungefähr einhundert junge Männer tauchen innerhalb weniger Minuten auf und bilden einen Zuschauerkreis. Sie sind diszipliniert, einige setzen sich, sodass die hinten Stehenden auch etwas sehen können.

Fahnen mit Hammer und Sichel werden herbeigetragen, an der Botschaft des Stücks herrscht kein Zweifel. Man spürt, dass Henning Mankell sich wohl fühlt, denn hier ist Theater wirklich ur-

Das Straßentheater in Neu-Delhi. (Privatfoto)

sprüngliches Theater und erreicht – wie er sich das wünscht – das Publikum dort, wo es sich gerade aufhält. Als alle zusammen dann zu den Gewerkschaftlern in die Fabrik gehen, hält er eine begeisterte Dankesrede, die simultan übersetzt wird.

Die Theatergruppe heißt *Janam* und besteht seit 1973. Safdar Hashmi, der während einer Vorstellung 1989 getötet wurde, hat sie mit Freunden gegründet. Diese haben seine Arbeit fortgeführt und rundum auf Märkten, in Dörfern und in Fabriken gespielt. Pro Jahr gibt es mehrere hundert Vorstellungen. Zu den Initiatoren gehört Safdar Hashmis Witwe, die auch diesmal dabei ist.

Am Nachmittag tritt Henning Mankell in der *Sahitya Academy* auf und hält, nachdem die Witwe ihn willkommen geheißen hat, eine Safdar-Hashmi-Vorlesung. Das Rednerpult ist mit einem Poster geschmückt, das Safdar Hashmi zeigt. Mankell nimmt eine Blume aus der Vase am Boden, legt sie vor das Bild und verbeugt sich. Dramatisch und effektvoll … ja, eben Theater!

Er berichtet von dem beeindruckenden Erlebnis am Vormittag, erzählt ein paar Kindheitsgeschichten und spricht über seine Helden: Mahatma Gandhi und Nelson Mandela.

»Es verlief unglaublich gut«, antwortet Mankell, als ich ihn später nach seinen Eindrücken vom Straßentheater frage.

»Ich bin dankbar dafür, dass wir dabei sein durften. Sie haben betont, wie viel es ihnen bedeutet, dass Eva und ich gekommen sind. Mitten in diesem gigantischen Straßenlärm sind diese hervorragenden, aber bettelarmen Schauspieler aufgetreten. Eva und ich haben beschlossen, ihnen Geld zukommen zu lassen, denn nur auf diese Weise kann ich sie unterstützen. Und natürlich noch dadurch, dass ich bei allen möglichen Gelegenheiten erzähle, was ich mit ihnen erlebt habe. Das ist es, was ich tun kann.«

Es ist Sonntag, und Mankell ist in Jaipur.

Er und der schwedische Schriftsteller Zac O'Yeah, der in Indien lebt und unter anderem eine vielgerühmte Gandhi-Biographie geschrieben hat, sollen ein Gespräch führen. Sie haben sich vor dem Zelt kurz verständigt, ohne einen festen Rahmen festzulegen. Zusammen betreten sie das Podium. Mankell setzt sich also in den niedrigen indischen Sessel und wird von Zac O'Yeah mit den Worten vorgestellt:

»He revolutionized Scandinavian Crime Fiction.«

Wieder spricht Henning Mankell über seine Inspirationsquellen. Über griechische Dramen wie *Medea* und über Shakespeares *Macbeth*. Über seine Großmutter, die ihm das Lesen beigebracht hat, darüber, dass auch ein Kind erotische Gefühle haben kann, die bei ihm in »the happiness, the miracle of putting letters together to make words« mündeten.

»Ich wuchs im nördlichen Teil Schwedens auf. Ich kann mich gut erinnern, wie es war, wenn ich morgens zur Schule musste und die Temperaturen bei ungefähr minus 30 Grad lagen«, sagt er. Und es ist still in dem heißen Zelt, als er fortfährt:

»Das war eine kleine, abseits gelegene Gemeinde mit gerade mal zweitausend Einwohnern. Ich wuchs in einem Haus am Fluss auf,

»Zu diesem Zeitpunkt war ich auf dem Gipfel meiner Fähigkeiten«, sagt Henning Mankell. (Privatfoto)

der in meiner Phantasie zum Sambesi, zum Kongo, Amazonas oder Ganges wurde. Ich hatte von all diesen exotischen Stätten aus Büchern erfahren …

Ich konnte natürlich nicht selbst dorthin reisen, aber in meiner Phantasie verlegte ich sie nach Schweden. Wie Kinder das so können. Warum erzähle ich das? Weil ich glaube, dass das Kind der wahre Künstler ist. In diesem Abschnitt unseres Lebens gibt es keinen Unterschied zwischen Wirklichkeit und Phantasie. Wenn wir zurückblicken, denken wir aber auch daran, dass die Kindheit nicht nur ein schönes Spiel war, sondern dass viele Beschwernisse mit dem Erwachsenwerden verbunden sind. Wenn man neun, zehn Jahre alt ist, denkt man viel über die großen Fragen nach: Leben und Tod, Liebe, Einsamkeit, Frieden und Krieg, Verbrechen und Strafe. Um Antwort auf diese Fragen zu finden, benötigen wir Vorstellungskraft, und die haben wir natürlich erhalten, weil sie uns beim Überleben hilft.

Mein Vorbild, das bin ich selbst im Alter von neun Jahren. Zu Hause an meiner Wand hängt ein Foto, das mich in meiner Schulbank zeigt, vielleicht 1957. Wenn ich mir dieses Bild ansehe, dann denke ich: Zu diesem Zeitpunkt war ich auf dem Gipfel meiner Fähigkeiten. Ich sehe einen Jungen mit wachen Augen vor mir und kann mich erinnern, dass ich mich vor nichts auf der Welt fürchtete. Ich habe geglaubt, nichts wäre unmöglich. Die Welt war da, um erobert zu werden!«

Mankell antwortet auf Fragen und gibt denen, die Schriftsteller werden wollen, Ratschläge:

»You have to burn to tell a story, if you want to be a writer. And you'll have to find your own language.«

Als er nach seiner Meinung zu dem verstorbenen Schriftstellerkollegen und Landsmann Stieg Larsson und dessen Millennium-Trilogie befragt wird, antwortet Mankell:

»Stieg was a very nice man, it's so sad, that he died. His first book is very good, the two others bad. They have become cult which is also sad. He was a decent man.«

Und er fügt mit verschmitztem Lächeln hinzu:

»Base your story on local reality, don't try to write a bestseller. If you want to be rich, don't become a writer.«

Die letzte Bemerkung löst im Zelt befreiendes Lachen aus und starken, anhaltenden Applaus.

Dass Mankell das Straßentheater in Neu-Delhi aufgesucht hat, wundert niemanden, der ihn kennt. Mehrmals während des Treffens hat er den Zuhörern von dem starken Band berichtet, das ihn mit den Menschen auf dem afrikanischen Kontinent und dem *Teatro Avenida* in Maputo verbindet.

»Wie einige von euch wissen, bin ich nicht nur Schriftsteller. Ich bin auch Theaterleiter und trage im Übrigen immer die Erinnerung an einen Besuch im Kutiyattam-Theater in meinem Herzen. Ich bin also künstlerischer Leiter im *Teatro Avenida*, dem einzigen professionellen Theater in Maputo, der Hauptstadt Mosambiks, und ich will euch nun eine Geschichte darüber erzählen.

Während der Proben kann es im Theater sehr heiß werden, manchmal bis zu 45 Grad. Darum gehen wir in der Hoffnung, ein Plätzchen im kühlenden Wind zu finden, in den Pausen meistens auf die Straße.

Vor dem Theater steht eine kleine Steinbank, und zu gewissen Stunden liegt die Bank im Schatten. In heißen Ländern ist es üblich, dass man nicht nur brüderlich das Wasser teilt, man teilt auch das bisschen vorhandenen Schatten.

Vor einigen Jahren betrat ich die Straße in einer Pause. Es war ein sehr heißer Tag, und zwei alte schwarze Männer saßen im Schatten auf der Bank. Wenn sie ein wenig zusammenrückten, wäre da auch noch Platz für mich. Schließlich saßen wir da alle drei.

Ich muss zugeben, dass ich gern den Gesprächen anderer lausche. Nicht dass ich mich für Schlafzimmergeheimnisse interessiere, aber ich versuche mitzubekommen, was man da – wir können es ›offene Gespräche‹ nennen – so sagt, in Cafés, im Zug, wo auch immer … Da saß ich nun auf der Bank vor dem Theater und hörte den alten Männern zu. Und ich fand schnell heraus, dass sie über einen Mann sprachen, der gerade gestorben war.

Einer von ihnen sagte: ›Ja, ich habe ihn zu Hause besucht, und er fing an, mir eine wunderbare Geschichte aus seiner Kindheit zu erzählen. Das war eine sehr lange Geschichte, und es war schon spät, sodass wir uns darauf verständigt haben, dass er sie am nächsten Tag zu Ende erzählt. Am nächsten Tag jedoch war er tot.‹

Es trat eine Stille ein, und ich beschloss, die Bank nicht zu verlassen, bevor ich den Kommentar des anderen Alten gehört hatte. Der kam nach einer Weile. Er sagte: ›Zu sterben, bevor man seine Geschichte zu Ende erzählt hat, ist keine gute Art, eine Geschichte zu erzählen.‹

In diesem Augenblick wurde mir klar, dass das die wahre Definition des Menschen sein könnte, eine Definition von dem, was uns alle verbindet. In lateinischer Sprache, wo die Bezeichnung für den vernunftbegabten Menschen *homo sapiens* lautet, sollte sie *homo narrans* heißen, der Geschichten erzählende Mensch. Denn das genau sind wir. Das ist es, was mich von meiner Katze unterscheidet.

Meine Katze kann sich nicht mit anderen Katzen zusammensetzen und die großen Fragen des Lebens erörtern, sie kann nicht über Leben und Tod diskutieren, über Einsamkeit, Freude, Freiheitskampf, Träume, Sorgen oder Angst. Aber wir können es! Ich kann euch von meiner Furcht, meinem Zorn, meinen Sorgen und meinen Träumen erzählen. Und ihr könnt mir von eurer Furcht, dem Zorn, den Sorgen und Träumen berichten. Genau das sind wir: Geschichten erzählende und Geschichten empfangende Lebewesen. Das trifft nicht nur auf Leute wie mich zu, auf die Schriftsteller, das trifft auf alle zu. Alle haben eine Geschichte zu erzählen …

Es ist nun länger als vierzig Jahre her, da gelang es mir, ein Flugticket in ein kleines westafrikanisches Land zu ergattern. Ich war sehr jung und hatte das Bedürfnis, aus Europa herauszukommen, um die Welt aus einer anderen Perspektive kennenzulernen. Ich hätte auch nach Asien oder Lateinamerika fliegen können, aber besonders zog mich der afrikanische Kontinent an. Genau da wollte ich hin, vielleicht weil in Afrika die Wiege der Menschheit steht. Dass wir alle – ihr und ich – in ferner Vorzeit eine schwarze Großmutter hatten, daran sollten wir immer denken.

So kam ich nach Afrika. Ich wollte erfahren, wie Menschen leben, die nicht unter so glücklichen Umständen geboren wurden wie wir in Europa. Meiner Reise lag eine rationale, logische Überlegung zugrunde, keine Romantik, ganz und gar nicht. Ich wollte dorthin, um zu lernen, zu hören und zu sehen; ich wollte mehr erfahren von den Bedingungen menschlicher Existenz in unserer Zeit. Denn das genau ist es, worüber man schreibt, auch wenn man historische Romane verfasst.

Ich bin der Überzeugung, dass alle Künstler die Verpflichtung haben, die Welt und die Wirklichkeit begreiflich zu machen. Und das gilt natürlich auch für mich. Ich lebe im Jetzt, zurück in die Vergangenheit geht nicht, vorher war ich nicht auf der Erde, darum will ich verstehen, was jetzt vor sich geht. Ich möchte ein Teil der notwendigen Veränderungen sein.

An dem Tag, an dem ich sterben werde, will ich nicht nur wissen, warum ich gelebt habe, es wäre gut, wenn ich auch spüren könnte, dass mein Dasein auf Erden eine kleine, vielleicht winzig kleine Änderung bewirkt hat. Ich sehe die Künstler als Teil einer Art Widerstandsbewegung an. Das ist notwendig, denn ich glaube, wir sind uns einig darüber, dass wir in einer schrecklichen, schrecklichen Welt leben. Einigen Menschen fehlt es an nichts, aber die meisten, die Massen, sind immer noch arm und unterdrückt.

Das kann man ganz einfach so ausdrücken, wie Nelson Mandela es getan hat: ›Solange in der Welt auch nur ein einziges Individuum nicht frei ist, ist niemand frei.‹ Besser kann man es nicht sagen.«

Im Nachtzug von Jaipur nach Neu-Delhi kann Henning Mankell nicht schlafen.

Er sieht aus dem Fenster und betrachtet die riesigen, schwach erleuchteten Slumquartiere, die sich auf Hügeln an der Bahnstrecke entlangziehen. Der Anblick des unendlichen Menschengewimmels hinterlässt bei ihm einen nachhaltigen Eindruck. Wir werden darauf zurückkommen …

Aber zuerst wollen wir nach Oslo.

Norwegen, Siebzigerjahre

Doch die Partei der Arbeiter wuchs. Das Stimmrecht, die Wohnverhältnisse, die Arbeitszeiten, die Löhne. Die Nerven im Gesellschaftskörper begannen zu vibrieren.

[...]

Als Oskar die sozialdemokratische Partei verlässt, geschieht das nicht spontan, sondern als Konsequenz aus einer langen Reihe von Vorkommnissen. Aber wenn er darüber spricht, dann spielt für ihn vor allem eine Rolle, dass während allzu langer Zeit zu wenig passiert ist.

Bergsprängaren (Der Sprengmeister)

1972 – von seinem Arbeitszimmer in Oslo hat Henning Mankell einen Blick auf die Botschaft der USA und die antiimperialistischen Demonstrationen der Siebzigerjahre. Er geht auf die Straße und nimmt daran teil. (Privatfoto)

Im Herbst 1972 hat sich Henning Mankell in Oslos Løkkeveien niedergelassen und schreibt auf einer nicht ganz intakten Schreibmaschine mit norwegischer Tastatur an seinem Debütroman *Bergsprängaren*. Mit sechzehn Jahren schulmüde, hatte er das Gymnasium *Högre Allmänna Läroverket* in Borås verlassen und auf einem Schiff angeheuert, das ihn – so hoffte er – über die Weltmeere tragen würde.

»Für mich war das eine gute Universität, denn ich lernte, selbständig klarzukommen. Wir fuhren nicht so weit hinaus, wie ich erhofft hatte, zumeist nur im Pendelverkehr zur Industriestadt Middlesbrough im nordöstlichen England, wo wir bestimmt fünfzehn Mal im Hafen lagen. Das Wichtigste im Leben ist ja, dass man lernt, für seine Handlungen und Entscheidungen selbst Verantwortung zu tragen, und vor allem, dass man überhaupt lernt, Entscheidungen zu treffen. Das war also eine wichtige Periode«, sagt Mankell, als wir später über seine Zeit auf See sprechen.

Sie liefert auch der Abenteuerlust, die er seit seiner Kindheit in sich trägt, neue Nahrung. Er reist nach Paris und kommt an einem Wintertag mit Zahnschmerzen, doch ohne einen Sou in der Tasche, auf der *Gare du Nord* an. Wie seinerzeit Ernest Hemingway verfällt er dem Reiz dieser Stadt, *Paris – ein Fest fürs Leben,* aber er muss sich durchschlagen. Auf Teufel komm raus. Die Studentenrevolte 1968 erlebt er auf der Straße und wird in seiner politischen Haltung bestärkt.

Er geht nach Schweden zurück und bekommt eine Stelle als Bühnenarbeiter in Stockholm. Schon als Achtzehnjähriger hat Mankell sein erstes Theaterstück verfasst, *The Amusement Park,* das auch angenommen wurde. Es handelt von den kolonialen Interessen Schwedens in Südamerika. Und von diesem Augenblick an ist er dank seines Talents als Schriftsteller und Regisseur ökonomisch unabhängig.

Eine Liaison mit einer attraktiven Norwegerin führt ihn nach Oslo und zu seiner alten Schreibmaschine im zugigen Arbeitszimmer am Løkkeveien mit Blick auf die amerikanische Botschaft und die anti-imperialistischen Demonstrationen der Siebzigerjahre zurück.

In den Schreibpausen geht Henning Mankell auf die Straße und nimmt an ihnen teil. Manchmal hört man von Passanten bissige Kommentare, aber mit der Zeit verstummt die Kritik an den Demonstranten. Die Amerikaner müssen sich 1975 aus Vietnam zurückziehen. Er engagiert sich auch bei Protestaktionen gegen den europäischen Kolonialismus in Afrika und besonders im Kampf gegen die südafrikanische Politik der Apartheid.

Henning Mankell kommt in Oslo schnell in Kontakt mit Kulturinteressierten. Er übernimmt Aufgaben an Theatern, führt unter anderem Regie bei einem Musical, *Prairie-Saloon,* das die Abschlussklasse der Theaterschule aufführt, und bringt auch ein Stück auf die Bühne, das er selbst geschrieben hat. Zuerst in einem Theater in Tromsø, später in Oslo. Der Titel ist so herausfordernd wie zeittypisch: *Det at æ frys herute kan ingen novelle forandre [Dass ich hier draußen friere, kann keine Erzählung ändern].* Das Stück über Schönheitsideale und die heile Welt in den bunten Blättern lief vor ausverkauften Häusern.

Der junge Schwede steht radikal links, ist Maoist und kennt die marxistisch-leninistischen Schriften, weigert sich jedoch, unter den Bildern von Stalin und Mao zu demonstrieren. Diktatoren lehnt er ab.

Mankell will *schreiben.*

»Genau darum ging es. Das war das große Lebensziel. Ich wollte nichts sonst. Was auch?«

Oslo 1972 – vor dem Erscheinen von Henning Mankells Debütroman.
(Privatfoto)

Als er am *Bergsprängaren* schreibt, weiß er, jetzt geht es ums Ganze. Bisher hat er Artikel in Zeitungen und Magazinen untergebracht, Theaterstücke geschrieben und Regie geführt, jetzt aber, jetzt geht es um etwas ganz anderes. Er steht vor seinem Debüt als Romanautor.

Früher hatte er gelegentlich Manuskripte zerrissen, weil er sie nicht gut genug fand. Aber das hat er anderen gegenüber nicht erwähnt. Und schon gar nicht hat er darüber gesprochen, dass er sich möglichst nicht in eine Situation bringen wollte, in der er abgewiesen werden könnte. Jedenfalls nicht, wenn es wirklich darauf ankommt, wenn es um größere Texte geht: um Romane. Die *müssen* gleich auf Anhieb so gut sein, dass sie auch gedruckt werden.

Der Norweger Janken Varden, heute in Kopenhagen ansässig, war in den Siebziger- und Achtzigerjahren einer der bedeutendsten Regisseure in Norwegen, unter anderem am Nationaltheater und beim Fernsehspiel. Er war Rektor der Theaterhochschule in Oslo, Intendant von Oslos *Nye Teater* und von 1998 bis 2003 Rektor der staatlichen Schauspielschule in Kopenhagen.

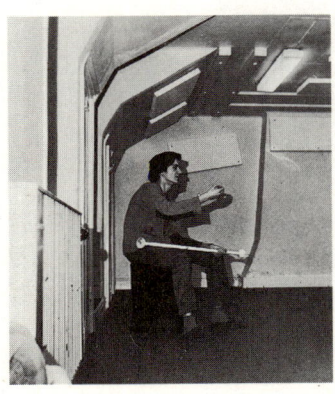

Mit neunzehn Jahren erhielt Mankell in Stockholm seine erste Regieaufgabe. (Privatfoto)

Er begegnet dem zehn Jahre jüngeren Henning Mankell zum ersten Mal in den politisch und künstlerisch engagierten Kreisen des Osloer Theatermilieus.

»Wir haben in Henning immer den Theatermenschen gesehen. Ich wusste nicht, dass er zielstrebig darauf hinarbeitete, Romanautor zu werden. Für mich war er in erster Linie Regisseur, ein Gesinnungsgenosse und ein guter Freund, der schrieb und inszenierte, jeweils in enger Zusammenarbeit mit dem Ensemble. Und er hatte großen Erfolg.

Henning ist immer für Gerechtigkeit eingetreten. Er hat stets den sauberen Weg beschritten, und das tut er immer noch. Wir haben oft darüber gesprochen, dass die Kunst von sich aus die Welt nicht retten kann, aber dass die Kunst Teil der Wellenbewegung sein kann, die notwendige Veränderungen auslöst. Seine Konsequenz ist imponierend. Bei den meisten Menschen verwässern die Ideale in den Kämpfen des Alltags und im Verlauf des Lebens. Nicht so bei Henning.«

Als ich die Worte des Freundes Henning Mankell gegenüber wiederhole, lächelt er:

»Ja, ich habe keinen plausiblen Grund dafür gefunden, meine Ideale zu ändern. Ich glaube immer noch, dass es eine vernünftige Philosophie ist, solidarisch zu denken und zu handeln. Das kommt nicht nur vom Gefühl her, das ist Vernunft.

Wenn ich mir für meine eigenen Kinder eine bessere Zukunft wünsche, dann muss das auch für andere Kinder gelten. So einfach ist das, denke ich. Eine Ideologie, die tragfähiger ist, kenne ich nicht. Darum kann ich mich auch in meinen vor dreißig oder vierzig Jahren geschriebenen Büchern wiedererkennen, auch wenn ich natürlich einige Dinge manchmal anders sehe.

Man muss sich immer und immer wieder selbst die Frage stellen: Ist das haltbar? Klar, ich habe vieles nicht richtig bedacht und falsch gehandelt. Aber das Fundament – die Idee von einer vernünftigen und solidarischen Gesellschaft – hält unverändert stand, und das länger als vierzig Jahre. Mit dieser Haltung werde ich auch sterben.

Also, ich glaube immer noch daran, dass es möglich ist, die Welt zu verändern. Der Gedanke, dass so viel von diesem Elend nicht sein müsste, ist unerfreulich. Es gibt unendlich viele Probleme, die längst gelöst sein könnten. Der Analphabetismus ist nur eines davon, aber ein wichtiges. Der Analphabetismus hätte schon vor zehn Jahren beseitigt werden können, wie die Pocken. Aber das ist nicht passiert, weil die Kräfte des Marktes die Welt regieren und es sich für die kurzfristig nicht lohnt, den Analphabetismus auszurotten. Man kann auf anderen Gebieten mehr verdienen.

Das ist die Sichtweise der unvernünftigen Welt.

Die vernünftige Welt antwortet, dass man, wenn man den Analphabetismus ausrottet, gleichzeitig der Bekämpfung von Aids ein Stück näher kommen würde, dass man die Möglichkeiten vergrößerte, die Menschen in Lohn und Brot zu bringen, dass man sie lehren könnte, die Erde pfleglich zu behandeln usw.

Also versuche ich – und ich weiß, das klingt pathetisch – mich auf die Seite der Vernunft zu stellen. Ich *bin* und *bleibe* ein Mensch, der den Idealen der Aufklärung huldigt, *The Enlightenment*.

Ich versuche, das Wenige zu leisten, zu dem ich in der Lage bin. Schlimm genug, dass es nicht mehr ist, dass es immer nur ein winziger Tropfen ist, aber das darf einen nicht dazu bringen aufzuhören. Wie der Däne Broby-Johansen es einmal ausgedrückt hat: ›Ich versuche alles so gut zu machen, wie ich kann. Mehr kann keiner.‹«

Zurück im Osloer Arbeitszimmer und einem späteren, ebenso zugigen Arbeitszimmer im mittelschwedischen Falun. Henning Mankell ist ein gutes Stück weitergekommen mit seinem Roman über den jungen Bergwerksarbeiter Oskar Johansson, der bei einer Sprengung lebensgefährlich verletzt wird, jedoch überlebt. Ein Roman über dessen einfaches, arbeitsames Leben, seine Invalidität, die Ehe, die Sorgen, Freuden, Träume und Hoffnungen. Die Titelgestalt wird 1888 geboren und stirbt 1969. Der Roman ist ein präzises und lebendiges Porträt der schwedischen Industriegesellschaft und ihrer Entwicklung.

Als Mankell die Arbeit abgeschlossen hat, schickt er das Manuskript zum *Författerförlaget* in Schweden, und an einem Sommertag erhält er eine Postkarte vom Verlagsleiter. Der Roman ist angenommen und erscheint 1973. Ivar Mankell erlebt die begeisterten Reaktionen auf das Buch nicht mehr, er stirbt im April des Vorjahres, der Sohn aber ist nun auf dem besten Weg zu einer Schriftstellerkarriere, zum künftigen Star, auf nationaler wie internationaler Ebene.

»Ich erinnere mich lebhaft an diesen Herbst. Die Blätter, die sich im Schlosspark golden färbten, und die immer verbissener wirkenden Marinesoldaten vor der Tür der amerikanischen Botschaft in Oslo. Aber vor allem erinnere ich mich an das, was ich dabei dachte.«

Es war eine Zeit großer Freude, großer Energie. Alles war möglich. Nichts war bis auf Weiteres verloren oder entschieden. Außer dass die Vietnamesen höchstwahrscheinlich den Sieg erringen würden. Es krachte in den Fugen des Imperialismus. Die Zukunft hatte Fahrtrouten mit ausreichender Tiefe abgesteckt.

So formuliert es Mankell fünfundzwanzig Jahre später im Vorwort zur Neuauflage des *Bergsprängaren* an einem Novemberabend in seinem Haus in Mosambiks Hauptstadt Maputo. Und er fügt hinzu:

Natürlich gab es auch gegenteilige Bilder: Weder ich noch irgendeiner meiner Freunde konnte sich ernsthaft vorstellen, dass wir noch zu unseren Lebzeiten Zeuge davon werden würden, wie das Apartheidregime in Südafrika zusammenbricht. In der Rückblende kann ich erkennen, dass wir sowohl Recht hatten als auch falsch lagen, wie das immer so ist, wenn man in die Zukunft schauen will.

Heute schreibe ich diese Zeilen auf einem Computer, der weniger als drei Kilo wiegt. Viel ist geschehen in fünfundzwanzig Jahren. Mauern sind gefallen, andere wurden errichtet. Ein Imperium ist zerbrochen, das andere innerlich geschwächt, und neue Machtzentren nehmen Form an. Die Armen und Ausgebeuteten sind jedoch im Laufe dieser fünfundzwanzig Jahre noch ärmer geworden.

Schweden geht vom Versuch, eine einigermaßen anständige Gesellschaft aufzubauen, zu sozialer Ausplünderung über. Zu einer merkbaren Aufteilung in nützliche und unnütze Menschen. An den Rändern der Großstädte gibt es heute Ghettos. Die gab es vor fünfundzwanzig Jahren nicht. Wenn ich mein Buch nach all diesen Jahren wieder lese, dann spüre ich, dass dieses Vierteljahrhundert eigentlich kein langer Zeitraum war. Das, was im Buch steht, ist immer noch gültig.«

Als Henning Mankell und ich uns erneut treffen, sage ich:

»Du warst erst dreiundzwanzig oder vierundzwanzig, als du *Bergsprängaren* geschrieben hast. Trotzdem steht nichts von deinen eigenen Gefühlen und Konflikten darin. Stattdessen handelt das Buch vom Leben der Bergarbeiter und der Entwicklungsgeschichte der schwedischen Gesellschaft ...«

»Ja, das war der Grundgedanke. Zu versuchen, ein Jahrhundert von innen her anhand eines menschlichen Schicksals zu beschreiben, was natürlich fast unmöglich ist, aber irgendwie ging es dann doch.«

»Und du hast bewusst dein eigenes Leben ausgespart?«

»Ich war wohl der Meinung, die Geschichte des Bergarbeiters wäre interessanter als alles, was ich über mich selbst erzählen könnte; es würde mir mehr liegen, über ihn zu erzählen, als über mich. Wenn ich mich in die Zeit zurückversetze, dann denke ich: Ja, das ist die Erklärung.«

»Zur Erklärung trägt doch auch bei, dass du Sozialist warst.«

»Ja, und ich hoffe, ich bin es immer noch. Aber ich war immer ein ungebundener Sozialist, und dabei wird es auch bleiben. Meine Hauptperson entwickelt sich zu einer Art linkem Sozialdemokraten, denn die große Auseinandersetzung im Schweden der Sechzigerjahre drehte sich darum, wie weit die Sozialdemokratie nach links oder zur Mitte hin rücken sollte. Heute wissen wir, wo sie gelandet ist, nicht nur in der Mitte, sondern rechts.«

»Du bist wegen einer Frau nach Norwegen gezogen?«

»Ja, irgendwo muss man ja wohnen.«

»Und das war dann bei Kari und ihren drei Söhnen: Marius, Mårten und Thomas.«

»Sie sind für mich wie eigene Kinder. Ich mache keinen Unterschied zwischen ihnen und meinem jüngsten Sohn Jon. Soviel ich weiß, habe ich nicht mehr Kinder, aber als Mann kann man sich da nie sicher sein …«, meint Henning Mankell und schickt sein charakteristisches kurzes Lächeln hinterher.

Henning Mankells Sohn Jon wurde im September 1980 in Norrköping geboren. Er trägt den Namen seines Vaters, blieb aber bei seiner Mutter Ulla in Schweden.

Stockholm, 1979

Philosophisch veranlagt war er noch nie gewesen. Er hatte niemals das Bedürfnis verspürt, in sich selbst zu versinken. Das Leben hatte sich ihm als ständiges Wechselspiel aus den unterschiedlichsten praktischen Fragen dargestellt, die auf ihre Lösung warteten. Was es jenseits davon gab, war etwas Unausweichliches, das sich nicht davon berühren lassen würde, dass er über einen Sinn nachgrübelte, den es am Ende dann wohl doch nicht gab.

Mörder ohne Gesicht

1969 – Aus dem Paris des Studentenaufruhrs zurückgekehrt, lebt Mankell im Sommerhaus der Familie auf Liljeholmen im Schärengebiet von Gryt. (Privatfoto)

Im März 1976 wurde der damals sechsundzwanzigjährige Dan Israel Lektor bei *Ordfront,* einem Underground-Verlag mit angeschlossener kleiner Druckerei in Stockholm. Er sieht sich nach neuen Talenten um, mit denen er den Verlag, dessen größter Erfolg bisher *Historieboken,* das Geschichtsbuch, gewesen ist, stärken kann.

Ordfront wird um 1968 als eigenständige Druckerei der Linken gegründet, ist nicht direkt parteipolitisch gebunden, aber mehrere Mitarbeiter sympathisieren mit dem äußersten linken Flügel. Auch der neue Lektor ist Maoist:

»Mao Zedong hat meine Denkart und meine Weltanschauung am stärksten beeinflusst. Mao ist derjenige, der am klarsten die dialektische Denkweise formuliert hat, klarer als Marx und klarer als Lenin. Mao hatte negative Seiten, von denen wir damals nichts wussten, aber ich empfinde immer noch eine große Zuneigung zu ihm«, erklärt Dan Israel heute.

Sara Lidman hatte die Initiative zur Herausgabe einer Sammlung von Texten, Gedichten und Bildern ergriffen, die jeweils zum 1. Mai in Solidarität mit dem Kampf der Vietnamesen gegen die USA erscheinen sollte. Daraus wurde eine Reihe von Büchern zum 1. Mai, und in dem, das 1974 herauskam, stößt Dan Israel auf den Namen Henning Mankell. Der sechsundzwanzigjährige schwedische Autor hatte eine kleine Geschichte beigesteuert über einen Mann, der eine Veranda baut. Israel nimmt Kontakt zu Mankell auf, der ja bereits mit einem Roman sein Debüt abgeliefert hatte, am Theater arbeitete und in Norwegen lebte.

»Ich fragte bei Henning an, ob er noch mehr Geschichten in

dieser Art geschrieben habe. Er antwortete, das habe er und er würde mich bei *Ordfront* aufsuchen, wenn er das nächste Mal in Stockholm wäre. Dann hatten wir unser erstes Treffen, das wir allerdings unterschiedlich interpretieren ...«, erzählt Dan Israel.

Ordfront war im wahrsten Sinne des Wortes ein Untergrundbetrieb. Man betrat ihn durch eine Tür auf Straßenniveau, stieg dann eine Treppe hinab in den Keller.

Linker Hand steht die große Druckmaschine, zur Rechten liegt am Ende eines schmalen Ganges das Verlagsbüro. Die Mitarbeiter sehen während ihrer Arbeitsstunden kein Tageslicht, und weil die Druckmaschine einen Höllenlärm verbreitet, trägt Dan Israel meist große gelbe Ohrenschützer.

»Henning behauptet heute noch, dass ich kein Wort von dem verstanden habe, was er zu mir sagte, als er das erste Mal *Ordfront* besuchte, aber ... Ja, so begann es. Ich fand schnell einen Draht zu Henning, der Verbindung zu den norwegischen Maoisten hatte, und in diesem Umfeld verkehrten viele der großen Schriftsteller, etwa Dag Solstad«, erläutert Dan Israel.

»Henning und ich wurden enge Freunde. Er übernachtete oft für längere Zeit bei mir und meiner Familie. Wir wohnten in einer Vorstadt von Stockholm, Aspudden, Henning hat mich begleitet, wenn ich morgens meine Kinder in die Kita brachte. Und wir gingen gemeinsam Gassi mit dem Hund, redeten und diskutierten.«

1979 gibt *Ordfront* Henning Mankells Roman *Das Gefangenenlager, das verschwand* heraus. Er handelt von einem Polizeiinspektor in mittleren Jahren, der ein vergessenes altes Gefängnis für alkoholisierte Autofahrer wiederfinden will. Der Inspektor heißt – noch – nicht Kurt Wallander, obgleich er mit diesem das Interesse am Rechtswesen teilt.

Das Buch leitet die Zusammenarbeit zwischen Mankell und Dan Israel ein, danach betreut der Lektor den Roman *Dödsbrickan*

(Die Erkennungsmarke) von 1980, *En Seglares död (Tod eines Seg-lers)* von 1981, im darauffolgenden Jahr *Daisy Sisters* und danach noch mehrere Titel, unter anderem 1990 *Das Auge des Leoparden.* Nur die Kinderbücher, darunter die über den Jungen Joel, die mehrere Preise gewinnen, erscheinen im Verlag *Rabén & Sjögren*; denn Kinderbücher hat *Ordfront* nicht im Verlagsprogramm.

»Ich fand schnell einen Draht zu Henning«, sagt Dan Israel, seit über 35 Jahren Henning Mankells Freund und schwedischer Verleger. (Privatfoto)

Eines Tages ruft Henning Mankell, zurückgekehrt von einer längeren Afrikareise, bei Dan Israel an und berichtet, dass er versuchen wolle, einen Kriminalroman zu schreiben. Als das erste Wallander-Buch, *Mörder ohne Gesicht*, 1991 gedruckt werden soll, gibt der Lektor sehr optimistisch viertausend Exemplare in Auftrag – eine Erstauflagenhöhe, über die er heute nur lachen kann:

»Ich war schon der Ansicht, dass ein Krimi ein höheres Verkaufspotential haben könnte als die belletristischen Romane. Aber nicht in meinen wildesten Träumen hätte ich mir vorstellen können, was sich später daraus entwickeln würde. Dass Henning ein weltberühmter Schriftsteller werden würde, lag damals ganz außerhalb meiner Vorstellungswelt.

Mir gefiel *Mörder ohne Gesicht*, das ist eine spannende und sehr wichtige Geschichte, doch glaubte ich damals, es wäre eine Eintagsfliege. Henning hatte ja nur gesagt, dass er ein Buch über Rassismus schreiben wolle.«

Auf der Buchmesse in Frankfurt trifft Dan Israel die Dänin Anneli Høier. Sie ist seit den Sechzigerjahren Literaturagentin in Kopenhagen, und er hat also diesen kleinen Verlag in Stockholm. Sie gehen zusammen essen, werden Freunde und lassen sich gemeinsam auf dieses Mankell-Märchen ein – vom frühesten Beginn an.

Die gigantischen Ausmaße bekommt das Märchen allerdings erst später.

Mörder ohne Gesicht wird in Schweden zum besten Kriminalroman des Jahres gewählt. Das erste Cover hat einer der Freunde Mankells entworfen – eine aquamarinblaue Maske, ein Auge und einige wilde Striche vor hellem Hintergrund. Künstlerisch ausgezeichnet, aber ohne Thriller-Signal. Das nächste Wallander-Buch, *Hunde von Riga*, bekommt ebenfalls sehr gute Kritiken und wird in 10 000 Exemplaren aufgelegt. Der Buchumschlag und die Werbung sind nun bewusst auf Krimileser ausgerichtet. *Mörder ohne Gesicht* wird für das Radio bearbeitet und verschafft Henning Mankell eine neue, große Fangemeinde.

Es geht von Erfolg zu Erfolg, aber …

»Bevor *Die weiße Löwin* herauskam, hatten Henning und ich eine lange und harte Diskussion, denn ich war der Meinung: Jetzt kommt es drauf an. Es war ganz entscheidend, dass das dritte Buch über Wallander auch gut wird, und wir sprachen beispielsweise intensiv über den schwarzen Auftragskiller, der angeheuert wird, um Nelson Mandela zu ermorden, und der unter anderem auch in Schweden auftaucht«, sagt Dan Israel und fährt fort:

»Im Verlauf der Handlung gab es Details, die ich unrealistisch fand und die ich mit Henning gründlich diskutierte. Doch er fürchtete wohl, dass ich den Bezug zur afrikanischen Geisterwelt des Killers ändern oder streichen wollte. Der war ihm sehr wichtig. Das war überhaupt nicht mein Anliegen. Ich wollte auf keinen Fall einen der üblichen Thriller.

Ich glaube, die Diskussionen damals waren ganz entscheidend, denn oft ist es schwierig, gleichzeitig Freund und Lektor zu sein. Jedenfalls können gegensätzliche Meinungen auftreten, in ökonomischer Hinsicht wie in Fragen des Inhalts. Der Lektor ist der erste Leser, der mit Kritik kommt. Und diese Kritik muss präzise und scharf genug sein, um das Bestmögliche aus einem Buch zu machen. Man muss Fragezeichen setzen dürfen, falls die Handlung unlogisch erscheint oder die Personenschilderungen unzureichend sind ...«

Dan Israels Ehefrau Victoria hat später erzählt, dass sie oftmals während der lautstarken Diskussionen zu Hause in Aspudden geglaubt hat, Henning Mankell würde nun gehen und nie mehr zurückkommen. Stattdessen entsteht eine freundschaftliche, ausgeprägte und vertrauensvolle Atmosphäre der Zusammenarbeit zwischen ihm und ihrem Mann. Mankell und Israel wissen, dass sie in einer Mannschaft spielen, und Mankell begreift, dass Israel den Kern der Geschichte nicht verändern will.

»Henning ist ein großer Schriftsteller, und ich bin der Meinung, dass er während der letzten zehn Jahre nicht die Ehrungen und die Anerkennung in Schweden bekommen hat, die er verdient, genau genommen nicht, seit er weltberühmt wurde. Das hängt gewiss mit der Tatsache zusammen, dass er gesellschaftlich kaum Umgang pflegt, weder mit den Kritikern noch mit dem kulturellen Parnass. Und dann gibt es da wohl auch einen gewissen Neid aufgrund der großen Popularität, die er wegen seiner Wallander-Bücher genießt«, meint Dan Israel und ergänzt:

»Sjöwall und Wahlöö schildern in ihrer Martin-Beck-Serie die große Zeit der schwedischen Sozialdemokratie. Damals waren die Sozialdemokraten wirklich auf ihrem Höhepunkt, und unser ›Folk-

Dan Israel in den frühen Neunzigerjahren zusammen mit seiner Familie und Henning Mankell auf Liljeholmen. (Privatfoto)

hemmet‹, der schwedische Sozialstaat, war stark, aber die Autoren übten auch harsche Kritik daran.

Jan Guillou spiegelt in seiner Serie um den Geheimagenten Graf Hamilton treffend den Niedergang der Sozialdemokratie wider, und die Kurt-Wallander-Serie handelt von der Auflösung des Wohlfahrtsstaates. Und Stieg Larsson? Ich bin von der *Millennium-Trilogie* als literarischem Werk nicht sehr angetan, aber Lisbeth Salander ist eine geniale Figur.

Ich sage immer, ich bin ein Kind der Sechzigerjahre, ein Achtundsechziger, um genau zu sein. Henning betont, dass seine politischen Wurzeln weiter zurückreichen, doch wir sind uns ziemlich einig in unserem Blick auf die Gesellschaft und die Welt. Wir haben auch einen sehr ähnlichen literarischen Geschmack. Der Stil ist wichtig, aber Stil ohne Inhalt ist bedeutungslos. Das ist tote Literatur«, hebt Dan Israel hervor.

Später ergänzt Anneli Høier, deren literarische Agentur heute eine der bedeutendsten in Skandinavien ist, die Aussagen von Dan Israel. Wie das »Mankell-Märchen« seinen Anfang nahm und wie es sich entwickelt hat:

*Anneli Høier, Henning Mankells
Agentin. (Foto: Rigmor Mydtskov)*

»Es war nicht so, dass Dan und ich nur einmal in Frankfurt zusammen essen gegangen sind. Seit Mitte der Siebzigerjahre, als unsere Freundschaft begann und gefestigt wurde, haben wir das ständig wiederholt. Jahr für Jahr. Nachdem die ersten beiden Wallander-Bände in Schweden herausgekommen waren und Dan meinte, es sollte doch möglich sein, sie auch in anderen Sprachen herauszubringen, lag es nahe, mich zu fragen, ob ich mich darum kümmern wolle. Natürlich wollte ich das versuchen, denn ich zweifelte nicht an der literarischen Qualität, und ich hatte das volle Vertrauen des Autors und des Verlegers.

Richtig los ging es aber erst 1998. Ich habe das in einem Beitrag zu einer Festschrift für die dänische Verlegerin Merete Ries zu ihrem sechzigsten Geburtstag festgehalten. Der Beitrag war als eine Art Tagebuch gedacht, und unter dem Datum vom 4. Februar 1998 habe ich vermerkt:

›Kann an einem einzigen Tag fünf Verträge von verschiedenen Büchern Henning Mankells nach Schweden schicken: Verträge mit Norwegen, Island, Frankreich, Holland und Portugal. Außerdem ist seine Wallander-Serie auf dem besten Weg nach Frankreich, Japan, Italien, Tschechien, USA und anderswohin. Große, dicke Kriminalromane über den sympathischen geschiedenen, leicht übergewichtigen, ganz und gar ehrenhaften Polizisten aus Ystad, gespickt mit Details über Örtlichkeiten in Schonen und basierend auf begründeter Sorge über die Entwicklung der Gesellschaft und Kritik an der Hinwendung zu Gewalt und Selbstjustiz. Dass die Bücher im Heimatland Schweden Bestseller sind, versteht sich fast von selbst. Bemerkenswert ist aber, dass dieses Universum bald ebenso in Nagasaki wie in Paris bekannt sein wird.‹

Kurz danach geschah der internationale Durchbruch, und nun vergeht kaum ein Tag, an dem die Post nicht irgendein Buch von Henning in irgendeiner Sprache bringt. Und das Vertrauen zwischen Schriftsteller, Verleger und Agent ist nach wie vor ungetrübt – ich glaube fast, eine derart harmonische und geglückte Zusammenarbeit gibt es in der Branche nicht noch einmal!«

2001 gründen Dan Israel und Henning Mankell den *Leopard Förlag,* der heute alle Rechte für Mankells Bücher verwaltet. Dan Israel besitzt 51 Prozent der Aktien, Mankell 49 Prozent. Dan Israels wichtigste Aufgabe ist, den Verlag zu führen, Henning Mankells wichtigste Aufgabe ist das Schreiben. Und Eva Bergman findet den Namen: *Leopard.*

»Der ist gut ausgedacht«, sagt Henning Mankell, als wir eines Tages darüber reden. »Als Eva den Namen vorschlug, war mir gleich klar, warum er so gut war: Ein Leopard legt sich immer auf einen großen Stein, damit er das Terrain überschauen kann, und das Wort Leopard ist in fast allen Sprachen gleich.

Wenn ich in Maputo ein wenig Freizeit habe, gehe ich in den Busch, um Tiere zu beobachten. Und ich habe tatsächlich einen Leoparden gesehen. Das ist äußerst ungewöhnlich. Normalerweise sieht man einen Leoparden nicht, er sieht uns. Doch der, den ich

2001 gründen Dan Israel und Henning Mankell ihren gemeinsamen Verlag, den Leopard Förlag. *Die Idee für den Namen hatte Eva Bergman. (Privatfoto)*

gesehen habe, schritt langsam durch ein völlig ausgetrocknetes Flussbett … Er schritt langsam, leicht federnd, wie nur Leoparden das tun. Dann verschwand er.

Ich musste an Piet Heins Verse denken: ›Kleine Katz, kleine Katz, sag wo läufst du hin? Wer bist du, wer bist du? Ich bin, die ich bin.‹ So ist auch der Leopard. Und genau deswegen haben wir den Verlag so genannt. Nicht nur ich will meine Geschichten über Afrikaner erzählen, auch Afrikaner sollen ihre Geschichten erzählen. *Leopard* gibt eine Reihe von Büchern heraus, die ansonsten wohl nie in Schweden erscheinen würden«, schließt Henning Mankell das Gespräch für heute ab.

Guinea-Bissau und Sambia, 1971–86

Ich erinnere mich an den kalten Schrecken, als füllte jemand meine Adern langsam mit flüssigem Eis. Ich dachte, dass ich jetzt sterben müsste, dass ich nicht auf diese barbarische, einfältige Art sterben wollte. Dann wurde der Revolver weggezogen, ich wurde mit einem Tritt zu Boden gestreckt, und als der Wagen mit einem Blitzstart verschwand, wurde mir klar, dass ich noch lebte.

Ich sterbe, aber die Erinnerung lebt

Eines schönen Tages im Jahre 1971 hat Henning Mankell das Flugticket gekauft, das ihn hinaus in die Welt führen sollte. Er fliegt von Lissabon aus in das westafrikanische Land Guinea-Bissau, damals noch eine portugiesische Kolonie. Erst 1973 werden die Portugiesen zum Verlassen gezwungen, und die selbständige Republik kann ihre Flagge hissen unter dem Motto *Unidade, Luta, Progresso (Einigkeit, Kampf, Fortschritt)*.

Als Mankell zum ersten Mal seinen Fuß auf afrikanischen Boden setzt und in ein Chaos aus flimmernder Hitze und schneidendem, vom Beton des Flughafens weiß reflektiertem Licht tritt, hat er das Gefühl, »nach Hause« gekommen zu sein.

Und als ich ihn bitte, von seiner allerersten Zeit in Afrika zu erzählen, beginnt er:

»Ich kannte niemanden. Keinen Menschen. Das Erste, was ich nach meiner Ankunft in Guinea-Bissau tat, war, über Land zu reisen; denn die Portugiesen waren unglaublich misstrauisch. Sie verdächtigten mich, ins Land gekommen zu sein, um all das zu sehen, was ich nicht sehen sollte. Ich hatte als Grund für meine Einreise angegeben, die Fauna studieren zu wollen, insbesondere die Vogelwelt, und ich hatte ein Buch über Vögel als Alibi mitgenommen. Ich kam also als eine Art Ornithologe daher. Sonst hätten sie mich zurückweisen oder aus dem Land werfen können.

Ich fand eine einfache Pension, lief dann acht Tage umher und ließ die Eindrücke auf mich wirken. Ich sprach damals nicht Portu-

»In Sambia habe ich zum ersten Mal einen Menschen mit Aids gesehen«, sagt Henning Mankell über die zwei Jahre in Sambia, wo er mit seiner ersten Frau, Kari, in dem Dorf Kabompo lebte. (Privatfoto)

giesisch, aber in portugiesischen Schulen ist Französisch die erste Fremdsprache, nicht Englisch wie bei uns. Da ich Französisch konnte, war ich imstande, mich ein bisschen mit den Leuten zu unterhalten, aber es waren wirklich sehr wenige, mit denen ich sprach. Ich besitze immer noch ein Tagebuch aus dieser Zeit. Leider war es starker Feuchtigkeit ausgesetzt, sodass es schwer zu lesen ist. Vor allem sind es Reflexionen über den unbarmherzigen Kolonialismus.

Ich schrieb auch über die Furcht der Weißen in diesem Land, die ohne Unterlass ihre Macht demonstrieren müssen, nur um zu überleben. Einige Jahre später brach ja alles zusammen. Ich erinnere mich an einen Besuch auf einem halb verfallenen Friedhof, wo die Grabsteine umgestürzt waren, sie lagen kreuz und quer. Man konnte noch erkennen, dass sie auf Gräbern von Missionaren gestanden hatten, und ich dachte: diese Symbolik! Die Grabsteine der Weißen verschwinden einfach. Die Natur hat sie übernommen.«

»Du bist nach Sambia weitergereist?«

»Ja, aber viel später. Zunächst bin ich in Algerien gewesen, in Tunesien, im Kongo und in Uganda. Mir war klar, dass Afrika unheimlich groß ist. Es gibt Länder, die sind so groß wie ganz Westeuropa. Ich wollte erst den Kontinent kennenlernen, bevor ich mich irgendwo niederlasse. Das wurde dann Sambia, weil unter anderem meine Frau Kari dort als Hebamme gearbeitet hat. Livingstone bezeichnete diesen Teil als ›das schwarze Afrika‹.

Wir wohnten im nordwestlichen Sambia in einem Ort namens Kabompo, dicht an der Grenze zu Angola. Der nächste Laden war über vierhundert Kilometer Schotterpiste zu erreichen, und außer dem Laden und einer kleinen Ansammlung von Häusern gab es sonst nichts. Man musste weitere dreihundert Kilometer fahren, um in einer kleinen Stadt zu einem richtigen Geschäft zu kommen.

Wir lebten einfach weit weg von allem. Es gab auch keine erkennbaren Grenzmarkierungen, sodass wir, wenn wir lange unterwegs waren, plötzlich die Afrikaner Portugiesisch sprechen hörten. Das bedeutete, wir waren nach Angola abgekommen und mussten auf dem schnellsten Weg zurück, denn in Angola herrschte Krieg. Ja, das war wirklich sehr abgelegen.

Aber dort hatte ich auch das sensationelle Erlebnis, an der Quelle des Sambesi zu stehen. Der Fluss entspringt im nordwestlichen Sambia, fließt weiter nach Angola, kehrt nach Sambia zurück und mündet in Mosambik in den Ozean. Am Anfang ist dieser gewaltige Fluss natürlich nur ein Rinnsal, eine winzige Quelle. Und ich habe mir vorgestellt, dass ich die Wasserzufuhr für den gesamten Sambesi stoppen könnte, wenn ich meinen Fuß in diesen Ursprung stellte.

Immer werde ich im Gedächtnis behalten, dass ich genau dort gestanden habe, wo er entspringt. Später war ich sehr oft an der Stelle, wo er in einem weiten Delta ins Meer fließt … in Maputo.

In Sambia habe ich zum ersten Mal einen Menschen mit Aids gesehen. Er war in einem Bus aus Lusaka nach Kabompo gekommen. Ein junger Mann, unglaublich mager. Er stieg aus dem Bus und fiel in sich zusammen wie ein Bündel Knochen. Ich sprach mit einem holländischen Arzt im Hospital darüber, und er erzählte mir, dass der junge Mann an dieser neuen Krankheit Aids gestorben sei. Das ist knapp dreißig Jahre her, aber dann habe ich erlebt, wie es mehr und mehr Infizierte gab.

Ich machte mich auch mit afrikanischen Traditionen und afrikanischer Philosophie vertraut und lernte verstehen, dass alle Afrikaner dem Animismus anhängen, auch die Muslime oder die Katholiken. In ihrem tiefsten Inneren sind sie alle Animisten. Sie glauben, Bäume und Steine seien beseelt und alle Dinge hätten eine Seele.

Interessant war, dass die Menschen Kari, da sie ja als Hebamme arbeitete, für eine Heilkundige hielten. Daraus leiteten sie ab, dass ich, als Karis Mann, es ebenfalls sein müsse. So kamen viele Leute, wenn Kari im Krankenhaus war, mit ihren Krankheiten zu mir; denn sie setzten voraus, dass ich mich genauso wie meine Frau auf Medizin und Heilung verstehen würde.

Einmal war ich gestolpert, hatte meinen Fuß verstaucht und

hinkte. Ein paar Tage später setzte sich ein Vogel, dessen einer Flügel verletzt war, vor mir nieder, flog dann aber bald fort. Am nächsten Tag hinkte ich nicht mehr, die Schwellung und der Schmerz waren verschwunden. Die Afrikaner aber meinten, der Vogel hätte mein Hinken mit sich fortgenommen.

Das machte mich zu einem *man of witchcraft*, und nun hatten sie Angst vor mir. Denn ein schwarzer Medizinmann kann gefährlich sein, aber ein weißer Medizinmann ist gewiss doppelt so gefährlich! Es passierten viele eigentümliche Dinge, Dinge, die ich immer noch nicht richtig verstehe. Wir lebten da annähernd zwei Jahre, und diese Zeit lehrte mich viel über mich selbst, über die Welt und über die Art und Weise, wie Menschen denken.«

»Was war dabei das Wichtigste für dich?«

»Dass das Vergangene, die Vergangenheit, immer präsent sein muss, um die Gegenwart zu verstehen. Das ist die Rückspiegelphilosophie: Um sicher zu fahren, muss man immer wieder in den Rückspiegel schauen. Wenn Afrikaner beispielsweise gezwungen waren, ihr Dorf zu verlassen, exhumierten sie ihre verstorbenen Angehörigen, nahmen die Knochen mit und begruben sie an ihrem neuen Ort. Ein klares Symbol.

Sie fragen sich immer: Was würden unsere Vorfahren in der jetzigen Situation tun? So stehen sie auf einem lebendigen historischen Fundament, von dem sie ausgehen, wenn sie im Leben vorankommen wollen. Während wir in unserem Teil der Welt recht geschichtslos sind. *Wir* denken immer nur an morgen, morgen, morgen und vergessen, was vorher geschah. Das ist ein Beispiel für die große Weisheit, der man in Afrika begegnet.

Darüber könnte ich dir endlos viel erzählen. Aber sollten wir nicht eine Pause einlegen?«

Als wir uns erneut setzen, lese ich eine Stelle aus einem meiner Lieblingsbücher von Henning Mankell vor, aus dem Roman *Das Auge des Leoparden*:

Das Fieber rollt durch seinen Körper wie Brecher, die sich unerwartet auftürmen. Sein Kopf brennt, als bohrten sich Tausende von Insekten in Stirn und Schläfen. Langsam wird er aus dem Bewusstsein in die unterirdischen Gänge des Fieberanfalls gesogen, wo die verzerrten Gesichter der Albträume schemenhaft in den Schatten auftauchen.

Ich darf jetzt nicht sterben, denkt er und klammert sich an das Betttuch, um am Leben zu bleiben.

»Du hast bestimmt Malaria gehabt«, sage ich. »Deine Beschreibung klingt jedenfalls sehr authentisch.«

»Ja, du hast recht. Und es ist wirklich eine schreckliche Krankheit. Hat man sie einmal gehabt, wird man, wenn sie wieder auftritt, bis ins kleinste Detail daran erinnert. Malaria ist mit keiner anderen Krankheit zu vergleichen. Man hat das schauerliche Gefühl, das ganze Körpersystem sei einem Angriff von Parasiten ausgesetzt, die im Blut explodieren.

Es ist eine verheerende Krankheit, und das beinahe Schlimmste ist, dass die Therapien ebenso schrecklich sind wie die Anfälle selbst. Die Medikamente sind fürchterlich. Ich habe sie nehmen müssen. Das Beste, was man über Malaria sagen kann, ist, dass sie einigermaßen schnell abklingt. Heutzutage kann die Krankheit in den meisten Fällen geheilt werden.«

»Kann sie auch ausgerottet werden?«

»Ja, in großem Umfang. Und man könnte die Gefahr unglaublich vermindern, wenn alle Menschen in den Malariagebieten ein Moskitonetz bekämen. Man könnte auch Gebiete, in denen die Mücken ihre Eier ablegen, austrocknen. Soviel ich weiß, gibt es heute noch keine vorbeugende Impfung gegen Malaria; denn es gibt so viele verschiedene Typen. Aber man ist dabei, einen Impfstoff zu entwickeln, sodass sie in fünfzehn Jahren vielleicht ausgerottet sein könnte.

Es liegt eine eigene Ironie darin, dass die Forschung in den letzten Jahren kräftig angeschoben worden ist, weil sich Menschen in Südeuropa nun auch mit Malariaerregern infiziert haben. Dadurch wird es sofort interessant für eine intensivere Forschung. Heute kennt man aufgrund des Klimawandels Malaria schon auf Sizilien, und in zehn Jahren tritt sie vielleicht auch in Südfrankreich auf. Und dann legen die französischen Forscher los wie der Teufel, das kann ich dir garantieren«, meint Mankell.

Sie leben in einer Epoche der Verbitterung, in der Dämmerung des bevorstehenden Untergangs. Die Weißen in Afrika sind verirrte, versprengte Menschen, von denen niemand mehr etwas wissen will. Man hat ihnen den Boden, den sie für unverrückbar hielten, unter den Füßen weggezogen.

»Wenn man *Das Auge des Leoparden* gelesen hat, den Roman, aus dem das soeben erwähnte Zitat stammt, wundert man sich darüber, dass du dich im Gegensatz zu vielen anderen Weißen in Afrika immer zu Hause gefühlt hast.«

»Ich habe während meiner Jahre in Afrika sehr viele weiße Menschen in einer Art Vakuum leben sehen, und mir war von Anfang an klar, und darüber habe ich auch geschrieben, dass sich zwangsläufig eine Gruppe von Menschen in einem Niemandsland wiederfinden muss, wenn sie, wie 1964 in Nordrhodesien/Sambia, wo der Kolonialismus mit einem Schlag zu Ende ging, einer so dramatischen gesellschaftlichen Veränderung ausgesetzt ist. Diese Menschen gehören nicht mehr zum alten System, denn es existiert nicht mehr, aber sie passen auch nicht in das neue. Darum blieben sie in diesem Vakuum hängen. Das betrifft Schwarze wie Weiße. Unter diesen Menschengruppen hat sich eine gigantische Nostalgie über das Verlorene, Verschwundene ausgebreitet. Und eine Wut auf die Ursachen, die zum Verlust des Alten beigetragen haben. Wenn du die großen russischen Schriftsteller liest, Pasternak beispielsweise, begegnest du gleich nach der Revolution derselben ausgeprägten

»1970 habe ich angefangen, zwischen Norwegen und Sambia und Sambia und Norwegen zu pendeln«, sagt Henning Mankell, hier im Schärengebiet von Gryt. (Privatfoto)

Wehmut. Die findest du bei allen Menschen, die zurückgelassen wurden und nirgendwo mehr zu Hause sind.

Diese Stimmung habe ich sehr stark in Sambia verspürt, aber ich hoffe doch, dass *Das Auge des Leoparden* sehr viel mehr enthält ... Ich habe den Roman 1987 oder vielleicht auch 88 geschrieben. Das ist bald fünfundzwanzig Jahre her. Es freut mich wirklich, dass er dir gefällt.«

»Er kam 1990 heraus, und es schüttelt einen, wenn man liest, wie die Weißen, die ihr ganzes Leben in Afrika verbringen, tagtäglich den Schwarzen auf der Farm ihre Verachtung zeigen.«

»Das Manuskript war ursprünglich sogar doppelt so lang. Aber Dan und ich haben dann übereinstimmend beschlossen, es um die Hälfte zu kürzen. Nicht weil das nun Weggelassene schlecht gewesen wäre, der Roman war einfach zu lang.

Als ich ihn schrieb, habe ich viel über meine eigene Haltung nachgedacht und über die Haltung anderer Menschen. Hinzu kam, dass ich zweimal kurz hintereinander in akuter Lebensgefahr war. Zweimal hätte es mich beinahe erwischt.«

»Das eine Mal wurdest du eines Abends in der sambischen Hauptstadt Lusaka aus dem Auto gezerrt, und ein Mann mit blutunterlaufenen, flackernden Augen hielt dir eine Pistole an die Stirn.«

»Ja, und kurze Zeit später saß ich in einem kleinen Boot, das von Flusspferden zum Kentern gebracht wurde. Das war schon ein sehr ungewöhnlicher Zeitabschnitt in meinem Leben, in dem ich viel über mein Verhältnis zum afrikanischen Kontinent nachgedacht habe. Vielleicht ist es mein nachdenklichstes Buch. Ich finde keinen besseren Ausdruck dafür … Ja also, ich erinnere mich daran besonders gut, wie überhaupt an diese Jahre.«

»Aber warum wolltest du auf einem Kontinent leben, wo man dich als Weißen leicht mit Haltungen identifiziert, die du nicht verkörperst?«

»Aber das passiert mir nicht.«

»Wie erklärst du dir das?«

»Weil ich der bin, der ich bin. Und das hat mir viel zu denken gegeben. Rassismus ist nicht nur eine Frage der Hautfarbe. Schwarze Menschen in einem afrikanischen Land wie Sambia hätten tausend gute Gründe, die Weißen nicht sehr zu mögen. Aber *mir* haben sie das nie zur Last gelegt.

Sie haben gemerkt, dass ich kein Rassist bin. Ich war kein Kolonisator. Ich habe dort gelebt, mich anständig verhalten, den Leuten die Hand gegeben und ihnen zugehört. Ich habe mich so verhalten, wie es sich für einen Gast ziemt. Es gab niemanden, der mich verächtlich angesehen hat. Niemand hat sich mir gegenüber aufgrund meiner Hautfarbe aggressiv aufgeführt.

Nie hat jemand einen Stein auf mich oder nach mir geworfen. Nie hat mich jemand verfolgt, nie hat mich jemand überfallen – nur weil ich ein Weißer bin. Nie hat jemand nach mir gespuckt. Das kann ich freiheraus sagen. So etwas ist nie passiert. Aber natürlich gab es auch Situationen, in denen Leute mir sehr skeptisch, überaus skeptisch begegnet sind. Doch das ist eine andere Sache.

Ich bin nirgendwo auf weniger Rassismus gestoßen als auf dem afrikanischen Kontinent. Als ich einmal mit einer Schauspielerin aus Maputo quer durch China und nach Shanghai gereist bin, war es abstoßend zu erleben, wie die Chinesen sie behandelt haben. Ganz abscheulich. Sie zerrten sie an den Haaren, widerlich. Sie äußerten ihr gegenüber offen ihr rassistisches Gedankengut.

So etwas habe ich in Sambia nie erlebt, schon gar nicht in Mosambik, wo ich der einzige Weiße am Theater war. Ein paar Jahre vergingen, ehe ich begriff, dass die anderen überhaupt nicht mehr daran dachten, in mir einen weißen Mann zu sehen. Genauso wenig, wie ich an sie als Schwarze dachte. Ich dachte und denke an uns nur als an ein – in unseren besten Momenten – hervorragend funktionierendes Künstlerkollektiv.

Der afrikanische Schriftsteller Mia Cuoto hat etwas sehr Kluges geäußert: ›Jeder Mensch ist eine Rasse!‹ Wenn man das abwandelt zu: Jeder Mensch ist seine eigene Rasse – dann kann man kein Rassist sein. Denn dann stünde man fast sieben Milliarden verschiedenen Rassen gegenüber. In Cuotos ironischen Bemerkung liegt eine sehr feine Pointe.«

»Trotzdem beschreibst du in *Das Auge des Leoparden* die Furcht deiner Hauptperson vor den Schwarzen und das spontane Gefühl von Verwandtschaft, als der Mann vor seiner Zugfahrt in dem schwarzen Menschenmeer zwei Menschen sieht, die ihm, allein weil sie weiß sind, Sicherheit geben. Warum stattest du ihn mit diesem Gefühl aus?«

»Weil es ein ganz gewöhnliches Gefühl ist. Aber du könntest ja auch fragen, warum *ich* nicht dieses Gefühl hatte.«

»Warum hattest du es nicht?«

»Ich habe es nie gehabt, aber ich habe auch immer darauf geachtet, dass es mich nicht überkommt. Ich habe mich von Anfang an mit den Schwarzen zusammengesetzt. Warum? Weil ich so gestrickt bin. Ich habe mich nie mit anderen Weißen besonders verbunden gefühlt. Ich glaube, das ist eine Frage von Sicherheit. Ich bin selbst mit dem Zug, den du erwähnst, zwischen Lusaka und Kitwe hin- und hergefahren …

Gewöhnlich habe ich nicht mit Weißen in einem Abteil gesessen; denn mir war klar, irgendwann würden wir ins Gespräch kommen, und dann könnten sich Haltungen zeigen, von denen ich mich distanzieren müsste, und es würde in Streit und Beschimpfungen münden. Viele in Afrika lebende Engländer waren schreckliche Rassisten – einige in aller Heimlichkeit, nachdem sie die Genehmigung erhalten hatten, dort zu bleiben. Das war nicht mit anzuhören.«

»Dann habe ich angefangen, zwischen Norwegen und Sambia und Sambia und Norwegen zu pendeln. Ich wollte die Welt ohne diesen europäischen egozentrischen Filter sehen. Und um eine lange Geschichte kurz zu machen: Aus demselben Grund fahre ich immer wieder nach Mosambik. So bewahre ich mir die doppelte Perspektive. Ich denke dabei an einen Maler, der an seiner Staffelei dicht vor der Leinwand steht und immer wieder zurücktreten muss, um das Motiv zu erkennen.

Mein Pendeln zwischen Europa und Afrika und Afrika und Europa ist damit vergleichbar. Ich will einen klareren Überblick über die Lebensbedingungen der Menschen in unserer Zeit gewinnen. Das ist der wahre Beweggrund für meine ständige Rückkehr. Nie aus romantischen Gründen, auch nicht aus ideellen, aber aus einer vernunftmäßigen Einstellung heraus.

Ich habe nie Menschen verstanden, die durch die Welt jagen, um Hunderte von Ländern zu sehen. Die sehen nichts. Ich will mich vertiefen. Und nach all diesen Jahren fange ich an, ein wenig von der afrikanischen Mentalität und Kultur zu verstehen.«

»Und du trägst nicht mehr diese Angst in dir, die du in *Das Auge des Leoparden* beschreibst?«

»Sehr schnell war der Gedanke gekommen: Hier will ich leben«, erklärt Henning Mankell. Die Hälfte des Jahres lebt er in Mosambik. (Foto: Torbjörn Selander)

»Ein wenig davon ist wohl noch da. Aber man darf nicht vergessen, dass die Verhältnisse in portugiesischen, französischen, englischen und deutschen Kolonien sehr unterschiedlich waren. Man kann nicht Kolonie gleich Kolonie setzen. Ja, die Brutalität war wohl vergleichbar. Die Portugiesen jedoch tolerierten die Mischung der Rassen, die Engländer nicht, und das wirkt sich deutlich in der Gesellschaft aus. Sambia war ganz anders als Angola und Mosambik.

Aber natürlich bleibt da etwas zurück … Wäre ich ein Schwarzer, hätte ich wohl nicht den einen Typ Kolonialherr dem anderen vorgezogen: Die Deutschen herrschten grausam in Namibia, die Belgier im Kongo und die Franzosen in Mali. Der Kolonialismus beruhte auf Brutalität und Unterdrückung. Das war das Prinzip. Und das Apartheidsystem war nur eine spezielle Variante des Kolonialismus. Nichts anderes.

Gleichzeitig haben die Afrikaner einen phänomenalen Willen und eine unglaubliche Kraft zur Versöhnung aufgebracht. Viel mehr als wir Europäer und auch in einem gewissen Grad die Asiaten. In diesem Punkt können wir viel von Afrika lernen. Denk nur an Desmond Tutus Wahrheits- und Versöhnungskommission.

Ich hatte das Glück, ihn zu treffen und mit ihm zu sprechen, und er ist … Aung San Suu Kyi aus Birma/Myanmar kann man wohl mit Desmond Tutu vergleichen, wenn er auch sehr viel zuversichtlicher wirkt. Ich glaube, es ist etwas speziell Afrikanisches, dieser Wille zur Versöhnung.

Nach dem Friedensabkommen 1992 in Mosambik war viel die Rede davon, inwieweit Hilfsorganisationen wie die dänische Danida und die schwedische Sida zum Friedensprozess beigetragen haben. Aber ich habe in einem offenen Brief den Vorschlag unterbreitet, man solle die Hilfsgelder dafür verwenden, Schafe zu kaufen und sie zu schlachten. Dann könne man eine Menge Versöhnungsessen veranstalten. So macht man das in Afrika.

Kauft Schafe, um zum Frieden beizutragen! Das ging natürlich nicht. Nein, nein, so dürfe man Hilfsmittel nicht verwenden, weder dänische noch schwedische. Diese Lösung sei allzu einfach! Aber sie hätte Wirkung gezeigt, dessen bin ich sicher.«

»2005 veröffentlichst du den Roman *Kennedys Hirn*, der viel Unruhe geweckt und Debatten ausgelöst hat. Ich werde noch auf das Buch zurückkommen. Darin beschreibst du auch die Hilfsorganisationen und schilderst den zynischen schwedischen Botschaftsangestellten Lars Håkansson, der seine Machtposition ausnutzt, auch gegenüber jungen schwarzen Frauen:

Dem Gerücht zufolge hat er im Schutz seiner diplomatischen Immunität eine Anzahl Häute von Großwild und Echsen nach Hause geschmuggelt, die zu den bedrohten Arten zählen und unter Naturschutz stehen. Für Menschen, die keine Skrupel kennen, bringt das ansehnliche Einkünfte mit sich. Es ist auch nicht besonders schwer. Die Haut einer Pythonschlange wiegt nicht viel. Andere Gerüchte in der inoffiziellen Vita des Herrn Håkansson berichten von illegalen Autogeschäften. Am wichtigsten ist aber, dass er ein Gut in Sörmland hat, das er sich eigentlich nicht leisten könnte. ›Herrhögs herrgård‹, was vielleicht ein allzu treffender Name ist. Zusammenfassend würde ich Lars Håkonsson als fähigen, aber eiskalten Mann charakterisieren, der in jeder Situation zuerst an sich selbst denkt. Aber damit steht er ja nicht allein da.

»Bist du mal einem Lars Håkansson in der Wirklichkeit begegnet?«, frage ich.

»Ich habe mehrere getroffen. Ich hatte in all den Jahren in Afrika häufig Kontakt mit der schwedischen Sida, der dänischen Danida und anderen Hilfsorganisationen. Und ich will gern unterstreichen, dass sie anständige und in vielerlei Hinsicht nützliche Arbeit leisten, obgleich ich der Meinung bin, dass viele ihrer Projekte falsch konzipiert wurden und daher missglückt sind. Das will aber nicht heißen, dass die meisten der Entwicklungshelfer keine ordentlichen Menschen sind.

Aber klar, ein fauliger Apfel in einer Tonne kann unglaublich viel Schaden anrichten. Und ich habe einige Menschen erlebt, die da nie hätten rausgeschickt werden dürfen. Die gibt es. Deshalb muss man darüber sprechen, diese Typen beschreiben. Aber meinem Vernehmen nach ist eine Besserung eingetreten, und auch die Kontrollmaßnahmen sind effektiver.

Man muss natürlich akzeptieren, dass es erforderlich sein kann, Experten zu entsenden. Aber deren primäre Aufgabe sollte stets sein, sich entbehrlich zu machen, so schnell wie möglich. Keiner sollte dem Gedanken nachhängen, der Job als Entwicklungshelfer sei so phantastisch, dass er alles daransetzen müsse, so lange wie möglich zu bleiben. Wichtig ist zuallererst, die Empfängerländer nachdrücklicher einzubeziehen, mehr, als man es heute tut. Und wir sollten stärker den Aufbau von ›Denkfabriken‹ unterstützen, in denen die Empfänger selbständiges Denken lernen, anstatt dass *wir* für sie denken. Der Aufbau intellektueller Institutionen ist das Wichtigste.«

Ich ziehe ein kleines Buch aus der Tasche, Henning Mankells persönlicher Bericht über Aids, *Ich sterbe, aber die Erinnerung lebt.*

In dieser Solidaritätserklärung mit den afrikanischen Aidsopfern und insbesondere mit deren hinterlassenen Kindern beschreibt er einige Tage in den Achtzigerjahren, in denen er Todesängste durchlebte, nachdem er – »ohne einen konkreten Grund zu haben, aber weil man sich damals über die Krankheit im Ungewissen war und sozusagen nur zur Sicherheit« – einen HIV-Test in einem Ystader Krankenhaus hatte machen lassen.

Nachdem ich meine Blutprobe abgeliefert hatte und sie mit einem Code versehen worden war, auf dem Heimweg im Auto, packte mich plötzlich die Angst. Ich war so aufgewühlt, dass ich von der Straße abbiegen und anhalten musste. Es war ein regnerischer Tag im Herbst. Ich stieg aus dem Auto und wusste plötzlich mit Sicherheit, dass meine Blutprobe ergeben würde, dass ich infiziert war.

[...]

Die drei folgenden Tage glichen einem Albtraum. Die Vernunft sagte mir, dass es keinen Grund zur Beunruhigung gab. Aber jedesmal, wenn das Telefon klingelte, schrak ich zusammen, ich wurde jede Nacht wach und starrte in die Dunkelheit hinaus.

Die Arzthelferin rief am dritten Tag an. Ich fing an zu frieren, als sie sagte, wer sie war. Aber ich wurde natürlich nicht wieder zum Arzt bestellt. Sie sagte, ziemlich desinteressiert, der Befund sei negativ gewesen. Ich bedankte mich für den Bescheid, ganz ruhig, unbeschwert, und legte den Hörer auf.

Dann ging ich hinaus in den Regen und fiel im Lehm auf die Knie. So blieb ich lange knien, bevor ich wieder hineinging. Es war eine manisch gesteigerte Erleichterung. Keine Freude, nur diese Erleichterung. Ich kann mich immer noch an den Lehm erinnern, der an den Hosenbeinen kleben geblieben war.

»Du hast früher betont, dass du ohne Angst an deinen Tod denkst. Trotzdem beschreibst du hier, wie du vor Erleichterung über das Ergebnis des HIV-Tests auf dem durchweichten Lehmboden in die Knie gehst, obwohl du sogar wusstest, dass du nicht infiziert sein konntest«, werfe ich ein.

»Um bei der Wahrheit zu bleiben: Ich gestehe, dass ich meine Angst ein wenig übertrieben habe. Denn es gab tatsächlich keinen Grund dafür, ich wusste, dass ich nicht infiziert sein konnte. Aber es ist natürlich interessant, dass einen die Angst überfallen kann, obwohl es gar keinen Grund dafür gibt.

Praktisch wird man ja nicht mal eben mit dem HIV-Virus infiziert, außer bei sexuellen Kontakten. Experten sagen, dass die Ansteckung verdammt kompliziert ist. Es ist immer noch leichter, sich mit Pocken oder Cholera anzustecken, als mit HIV.

Trotzdem ist es kein Zufall, dass der afrikanische Kontinent südlich der Sahara so stark von Aids betroffen ist. Dafür gibt es viele Gründe: Von der Religion über die Kultur und die Fehl- oder Unterernährung bis zur Tatsache, dass die Menschen dort allgemein aufgrund der generellen Unterentwicklung eine geringe Widerstandskraft haben. Dann sind da noch die Traditionen, auch die erotischen, und der Analphabetismus trägt in hohem Grad Schuld an der Verbreitung, denn derjenige, der nicht lesen kann, hat keine Chance, an schriftliche Informationen zu gelangen. Alles das und noch viel mehr führt dazu, dass Afrika heutzutage so stark betroffen ist.«

»Du hast mir von einer Autostraße in Swasiland berichtet, auf der jeden Sonntag eine Fahrbahn wegen der Trauerzüge blockiert ist, die den Aidstoten folgen …«

»Das stimmt. Es passieren jedoch auch positive Dinge rund um die Krankheit. Die Medikamente sind effektiver, immer weitere Kreise haben Zugang zu Aidsmitteln, und die jüngere Generation in den Großstädten weiß mehr darüber. Dennoch ist es so, dass sich allein in Mosambik täglich siebenhundert Personen infizieren. In zehn Tagen also siebentausend, siebzigtausend in einhundert Tagen. Die Katastrophe ist bereits eingetreten.

Selbst wenn wir heute, im Jahr 2011, da wir dieses Gespräch führen, garantieren könnten, dass sich von jetzt an kein einziger Mensch auf der Welt mehr mit dem HIV-Virus infizieren würde, wäre die Krankheit auch in fünfundzwanzig Jahren noch ein Problem. Und auch wenn nun eine ganze Menge passiert, geschieht es zehn Jahre zu spät. Für mich gibt es zwei Grundsätze in Bezug auf Aids:

1. Was wir auch tun, wir tun es zu spät.
2. Soviel wir auch tun, es kann nie genug sein.

Das sind meine beiden Grundsätze zu dieser Problematik. Aber möglicherweise – und darüber schweigt die Wissenschaft – ist ein noch viel gefährlicheres Virus im Anmarsch. Weil wir auf immer engerem Raum leben – mit Tieren und vielen Menschen –, müssen wir damit rechnen. Es könnte ein Virus auftauchen, das sich über die Luft verbreitet. Und dann wird es richtig problematisch!

Also man kann vielleicht sagen, dass ich in den Abschnitt über den HIV-Test, den du gelesen hast, eine kleine Lüge im Dienste der Wahrheit hineingeschmuggelt habe. Ich hatte im Hinterkopf, dass die Generation vor uns sich vor Syphilis und der verdammten Wassermannschen Reaktion fürchtete und dass die Frauen früher Angst hatten, ungewollt schwanger zu werden. Erst seit es die Pille gibt, ist diese Angst nicht mehr so groß. Und die Angst vor Tod und Krankheit ist uns sowieso allen gemeinsam.

Als ich siebzehn, achtzehn Jahre alt war und weder stärker noch schwächer hypochondrisch veranlagt als andere, hatte ich plötzlich das Gefühl, meine Beine könnten mich nicht mehr tragen. Ich war augenblicklich der Meinung, ich hätte eine Muskelerkrankung. Das war so schrecklich, dass ich einen Arzt aufsuchte. Aber der sagte nur: ›Ach was, das bildest du dir nur ein. Pure Einbildung.‹

Ich glaube, dass alle Menschen zu einem gewissen Zeitpunkt in ihrem Leben bei dem geringsten Wehwehchen die Pforten der Hölle sich haben öffnen sehen: ›O mein Gott, jetzt geht es mit mir zu Ende …!‹ In dieser Hinsicht sind wir alle Hypochonder.

Ingmar Bergman war schwindelerregend hypochondrisch veranlagt, aber ich konnte ihn damit aufziehen. Er hat dann geantwortet: ›Ich behalte mir das Recht vor, Hypochonder zu sein.‹ Eine tolle Antwort, nicht wahr?

Seit meiner ersten Reise und in den darauffolgenden zehn Jahren bin ich wohl mindestens jedes zweite Jahr, abhängig davon, wie ich es finanzieren konnte, in Afrika gewesen. Ich war jung zu der Zeit, versuchte meinen Platz im Leben zu finden und wollte schreiben.

Ich reiste damals nicht nach Asien, nicht nach Lateinamerika, und nach China kam ich erst viel später.

Vierzig Jahre ist es nun her, seit ich zum ersten Mal in Afrika war, und fünfundzwanzig Jahre, seit ich nach Mosambik kam. Das ist eine lange Zeit, und ich habe viel erlebt, im Guten wie im Schlechten. Ich kenne die Straßen, ich kenne die Menschen, und das ist es, was mir das Gefühl gibt, zu Hause zu sein.

Aber ich hatte auch den Vorsatz, mich hier zu Hause zu fühlen; sehr schnell war der Gedanke gekommen: Hier will ich leben. Ich fühlte, dass ich eine Aufgabe und eine Verantwortung gegenüber dem Theater in Maputo habe. Und wenn man erst einmal einen solchen Beschluss gefasst hat, dann stellt sich bald ein Gefühl von Zugehörigkeit ein. Das ist nun längst da: Ich fühle mich zu Hause.

Es ist verdammt turbulent und aufregend, kompliziert und beschwerlich. Und es ist immer auch gefährlich, aber ich sehne mich danach.«

Mosambik, 1986

Vom Auto aus hatte Hong die karge Landschaft und die grauen Dörfer gesehen und daran gedacht, dass Armut immer gleich aussieht, wo man ihr auch begegnet. Reiche können ihren Wohlstand dadurch ausdrücken, dass sie Variationen in ihr Leben bringen. Mehrere Häuser, Kleider, Autos. Oder Gedanken, Träume. Für die Armen gab es nichts als diese graue Unfreiwilligkeit.

Der Chinese

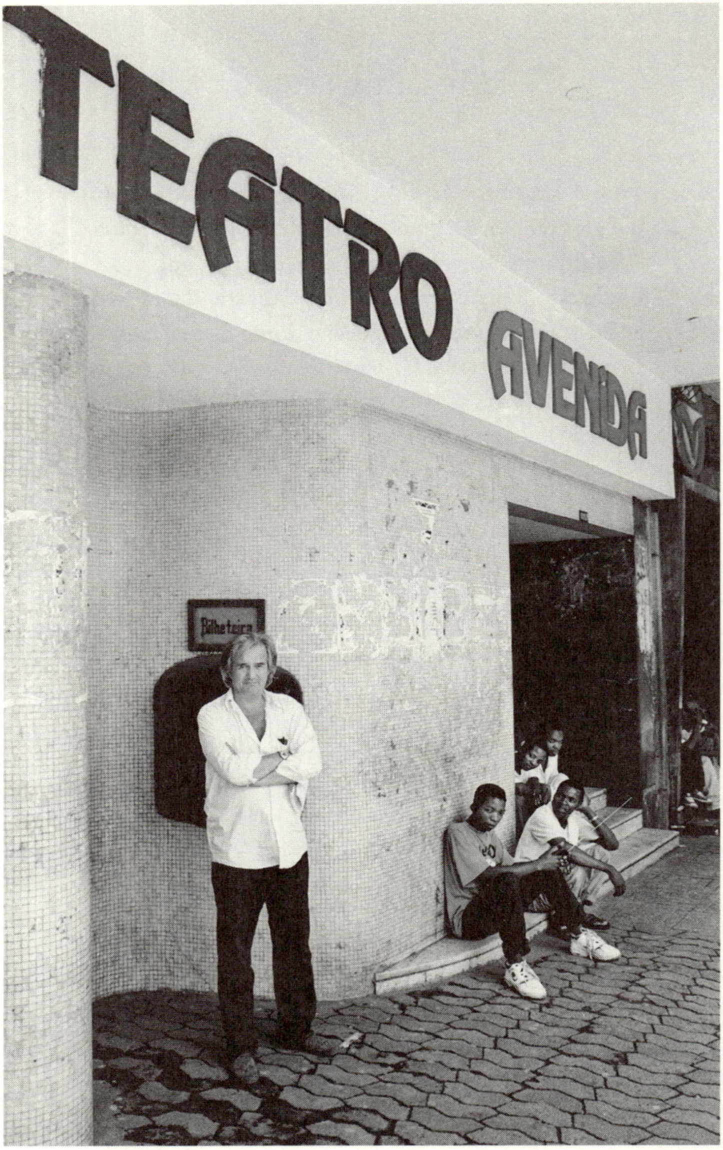
TEATRO AVENIDA
Bilheteira

1986, Henning Mankell hält sich in Sambia auf, dann erhält er eine Einladung zum Besuch des *Teatro Avenida* in Maputo. Für den Besuch ist eine Woche vorgesehen.

Von Lusaka nach Maputo konnte man nur mit der angolanischen Fluggesellschaft reisen, die einmal in der Woche die Route Luanda–Lusaka–Maputo bediente. Als Mankell zurück will, heißt es, der Flug sei abgesagt. Erst eine Woche später könne er nach Sambia fliegen. In dieser zusätzlichen Woche in Maputo vertieft sich seine Beziehung zum Theater und zu den Leuten so sehr, dass er später immer wieder dorthin zurückkehren wird und in den letzten fünfundzwanzig Jahren jährlich mehrmals und für längere Zeit in Maputo lebt.

»Vielleicht sollte ich der Fluggesellschaft einen Blumenstrauß schicken«, sagt Mankell lächelnd, als wir über seine Bindung zu diesem Theater, zu dessen Mitarbeitern, den Freunden sowie über die zahlreichen Aufführungen und über Maputo sprechen.

Die Portugiesen hatten ein leeres Theater hinterlassen, als sie sich 1975 – infolge der Nelkenrevolution in Lissabon ein Jahr zuvor – aus Mosambik zurückzogen und das südostafrikanische Land als selbständige Republik anerkannt wurde.

Das ungenutzte Gebäudeensemble begann zu verfallen, Regenwasser sickerte ein, und Ratten, so groß wie Katzen, nutzten es als

1986 besucht Henning Mankell zum ersten Mal das Teatro Avenida *in Maputo. Seitdem arbeitet er hier jedes Jahr viele Monate als künstlerischer Leiter und Regisseur. (Foto: Torbjörn Selander)*

Lebensraum. Die Kolonialherren hatten den Mosambikanern kein eigenes Theater zum Aufführen von Stücken und Tänzen gestattet.

Das *Teatro Avenida* hatte ein Mann aus der portugiesischen Oberschicht erbauen lassen, der mit seinen Freunden als Freizeitvergnügen Theater spielte. Vor der Selbständigkeit Mosambiks durfte Manuela Soiero das Gebäude nicht betreten. Aber jetzt war sie es, die Henning Mankell als künstlerischen Ratgeber und Initia-

Am Teatro Avenida *in Maputo.*
(Privatfoto)

tor nach Maputo einlud, nachdem sie zwei Jahre zuvor das Theater wieder zum Leben erweckt hatte.

»Damals war ich der einzige Weiße im Theater. Und wenn ich eines Tages nicht mehr dort bin, wird man mich natürlich nicht durch einen anderen Weißen ersetzen, sondern durch einen Mosambikaner«, meint Mankell.

»Ihr habt Ludvig Holbergs *Jeppe vom Berge* auf die Bühne gebracht ...«

»Holbergs Text ist ein Drama über Klassenunterschiede, ein geniales Theaterstück über einen Bauern, der nach Volltrunkenheit in einer veränderten Welt erwacht – im Bett des Barons – und sich verwundert fragt, ob er nun im Totenreich oder im Himmel sei. Ich habe wenig geändert, nur lasse ich das Stück nicht in einer Feudalgesellschaft spielen, denn die gibt es nicht in Mosambik. Jeppe ist bei uns ein Nachtwächter, der ein großes Haus bewachen muss, das er jedoch nie betreten hat. Der Eigentümer erlaubt sich den gleichen Spaß wie der Baron und seine Freunde, indem er den Betrunkenen im Herrschaftsbett aufwachen lässt. Das war eine gelungene Inszenierung.«

»Und garantiert hatten die Frauen ihren Spaß an dem schwachen, versoffenen Jeppe.«

»Ja, so ein Typ wird überall wiedererkannt. Und ich habe Jeppe an einem bestimmten Punkt von der Bühne plumpsen lassen – wirklich ein Riesenspaß –, und die Zuschauer mussten ihn wieder auf die Bühne bugsieren. Bevor das nicht passiert war, ging die Vorstellung nicht weiter. Es war ein tolles Vergnügen zu erleben, wie sie sich anstrengten, um ihn auf die Bühne zu hieven. Aber die Situation war auch beklemmend, und das entspricht ja der Intention Holbergs.«

»Was war für dich das wichtigste Stück am *Teatro Avenida*?«

»Es gab viele wichtige Inszenierungen. Ich glaube auch, dass sie den Zuschauern viel gegeben haben. Aber wenn ich sie in Relation zur gesellschaftlichen Entwicklung setze – und das ist ja wichtig –, dann denke ich in erster Linie an unsere Inszenierung der Komödie *Lysistrate* während des Bürgerkriegs.

In unserer Version haben wir das Griechische, die Tempel und die Göttinnen weggelassen, und die Handlung auf einen Markt verlegt, auf dem unsere Heldin – Julieta nannten wir sie – Fisch verkaufte. Wir hatten auch eine Ziege auf der Bühne, und die tauften wir Lysistrate.

Eines Nachts hatte Julieta einen Traum, und in diesen Traum verpflanzten wir Aristophanes' Fabel. Es wurde ein überwältigender Erfolg. Im Zuschauerraum saß ein Publikum, das verzweifelt war über den unglaublich brutalen Bürgerkrieg. Und wir entwickelten für dieses Publikum auf der Bühne Ideen, wie dieser Krieg und dieses Elend beendet werden könnten.

So entstand ein wunderbares Theatererlebnis. Wir hatten von vornherein festgelegt, dass die letzte Vorstellung am 4. Oktober 1992 sein sollte, an dem Tag, an dem die Verhandlungspartner das Friedensabkommen unterzeichnen! Der Krieg war zu Ende gegangen – am Morgen des gleichen Tages.

Am Abend nahm ich die Schauspielerin, die die Julieta gespielt hatte, beiseite und sagte ihr: Nach Ende der Vorstellung und nachdem der Beifall abgeklungen ist, trittst du vor und verkündest: ›Wie ihr wisst, ist dieser schreckliche Bürgerkrieg nun zu Ende. Ein Friedensabkommen wurde unterzeichnet, aber ich verspreche euch, dass wir, falls das nötig sein sollte, das Stück wiederaufnehmen werden.‹

Es wurde sehr still im Saal. Sehr, sehr still. Das war so ergreifend, dass wir alle – ich eingeschlossen – den Tränen nahe waren. Dann brach der Jubel los! Es war einer der ganz großen Momente in meinem Theaterleben. Diese Aufführung, das wird jeder verstehen, hat für mich einen ganz besonderen Stellenwert.

Aber wir haben auch andere wichtige Dinge gemacht … In dem Viertel rund um das Theater lebten viele Straßenkinder, und darum entwickelten wir vor zirka zwanzig Jahren ein Theaterstück für sie. Es gibt Redewendungen in diesem Stück, die in die Alltagssprache eingegangen sind. Gerade in diesen Tagen, zwanzig Jahre später, reden wir über eine neue Version des gleichen Themas. Darüber, was aus den Straßenkindern geworden ist. Mir ist bewusst, dass vielleicht schon fast alle tot sind. Ein Risiko, gewiss, aber dann muss das Stück eben davon handeln. Und vielleicht lebt doch noch dieser oder jener. Durchaus eine realistische Prognose.

Das Stück über die Straßenkinder war auch insofern wichtig, als wir nicht nur eine tragische Geschichte erzählt haben. Wir berichteten auch von dem phantastischen Überlebenswillen und von der Kraft dieser kleinen Kinder, die auf der Straße hausen wie Ratten. Ich weiß, dass die Aufführung bei vielen Zuschauern zu einem Aha-Erlebnis geführt hat. Ich denke noch oft daran. Das Stück war für Erwachsene gedacht, und ich habe den Schauspielern eingeschärft: ›Was ihr auch macht, spielt nicht Kinder! Seid einfach Menschen! Menschen in einer extremen Lage.‹«

»Wie kann man überhaupt überleben in Maputo, wenn man auf der Straße lebt?«

»Ja, das ist eine gute Frage. Ich weiß es auch nicht. Dieser eine Mann, der mir hilft und der auch mein Chauffeur ist, ernährt elf Menschen von seinem Lohn. Er verdient gut, ich gebe ihm monatlich um die 2000 Kronen (zirka 200 Euro). Das ist in Mosambik Hochlohnniveau. Und ich kann schon nicht mehr zählen, wie viele Gebisse ich während meiner Jahre in Afrika finanziert habe. Es macht einen froh, älteren Menschen zu neuen Zähnen verhelfen zu können. Und was kostet ein Gebiss? 150 Kronen (zirka 15 Euro)!«

»Ist es für dich ein Dilemma, diese unendliche Armut vor Augen zu haben?«

»Persönlich nicht, denn ich tue, was ich kann. Inzwischen hängen zwischen fünfunddreißig bis vierzig Personen finanziell von mir ab. Auch wenn ich auf der Straße plötzlich totgefahren werde, ist dafür gesorgt, dass diese Menschen abgesichert sind. Es ist Geld beiseitegelegt, sodass sie nicht plötzlich ins Nichts fallen.

Mein Chauffeur soll beispielsweise am Theater anfangen. Da arbeitet er heute schon, wenn ich nicht in Mosambik bin. Ich übernehme also Verantwortung für die Menschen, die mir helfen. Doch das ist nur ein kleiner Teil …

Als ich sechzig Jahre alt wurde, gab es für mich im Theater von Maputo ein Überraschungsfest. Davon hatte ich keine Ahnung. Ein Teil meiner Familie war gekommen, Freunde, und auch der Kulturminister des Landes. Das hat es vorher noch nie gegeben.

So kann ich also annehmen, dass man in den höheren Kreisen

Mosambiks allmählich verstanden hat, dass es da eine merkwürdige Person in ihrem Land gibt, die ihnen als kultureller Botschafter dient. Das freut mich, und ich gehe so gut ich kann damit hausieren.«

»Du hast mir von Europäern berichtet, die, kaum in Afrika angekommen, einen Schock erleiden und am nächsten Tag wieder abreisen.«

»Ich habe Menschen erlebt, die in Afrika arbeiten wollten. Nachdem sie aus dem Flugzeug gestiegen und durch die Stadt gefahren sind, haben sie die Nacht in der Badewanne ihres Hotels verbracht und sind am nächsten Tag wieder abgereist. Eine übermächtige, beinahe lähmende Furcht vor dem Schwarzen und Fremden hatte sie ergriffen.«

»Wovor hatten sie so große Angst?«

»Ich weiß es nicht. Aber ich habe versucht, es herauszufinden und auch darüber zu schreiben. Es gibt dieses Entsetzen vor dem Unbekannten, vor dem Schwarzen. Afrika ist ja dunkel und schwarz. Unheimlich schwarz. Und schwarze Menschen kann man im Dunkeln nicht sehen. Sie sind da irgendwo. Und können einen erschrecken.

Auf diese Weise kann ich es ganz gut verstehen. Normalerweise leben wir ja in unseren hell erleuchteten Städten, wir drücken auf einen Schalter und schon leuchtet die Lampe auf. So ist es in Afrika nicht. Und dann gibt es da den Mythos vom gewalttätigen Afrikaner, verstärkt durch die Legende, er müsse uns hassen, weil wir Weiße sind. Dieses ganze Sammelsurium. Ich kann diese Gefühle nicht teilen. Aber ein halbes Jahr habe ich doch darunter gelitten, als Carlos Cardoso ermordet wurde ...«

»... der regimekritische mosambikanische Journalist und Redakteur ...«

»Ja, er wurde am 22. November 2000 im Zentrum Maputos ermordet. Danach empfand ich auch einen irrationalen Schrecken. Ich schlief schlecht, wachte bei dem leisesten Geräusch auf. Aber meine Ängste waren ja auch nicht unbegründet. Es gab das Gerücht, Carlos habe eine Menge Papiere bei einem seiner ausländischen Freunde deponiert. Man konnte sich leicht ausrechnen, wer da infrage kam. Und der Gedanke, dass im Dunkeln eine Pistole auf einen gerichtet sein könnte, hat recht unbehagliche Erinnerungen wachgerufen.«

»Wie den bewaffneten Überfall in Lusaka?«

»Ja, unter anderem. Sodass es ein halbes Jahr lang ziemlich hart war.«

»Was hast du unternommen?«

»Ich habe im Theater mit Manuela gesprochen. Wir gingen zusammen essen. Ich erzählte ihr alles, und sie begann zu weinen, denn sie konnte meine Furcht nachempfinden. Vollständig. Sie sprach das aus, was auch mein Gefühl besagte: Ich solle unbedingt bleiben. Es hat mich sehr erleichtert, mit ihr über meine Ängste reden zu können. Die verschwanden danach und sind seitdem nicht wiedergekehrt.«

»Ist das deine Art, Ängste oder Konflikte zu bewältigen?«

»Ich bin nicht konfliktscheu, überhaupt nicht. Ich nehme gern den Kampf auf, mit wem auch immer. Aber wenn ich eigene Probleme habe, spreche ich normalerweise nicht darüber. Ich versuche, sie selbst zu lösen. Tatsächlich ist es eine Ausnahme, wenn ich das Bedürfnis habe, mit anderen darüber zu sprechen. Ich habe, glaube ich, die Fähigkeit, selbst mit Sorgen fertig zu werden. Auf der anderen Seite kommen viele zu mir mit ihren Problemen. Es ist wirklich unvorstellbar, mit welchen Dingen wildfremde Leute sich an mich wenden. Und ich versuche, ihnen Gehör und Zeit zu schenken.

Ich erinnere mich an eine Situation im Stephansdom in Wien. Es muss gegen Ende der Sechzigerjahre gewesen sein, denn es war vor meiner Zeit in Afrika. Eines Tages ging ich in diese gewaltige Kathedrale. Es war mitten am Tage. Ich betrat also den halbdunklen Kirchenraum und sah auf einer Bank eine schwarz gekleidete, ganz in sich zusammengesunkene Frau sitzen und weinen.

In dem Moment habe ich gedacht: Ich kann ihr nicht helfen, aber ich komme vielleicht in Situationen, wo ich anderen Menschen helfen kann. Wo ich in der Lage dazu bin. Das ist einer dieser klassischen Augenblicke, in denen man innehält und zu sich selbst sagt: ›Das hier darfst du nie vergessen. Nie im Leben.‹ Und ich habe es auch nicht vergessen.

Ich glaube, das Theater hat vielen Menschen viel bedeutet. Unsere Ambition ist, dass alle, die kommen, um sich eine neue Inszenierung anzusehen, überrascht werden. Jedes Mal von neuem und jedes Mal auf andere Weise. Angefangen beim Bühnenbild über unsere Spielweise bis zu dem, was wir spielen. Wir müssen dem Publikum immer Überraschungen bieten. Und das, glaube ich, haben wir stets verwirklicht. Das ist ja der Sinn von Theater.«

Diese Überzeugung teilt Manuela Soiero. Die Leiterin des *Teatro Avenida* in Maputo schreibt selbst Stücke und entwirft das Bühnenbild. Sie ist seit über fünfundzwanzig Jahren mit Henning Mankell befreundet und bekräftigt, welche Bedeutung er für das Theater hat:

»Man kann die Geschichte des mosambikanischen Theaters nach der Unabhängigkeit nicht beschreiben, ohne Henning Mankell zu erwähnen. Diese Begeisterung, die er seit der ersten Begegnung mit dem *Teatro Avenida* und unserer Theatergruppe *Mutumbela Gogo* ausstrahlt, hat uns angesteckt und uns Selbstvertrauen gegeben. Unser Glaube daran, weiter zu arbeiten und zu kämpfen und Theater für unser eigenes Land zu machen, wurde durch ihn bestärkt. Und zu dem Wichtigsten gehört, dass Henning nie versucht hat, uns seine Ideen aufzudrängen. Er hört uns vor allem zu und respektiert unsere mosambikanische Identität.

Seine für uns geschriebenen und inszenierten Stücke spiegeln das Leben in Mosambik wider. Auch wenn es sich um europäische Klassiker handelt. Sie sind immer der mosambikanischen Wirklichkeit angepasst. Wir haben mit ihm mehr als zwanzig Jahre lang zusammengearbeitet – und Henning ist beinahe selbst zu einem Mosambikaner geworden.

Seine Sichtweise und sein Denken drücken eine Vision aus, die in unseren afrikanischen Alltag eingeht, ganz ohne Verstellung und Heuchelei. Henning hält stets zu uns, auch in schweren Zeiten. Er ist ein wichtiges Vorbild, er ermuntert und bestärkt uns darin,

Unter Manuela Soiero und Henning Mankells künstlerischer Leitung hat das Teatro Avenida *unter anderem* Endstation Sehnsucht *von Tennessee Williams aufgeführt. (Privatfoto)*

nie das Theater aufzugeben, sondern uns auf unsere mosambikanischen Wurzeln zu besinnen.

Ich will unbedingt noch hinzufügen, dass Henning über seine Funktion als künstlerischer Leiter hinaus ein Bruder ist, den ich nie missen möchte.«

»Viele Menschen in unserem Teil der Welt haben vergessen, wie wichtig Kultur ist«, sagt Henning Mankell. »In Mosambik war die kulturelle Identität das Einzige, was das Land während der Kolonialzeit, während des Bürgerkriegs und im Friedensprozess zusammenhielt. Wäre das nicht so gewesen, würde Mosambik heute nicht mehr existieren.

Die Kultur war das Band, die Gemeinsamkeit der Identität. Kultur bedeutet ja, dass du und ich auf irgendeine Art verbunden sind. Wir kennen dieselben Tänze, dieselbe Musik, wir kennen die Signale, den Code, wir kennen die Überlieferungen.

Fest steht, dass in Ländern ohne irgendeine Form von Sicherheit die kulturellen Bande unfassbar wichtig sind. Als ich einmal die Straßenkinder gefragt habe, was ihr vordringlichster Wunsch im Leben wäre, haben sie einstimmig gemeint: ›Ein Ausweis!‹ Eine Mutter, ein Haus, Klamotten, ein bisschen Geld waren für sie weniger wichtig. Eine ID-Card würde bedeuten: Ich existiere!

Das besagt auch, dass unsere kulturelle Identität vielleicht unsere eigentliche und wichtigste Identität ist, natürlich vor allem in einem instabilen, armen Land. Hier kann das Theater vielleicht identitätsstiftend sein, denn im Theater kann man sich selbst erkennen mit seinen Sorgen und Freuden. Ich will daran erinnern, dass nur einen Kilometer Luftlinie von meiner Unterkunft entfernt in Maputo Menschen hungern. Und es gibt keine Institutionen, die dafür sorgen, dass sie ein wenig zu essen bekommen.«

»Hat dich das Schicksal dieser Kinder dazu bewogen, ein Kinderdorf in Mosambik zu finanzieren?«

»Nicht direkt. Die SOS-Kinderdörfer haben einen guten Ruf, und ich konnte mich persönlich davon überzeugen, dass sie funktionieren. Es war eigentlich eine besondere Begebenheit, die mich dazu brachte. Ich traf in Maputo ein neunzehnjähriges Mädchen, das mir erzählte, sie sei in einem Kinderdorf aufgewachsen. Als ganz kleines Kind hatte man sie auf einer Müllhalde gefunden. Dann kam sie in ein Kinderdorf, ging zur Schule, und nun sollte sie zur Universität gehen.

Ich habe gefragt, was sie denn werden wolle, und sie sagte, sie wolle Rechtsanwältin werden. ›Ich will mich auf die Rechte der

Kinder spezialisieren‹, antwortete sie. ›Da weiß ich, wovon ich rede. Ganz einfach!‹ Und ich habe gedacht: So sollte es sein. Das ist gut.

Als ich eine größere Summe zur Verfügung hatte, wollte ich sie für etwas Konstruktives verwenden und habe mir überlegt, dass ich ein ganzes Kinderdorf damit finanzieren könnte. Ich sprach mit Eva darüber, nahm Kontakt zu den SOS-Kinderdörfern auf, und wir beschlossen, ein Dorf in Chimoio zu gründen, dicht an der Grenze zu Simbabwe. Das ist ein Gebiet sehr großer Armut, mit vielen verlassenen Kindern und vielen Aidskranken. Jetzt haben ein paar hundert Kinder die Möglichkeit, ein anständiges Leben zu führen.

Ich würde mal sagen, ich habe so zwanzig Millionen Kronen (zirka 2 000 000 Euro) dafür verwendet, was wirklich viel Geld ist, auch für mich. Das bezahlt man nicht einfach aus der Westentasche, denn in Schweden führe ich Steuern auf alle meine Einkünfte ab. Aber, wie gesagt, ich brauchte das Geld nicht unbedingt. Ich hätte es natürlich auch anders verwenden können, denn ich engagiere mich in vielen Bereichen, aber in diesem Fall war der Anlass diese zufällige Begegnung mit dem Mädchen, das sich auf die Rechte der Kinder spezialisieren wollte.«

»Hast du ihr das erzählt?«

»Nein. Sie wollten dem Kinderdorf meinen Namen geben, doch das wollte ich nicht. Absolut nicht. Das wäre auch sinnlos. Kein Mensch dort weiß, wer zum Teufel dieser Mankell ist. Die Hauptsache ist ja, dass dort Hunderten von Kindern, wie viele es sind, weiß ich nicht genau, Lebensmöglichkeiten eröffnet werden.«

»Du hast nie daran gedacht, deiner Familie – zum Beispiel deinen Kindern – das Geld zukommen zu lassen?«

»Nein, nein, nein! Genau das wollte ich nicht. Denn ich glaube, es ist nicht gesund, zu viel zu erben. Und ich habe den Kindern auch erklärt warum. Und keiner hat protestiert. Keiner. Sie finden es, ganz im Gegenteil, in Ordnung.

Sie sollen auch nicht auf meinen Tod warten. Ich versuche jetzt schon, ihnen ein wenig zu helfen. Ich bezahle gern ihr Studium und helfe auch bei der Wohnung, aber ich habe ihnen beispielsweise nie Geld gegeben für ein Auto. Das mache ich nicht. Und ich habe mich sehr darüber gefreut, dass keiner mich um Geld gebeten hat.

Wenn ich nun mal so viel Geld habe, muss ich auch dafür sorgen, dass an dem Tag, an dem ich mich von dieser Welt verabschiede, alles geordnet ist und kein Chaos ausbricht und niemand ungerecht behandelt wird.«

»Dein erstes Theaterstück, *The Amusement Park*, handelt von schwedischen Interessen in Südamerika. Woher kommt dieses Interesse für Macht und Unterdrückung bei einem achtzehnjährigen jungen Mann aus bürgerlichem Zuhause?«

»Wahrscheinlich daher, dass in den Fünfzigerjahren immer noch eine sichtbare Armut in dem kleinen Sveg herrschte. Es gab viele arme und schlecht gekleidete Menschen. Sie litten nicht direkt Hunger, aßen aber fünf Tage die Woche Kartoffeln und Hering. Und ich hatte keinerlei Zweifel daran, auch schon als Kind nicht, dass es große Unterschiede zwischen den Menschen gibt.

Man muss in Betracht ziehen, dass ich in den Sechzigern erwachsen geworden bin. In einer Zeit, als die Welt sich öffnete und in der ich entdeckte, dass die Welt nicht ganz so war, wie es einem weisgemacht wurde. Für mich war es selbstverständlich, der Wirklichkeit ins Auge zu sehen, darauf zu reagieren und mir eine Welt zu wünschen, die anders war.

Ich weiß nicht, ob es komplizierte Erlebnisse oder Einsichten waren, die mich zu dieser Denkweise brachten. Ich beobachtete nur und reagierte.

Ich wuchs in einer bürgerlichen, doch kulturell liberalen Familie auf. Niemand hatte etwas dagegen, dass ich abends im Bett las, und keiner fragte, was ich da las. Als ich neun, zehn Jahre alt war, durften Kinder in der Bibliothek in Sveg noch nicht alle möglichen

Bücher entleihen. Aber mein Vater sagte zu den Bibliothekaren, dass ich alles ausleihen dürfe, was ich lesen wolle. Er war eine Art Kulturradikaler, und davon wurde ich mehr geprägt als von dem bürgerlichen Milieu.

Ich glaube ja, dass alle Menschen der Welt ähnliche Träume haben. Aber die Träume meiner Freunde in Mosambik sind andere als die meiner europäischen Freunde. Erstere möchten etwas zu essen, eine Bleibe und eine Ausbildung. Letztere sprechen über ausgesuchte Gerichte und Weine, über Wohnungen und Karriere.«

»Kannst du deinen Alltag in Maputo beschreiben?«

»In den letzten Jahren habe ich, milde ausgedrückt, ein seltsames Leben geführt, weil ich keine eigene Bleibe hatte. Als ich vor fünfundzwanzig Jahren nach Maputo kam, haben sie ein Häuschen für mich gebaut, dicht am Meer. Es lehnte sich an ein anderes Haus an und war unglaublich klein, nicht viel größer als eine normale skandinavische Küche. Da wohnte ich acht Jahre lang.

Danach habe ich in verschiedenen kleinen Wohnungen gelebt, aber nachdem ich Asthma bekommen habe, kann ich nicht mehr unter armseligen Verhältnissen in schlechten Häusern wohnen, sodass ich gezwungen war, mir etwas Besseres zuzulegen. Und nun warte ich darauf, dass das Haus fertig wird.«

»Ein Haus, das du selbst baust?«

»Ja, doch bis dahin wohne ich sehr provisorisch. Manchmal bei Leuten, manchmal im Hotel. In der letzten Zeit im Hotel, das ist am bequemsten und sinnvollsten, weil ich meistens in Maputo bin, um im Theater die nächste Spielzeit zu besprechen. Manuela und ich reden ganz konkret über unsere Vorhaben. Daran schließen sich immer Diskussionen über das Personal, die Schauspieler usw. an.

Leider ist etwas sehr Trauriges in diesem Jahr passiert. Eine Schauspielerin, mit der ich viele Male in den letzten zwanzig Jahren gearbeitet habe, ist im Alter von dreiundvierzig Jahren plötzlich gestorben. Sie war zurzeit nicht am Theater beschäftigt, und wie es genau zuging, weiß ich nicht, sie schlug sich den Kopf auf, lag im

Koma und starb. Das war ein Schock für uns alle und ein sehr trauriges Begräbnis. So verlief mein Aufenthalt in Maputo diesmal ganz anders, als ich es mir vorgestellt hatte. Aber ich bin froh, dass ich gerade zu dem Zeitpunkt dort gewesen bin.«

Göteborg, 2011

Präsident de Klerk hatte sehr wenige Illusionen. Er wusste, dass die Einzigen, die einen Bürgerkrieg mit einem grenzenlosen Blutbad gemeinsam verhindern konnten, er selbst und Nelson Mandela waren. Oft war er nachts schlaflos im Präsidentenpalast umhergewandert, hatte über die Lichter der Stadt Pretoria geblickt und daran gedacht, dass die Zukunft der Republik Südafrika durch den politischen Kompromiss bestimmt werden würde, den er und Nelson Mandela hoffentlich zustande brachten.

Die weiße Löwin

In Henning Mankells drittem Wallander-Buch, *Die weiße Löwin*, das 1993 erschien und ihm den internationalen Durchbruch bescherte, wird ein Südafrika in gewaltsamer Veränderung beschrieben.

Die Mitglieder des *Broederbond* – einer im Jahr 1918 gegründeten Geheimorganisation fanatischer Buren – wollen verhindern, dass der aus dem Gefängnis entlassene Nelson Mandela zum Präsidenten gewählt wird. Zynisch spekulieren sie auf das zu erwartende Bürgerkriegschaos und beauftragen einen schwarzen Killer, das unter dem Namen *Springbok* firmierende Attentat auszuführen.

Hier beginnt ein großpolitisches Doppelspiel, in das Geheimdienste, darunter auch der KGB, und Polizeikräfte mehrerer Länder involviert sind. Der Roman gibt einen interessanten Einblick in die mutige, aber unter den eigenen Leuten unpopuläre politische Voraussicht des ehemaligen südafrikanischen weißen Präsidenten de Klerk.

»Nelson Mandela wurde ja bekanntlich Präsident …«

»Ja, und er verließ das Gefängnis nach fünfundzwanzig Jahren Haft ohne Rachegelüste. Andererseits verstand Nelson Mandela wenig von Wirtschaft, ein Riesenproblem, da er ein Land zu führen hatte, in dem es an allem mangelte. Es wurden viele widersprüchliche Beschlüsse gefasst, eben weil er keine Ahnung von Ökonomie hatte. Alle haben Schwächen, aber er traute sich dies zuzugeben.«

»Jeder hat seine schwache Seite, und er ist als Erster bereit zu sagen: ›Ich bin nicht perfekt!‹«, sagt Henning Mankell über Nelson Mandela. (Foto: Torbjörn Selander)

»Wie siehst du die Entwicklung in Südafrika heute?«

»Ich sehe sie als äußerst kompliziert an. Es ist schrecklich, Zeuge dafür sein zu müssen, in wie kurzer Zeit der African National Congress (ANC) durch und durch korrumpiert wurde; und für den Tag, an dem Mandela ganz von der Bildfläche verschwindet, kann man nur Schlimmes erahnen. Das Land ist geprägt von einem umgekehrten Rassismus, Schwarze gegen Weiße, und einer ausufernden Korruption. Die Unzufriedenheit der Jugend führt zu einer gigantischen Kriminalitätsrate und Gewaltspirale. Wie ich es sehe, ist die Situation in Südafrika in vielerlei Hinsicht mehr als bedenklich.

Gewaltige Probleme werden auf alle zukommen, wenn es nicht gelingt, die oberste Führung des Landes zu säubern. Vielleicht wird der ANC in zwei Teile gespalten? Das ist möglich. Aber die Entwicklung in Südafrika beunruhigt mich wirklich sehr.«

Im Bestseller *Der Chinese* von 2008 warnt Henning Mankell auch vor der Dominanz Chinas in Afrika und vermutet kolonisatorische Absichten dahinter.

Aber es gab keinen Zweifel, dass China vor einer großen Entscheidung stand. Früher hatte das Land dazu beigetragen, dass die koloniale Welt unterging. Die armen Länder Afrikas hatten sich befreit. Aber welche Rolle spielte China in der Zukunft? Die des Freundes oder die eines neuen Kolonisators?

Im Buch erstellt eine vom Staatspräsidenten und dem Politbüro vorgeschobene Figur, Yan Ba, Professor an der Pekinger Universität, unter strengster Geheimhaltung einen Zukunftsplan und erklärt seine Bereitschaft, »den Fuß ins Wasser zu stellen und den Jangtse aufzuhalten«.

Im folgendem Zitat steht Yan Ba am Rednerpult vor einer Versammlung von Chinas mächtigsten Politikern, Wirtschaftsmanagern, Philosophen, Militärs, Sicherheitschefs und den sogenannten grauen Mandarinen und sagt unter anderem über Chinas Rolle in Afrika:

Als unser Genosse Nelson Mandela das Gefängnis auf der Insel verließ, auf der man ihn viele Jahre festgehalten hatte, war dies die endgültige Niederlage des westlichen Kapitalismus im Gewand des Kolonialismus. Die Befreiung Afrikas verschob die Erdachse in die Richtung, in der unserer Ansicht nach die Freiheit und Gerechtigkeit am Ende siegen werden. Jetzt können wir sehen, dass in Afrika große, oft fruchtbare Landgebiete brachliegen. Im Gegensatz zu unserem Land ist der Schwarze Kontinent dünn besiedelt. Und wir haben jetzt erkannt, dass wir dort zumindest einen Teil der Lösung des Problems finden können, das unsere Stabilität bedroht.
[...]
In den Ebenen, in den fruchtbaren Tälern um die großen afrikanischen Flüsse, werden wir den Boden kultivieren, indem wir Millionen unserer armen Bauern dorthin übersiedeln, und sie werden, ohne zu zögern, das brachliegende Land bearbeiten. Wir verjagen keine Menschen, wir füllen nur leere Räume, und alle werden von dem, was geschieht, Nutzen haben. Es gibt Länder in Afrika, besonders im Süden und Südosten, wo riesige Landstriche von den Armen aus unserem Land besiedelt werden können. Wir würden Afrika bebauen und besiedeln und gleichzeitig die Bedrohung eliminieren, die hier über uns schwebt. Wir wissen, dass wir auf Widerstand stoßen werden, nicht nur seitens der Umwelt, die vielleicht glaubt, dass China nach der Unterstützung des Befreiungskampfs gegen den Kolonialismus nun selbst zur Kolonialmacht wird.

»Ich kann nur feststellen, dass das, was ich in dem Roman über die Rolle der Chinesen in Afrika geschrieben habe, heute noch stärker zutrifft als damals«, meint Mankell. »Der chinesische Imperialismus hat sich früher gut getarnt, heute tritt er offen und in aller Deutlichkeit zu Tage. Die scheren sich den Teufel drum, mit wem sie zusammenarbeiten, wenn sie nur das bekommen, was sie im Auge haben.

Das ist genau die Haltung, wie wir sie von den Sklavenhändlern kennen. Denen war ganz egal, mit wem sie verhandelten. Danach kamen die europäischen Kolonisatoren und machten das Gleiche. Die scherten sich auch einen Teufel drum, ob Menschen sich gegenseitig umbrachten. Ich halte natürlich das chinesische Wüten in Afrika für ein großes Problem. Positiv ist jedoch, dass die Afrikaner anfangen, sich dagegen zu wehren.

Mit Ausnahme von Simbabwe …«

»Du beschreibst unter anderem, wie das Bild, das der Westen von Simbabwes Präsidenten entworfen hatte, sich radikal änderte, als er damit begann, weiße Farmen an landlose Schwarze zu übergeben:

In dem Augenblick hatte sich das Bild Mugabes vom Freiheitskämpfer in das klassische des tyrannischen afrikanischen Führers verwandelt. Er wurde abgebildet, wie Antisemiten Juden abzubilden pflegen, man nahm diesem Mann, der die Befreiung des Landes angeführt hatte, die Ehre und die Würde. Niemand sprach davon, dass er die früheren Führer unter Ian Smith' Regime, nicht zuletzt diesen selbst, im Lande bleiben ließ. Er schickte sie nicht in die Gerichtssäle und an den Galgen, wie es die Briten mit aufrührerischen Schwarzen in den Kolonien getan hatten.

Und du beschreibst, wie Hong, eine deiner chinesischen Hauptgestalten, ihn erlebt:

Aber Hong wusste, dass Mugabe schon 1980, als sich Simbabwe vom faschistischen Regime Ian Smith' befreit hatte, den weißen Farmern offene Gespräche angeboten hatte, um die entscheidende Frage des Grundbesitzes auf friedlichem Wege zu regeln. Man hatte sein Angebot mit Schweigen beantwortet, beim ersten Mal und über mehr als fünfzehn Jahre immer wieder. Mugabe hatte sein Angebot zu Gesprächen ständig wiederholt, ohne eine andere Reaktion als verächtliches Schweigen zu erhalten. Schließlich war es nicht mehr anders gegangen, eine große Zahl von Farmen war den Menschen ohne Land übertragen worden. Dagegen hatte es sofort Proteste der übrigen Welt voller Vorurteile gegeben.

[…]

Das Treffen mit Präsident Mugabe dauerte vier Stunden. Als er den Raum betrat, fühlte sie sich an einen freundlichen Schullehrer erinnert. Als er ihr die Hand gab, sah er an ihr vorbei, ein Mann in einer anderen Welt, der sie flüchtig streifte. Nach dem Treffen würde er sich nicht an sie erinnern. Hong dachte daran, dass dieser kleine Mann, der Kraft ausstrahlte, obwohl er alt und gebrechlich war, als blutdürstiger Tyrann beschrieben wurde, der sein eigenes Volk quälte, die Wohnplätze der Menschen zerstörte und sie von ihrem Land jagte, wenn es ihm passte. Aber andere sahen in ihm den Helden, der den Kampf gegen die überlebenden Kräfte des Kolonialismus nicht aufgab, der die Ursache aller Probleme Simbabwes war, wie er unablässig betonte.

Siehst du Mugabe so, wie hier beschrieben?«

»Ich denke, mein Porträt von ihm ist ziemlich korrekt. Er war die ersten fünfzehn Jahre gut für Simbabwe. Den weißen Farmern war er gleichgültig, sie fanden es okay, solange es einigermaßen gut lief. Aber er mochte sie natürlich nicht, das ist klar.

Heute ist er verrückt, wahnsinnig, möglicherweise senil, auf alle

Fälle habgierig. Von meinen afrikanischen Freunden weiß ich, dass es immer schlimmer wurde, seitdem er mit dieser jungen, kaufwütigen Frau verheiratet ist. Seine verstorbene Frau hatte ihn besser im Griff. Aber dass Mugabe immer noch an der Macht sitzt, haben wir nur uns selbst zu verdanken.

Soviel ich weiß, arbeiten gute demokratische Kräfte daran, eine starke Zivilgesellschaft in Simbabwe aufzubauen. Das geschieht aus reinem Überlebenswillen, um mit dem fertig zu werden, was kaputtging. Und es wird sich als großen Vorteil für das Land erweisen, wenn Mugabe eines Tages endlich zurücktritt, entfernt wird oder stirbt.«

»In *Der Chinese* gibst du Hong folgende Gedanken:

Wenn Leute wie ihr Bruder entscheiden dürften, würden die festen Bastionen der chinesischen Gesellschaft zerstört werden. Dann würde eine Welle kapitalistischer Verantwortungslosigkeit die letzten Reste solidarisch aufgebauter Institutionen und Ideale hinwegfegen. Sie würden für lange Zeit nicht wieder zu erobern sein, vielleicht erst in einigen Generationen. Für Hong war es eine unumstößliche Wahrheit, dass der Mensch im Grunde ein vernunftbegabtes Wesen war, dass Solidarität Klugheit war und nicht in erster Linie Gefühl, dass die Welt, trotz aller Rückschläge, sich auf einen Punkt hinbewegte, an dem die Vernunft herrschen würde. Aber sie war auch überzeugt, dass beim Aufbau der menschlichen Gesellschaft nichts mit selbstverständlicher Automatik geschah. Es gab kein Naturgesetz für das Verhalten der Menschen.

Entspricht das deinem Zukunftsbild?«

»Wenn wir bei Afrika bleiben wollen, dann dürfen wir nicht vergessen, dass der ganze afrikanische Kontinent der letzten vierhundert Jahre seiner Entwicklung beraubt wurde. Und nun soll das in ungefähr fünfzig Jahren aufgeholt werden. So funktioniert das nicht. Aber es geht vorwärts. Heutzutage gibt es bedeutend mehr funktionierende Demokratien in Afrika als vor gerade mal zehn Jahren. Wir haben zu wenig Geduld mit Afrika. Das ist das eine Problem.

Das zweite ist, dass die Armut immer noch überwältigend ist, auch aufgrund des Elends, das von den Kolonialmächten hinterlassen wurde. Die wirtschaftliche Widerstandskraft ist auf dem afrikanischen Kontinent unglaublich verletzlich. Und das wird ausgenutzt, sodass die Zukunft zu einem Zweikampf wird zwischen denen, die Afrika etwas geben, und denen, die Afrika etwas nehmen wollen!

Meiner Meinung nach sollte der afrikanische Kontinent so viel Unterstützung bekommen, wie wir überhaupt nur geben können. Aber es wird ein harter Kampf gegen die chinesischen Interessen – und gegen schwedische und europäische Interessen; denn wir leben in einer unvernünftigen Welt.«

»Geht es dabei um mehr als um Geld? Zum Beispiel auch um Kultur, Respekt vor den Traditionen, der Religion und vor anderen Formen geistigen Lebens?«

»Man muss aufpassen, dass man nichts romantisiert. In einem Land wie Mosambik gibt es viele spekulative religiöse Bewegungen, die versuchen, arme Menschen einzufangen. Ihnen wird versprochen, dass sich eines Tages alles zum Besseren kehrt. Deine Frage ist also nicht so einfach zu beantworten. Ich will mich lieber damit begnügen, zu sagen, dass es Armut im Reichtum gibt und Reichtum in der Armut. Das ist eine leichter verständliche Symbolik.

Auch wenn Generalisierungen immer gefährlich sind, möchte ich, ausgehend von einem rationalen Gedanken, hinzufügen, dass wir in Europa und in den USA mehr auf die Menschen im ärmeren Teil der Welt hören sollten. Auf ihre Erfahrungen, ihr Wissen. Nur weil sie arm sind, muss das nicht bedeuten, dass sie nicht über unglaublich viel Wissen und Lebenserfahrung verfügen.

In Europa neigen wir dazu, anstatt zuzuhören, auf Teufel komm raus draufloszureden. Wenn ich unserem Teil der Welt einen Rat geben darf, müsste er lauten: Redet weniger, hört besser zu, das würde uns allen nützen!«

In Verbindung mit der Verleihung des Toleranzpreises der Evangelischen Akademie Tutzing im Frühjahr 2004 hält der südafrikanische Erzbischof Desmond Tutu die Preisrede auf den Empfänger, Henning Mankell.

Der Preis, der sich auf 10 000 Euro beläuft, wird an Künstler vergeben, die zur Verständigung zwischen den Kulturen und Religionen beitragen. Ein kleiner Ausschnitt aus der Rede Desmond Tutus findet sich auf den folgenden Seiten.

Desmond Tutu

Der südafrikanische Erzbischof Desmond Tutu hält die Festrede 2004 in Tutzing zum deutschen Toleranzpreis. (Privatfoto)

Wir alle hier auf Erden gehören einer gemeinsamen Menschheit an. Ein Mensch ist ein Mensch durch andere Menschen. Ich kann nur Mensch sein im Verhältnis zu anderen Menschen. Ich bin ich, wenn du du bist. Wir sind verknüpft in einer menschlichen Gemeinschaft, in der wir die Verletzbarkeit menschlichen Daseins teilen, aber auch die Solidarität.

Die Welt ist jetzt viel unsicherer, als sie jemals war. Militärische Macht bedeutet nicht Sicherheit. Der Krieg gegen den Terrorismus kann nie gewonnen werden, solange Verhältnisse herrschen, die Menschen so tief in Verzweiflung stürzen, dass sie sich zu desperaten Handlungen hinreißen lassen. Wir gehören zusammen. Wir können nur in Gemeinsamkeit Menschen sein. Wir können nur gemeinsam überleben. Wir können nur gemeinsam frei sein.

Wenn wir auf der Treppe einen Hilfeschrei hören, können wir entweder den Fernsehton lauter stellen oder wir können einschreiten. Henning Mankell würde lieber tot umfallen, als den Fernseher lauter zu stellen. Und er zeigt uns, dass wir eine Wahl haben. Wie Martin Luther King jr. einmal gesagt hat: Entweder wir leben wie Brüder (und Schwestern) zusammen, oder wir gehen als Narren zugrunde.

Henning Mankell teilt mit Kurt Wallander die Liebe zur Musik, besonders zu Mozart. Aber das Wichtigste ist, dass er mit ihm den Glauben an die guten Ratschläge, wie Sprichwörter sie enthalten, teilt und weitergibt. Wir müssen für jene sprechen, die nicht für sich selbst sprechen können.

Ich sterbe, aber die Erinnerung lebt ist ein tief bewegender Bericht über Henning Mankells persönliche Reaktion auf Aids und die Opfer der Krankheit, sowohl was die Eltern betrifft als auch die allzu früh allein gelassenen Kinder. Mitten zwischen Tod und Leiden pflanzt ein junges Mädchen einen Baum. Sie sieht in ihm ein Fragment des Lebens, das wachsen und wie eine Chronik die globale Krise überdauern wird. Indem er diese Katastrophe ins Scheinwerferlicht rückt und begreifbar macht, zeigt Henning Mankell, wie man Hilfe leisten kann.

Henning Mankell formuliert es so in *Ich sterbe, aber die Erinnerung lebt*: »Diese Erinnerungsbücher, diese kleinen Hefte mit eingeklebten Bildern und Texten …, könnten sich in vielerlei Hinsicht als die wichtigsten Dokumente unserer Zeit erweisen.«

Henning Mankell bedient viele unterschiedliche literarische Genres – Krimis, Romane, Jugendbücher. Er betont, dass seine Kriminalgeschichten nur Spiegel sind, die er einsetzt, um die Gesellschaft wiederzugeben. Er stellt die Frage: Soll sich eine Gesellschaft auf Solidarität gründen oder nicht? Und es steht außer Zweifel, wie seine Antwort ausfällt.

Henning Mankell hat den Mut und die Leidenschaft, die reiche Erste Welt aufzufordern, nicht nur eigenen Obsessionen wie Kapitalismus, Entfremdung und politischer Desillusion aufzusitzen. Er fordert die Bürger in diesem Teil von Gottes Welt auf, sich für Armut, für Hunger, für Gewalt zu interessieren – Vorkommnisse, die es nicht nur in der sogenannten Dritten Welt gibt.

Desmond Mpilo Tutu, geb. 1931 in Klerksdorp (Transvaal), südafrikanischer Erzbischof und Menschenrechtsaktivist. Erhielt 1984 den Friedensnobelpreis. 1986 wurde er zu Südafrikas erstem schwarzen Erzbischof ernannt und zum Primas der anglikanischen Kirche.

Göteborg, 2011

Es sollte fast zwei Stunden dauern, bis er endlich tot war. Wie in einem Grenzland des Grauens, zwischen dem ungeheuren Schmerz und dem hoffnungslosen Willen zu überleben, wurde er in der Zeit zurückversetzt zu jenem Tag, an dem er dem Schicksal begegnet war, das ihn jetzt einholte. Er wurde umgestoßen und fiel auf den Boden. Jemand zog ihm Hose und Pullover aus. Er spürte die kalte Erde an seiner Haut. Dann trafen ihn die Peitschenhiebe und verwandelten alles in ein Inferno.

Die Rückkehr des Tanzlehrers

Henning Mankell – hier 1972, bei einer Regiearbeit am Dalateatern *in Falun.*
(Privatfoto/Ann Christine Eek)

Im Roman *Der Chinese* rückt Henning Mankell auch einige der großen Probleme in den Brennpunkt, mit denen sich ein moderner Rechtsstaat wie in den skandinavischen Ländern herumschlagen muss, hier aus der Perspektive der Richterin Birgitta Roslin:

In einem Wohngebiet am Stadtrand von Helsingborg war eine fast achtzigjährige Frau von einer akuten Herzschwäche befallen worden und auf einem Gehweg zusammengebrochen. Zwei Jungen, der eine dreizehn, der andere vierzehn, waren vorbeigekommen. Statt der alten Frau zu helfen, hatten sie, ohne zu zögern, zuerst die Brieftasche aus ihrer Handtasche an sich genommen und dann versucht, sie zu vergewaltigen. Hätte nicht ein Mann mit einem Hund sie verscheucht, wäre es wahrscheinlich zu der Vergewaltigung gekommen. Die Polizei konnte die beiden Jungen später fassen. Doch da sie minderjährig waren, wurden sie wieder freigelassen.

[...]

Sie hatte bald erkannt, dass jedes Jahr vielleicht hundert Kinder Verbrechen begingen, ohne dass dies irgendeine Strafverfolgung nach sich zog. Niemand sprach mit den Eltern, die Sozialbehörde wurde nicht unterrichtet. Und dabei ging es nicht nur um einfache kleine Diebstähle, sondern um Raub und Körperverletzung, wobei zuweilen nur eine glückliche Fügung einem tödlichen Ausgang im Wege stand.

Das ließ sie am gesamten schwedischen Rechtssystem verzweifeln. Wem diente sie eigentlich? Der Gerechtigkeit oder der Gleichgültigkeit? Und was wären die Konsequenzen, wenn zugelassen wurde, dass immer mehr Kinder Straftaten begingen, ohne dass jemand reagierte?

Nachdem ich die Zitate vorgelesen habe, gibt Mankell zur Antwort:

»Richtet man sich nach der Moral des Volkes, ich meine der Arbeiterklasse, dann steht fest, dass Verbrechen bestraft werden müssen. Vierzehnjährige muss man anders bestrafen als Zwanzigjährige. Aber wenn *nichts* passiert, wie es in Schweden allzu oft vorgekommen ist – und immer noch vorkommt –, dann ist das falsch und inhuman. Denn das bekommt den Verbrechern nicht, und *das* ist ein Verbrechen, für das die Gesellschaft verantwortlich ist.«

»Du schreibst oft über Selbstjustiz. Ist das ein effektives Spannungselement oder – wie im Zitat aus *Der Chinese* – eine Warnung vor dem Kollaps des Rechtsstaats?«

»Beides. Das Rachemotiv ist ein Element in fast allen Geschichten und erfüllt bestens seinen Zweck beim Schildern eines bestimmten Typs. Aber darüber hinaus spreche ich in allen meinen Büchern stets die Warnung davor aus, den Rechtsstaat auszuhöhlen. Diese Warnung kann nicht nachdrücklich genug sein, denn ohne funktionierenden Rechtsstaat funktioniert die Demokratie nicht. Das ist meine Grundüberzeugung.

Ich bin kein Spezialist für Strafverfolgung und Strafrecht, doch ich weiß, dass auf Verbrechen reagiert werden muss. Eines der Probleme im heutigen Schweden ist, dass junge Gesetzesbrecher straffrei ausgehen. Das wissen die auch. Und meiner Meinung nach bedeutet das, man lässt sie allein. Es ist nicht human, sie davonkommen zu lassen. Es ist nicht human zuzusehen, wie Menschen ihre kriminelle Laufbahn fortsetzen. Hat man etwas Falsches gemacht, soll man zur Rechenschaft gezogen werden und Verantwortung dafür übernehmen. Ich sage daher: Es ist inhuman, nicht zu reagieren.

Aber legen wir für den Rechtsstaat eine Summe fest, weil es uns nicht teurer zu stehen kommen darf, als es jetzt schon ist, geben wir auch die Demokratie preis. Und meine Schlussfolgerung lautet: Das können wir uns nicht erlauben. Einen Preis für Demokratie gibt es nicht. Sie kann uns nicht teuer genug sein. Schließlich und endlich, da wir die Demokratie nicht preisgeben dürfen, müssen wir darüber reden, ob wir uns gestatten dürfen, den Rechtsstaat finanziell einzuschränken.

Beschließt man aber, dass schwedische Gerichte über bestimmte Verbrechen nicht mehr Recht sprechen, weil Nachforschungen und Verfahren zu teuer werden, dann setzt man die Demokratie aufs Spiel. Mehrheitlich billigt die Bevölkerung einen solchen Beschluss nicht. Ist ins Sommerhaus eingebrochen worden und die Polizei sagt, jeder müsse eben in seinem Leben mit einem oder mehreren Einbrüchen rechnen, dann verletzt das das Rechtsempfinden der meisten Menschen.

Erleben die Bürger eine solche Reaktion vonseiten der Polizei vielleicht sogar mehrmals, dann ist ihr Glaube an den Rechtsstaat erschüttert, und das kann wiederum dazu führen, dass sie nicht mehr an die Demokratie glauben. Das hängt unmittelbar zusammen.«

»In der äußersten Konsequenz könnte das heißen, für die Todesstrafe zu plädieren.«

»Hm ... das ist eine interessante Frage. Man hat in Schweden etwas sehr Unkluges beschlossen, als man ... ich weiß gar nicht mehr wann ... die Todesstrafe für Kriegsverbrechen aufgehoben hat. Das war Wahnsinn. Denn leider muss man damit rechnen, dass, wenn es eines Tages zu einem Krieg kommen sollte, in den Schweden direkt einbezogen wird, die Leute die schlimmsten Landesverräter erschlagen. Das wäre dann Lynchjustiz anstelle eines Rechtsverfahrens. Meiner Meinung nach hätten wir also die Todesstrafe für den Kriegsfall beibehalten sollen.

Aber generell ist die Todesstrafe natürlich empörend. Indem man die Leute umbringt, wird nichts besser. Mao Zedong hat es so formuliert: ›Man kann nicht auf die Köpfe der Leute zählen, wenn man ihnen die vorher abgeschlagen hat.‹«

»Wenn du mit mir darin übereinstimmst, dass in den Wallander-Krimis die mögliche Auflösung des Wohlfahrtsstaats geschildert wird, welche Chancen räumst du dann dem Wohlfahrtsstaat ein, wieder zu Ansehen zu kommen und sein Überleben zu sichern?«

»Ich habe kürzlich von einer Untersuchung in Schweden gehört, bei der viele Jugendliche zum Ausdruck gebracht haben, dass es ganz okay wäre mit einem starken Mann an der Spitze des Staates. Sie wären auch bereit, ihre Stimme für Geld zu verkaufen. Und das ist für mich eine katastrophale Niederlage der Demokratie. Der ehemalige sozialdemokratische Justizminister Thomas Bodström gesteht in seinen Memoiren, *Inifrån: makten, myglet, politiken (Von innen gesehen: die Macht, die Machenschaften, die Politik)*, dass er Regierungsbeschlüsse auch mal unterschrieben hat, ohne sie gelesen zu haben. Kann man sich eine größere Verachtung der Demokratie vorstellen?

Das sind ein paar Beispiele für die Bedrohung des Wohlfahrtsstaates, der niemals ohne Demokratie funktionieren kann. Meiner Meinung nach geht es bei den brennendsten politischen Fragen heute nicht primär um Ökonomie, sondern darum, wie wir wieder Solidarität herstellen können. Dazu gehört die Erkenntnis, dass Demokratie nicht vom Himmel fällt, sondern tagtäglich erarbeitet werden muss.

Weiterhin: Wie können wir die schwedische Jugend davon überzeugen, dass es um ihr Leben und um ihre Zukunft geht? Um etwas, wofür viele Jugendliche in Nordafrika bereit sind zu sterben? Das ist eine der richtig großen Herausforderungen bei der Bewahrung und Entwicklung des Wohlfahrtsstaates. Dass wir in dieser Situation gelandet sind, ist dem totalen Versagen seitens der sozialdemokratischen und bürgerlichen Regierungen in den letzten dreißig Jahren anzulasten.

Das findet sich zwischen den Zeilen in meinen Büchern, und leider habe ich recht. Es bereitet mir jedoch keine Freude oder Genugtuung, Recht zu haben. Ich wünschte, ich hätte mich geirrt; denn wir stehen vor einer gigantischen Herausforderung. Schaffen wir es nicht, der Demokratie Leben einzuhauchen, ist das Überleben des Wohlfahrtsstaates ernstlich bedroht. Doch die Lösung des Problems liegt bei uns selbst. Darüber habe ich viel geschrieben, und ich werde es auch in Zukunft tun.«

»Und du hast eine Vorstellung davon, wie das Gefühl für Demokratie und ihre Bedeutung im Wohlfahrtsstaat wiederhergestellt werden kann?«

»Ja, durchaus. Wenn ich einen Altar errichten sollte, würde ich die Symbole für *The Enlightenment,* die Aufklärung, darauf plazieren. Ich glaube daran, dass der Mensch ein rationales Individuum ist und selber weiß, was am Besten für ihn ist. Ich glaube daran, und ich *muss* daran glauben. Darum glaube ich auch daran, dass ein Zeitpunkt kommt, an dem die Leute einsehen werden, dass das, was wir jetzt machen, nicht mehr länger durchführbar ist. Sie kommen an einen Punkt, an dem sie am eigenen Leibe spüren werden, dass Wohlfahrtsstaat, Demokratie und persönliche Verantwortung untrennbar zusammenhängen.

Ich glaube, dass der Mensch ein vernunftbegabtes Wesen ist. Doch die Welt, in der wir leben, ist nicht vernünftig – abgesehen von der Vernunft, die sich in den Aufständen in Nordafrika äußert. Das sind vernünftige Handlungen! Ein Teil der jungen Leute versteht das, ein Teil nicht. Leider sind es zu viele, die das nicht verstehen. Und die Haltung Letzterer ist in hohem Maße auf das Desinteresse ihrer Eltern und auf das Unvermögen der Schule zurückzuführen.

Wie viel steht denn in den heutigen Schulbüchern über Demokratie? So gut wie nichts, und das ist empörend. Wäre ich heute ein Schulkind, müsste ich annehmen, die Demokratie fällt vom Himmel oder kommt mit dem Regen. Ein weiteres Zeichen des Niedergangs in heutiger Zeit ist, dass Lehrer nicht mehr als Vorbilder gesehen werden. Sie werden schlecht bezahlt, sind dümmlichen Bürokraten ausgesetzt, die sich am laufenden Band Neues ausdenken. Es ist eine der größten Niederlagen unserer modernen Gesellschaft, dass unseren Lehrern keine besseren Ressourcen zur Verfügung stehen und dass sie kein besseres Renommee haben. Heute kann man Golf als Zusatzfach wählen! Was zum Teufel soll denn das? Ich will nicht über die Schüler herziehen, die Golf als Zusatzfach wählen, aber diejenigen gehören an den Pranger, die das eingeführt haben. Die Schüler müssen weiterhin etwas über Geschichte, über Philosophie, über Kunst und Literatur lernen. Und über unsere Welt.«

»Wenn deine fiktiven Personen morden, welche Motive unterstellst du ihnen dann?«

»Du hast beinahe die Antwort vorweggenommen. Es gibt immer ein Motiv, und es gibt gar nicht so verdammt viele verschiedene Motive. Da ist einmal die Gier – also es geht um Geld – und dann sind da Eifersucht und Rache. Das sind im Großen und Ganzen die Motive. Natürlich mit Variationen und Kombinationen. Ein weiteres Motiv und eine Erklärung kommen hinzu: Dialog und Argumente zählen nicht.

Darum greifen einige zum Äußersten. Es kann aus Verzweiflung geschehen, mit Kalkül, kalten Blutes oder in Panik. Diese Gefühle können einen Menschen zu physischer Gewalt greifen lassen. Wie gesagt: Ein Motiv gibt es immer!«

»In *Die Rückkehr des Tanzlehrers* rächt sich ein anscheinend freundlicher und empfindsamer Mann, vierundfünfzig Jahre nachdem sein Vater ermordet wurde, an dem Mörder. Er geht derartig bestialisch vor – er peitscht ihn zu Tode –, dass die Rache das Verbrechen an Grausamkeit übersteigt. Warum gehst du so vor?«

»Diese Frage haben sich schon vor 2500 Jahren die griechischen Schriftsteller gestellt. Was ist Rache? Wie sieht menschliche Rache aus? Wie die der Götter? Die Griechen sahen da nicht immer einen Unterschied, und das klassische griechische Drama handelt in der

Hauptsache von Rache. Die Rache der Götter an Menschen, der Menschen Rache an Menschen. Wir hier kennen auch die klassische Form, Blutrache genannt, und genauestens beschrieben in der Literatur Islands, Norwegens, Schwedens und auch Dänemarks. Und in der sizilianischen Vendetta.

Ich glaube, dass die Rache für erlittenes Unrecht aus einer Zeit stammt, in der wir noch einzelnen Sippen angehörten. Als nicht nur die eigene Ehre ungeheuer wichtig war, sondern die Ehre der ganzen Sippe. Die musste um jeden Preis bewahrt werden. Und man ging so weit, wie die Phantasie einen trug, um altes Unrecht an der Sippe zu rächen.

Heute können wir noch in den Einwandererkulturen erleben, dass Väter ihre Töchter töten, weil die den verkehrten Geliebten haben. Um die Ehre der Familie zu bewahren, ist der Vater bereit, die Tochter zu töten und für den Rest seines Lebens ins Gefängnis zu gehen. Es ist nicht nur die eigene Ehre, die er zu verteidigen hat, sondern die einer großen Gruppe. Das ist der Grund, warum Rache ein so starkes Motiv ist und in einer modernen Gesellschaft immer noch existiert.«

»Was soll eine offene und moderne Gesellschaft tun, um der Rache eines solchen Vaters zu begegnen?«

»Der Vater muss natürlich eine langjährige und strenge Strafe bekommen. Zwanzig Jahre, von denen er mindestens fünfzehn absitzen muss. Auch damit andere begreifen: So geht es nicht. Wir lassen so etwas nicht zu. In Schweden sind schwedische Gesetze gültig. Ehrbegriffe und Sippengesetze anderer Kulturen gelten bei uns nicht.

Das muss sehr deutlich gemacht werden. Und es muss frühzeitig und noch stärker denen klargemacht werden, die nach Schweden einwandern. Es hat bisher eine sogenannte humane, aber in Wirklichkeit tief inhumane Nachgiebigkeit in dieser Frage geherrscht. Wir müssen klarstellen, in aller Deutlichkeit, dass in Schweden schwedische Gesetze gelten.

Wir können Ehrenmorde nicht verhindern, weil die Menschen nicht von heute auf morgen ihre Mentalität ändern. Aber wir hätten schon bedeutend mehr als bisher unternehmen können, um unsere Missbilligung zu signalisieren. Übrigens hast du eine interessante Beobachtung gemacht: Die Rache verläuft oft grausamer als das Verbrechen selbst. In der klassischen italienischen Vendetta ist das auch so. Die Rache ist schlimmer als das Verbrechen.

Dahinter steckt eine Warnung: ›Hier kannst du sehen, was passiert, wenn du unseren Clan angreifst!‹ Allein die bis dahin vergangene Zeit kann manchmal schon zu einer Verschlimmerung führen.«

Mankell beugt sich vor: »Wenn wir über die kriegerische Seite des Menschen sprechen, verweisen wir oft auf das Eigentumsrecht, im weitesten Sinne. Es existiert von dem Punkt an, wo wir das Nomadendasein aufgegeben und Grundbesitz eingeführt haben.

Neuere Untersuchungen haben übrigens gezeigt, dass Gruppen von Schimpansen Kriege gegen andere Schimpansengruppen vom Zaun brechen können. Junge männliche Schimpansen rotten sich zusammen und greifen Artgenossen an, um sie zu vernichten. Das sind sensationelle Entdeckungen, die offenbaren, dass kriegerisches Gebaren andere Ursachen als die bisher bekannten haben kann.

Trotzdem ist das kein Beweis für genetisch bedingte Bösartigkeit. Krieg ist immer noch dadurch begründet, dass jemand sich einen Vorteil auf Kosten eines anderen verschaffen will. Und das ist selten genetisch bedingt, eher taktisch oder strategisch, weil vielleicht das Überleben davon abhängt. Aber wir müssen akzeptieren, was die Neuigkeit über das Verhalten der Schimpansen an Erkenntnissen bringt.

Für mich ist es eine spannende Entdeckung: Schimpansen führen nicht aus Gründen des Überlebens Krieg, sondern um ihr Dasein zu verbessern. Die Schimpansen, die in die Untersuchung einbezogen wurden, haben gut gelebt und waren nicht gefährdet durch Überpopulation. Trotzdem haben sich Gruppen zusammen-

»Und wer, glaubst du, macht sich eigentlich etwas daraus, dass Afrikaner geopfert werden, wenn das Ergebnis Medikamente und Impfstoffe sind, die den Menschen im Westen nutzen?«, schreibt Henning Mankell im Roman Kennedys Hirn. *(Foto: Torbjörn Selander)*

gefunden, um andere anzugreifen, um eventuell noch bessere Lebensbedingungen zu haben. Die Kriege der Schimpansen waren überaus gewaltsam und endeten tödlich.«

Diese überraschend enge Verbindung zwischen Schimpansen und Menschen wird als Miniplot in *Kennedys Hirn* eingebaut. Der Roman wendet sich vehement gegen geheime medizinische Experimente an Menschen der Dritten Welt, die dazu dienen sollen, Impfstoffe gegen drohende neue Epidemien zu entwickeln.

Der Roman zeigt, dass die Rekrutierung armer Menschen für medizinische Versuche effektiver, unkomplizierter und damit billiger ist als die Versuche mit Ratten und Schimpansen:

Die Männer in Stiefeln, Schürzen und Gummihandschuhen geben den Menschen Injektionen. Aber nicht nur die Kranken bekommen Spritzen. Viele, die herkommen, sind gesund, genau wie Umbi es erzählt hat. Sie werden als Versuchstiere für unerprobte Impfstoffe benutzt. Ihnen wird infiziertes Blut injiziert. Sie werden mit dem Aidsvirus infiziert, um testen zu können, ob der Impfstoff wirkt. Die meisten in dem Raum, in dem du mich gefunden hast, sind hier infiziert worden. Sie waren gesund, als sie kamen. Aber es gibt auch andere, solche wie ich, die die Krankheit auf andere Weise bekommen haben. Wir bekommen Medizin, die nicht einmal an Tieren erprobt wurde, um zu sehen, ob man Heilmittel finden kann, wenn die Krankheit ausgebrochen ist. Für diejenigen, die die Tests an uns ausführen, sind Menschen und Ratten und Schimpansen austauschbar. Eigentlich sind die Tiere nur ein Umweg. Es sind ja trotz allem nicht sie, die geheilt werden sollen. Und wer, glaubst du, macht sich eigentlich etwas daraus, dass Afrikaner geopfert werden, wenn das Ergebnis Medikamente und Impfstoffe sind, die den Menschen im Westen nutzen?

Mankell sagt, dass Teile des Romans auf Tatsachen beruhen, will aber nicht näher darauf eingehen. Andere Teile sind natürlich Fiktion. Das Zusammentragen von Hintergrundinformationen und Daten war Robert Johnssons Aufgabe. So hat seine Zusammenarbeit mit Henning Mankell begonnen.

Kopenhagen, 2011

Ein Roman kann auf Seite 212 oder 397 enden, doch die Wirklichkeit geht unvermindert weiter. Was hier geschrieben steht, ist natürlich ganz und gar das Ergebnis meiner eigenen Wahl und meiner Entscheidungen. Genauso, wie der Zorn mein eigener ist. Der Zorn, der mich antrieb.

Henning Mankell

Robert Johnsson, Henning Mankells persönlicher Assistent, lebt in Göteborg. Aber da die große Welt mehr Wert auf Titel legt als wir in Skandinavien, steht ebenfalls *global coordinator* auf seiner Visitenkarte.

Mit entwaffnendem Understatement bezeichnet er sich selbst als »missglückten examinierten Akademiker in englischer Literatur und ein wenig Staatskunde«.

Jetzt treffen wir uns in einem Designerhotel in Kopenhagens Mitte, um – bequem platziert in Finn Juhls Poet Sofa und im Pelikan-Stuhl – über Johnssons enge Zusammenarbeit mit Henning Mankell zu sprechen.

»Die Zusammenarbeit mit Henning begann im September 2004, als er an *Kennedys Hirn* schrieb. Henning brauchte jemanden, der ihm bei den Recherchen helfen konnte, und warf ein Netz in seinem Umgangskreis aus, um den Richtigen zu finden.

Meine Großmutter und Evas Mutter Ellen (Bergman) waren befreundet. Und so dachte Ellen an mich, und kurze Zeit später rief Henning an. Ich hatte *Die weiße Löwin* gelesen und war sehr beeindruckt von diesem Buch. Damals las ich beinahe ausschließlich englischsprachige Literatur, Don DeLillo und die Postmodernen, über die ich eine Seminararbeit geschrieben habe.

Ich habe mir natürlich vor unserer Verabredung Hennings Werkverzeichnis angesehen und bekam einen Schock, als ich entdeckte, dass er zum damaligen Zeitpunkt dreißig Millionen Bücher verkauft hatte. Ich war also ziemlich angespannt, es gelang mir jedoch, eine Art Coolness an den Tag zu legen. Wir hatten ein gutes Gespräch, und Henning erteilte mir zwanzig Aufgaben, die ich innerhalb einer Woche zu lösen hatte«, führt Robert Johnsson aus.

»Was waren das für Aufgaben?«

»Ich sollte alle Fakten und Dokumente zu den Kennedy-Morden zusammentragen, also zu den Morden an Präsident John F. Kennedy und seinem Bruder Robert, die verschwundenen Obduktionsberichte aufspüren und vieles mehr. Im Laufe der Woche gelang es mir glücklicherweise, alle zwanzig Punkte abzuhaken. Henning meinte: ›Prima. Nun kannst du mir bei der Beantwortung der restlichen Fragen helfen!‹

Robert Johnsson, Henning Mankells global coordinator. (Privatfoto)

Ich sollte beispielsweise einen Obduktionsbericht besorgen über eine Person, die erdrosselt wurde, damit Henning für seinen Roman einen glaubwürdigen Obduktionsbericht schreiben konnte. Das war nicht einfach. Aber ich will gleich hinzufügen, dass es stets entschieden leichter ging, wenn ich auf Henning Mankell verwies. Dann wollten alle gern helfen.«

Robert Johnsson Anstrengungen haben sich ausgezahlt. Denn Henning Mankell ist sich bewusst, dass die Phantasie eines Künstlers nicht ausreicht, um die Sprache der Mediziner, die für die Authen-

tizität so entscheidend ist, fachgerecht nachzuahmen. Hirnbasis-
arterie ist zum Beispiel eine für einen Laien recht undurchschau-
bare Bezeichnung. Und so sieht der Obduktionsbericht im Roman
nun aus:

Bei der inneren Untersuchung kein Nachweis von Blutungen
unter der Haut. Der Schädel ist unverletzt, die Innenseiten der
Schädelknochen bleich. Außerhalb oder unter der harten Hirnhaut keine Blutungen zu erkennen. Die harte Hirnhaut ebenfalls unverletzt. Die Oberfläche des Hirns unauffällig. Kein Zeichen von Hirndruck. Mittellinie nicht verschoben. Die weichen
Häute glänzend und glatt. Zwischen den Häuten keine Blutungen oder sonstige Pathologika. Normale Weite der Hirn-
kammern. Scharfe Grenze zwischen grauer und weißer Substanz. Die graue Substanz von normaler Farbe. Hirngewebe von
normaler Konsistenz. Keine Ablagerungen in den Hirnbasis-
arterien.

»Wie viel an künstlerischer Freiheit nimmt sich Mankell heraus im
Verhältnis zu deinen auf Fakten beruhenden Recherchen?«

»Wie du weißt, schreibt Henning ja nicht nur über das, was geschehen ist, sondern auch über das, was geschehen könnte. Und
da liegt die künstlerische Freiheit, im Wort *könnte*. In dieser Hinsicht ist er genial. Ich weiß nicht, wie er das fertigbringt, aber da
ist er unglaublich gut. Nach *Kennedys Hirn* schrieb er *Die italienischen Schuhe*. Das Buch verlangte ebenfalls viel Recherchearbeit.
Er wollte unter anderem wissen, wie man handgenähte Schuhe her-
stellt«, sagt Robert Johnsson.

»Wie stark warst du in *Der Chinese* einbezogen?«

»Ich glaube, es war im Sommer 2007, als Henning mich bat,
nach China zu reisen und Recherchen anzustellen. Ich hatte einen
guten Freund in Peking, der mir half. Ich streifte sieben, acht Tage
umher und hielt meine Eindrücke fest: Automarken, welche Aus-

stellungen laufen in welchen Museen, wie sehen die Militäruniformen und -fahrzeuge aus, welche Farben haben die Uniformen der Polizei und der verschiedenen Wachleute – ein klein wenig *local touch*.

Ich bemühte mich, die richtigen Leute zu erwischen und mit ihnen zu sprechen, nicht speziell über China und chinesische Politik – denn darüber ist Henning ausgezeichnet informiert –, sondern mehr darüber, was man lesen sollte und welche Hotelkategorien es in den verschiedenen Städten gibt.

All das schrieb ich in mein Notizbuch und half ihm damit sehr, glaube ich. Es gab da noch ein schlimmes Zwischenspiel, denn mir wäre auf der Heimreise das Buch beinahe abhandengekommen. Als ich in Holland umsteigen musste, hatte ich nicht mehr daran gedacht, dass ich das Tagebuch und alle meine Papiere unter den Sitz gelegt hatte. Alles.

Glücklicherweise konnte ich eine Flughafenangestellte aufspüren, die unglaublich hilfsbereit war – ›Henning Mankell ist mein Lieblingsschriftsteller‹ –, und so rettete ich mein Tagebuch, die Papiere und mein Gesicht. Das Herz aber schlug mir bis zum Hals …«

»Heute hast du einen Fulltimejob bei Mankell?«

»Ja, und ich habe sogar eine Angestellte bekommen, die mir bei der Logistik hilft. Das war 2007 nach der Buchmesse in Göteborg. Da benötigten wir jemanden, der die Aktivitäten und die Anfragen koordiniert, denn der Verkauf und die Nachfragen waren nach 2000 international geradezu explodiert. Henning war zu einem globalen Autor geworden.

Ich finde, es ist ein Traumjob. Und seit 2008 habe ich mehr von der Welt gesehen als in all den Jahren zuvor. Ich habe unglaublich viel von Henning gelernt, habe Weitblick bekommen und verspüre beinahe Entzugserscheinungen, wenn ich nicht regelmäßig *The Economist* lese.

Henning steht – wie er immer betont – mit dem einen Fuß im Schnee, mit dem anderen im Sand. Wir, die wir im Schnee geboren

Henning Mankell mit dem deutschen Nobelpreisträger Günter Grass und dessen Ehefrau Ute Grass auf der Insel Møn in Dänemark. (Privatfoto)

wurden, sind derart privilegiert im Verhältnis zu großen Teilen der Welt, dass es uns beinahe so vorkommt, als lebten wir unter Gottes – wenn ich an ihn glauben würde – beschützender Hand. Wir sind jedenfalls glücklich dran, und wir müssen die uns gegebenen Möglichkeiten verantwortungsvoll nutzen.

Natürlich bin ich mir im Klaren darüber, dass ich – ein weißer Mann von 1,85 Metern – mich in einer besonders privilegierten Lage gegenüber vielen anderen befinde, insbesondere gegenüber Frauen und Menschen mit Migrationshintergrund. Aber wenn die Möglichkeit besteht, eine Schule zu besuchen, dann *muss* man auch in die Schule gehen und lernen. Wenn man Wert auf Umweltschutz legt, dann *muss* man etwas dafür tun, zumindest bei Wahlen seine Stimme abgeben.

Manchmal nehmen wir die Privilegien als selbstverständlich hin, aber sie sind nicht selbstverständlich. Menschen anderer Länder kämpfen, weinen und sterben für die Rechte, die wir haben. Diese Erkenntnis hat sich bei mir verstärkt, seit ich mit Henning zusammenarbeite.

Er guckt mir nie über die Schulter, lässt mich Entscheidungen selbst treffen und bringt mir enormes Vertrauen entgegen. Denen, die sich an ihn wenden, bin ich gern behilflich. Es ist aber nicht immer möglich, ihre Wünsche zu erfüllen. Und das muss ich auch so eindeutig formulieren. Wenn ich ein halbes Okay oder ein Vielleicht in der Luft hängen lasse, wird das oft als ein ganzes Okay oder ein definitives Ja aufgefasst.

Das muss man beachten.

Wir bekommen mindestens fünfzig Anfragen in der Woche von Leuten aus der ganzen Welt, die Henning interviewen wollen oder

Henning Mankell hält die Dankesrede, nachdem er von der schottischen University of St. Andrews zum Ehrendoktor ernannt wurde. (Privatfoto)

ihn einladen. Das erlebt nicht jeder schwedischer Autor. Es wird auch nicht jeder in das Komitee *Partnerschaft für Afrika* berufen, eine Initiative des ehemaligen deutschen Bundespräsidenten Horst Köhler. Und nicht viele werden zu einem Gespräch mit dem Kanadier Michael Ondaatje an einer amerikanischen Universität eingeladen.

Von alldem weiß man vielleicht in Schweden gar nichts. Denn es ist schwer, Prophet im eigenen Land zu sein. Henning lebt ja privat sehr zurückgezogen. Das muss man respektieren.

Seit ich angefangen habe, für ihn zu arbeiten, sehe ich ein, dass hart arbeiten guttut. Calvin ist nicht nur ein Schreckgespenst, er kann auch Vorbild sein. Es tut gut, viel zu arbeiten, und Hennings Arbeitsethik und -moral ist unglaublich. Kreativität ist sein Lebensnerv. Er liest ununterbrochen, sieht Filme und hört Musik. Ich weiß nicht, wann er anfängt und wann er aufhört.

Henning sagt, die Arbeit mit dem *Teatro Avenida* in Maputo sei das spannendste Abenteuer seines Lebens. Für ihn ist Solidarität das Allerwichtigste. Heute verwechseln die Schweden Gerechtigkeit mit Solidarität. Man kann sagen, es hat drei Wechsel gegeben: 1. Wir sind von Mitbürgern zu Konsumenten geworden. 2. Wir denken nicht mehr kollektiv, wir sind individualistisch eingestellt. 3. Anstelle von Solidarität reden wir von ausgleichender Gerechtigkeit.

Teilen wir gerecht, so teilen wir zu gleichen Teilen, während Solidarität bedeutet: Der bekommt am meisten, der es am nötigsten braucht. Gerechtigkeit berücksichtigt das eigene Bedürfnis, für Solidarität ist der Ausgangspunkt: Was brauchen andere am dringendsten. Heutzutage ist für die Hälfte aller Schweden Shopping die liebste Freizeitbeschäftigung. Nimmt man hinzu, dass die Warholsche ›15-Minuten-Berühmtheit‹ zur ›15-Megabyte-Berühmtheit‹ mutiert ist, erhält man ein recht klares Bild davon, was in Schweden innerhalb der letzten fünfzehn Jahre geschehen ist.

Uns geht es sehr gut im kalten Norden. Wir haben Elektrizität, solide Häuser, fließend kaltes und warmes Wasser, und wenn die Kinder spielen, müssen wir keine Angst vor Minen am Straßenrand haben. Sollte es da nicht unsere Aufgabe sein, für alle solche Lebensbedingungen zu schaffen?

Henning Mankell ist ein Schriftsteller, der – auch in unser aller Namen – den Blick über den Horizont erhebt, um zu sehen, was anderswo passiert. Ein Mann, der uns aufruft, sich für die Welt zu interessieren. Jeder soll sein eigenes Leben leben, aber ab und zu ist es gut, an das Leben anderer erinnert zu werden. Und das rückt

Henning ins Scheinwerferlicht – sowohl durch sein Handeln als auch durch sein schriftstellerisches Werk.«

»Aber ist es nicht schwer, mit ihm Schritt zu halten?«

»Die Zeit ist der Schlüssel. Die Grundhaltung von Henning ist, dass der Mensch seine Zeit nicht vergeuden darf. Denn Zeit ist das Einzige, wovon wir nie genug haben können. Wenn er und ich ein Treffen vereinbart haben, kommt er immer kurz vor dem angegebenen Zeitpunkt. Und ich tue das auch, sodass wir sofort in die Thematik einsteigen können. Und man muss immer bestens präpariert sein. Das ist sehr wichtig.

Wir sitzen, wenn wir zusammen reisen, auf vielen Flughäfen herum, aber in der Regel schweigen wir. Es ist angenehm, sich in der Gesellschaft eines anderen wohl zu fühlen – auch im Schweigen. So geht es mir mit Henning«, meint Robert Johnsson.

Maputo, 2011

Bei der Gelegenheit hatte Deng die Meinung geäußert, dass der Sprung von dem Punkt, wo alle eine Hose haben, zu dem, wo alle wählen können, ob sie eine zweite Hose haben wollen, ein in vielfacher Hinsicht größerer Sprung ist als der erste. Diejenigen, die Dengs Ausdrucksweise verstanden, wussten, dass er etwas sehr Einfaches meinte; nicht alle konnten gleichzeitig die zweite Hose bekommen.

Der Chinese

Über einen Monat nach der Indienreise bringt Mankell eines Abends in Maputo die Eindrücke und Gedanken zu Papier, die ihm während der schlaflosen nächtlichen Zugreise von Jaipur nach Neu-Delhi durch den Kopf gingen:

> Es war, als würden wir auf einem dunklen Fluss entlangfahren, genau wie es Joseph Conrad in *Herz der Finsternis* beschrieben hat – ein Buch, das eigentlich als ein »Roman über ein Verbrechen« angesehen werden sollte. Denn das, wovon das Buch de facto handelt, ist der europäische Übergriff auf den afrikanischen Kontinent. Die koloniale Vergewaltigung. Diejenigen, die das Buch gelesen haben, wissen, was ich meine: Der kleine Dampfer fährt langsam den dunklen Fluss hinauf. Von Zeit zu Zeit kann man Licht am Ufer erkennen. Feuer, Fackeln, Augen, die leuchten. So war es auch auf der Zugfahrt nach Neu-Delhi. Oben auf der Bahnböschung wohnten anscheinend Menschen. Es war, als schöbe sich der Zug in langsamem Tempo mitten durch die miserablen Slumquartiere der Menschen, Kilometer für Kilometer, Menschen, die am Feuer hockten oder uns mit müden Augen anstarrten, uns, die wir hinter verschmutzten Zugfenstern saßen.

Und als globaler Schriftsteller überträgt Mankell seine persönlichen Erlebnisse in eine ausgedehntere Perspektive:

> Ich dachte an diesem Abend und in dieser Nacht über vieles nach. Insbesondere türmten sich die großen Fragen über die Möglichkeiten und Grenzen der Demokratie wie eine riesige

Mauer vor mir auf. Die Fragen basierten auf einer ganz einfachen Tatsache: Heute vergrößert sich die Bevölkerung Indiens um zirka fünfzig Neugeborene pro Minute. Der Gedanke ist so schwindelerregend, dass man kaum darüber nachdenken mag, wie groß der Nettozuwachs innerhalb von vierundzwanzig Stunden ist.

Er nimmt die Rechnung trotzdem vor und kommt auf 72 000 Neugeborene. Dann fährt er in seiner Aufzählung fort:

Zum Vergleich – und die Statistik ist glaubwürdig: China verzeichnet einen Nettozuwachs von zirka fünfundzwanzig Kindern pro Minute. Was also besagt, dass das autoritäre Regime in China eine strengere Kontrolle über den explodierenden Bevölkerungszuwachs ausübt, der sich eines Tages aber dennoch nicht mehr kontrollieren lassen wird, weder in Indien noch in China.

Mankell führt an, dass die Bevölkerungszahl in Indien und China nicht gleich groß ist. Indien hat um die 1,2 Milliarden Einwohner, China um die 1,3 Milliarden. Dieser Unterschied kann aber nicht die Ursache für den dramatisch ungleichen Bevölkerungszuwachs sein:

Dass die Kontrolle in einem autoritären Regime leichter durchzuführen ist, verwundert nicht. Es ist ebenso einfach, die Menschen daran zu hindern, Kinder zu gebären, wie es einfach ist, sie umzubringen. Doch dahinter verbirgt sich eine tiefer gehende Frage: Wie soll man die indische Demokratie verteidigen können, wenn diese nicht imstande ist, die Bevölkerungsexplosion einzudämmen? Ich habe mit vielen – auch mit vielen Intellektuellen – in Indien darüber gesprochen und hatte den Eindruck, die meisten konstatierten resigniert, dass auch die Demokratie, so vehement sie natürlich zu verteidigen sei, ihre klaren Begrenzungen hat. Möglicherweise wird es eines Tages eine entscheidende Aufgabe sein, nicht nur in Indien, sondern auch in einem Land wie Schweden, die Demokratie neu zu definieren, ihre Möglichkeiten abzuschätzen und dafür zu sorgen, dass die Begrenzungen so klein wie möglich gehalten werden. Man sagt gemeinhin, dass die Demokratie versteinert und abstirbt, wenn sie sich nicht erneuert. Meine nächtliche Reise zwischen Jaipur und Neu-Delhi hat das bekräftigt. Falls es nicht geschieht, ist das Risiko groß, dass autoritäre Modelle die demokratischen offenen Gesellschaften überwuchern. Diesen Preis dürfen wir nicht zu zahlen bereit sein. Denn das hieße, sehenden Auges direkt auf den Untergang zuzusteuern.

Exakt wie im Roman *Herz der Finsternis*, in dem, wenn endlich das Ziel erreicht ist, nur eines bleibt: ›The horror! The horror!‹

»Dein Kommentar zu Indien ist eine interessante Mischung aus Leidenschaft, Fakten und Politik«, werfe ich ein.

»Ich habe diesen Text in zirka zwanzig Minuten geschrieben und nur ein einziges Wort geändert, glaub ich. Ich habe im Zug gesessen, mitten im Durcheinander, und den Text im Kopf formuliert. Und als ich ihn zu Papier brachte, musste ich überhaupt nichts ändern. Wenn ich einen solchen Text schreibe, laufen meine kreativen Motoren auf *full speed*.«

»Wir haben uns schon einmal über die Stärken und Schwächen der Demokratie unterhalten. Jetzt stellst du die Frage, ob Demokratien weniger als Diktaturen geeignet sind, den explosiven Bevölkerungszuwachs in den Griff zu bekommen.«

»Ja, und ich berufe mich auf ein klares Faktum, nämlich auf den Unterschied zwischen China und Indien. Und ich tue das, weil die Demokratie absterben müsste, würden wir sie nicht immer wieder anfechten. Demokratie ist kein perfektes System, und in dieser Bevölkerungsumfrage offenbart sich ein Schwachpunkt, ein Problem.

Es ist gut möglich, dass andere mit Gegenargumenten kommen, und dann sage ich ›Danke‹. Ich freue mich, wenn über das, was ich sage, gestritten wird. Nun habe ich das so veröffentlicht, und nun müssen wir sehen ...«

Auf meinem Laptop erscheint eine E-Mail, diesmal vom ehemaligen deutschen Bundespräsidenten Horst Köhler, der sein selbstauferlegtes Schweigen gegenüber der Öffentlichkeit nach seinem Rücktritt im Mai 2010 gebrochen hat – in Hinblick auf die Freundschaft mit Henning Mankell, ihr gemeinsames Engagement auf dem afrikanischen Kontinent und den Respekt vor Mankells literarischem Werk. Horst Köhler schickt mir den folgenden Text:

Horst Köhler

Schon vor vielen Jahren habe ich Henning Mankells Bücher kennen und schätzen gelernt. Die Ermittlungen des Kommissars Kurt Wallander faszinieren mich immer wieder. Erst viel später lernte ich Henning Mankell auch persönlich kennen. Ich denke aber, das musste irgendwie sein. Wir haben wohl eine gemeinsame Passion: die Liebe zum afrikanischen Kontinent und seinen Menschen. Diese Verbindung hat uns in den letzten Jahren immer wieder zusammengebracht und zu fruchtbaren Gesprächen geführt.

Henning Mankell lebt eine große Zeit des Jahres in Maputo, Mosambik. Seine Erfahrungen und Eindrücke verarbeitet er in großer Literatur und so sind seine Afrika-Bücher für mich auch eine Quelle der Inspiration. Bücher wie »Der Chronist der Winde« erschließen uns in einem Universum an Armut und Ungerechtigkeit den Stolz und die Würde der Menschen in Afrika. Wir erkennen die große Frage der Humanität im 21. Jahrhundert.

Aber Henning Mankell schreibt nicht nur über Afrika, er arbeitet auch in Afrika. Als Präsident der Bundesrepublik Deutschland konnte ich das von ihm seit 1986 geleitete Teatro Avenida in Maputo besuchen und war begeistert von der Verbindung, die afrikanische und europäische Kulturtraditionen dort eingehen. Ganz im Sinne einer echten Partnerschaft auf Augenhöhe hat er aber nicht nur in Afrika für Afrikaner gearbeitet, sondern sich zugleich immer wieder dafür eingesetzt, dass die Produktionen des Teatro Avenida auch in Europa zu sehen sind, um auch in diese Richtung Interesse und Verständnis zu fördern.

Ich bin Henning Mankell noch immer dankbar, dass er seinen reichen Erfahrungsschatz während meiner Präsidentschaft in die von mir ins Leben gerufene Initiative »Partnerschaft mit Afrika« eingebracht hat. Als er dort vor den deutschen und afrikanischen Teilnehmern die Geschichte eines afrikanischen Mannes erzählte, der sich die ihm fehlenden Schuhe mit Farbe auf die Füße gemalt hatte, lauschten alle gebannt seinen Worten. Selten habe ich mit so wenigen Worten eine so eindrückliche Parabel von der unveräußerlichen Würde des Menschen gehört.

Wir brauchen Menschen wie Henning Mankell, die uns die Augen für unseren Nachbarkontinent und seine Menschen immer neu öffnen und nicht nur über Afrika sprechen, sondern sich selber in Afrika engagieren. Dass dies nicht nur den Menschen in Afrika zugutekommt, sondern wir in Europa mindestens genauso viel bei diesem Austausch gewinnen können, das erkennen wir spätestens beim Blick auf das Lebenswerk Henning Mankells.

Horst Köhler, geb. 1943 als Sohn deutscher Eltern in Polen, deutscher Politiker (CDU) und Wirtschaftswissenschaftler. Hat den größten Teil seiner Kindheit als Flüchtling zugebracht. War Präsident der Bundesrepublik Deutschland vom 23. 5. 2004 bis zum 31. 5. 2010. Er trat zurück, nachdem er in einem Interview geäußert hatte, dass im Notfall Operationen des Militärs zur Wahrung deutscher Interessen nötig werden könnten. Horst Köhlers freiwilliger Rücktritt wurde von politischen Freunden wie auch Gegnern bedauert.

Tulsa, 2011

Später sollte Wallander die vierundzwanzig Stunden mit Baiba als einen Raum empfinden, in dem alle Uhren stehen geblieben zu sein schienen und alle Bewegungen aufgehört hatten. Sie aß sehr wenig, lag meistens auf dem Bett, mit einem Laken zugedeckt, gab sich Spritzen und wollte ihn in der Nähe haben.

Der Feind im Schatten

Henning Mankell und Michael Ondaatje während des Gesprächs an der Universität in Tulsa, USA. (Privatfoto)

Ein Jahr nach Henning Mankells erstem Wallander-Buch, *Mörder ohne Gesicht,* veröffentlicht der kanadische Schriftsteller Michael Ondaatje, geboren 1943 in Colombo auf Ceylon (heute Sri Lanka), den Roman *Der englische Patient* und erhält dafür den Booker-Preis.

Das Buch wird von Anthony Minghella in Starbesetzung verfilmt, unter anderem mit Ralph Fiennes, Juliette Binoche, Willem Dafoe und Kristin Scott Thomas. Der Film wird ein Welterfolg und gewinnt 1997 neun Oscars.

Nun treffen die beiden Schriftsteller, Henning Mankell und Michael Ondaatje, an der Universität in Tulsa, Oklahoma, aufeinander.

Mankell ist auf einer Promotion in den USA, da sein letztes Wallander-Buch, *Der Feind im Schatten,* gerade in den Staaten unter dem Titel *The Troubled Man* herausgekommen ist. In Großbritannien steht es schon seit langem auf den Bestsellerlisten. Hier landet es – wie auch in Kanada – ebenfalls sofort auf den Bestsellerlisten.

Für die Tour sind unzählige Pressekonferenzen und Signierstunden eingeplant. Der Verlag wollte natürlich zehn bis zwölf Städte in den Tourenplan aufnehmen, aber auf Mankells ausdrücklichen Wunsch hin ist er auf New York, Washington, Seattle und San Francisco beschränkt worden.

Und dann noch dieser Abstecher nach Tulsa zum Gespräch mit dem Mankell-Fan Michael Ondaatje.

»Mankell's work is really amazing. It's wonderfully plotted and structured and remarkably deep in how it explores the charakters«, sagt Michael Ondaatje vor dem Treffen.

Es ist 19.30 Uhr, und der große Saal der Universität ist bis zur letzten Stuhlreihe gefüllt.

Nach kurzer Begrüßung und Vorstellung der beiden Gäste und der Aufzählung ihrer schriftstellerischen Meriten betreten die Autoren das mit Farnen und weißen Blumenarrangements geschmückte Podium. Sie werden mit Applaus empfangen. Ein seitlich vom Podium angebrachter Großbildschirm ermöglicht allen im Saal, das Gespräch aus der Nähe zu verfolgen.

Die Schriftsteller setzen sich in hohe Lehnstühle, die mit hellbraunem Leder bezogen sind. Beide sind lässig gekleidet, und es ist vom ersten Augenblick an zu spüren, dass sie sich gut verstehen. Es ist auch das einzige verabredete Treffen mit Lesern auf dieser Reise durch die USA, auf das Mankell eingegangen ist.

Michael Ondaatje: »Es kommt mir so vor, als säßen wir auf einer Theaterbühne, nicht wahr?«

Henning Mankell lächelt amüsiert: »Ja … am Ende der Vorstellung und am Anfang der Vorstellung!«

Michael Ondaatje lacht und spricht das Publikum an: »Ich möchte euch nur kurz erzählen, dass Henning und ich uns vor ungefähr sieben Jahren zum ersten Mal begegnet sind. Ich hatte um ein Treffen gebeten, weil ich ein großer Fan von ihm war – und immer noch bin … Henning hat viele Romane, Kinderbücher, Krimis und Bühnenstücke geschrieben, und er arbeitet auch als Regisseur. Er unternimmt viel, um das Verständnis für Afrika zu fördern und um *The Memory Book Project* bekannt zu machen – das sind Erinnerungsbücher für die Kinder an Aids erkrankter Eltern. Doch seine bekanntesten Bücher sind ohne Zweifel die Kriminalromane.

Henning Mankells Wallander-Krimis sind weit mehr als nur Krimis. Sie suchen ihresgleichen. Sie sind Thriller und Reißer, und man liest sie, weil sie spannend sind, aber noch mehr, weil man gern in das Universum der Figuren eintaucht und gern bei ihnen ist. Sie werden zu einer Art Familienmitglieder. Das ist einzigartig.

Henning Mankell hat sich stark im Memory Project *in Uganda engagiert.*
(Privatfoto)

Darüber hinaus, und das will ich doppelt unterstreichen, gibt
es einen moralischen Leitfaden in den Büchern; denn Kurt Wallander und sein Polizistenteam werden jedes Mal mit gesellschaftlichen und moralischen Unzulänglichkeiten konfrontiert. Im letzten Buch, *Der Feind im Schatten,* heißt es etwa: ›Er suchte nach
einer Berliner Mauer in seinem Inneren, konnte jedoch keine finden.‹ Also Henning: Wo soll man bei dir nach der Berliner Mauer
suchen?«

Mankell: »Das ist deine Frage?«

Ondaatje: »Ja, und du kannst sie beantworten, wie du willst …«

Henning Mankell: »… Es ist eine gute und verzwickte Frage.
Und du erwartest sicherlich, dass ich eine intelligente Antwort darauf finde. Gibt es eine Berliner Mauer in mir?

Okay! Ich glaube, ich habe immer stark auf Mauern reagiert.
Wie bei der Begrüßung schon gesagt wurde, habe ich lange Zeit in
Afrika verbracht, in Mosambik. Und wie ihr alle wisst, ist Mosam-

bik der Nachbar von Südafrika. Das bedeutet, ich habe viele, viele Jahre in unmittelbarer Nähe des fürchterlichen Gesellschaftssystems, das sich Apartheid nennt, gelebt.

Ich kann euch versichern: Das ist ein zerstörerisches System. Das war so eine Mauer. Eine ganz konkrete Mauer. Heute ist diese Mauer verschwunden, glücklicherweise, und wir wissen also, dass es möglich ist, Mauern einzureißen! Aber wir müssen gleichzeitig aufpassen, dass nicht neue Mauern errichtet werden.

Ich will die Gelegenheit nutzen und euch von einer ganz neuen Mauer erzählen, die schrecklicherweise in Europa errichtet wird, und ich will mir dabei selbst die Frage stellen: Wo liegt heutzutage Europas Zentrum?

Viele werden vielleicht Paris sagen, wegen der Kunst. Oder London, wegen der Wirtschaft. Aber ich sage: Nein, nein! Europas Zentrum ist heutzutage eine kleine Insel, südlich von Sizilien gelegen, ihr Name ist Lampedusa. Hier werden an jedem Morgen Tote angespült. Menschen, die, um ihr Leben zu retten, vom afrikanischen Kontinent kommen oder die aus dem Nahen Osten geflüchtet sind. Und ich frage mich: Ist das nicht eine Mauer, die wir da errichten, um alle diese Menschen, die versuchen, einen friedlichen Ort in Europa zu finden, von uns fernzuhalten? Aus meiner Sicht hängt die Zukunft Europas jetzt von den Geschehnissen auf dieser kleinen Insel Lampedusa ab.

Wir werden immer gegen unterschiedliche Arten von Mauern zu kämpfen haben. Und ich finde, dass die schlimmste Mauer die ist, die Menschen in sich selbst errichten, die Indifferenz: Wenn sie meinen, gegen die Übermacht sei nichts auszurichten. Das ist die schlimmste Mauer, und es muss die erste sein, die niedergerissen wird. Denn es ist *immer* möglich, die Welt in eine bessere Richtung zu lenken! Diese Mauer der Indifferenz müssen wir alle in uns niederreißen. Siehst du, Michael, ich habe eine Antwort auf deine Frage gefunden …«

Während die Zuhörer begeistert klatschen, sagt Michael Ondaatje: »Einverstanden ... Es ist eine Antwort, wie sie auch so zutreffend in den Wallander-Büchern gegeben wird, eine Antwort von moralischem Gewicht.«

Ondaatje und Mankell reden danach über den Hintergrund der Kurt-Wallander-Bücher.

Mankell hebt hervor, dass Kriminalromane nur ein Viertel seines Schaffens ausmachen. Er betont, dass die Anregung zu einem Wallander-Buch immer von einer Geschichte ausgeht, die er für wichtig genug hält, um aufgeschrieben zu werden. Nie sei der Polizist als Person Ausgangspunkt. Die Geschichte sei das Wichtigste.

Ondaatje: »Liest du deine früheren Bücher später noch einmal?«

Mankell: »Nee.«

Ondaatje: »Ich auch nicht.«

Mankell: »Okay, manchmal gucke ich vielleicht in eins nochmal hinein. Ich werde oft gefragt, welches meiner Bücher mir das liebste ist, und ich antworte stets: ›Stiefkinder hat man eigentlich nicht. Man liebt alle seine Kinder auf gleiche Weise.‹ Ich versuche, an allen meinen Büchern etwas Gutes zu finden. Und auch wenn ich sie nicht noch einmal lese, so trage ich sie doch in mir. Es geht mir gut mit diesen Tausenden von Seiten, die ich geschrieben habe.«

Ondaatje: »Der Gedanke, etwas noch einmal lesen zu müssen, erschreckt mich. Wenn ich nun etwas Falsches geschrieben habe!«

Mankell: »Unter meinen Lesern in aller Welt gibt es garantiert welche, die jubeln würden, wenn sie Fehler bei mir entdeckten. Und das ist tatsächlich schon passiert. Sie haben auf einen Fehler aufmerksam gemacht, und ja, sie hatten recht. Aber – und das habe ich, glaube ich, noch nie zum Besten gegeben: Ich baue immer einen Fehler in meine Bücher ein, ganz bewusst, und *den* hat noch nie jemand gefunden.«

Ondaatje: »Das ist die ewige Frage: Was ist *fiction* und was ist *non-fiction*? Ein brasilianischer Autor hat herausgefunden, dass Teile der britischen Bevölkerung glauben, Winston Churchill wäre eine erfundene Person. Er wäre Fiktion. Und er kommt einem ja tatsächlich als erfundene Figur wahrscheinlicher vor – und nicht als wirklicher Mensch ...«

Mankell: »Man muss nur an Sherlock Holmes denken – eine Figur, die vor über einhundert Jahren geschaffen wurde, und immer noch werden Briefe an die Baker Street Nr. 221b gesendet. Tag für Tag sind zwei Leute damit beschäftigt, an Sherlock Holmes gerichtete Briefe zu beantworten! Und gehört das nicht auch zum Phantastischen in der Kunst? Bücher, Filme, Malerei, was findet man darin? Man kann Freunde finden!

Vor vielen Jahren habe ich in Paris ein Bild von Manet gesehen. Ein Ölbild: Eine Frau steht hinter einem Bartresen im Paris von achtzehnhundertnochwas. Ich habe diese Frau nie vergessen, und ich glaube immer noch, dass ich sie eines Tages wirklich treffen werde. Hinter einem Bartresen irgendwo in der Welt. So verhält sich das. Man gewinnt Freunde in der Kunst. In der Literatur, im Film, in der Malerei, in der Musik. Und das ist eine der Bedeutungen, die die Kunst hat: Dass man Freunde gewinnt, auf die man schauen oder denen man zuhören kann und die einem das Gefühl geben, man sei nicht allein.

Es ist mir bewusst, dass das, was ich jetzt sage, erschreckend klingt, aber ich habe Briefe erhalten, in denen Leser schrieben, dass sie meine Bücher Sterbenden vorgelesen haben. Das ist vielleicht darauf zurückzuführen, dass ich meine Leser einlade, neben mir Platz zu nehmen. Und ich selbst habe auch viele Freunde in der Literatur gefunden. Und so soll es auch sein.«

Ondaatje: »Welche Freunde?«

Mankell: »Mein erster Literaturfreund ist von 1954 oder 56 ...«

Mankell fragt in den Saal hinein: »Wann hat Hemingway den Nobelpreis erhalten?«

Schweigen!

»Sagt mal, bin ich denn hier nicht an einer Universität?«, fragt er mit verschmitztem Lächeln. Im Saal wird gelacht und applaudiert.

»Na gut, ich denke, es war 1954, 1955 oder 1956, ich war also sechs, sieben oder acht Jahre alt und in der Lage *Der alte Mann und das Meer* zu lesen, von dem ich vielleicht ein Viertel verstand. Der alte Fischer Santiago wurde mein Freund. Er lud mich ein, neben ihm im Boot zu sitzen. Vor ihm war es *Robinson Crusoe* – der beste Roman, der jemals geschrieben wurde. Wir können so lange über all meine Freunde aus der Literatur reden, bis die Sonne im Osten wieder aufgeht …«

Ein Zuhörer hat Hemingway und Nobelpreis mit seinem Handy gegoogelt und ruft: »Das war 1954!«

Mankell und Ondaatje lächeln, und Ondaatje fährt fort: »Mich erinnern deine Romane an die von John le Carré. Ihr schreibt beide *Crime Stories*, die von viel mehr als von Verbrechen handeln.«

Mankell: »Meine Quellen der Inspiration sind viele, viele Jahre alt, Tausende von Jahren. Nehmen wir das griechische antike Drama – ein Stück wie *Medea*! Eine Frau wird verstoßen, und sie ermordet ihre Kinder und ihren Mann aus Eifersucht. Als Rache. Wenn das keine Kriminalgeschichte ist, dann weiß ich nicht, was eine Kriminalgeschichte sein soll. Oder nimm *Macbeth*! Das ist eine Kriminalgeschichte par excellence.

Der Unterschied zwischen der Antike und der Jetztzeit ist, dass es damals keine moderne Polizeibehörde gab. Sie hatten andere Methoden, ein Verbrechen aufzuklären und Verbrecher zu strafen. Aber ich kann euch versichern, hätte im antiken Griechenland eine Polizeibehörde existiert, wäre im griechischen Drama auch ein Kommissar aufgetreten; denn es geht schließlich darum, das Verbrechen und die gesellschaftlichen Widersprüche und Brüche anzuprangern. Zwischen den Menschen und im Menschen selbst, zwischen Wirklichkeit und Fiktion, zwischen Mann und Frau usw.

Aber wenn ich noch einen Roman nennen sollte, der mir viel bedeutet hat, dann ist es *Herz der Finsternis* von Joseph Conrad. Das ist auch eine Kriminalgeschichte. Sie handelt von den Verbrechen

Europas an Afrika ... Aber habe ich eigentlich auf deine Frage geantwortet, Michael?«

Ondaatje: »Ja. Ich will noch einmal auf den Roman *Der Feind im Schatten* zurückkommen. Du sagst, es beginnt immer mit einer Geschichte – und nicht mit Wallander. Aber in diesem letzten Buch *ist* Wallander die Geschichte. Ohne im Einzelnen auf die Handlung, die hier nicht verraten werden soll, einzugehen, ist der Kern des Buches Wallanders Selbsterforschung, die Geschichte seines Lebens, seiner Vergangenheit ...«

Mankell: »Ja. Wie du sagst, ergründet er diesmal nicht einen Kriminalfall, sondern sich selbst – wie einen Fall. Das tut er, weil er älter wird, und dann macht man so etwas. Ich mache das auch. Es ist wichtig, dass wir über alle solche uns widerstrebenden Gefühle reden, die mit dem Alter aufkommen. Über den Tod und die Angst vor dem Tod. Wallander stirbt nicht, so viel kann ich verraten, aber es geschehen doch Veränderungen mit ihm ...«

Michael Ondaatje und Henning Mankell reden weiter über Kurt Wallander und dessen Tochter Linda, und plötzlich sagt Mankell:

»Ich hatte eigentlich beschlossen, nie mehr über Wallander zu schreiben, aber vielleicht gibt es doch noch einen Weg. Falls ich eines Tages wieder über Linda Wallander schreibe, dann muss ihr Vater auch dabei sein. Das stelle ich einfach mal so dahin, denn allein lassen würde er sie nie. Ich verspreche nichts, aber das ist vielleicht eine Brücke, über die man gehen könnte ...«

Ondaatje: »Mir gefällt sehr, dass Wallander in *Der Feind im Schatten* endlich gezwungen ist, sich mit seinem Schicksal zu versöhnen, mit der Scheidung von Mona, seiner Exgattin, und mit seiner Geliebten Baiba, der er zum letzten Mal begegnet ...«

Mankell: »Ist es nicht gerade das, wovon das Leben handelt? Wir treffen aufeinander, wir trennen uns, wir ... Wallander war nur einmal verheiratet. Mit Mona, Lindas Mutter. Sie sind geschieden, und er hat Probleme im Umgang mit Frauen.

Ein paar kluge Frauen unter meinen Lesern haben verstanden, worauf ich hinauswollte: Wallander ist ein sehr leidenschaftlicher Mann. Er liebt immer noch seine ehemalige Frau und hat deshalb Probleme mit anderen Frauen. Er vergleicht sie mit Mona. Erst als er begreift, dass die Ehe beendet ist und nie wiederaufgenommen werden kann, ist er imstande, ein Verhältnis mit einer anderen Frau einzugehen. Und wer weiß? Vielleicht ist es noch nicht zu spät.«

Michael Ondaatje kreuzt die Beine, rutscht in seinem Sessel herum und blickt in seine Papiere: »Hattest du eigentlich ein inneres Bedürfnis, auch andere Bücher als Wallander-Krimis zu schreiben?«

Mankell: »Ich will es andersherum sagen: Ich hatte eigentlich nie das Bedürfnis, die Wallander-Bücher zu schreiben. Sie waren für mich lediglich der Ausgangspunkt, um auf den beginnenden Rassismus in Schweden aufmerksam zu machen. Ich möchte ein Geschichtenerzähler sein. Und ich bin sehr froh darüber, dass ich für meine übrigen Romane fast genauso viele Leser habe wie für die Wallander-Bücher. Ich bin wie der Bauer, der weiß, dass der Boden nicht über Jahre hinweg mit den gleichen Pflanzen bebaut werden darf. Ich versuche, den Boden in meinem Kopf auf unterschiedliche Weise zu beackern …

Nein, das ist ein idiotischer Vergleich …, aber mir fällt kein besserer ein! Aus diesem Grund jedenfalls wechsele ich die Stilarten und pendele zwischen Romanen, Essays und Theaterstücken. Wenn ich eine Idee für eine Geschichte habe, gelange ich an einen Punkt, wo ich entscheiden muss, was ich daraus machen will. Wird es ein Theaterstück? Ein Filmmanuskript? Ein Roman? Ein Krimi? Das ist eine der wichtigsten Entscheidungen, die ich zu treffen habe. Es beginnt mit der Geschichte, und dann kommt die Frage, wie soll ich sie umsetzen?«

Ondaatje und Mankell sprechen weiter über Recherche und Arbeitsprozesse. Mankell meint, die wichtigsten Geschichten seien die, bei denen man nach erfolgter Recherche keine Antwort finden kann. Wo verschwiegen und abgeschottet wird. Besonders wenn es um Politik geht.

Ondaatje macht darauf aufmerksam, dass zu viel Recherche eine Geschichte abwürgen kann, weil zu wenig Raum für Improvisation und dichterische Phantasie bleibt.

Mankell: »Ich habe glücklicherweise Robert Johnsson, der hier irgendwo im Saal sitzt, an meiner Seite. Er hilft mir bei der Recherche. Doch es bleibt immer etwas, was ich selbst tun muss. Wie du, Michael, stelle ich keine unnötigen Recherchen an. Es gibt jedoch Dinge, die – auch wenn man Fiktion schreibt – absolut korrekt sein müssen.

Das erste Kapitel von *Der Feind im Schatten* spielt beispielsweise im Büro des schwedischen Ministerpräsidenten Olof Palme. Und die Beschreibung muss natürlich genau stimmen. Sonst wird es lächerlich und unglaubwürdig. Ich kann mich dafür verbürgen, dass jedes Detail in diesem Kapitel korrekt ist. Ich habe mich bei einem Mann informiert, der bei den Besprechungen dabei war, die in mein Buch eingegangen sind.«

Ondaatje: »Wenn du ein Manuskript zu Ende geschrieben hast, redigierst du dann noch viel? Schreibst du viel um und änderst die Struktur?«

Mankell: »Eigentlich nicht. Ich treffe umfangreiche Vorbereitungen, bevor ich anfange. Wenn ich einmal in Gang gekommen bin, kann ich normalerweise sagen: ›Dieses Buch wird 510 Seiten lang.‹ Ich weiß alles über die Geschichte, kenne den Verlauf, die Details und den Aufbau. Die wichtigste Arbeit ist getan, wenn ich die ersten Zeilen schreibe.«

Ondaatje: »Wie lange dauern deine Vorbereitungen?«

Mankell: »Das können fünf Jahre sein oder fünf Tage … Das ist von Mal zu Mal unterschiedlich. Aber ich muss ständig die Geschichte fühlen und wissen, welches Orchester ich brauche, um sie auszufüllen. Charlie Parkers improvisierte Soli dauern in manchen Einspielungen zwanzig Minuten. So etwas kann er nur, weil er genau weiß, wohin er will. Darum kann er improvisieren. Mir geht es auch so. Wenn ich nicht weiß, wohin ich will, endet es im Chaos.«

Ondaatje: »Ist der Prozess anders, wenn du ein Theaterstück schreibst?«

Mankell: »Ja, ganz anders. Für ein Buch muss man die Arbeit allein leisten. In einem Theaterstück lädt man die Schauspieler zur Arbeit ein. Sie sollen denken: ›Aha, er will, dass *ich* das hier umsetze!‹ In einem Buch beschreibt man alles genau. In einem Theaterstück so wenig wie möglich. Und da ist noch ein Unterschied: Romane schreibe ich auf dem Computer, Theater- und Filmmanuskripte dagegen mit der Hand.

Nach meinem Empfinden geht es zu schnell, wenn man Dialoge auf dem Computer tippt. Schreibe ich mit der Hand, finde ich leichter den richtigen Rhythmus und das richtige Tempo. Danach gebe ich das natürlich in den Computer ein. Ich bin gerade mit einem Theaterstück über Olof Palme fertig geworden, und das habe ich vollständig mit der Hand geschrieben. Und ich finde, dass ich das, was ich bei dem einen Prozess lerne, in einem anderen wieder anwenden kann. Manchmal bin ich der Schüler, manchmal der Lehrer.«

Ondaatje: »Ich möchte mit dir über die TV-Fassungen der Kurt-Wallander-Romane reden, unter anderem über die britischen mit Kenneth Branagh. Er ist phantastisch, aber da gibt es eine Sache, die mir aufgefallen ist. Weil ja die Filmgeschichten konzentrierter sein müssen als die Romane, fehlt mir jetzt das Milieu um Kurt Wallander. Der Fokus liegt auf Branagh und dem Kern der Geschichte. Einerseits ein großartiges Erlebnis, andererseits fallen die Reflexionen und das Zusammenspiel zwischen den Polizisten und dem Umfeld weg.«

Mankell: »Ich verstehe gut, was du meinst, und ich stimme dir in gewissem Grade zu. Andererseits bin ich der Meinung, dass Kenneth und die Filmleute und Drehbuchautoren bei der BBC die Geschichten gesäubert und genau auf den Punkt gebracht haben. Sie haben alles entfernt, was stören könnte, haben die Geschichten zu einer Art klassischem Drama geformt, sodass ich sehr froh über diese Versionen bin. Und Kenneth will weitere drei Filme machen. Ich weiß nicht, welches Buch sie sich als nächstes vornehmen. Möglicherweise *Hunde von Riga*.

Lustig finde ich, dass die britischen Versionen in Südafrika gezeigt wurden, sodass die Leute in Mosambik auf ihren Bildschirmen zum ersten Mal sehen konnten, was ich so mache.«

Ondaatje: »Worin unterscheiden sich die britischen und die schwedischen Versionen?«

Mankell: »In gewisser Weise sind die schwedischen Versionen in ihrer Erzählweise und Filmsprache englischer als die britischen. Und sie wurden ja auch in England ausgestrahlt. Sie wurden sehr gelobt, auch von britischen Schauspielern, aber sie folgen einer klassischen Machart. Man kann vielleicht auch konventionell dazu sagen, während Kenneth Branagh neue Wege beschreitet.«

Ondaatje wendet sich an die Zuhörer im Saal: »Möchte jemand eine Frage stellen? Sie müssen sich nur bemerkbar machen, und wir kommen mit dem Mikrofon.«

Ein Mann steht auf: »Henning Mankell, warum haben Sie gerade die Gegend um Ystad für die Wallander-Bücher gewählt? Wohnen Sie dort? Oder besteht eine besondere Beziehung zu diesem Teil Schwedens?«

Mankell: »Nein, damals hatte ich keine persönliche Bindung zum südlichen Teil Schwedens. Ich habe ihn aus zwei Gründen gewählt. Vor zirka dreißig Jahren passierte etwas in Schweden. Bis in die Achtzigerjahre hinein konnten die Leute auf dem Lande, wenn beispielsweise von Rauschgift die Rede war, sagen: ›So was kommt hier nicht vor. Das gibt's nur in den Großstädten.‹ Bald danach konnte man nicht nur in Kopenhagen Rauschmittel kaufen, sondern auch in den kleineren Städten, zum Beispiel in der Provinz Schonen.

Der zweite Grund war, dass Ystad Grenzgebiet ist. Man kann sagen: Die Ostsee ist Schwedens Rio Grande. Auf der anderen Seite liegt der Kontinent. In Grenzgebieten herrschen immer Sonderbedingungen, es gibt mehr Konflikte. Und darum ging es mir. Das war mein Hintergedanke, als ich das südliche Schweden zum Schauplatz wählte. Jetzt besitze ich einen Hof in der Nähe von Ystad und kenne das Gebiet ziemlich gut. Ich kann also von mir sagen, ich lebe in Wallander-*county*.«

Ondaatje: »Ich mache mir große Sorgen um Wallanders armen Hund, den du in *Der Feind im Schatten* eingeführt hast. Er ist ja auf die Gnade der Nachbarn angewiesen …«

Mankell lächelt: »Ich wasche meine Hände in Unschuld. Ich habe keinen Hund! Wallander aber hatte stets zwei Herzenswünsche: einen Hund zu besitzen und einen Hof auf dem Lande. Nun sind beide Wünsche in Erfüllung gegangen, doch damit stellen sich natürlich neue Probleme ein, denn er weiß nicht, wer sich um den Hund kümmern soll.

Ich möchte etwas recht Amüsantes zum Besten geben. Für die schwedische Verfilmung hatten die Filmleute für Wallander einen Hund besorgt, ein sehr, sehr süßes Tier, das den ganzen Tag mit dem Schwanz wedelte – nur dann nicht, wenn er mit Wallander zusammen gefilmt werden sollte. Da wusste er, dass es jetzt langweilig wird und dass nichts geschieht, was ihn irgendwie interessieren könnte. Der Hund ließ stets den Kopf hängen, wenn gefilmt wurde. Ansonsten aber sprang er lebhaft umher und freute sich.«

Die Zuhörer lachen und klatschen, und Mankell fährt schmunzelnd fort: »Dem Hund war das Zusammensein mit Wallander verhasst. Och, muss ich mich nun wieder mit diesem langweiligen Kerl beschäftigen, der vorgibt, mich zu lieben, sagte seine Körpersprache.

Wallander hatte diese beiden Träume, und er konnte sie sich erfüllen. Aber es gibt keine Träume ohne Komplikationen. Stimmst du darin mit mir überein, Michael?«

Ondaatje: »Doch. Ja.«

Eine Frau fragt Michael Ondaatje, ob er die Problematik von *fiction* und *non-fiction* noch vertiefen könnte, zum Beispiel in Bezug auf Memoiren.

»Gern«, antwortet Ondaatje. »Ich hebe immer die Augenbrauen, wenn Leute sagen, sie unterscheiden scharf zwischen *fiction* und *non-fiction*. Wenn Henry Kissinger sagt, dass er an seinen Erinnerungen arbeitet, weiß ich sofort, dass ich keinem einzigen Wort, das da geschrieben steht, Glauben schenken werde. Es wird *fiction* sein und doch unter der Bezeichnung *non-fiction* laufen. Das ist besonders bei Memoiren so, denn auch wenn man die Absicht hat, die absolute Wahrheit niederzuschreiben, so wird sie doch immer aus einem speziellen Blickwinkel erzählt und ist subjektiv.

Als ich daranging, meine Kindheitserinnerungen aufzuschreiben, *Running in the Family* (dt: *Es liegt in der Familie*), wurde ich von meiner Familie in Sri Lanka mit Anekdoten und Geschichten überschüttet. Alle wetteiferten darin, mich zu unterhalten, sodass ich nur die allerbesten Geschichten in das Buch aufgenommen habe. Denn wie sagt man in Sri Lanka? ›*A well told lie is worth a thousand facts.*‹ Das nur, um diese Lawine von Lügen in Memoiren zu illustrieren.«

Ein Mann fragt: »Würden Sie beide bitte erzählen, was Sie von den Übersetzungen Ihrer Bücher halten? Werden Sie in den Prozess mit einbezogen?«

Mankell: »Am liebsten würde ich mich jetzt verbeugen: Ich empfinde eine große Dankbarkeit gegenüber allen diesen Übersetzern, die gegen schlechte Bezahlung eine enorme Arbeit leisten, um die in einer Fremdsprache geschriebenen Romane einheimischen Lesern zugänglich zu machen. Wenn ihr also heute Abend das Bedürfnis verspürt, Beifall zu spenden, dann würde ich vorschlagen, tut es zugunsten der Übersetzer! Sie leisten eine phantastische Arbeit.«

Augenblicklich braust anhaltender Beifall in dem großen Saal auf.

Mankell fährt fort: »Ich sehe, falls das möglich ist, auch die Übersetzungen durch. Aber was soll ich mit einer Übersetzung in einer Sprache anfangen, in der ich nicht einmal meinen eigenen Namen lesen kann? Wo ich das Buch von hinten nach vorn lesen muss? Wie soll ich da die Qualität beurteilen können? Da ist absolut nichts zu machen. Amüsant ist auch, dass ein Buch von sechshundert Seiten nur halb so dick ist, wenn es in China herauskommt.

Selbst wenn wir die größeren Ausdrucksmöglichkeiten von Schriftzeichen gegenüber Buchstaben berücksichtigen, muss man annehmen, dass da etwas mit dem Text passiert ist. Aber man weiß ja, dass in China einfach zum Rotstift gegriffen wird, wenn sich jemand an irgendeiner Stelle des Inhalts stößt! Man kann nichts dagegen machen. Meine Bücher wurden bis heute in dreiundvierzig Sprachen übersetzt, und neunzig Prozent der Übersetzungen sind ausgezeichnet. Nur einmal habe ich eine Übersetzung zurückgewiesen.

Mein Literaturagent fragt auch bei Lesern in den verschiedenen Ländern nach, ob sie die Sprache in Ordnung finden. Nur in China stößt man auf die merkwürdigsten Dinge. *Der Chinese,* ein umfangreiches Buch, in dem einige kritische Bemerkungen zur Politik Chinas vorkommen, ist in der chinesischen Ausgabe wirklich sehr dünn. Ich habe keine Ahnung, was darin noch steht. Manch einer würde vielleicht sagen, ich solle die Herausgabe stoppen, doch ich denke, dass der Tag kommen wird, an dem die chinesischen Leser gegen die Eingriffe und die Zensur protestieren werden. Darum: Habt ein wenig Geduld.«

Ondaatje: »Ich stimme Hennings Lob auf die Übersetzer in vollem Umfang zu. Wir können uns glücklich schätzen, dass es sie gibt. Doch einmal schrieb ein japanischer Übersetzer ein Nachwort zu einem meiner Bücher, in dem er den Inhalt aufs Heftigste angriff …«

Mankell, die Zuhörer und auch Ondaatje brechen in lautes Gelächter aus.

Mankell: »Phantastisch! *I love it.* Es passieren ja immer wieder lustige Dinge. Eine Übersetzerin aus Vietnam schickte mir mal lange E-Mails mit Hunderten von Fragen. Zum Beispiel: ›Ist es nicht sonderbar, dass ein Junge sich nicht vor seinem Vater verbeugt? Würden Sie mir bitte erklären, was Schnee ist?‹ Einige Fragen waren wirklich bezaubernd, und ich habe versucht, so gut ich konnte, Antworten zu geben. Die Übersetzer überwinden unglaublich viele Mauern und Grenzen zwischen Menschen in aller Welt. Darum wollen wir gut auf sie achtgeben.«

Ondaatje: »Ich will noch hinzufügen, dass es amerikanische und englische Autoren leichter haben mit Übersetzungen in Europa und dem Rest der Welt. Umgekehrt ist es sehr viel schwerer. Darum müssen wir auch gut achtgeben auf das Quentchen Literatur aus anderen Ländern, das Eingang in die englischsprachige Welt findet.«

Mankell: »In Ergänzung dessen, was Michael gerade gesagt hat, will ich erzählen, dass mein Freund und Lektor Dan Israel und ich einen kleinen Verlag mit Namen *Leopard* gegründet haben. Dieser Verlag gibt unter anderem arabische und afrikanische Schriftsteller auf Schwedisch heraus. Alle haben gesagt: ›Oh, mit diesem Projekt werdet ihr Schiffbruch erleiden!‹ Aber heute, nach genau zehn Jahren, ist sogar ein kleines Geschäft daraus geworden. Es gibt also genug Schweden, die die Literatur anderer Kulturen kennenlernen wollen.

Und ich kann euch versichern, dass in den nächsten Jahren enorme Mengen interessanter Literatur vom afrikanischen Kontinent und aus Südamerika zu uns hineinströmen werden; Literatur, die uns wiederum zwingen wird, neu zu definieren, was es bedeutet, ein Mensch zu sein. Wartet nur ab! Die Geschichten werden explodieren. Freuen Sie sich also darüber, dass Sie am Leben sind und das miterleben können.«

Ein junger Mann erhebt sich und fragt Ondaatje: »Gehen Sie beim Schreiben nach der gleichen Methode vor wie Henning Mankell? Haben Sie das ganze Buch im Kopf, bevor Sie anfangen?«

Ondaatje: »Nicht ganz. Darum habe ich Henning ja auch gefragt, wie lange er für Überlegungen und Vorbereitungen braucht. Mein erstes Manuskript ist, denke ich, eine Skizze. Und danach redigiere ich, baue und schreibe um. Mein erstes Manuskript enthält eher intuitive Personenbeschreibungen, offenbart mir, welchen Weg ich einschlagen werde und wie der Plot aussehen soll. An diesem Punkt weiß ich, dass ich noch nicht annähernd die endgültige Version erreicht habe.

Meine zweite Version ist dann wohl das Stadium, das Henning schon mit seiner ersten Version erreicht. Ich redigiere gern meine Texte. Ich bin ein leidenschaftlicher Lektor. Ich stelle Passagen um, ändere die Wortwahl usw. Ich nehme Tausende von kleinen Änderungen vor, die bestimmt von niemandem bemerkt oder gewürdigt werden – außer von mir selbst.«

Mankell: »Und das kann nur heißen, jeder Schriftsteller muss seine eigene Arbeitsmethode finden. Graham Greene hat viel über seine geschrieben, und ich sage jungen Autoren immer: ›Fragt nicht, wie ich es mache. Findet euren eigenen Stil und überlegt, wie ihr die Sache anpacken wollt. Das ist der wahre Weg.‹

Ich weiß, wir sollen jetzt zum Ende kommen. Aber eine Geschichte möchte ich diesem phantastischen Auditorium – ja, ihr wart wirklich wunderbar – noch erzählen. Und wenn ihr sie mögt, dann darf sie weitererzählt werden – ohne dass mir jemand etwas dafür schuldet. Es ist eine sehr kurze Geschichte, und sie handelt von Wallander.

So um 1994 sollten die Schweden Stellung zur Europäischen Union beziehen, also ob sie Mitglied der EU werden wollen. Einige Tage vor der Abstimmung spazierte ich durch eine schöne Stockholmer Straße, unsere Fifth Avenue, und sah mir Schaufenster an. Plötzlich kam ein älterer Herr auf mich zu. Er war sehr höflich, gebildet und sagte: ›Sind Sie der, für den ich Sie halte?‹

Mir war klar, ich konnte ›Nein‹ sagen und weitergehen. Aber er machte einen so freundlichen Eindruck, dass ich sagte: ›Ja, ich denke, ich bin der, für den Sie mich halten.‹ Er sah mir ins Gesicht und sagte ernst: ›Ich möchte eine wichtige Frage stellen.‹ ›Okay‹, erwiderte ich. Dann sagte er Folgendes: ›Ich möchte gern wissen, ob Herr Wallander mit Ja oder Nein stimmen würde.‹«

Die Zuhörer fangen an zu klatschen, während sich Heiterkeit in den Reihen ausbreitet.

»O nein«, fährt Mankell lachend fort, »ich muss zugeben, dass ich mir nie – selbst nicht in meinen wildesten Phantasien – hätte vorstellen können, dass ich jemals nach so etwas gefragt werden würde. Also musste ich versuchen, in Sekundenschnelle herauszufinden, welche Haltung die schwedische Polizei zur EU einnehmen könnte. Dann habe ich eine Antwort gefunden, von der ich heute noch meine, sie war ziemlich clever. Ich sagte: ›Ich glaube, er würde das Gegenteil von dem wählen, was ich wähle.‹ Und ging weiter …«

Die Zuhörer klatschen im Takt, und Mankell fährt fort: »Eine fiktive Figur kann einem Leser also genauso lebendig entgegentreten wie der Schriftsteller, der sie geschaffen hat. Und nun … es war wirklich wunderbar, hier sein zu dürfen. Ich bin sehr gerührt über euer Interesse, und es ist mir immer eine große Freude, mit Michael ein Gespräch zu führen. Vielen, vielen Dank euch allen …«

Die beiden weißhaarigen charismatischen Autoren verlassen unter stehenden Ovationen das Podium – Henning Mankell und Michael Ondaatje.

Antibes, 2011

Sie hatte ihm das Bett angeboten. In einem schwindel-
erregenden Augenblick hatte er geglaubt, sie wolle es
mit ihm teilen. Ahnte sie vielleicht seinen Gedanken?
Das konnte er nicht erraten. Sie schob ihre Haare aus
dem Gesicht und fragte noch einmal. Er schüttelte
den Kopf, er konnte auf dem Boden schlafen.

Tiefe

»Ich bin in einer Phase meines Lebens, wo ich am liebsten auf dem Lande wohne«,
sagt Henning Mankell zu diesem Foto, das ihn vor seinem Landhaus in Südschweden zeigt. (Privatfoto/Olle Karud)

Zu frühester Morgenstunde jagt ein gigantisches Gewitter über die französische Mittelmeerküste. Es scheint sich über dem alten Stadtteil, Le Vieil Antibes, festkrallen zu wollen.

Der Himmel wird in kurzen Abständen von Blitzen erleuchtet, dann folgen Donnerschläge, die die undichten Türen und Fenster der alten Steinhäuser in den Gassen erschüttern. Dann kommt der Regen. Er hämmert auf die Fliesen am Markt und auf die Pflastersteine. Um 13 Uhr ist es vorbei, und die Sonne strahlt.

Das Haus könnte nicht schöner liegen. Versteckt in einem der Gässchen im Zentrum, hinter einer hohen Mauer und einem unscheinbaren Eingang. Ein mehrstöckiges Stadthaus mit angebautem Atelier, errichtet aus den sandfarbenen Feldsteinen der Gegend. Der Hofgarten mit üppigen Grünpflanzen, Büschen und duftenden Zitrusfrüchten an den Bäumen.

Henning Mankell führt mich durch sein lichtes Arbeitszimmer in den großen, auf zwei Etagen liegenden Wohnraum mit offener Küche. Hell, leicht und sehr intim.

»Ich habe Mandarinen für dich aufgesammelt. Sie duften wunderbar und schmecken gut«, sagt er. »Aber Kaffee kann ich dir nicht anbieten, ich habe keinen im Haus. Möchtest du ein Glas Wasser?«

»Du wohnst wunderschön hier«, sage ich und nicke.

Henning Mankell wohnt an vielen Orten wunderschön: Außer dem Stadthaus in Antibes gibt es das Haus auf Särö in der Nähe von Göteborg, die Wohnung in Göteborg selbst, eine Wohnung in Stockholm und das Fachwerkhaus bei Ystad.

»Ich bin in einer Phase meines Lebens, wo ich am liebsten auf dem Lande wohne«, meint er dazu.

»Ich habe in Dänemark gesucht, in Jütland. Ich habe auf Gotland gesucht und fand dann einen Ort in Schonen, der alle meine Ansprüche erfüllt. Er liegt am Ende einer Straße, hat einen phantastischen Ausblick, war verdammt preiswert, und wir konnten sofort einziehen. Diesen Hof habe ich immer noch, aber nun wohnt einer meiner Söhne dort. Ich habe ein Stück Land dazugekauft, sodass es jetzt ein kleines Königreich ist. Aber ich werde nie mehr dort wohnen. Das ist vorbei.«

Dann ist da noch Eva Bergmans Anteil am Haus ihres Vaters auf Fårö und das im Bau befindliche Haus in Maputo. Der Hof bei Sveg ist zu einem Künstlerrefugium geworden; und Gryt, die Felseninsel mit Haus im Stockholmer Schärengürtel, ist als Rückzugsort für Mankell wie geschaffen, denn in seinem Werk wimmelt es von kleinen Inseln.

»Südlich von Stockholm bist du schnell in einem der schönsten Schärengebiete Schwedens. Und da habe ich eine Insel, auf der ich ganz allein bin. Sie ist nicht groß, aber sie liegt so, dass ich das offene Meer vor mir habe. Diese Insel bedeutet mir viel.«

»Du hast wirklich an vielen Orten Plätze zum Wohnen.«

»Manchmal habe ich das Gefühl, als würde ich in einem großen Haus mit vielen Betten und vielen Fenstern wohnen. Aber ich habe jetzt tatsächlich zu viele Wohnorte. Ich glaube, Eva und ich werden schließlich auf Särö leben. Ich will auch in Zukunft in Afrika viele Monate verbringen, ich werde weiterhin meine Insel besuchen, und ich will hier in Antibes sein! Das sind vier Orte. Und das muss reichen.

Ich habe Eva vorgeschlagen, dass wir uns von der Wohnung in Stockholm trennen. Sie hat noch eine Spielzeit am *Dramaten* vor sich, und danach verkaufen wir. Es ist praktischer, die paar Male, die wir in Stockholm sind, im Hotel zu wohnen. Und zu Eva habe ich gesagt: ›Keine neue Wohnung mehr, ohne dass eine andere verschwindet‹«, fügt er mit leicht verlegenem Lächeln hinzu.

»Erinnerst du dich noch an den Moment, als du gemerkt hast,

dass du von deinem Schreiben leben kannst, noch dazu so gut, dass du schreiben kannst, was *du* willst?«

»Das Erste, was ich geschrieben habe, war dieses Theaterstück, das dann auch angenommen wurde und mit dem ich erstaunlich viel Geld verdiente. Und da war ich ja erst achtzehn, neunzehn Jahre alt. Seitdem habe ich vom Schreiben und von zeitweiliger Regiearbeit leben können. Ich wurde gut bezahlt, sodass ich nicht mehr als zwei Inszenierungen pro Jahr machen musste. Das bedeutet, dass ich in fünf Monaten genug Geld verdient hatte, um in den restlichen sieben Monaten davon leben zu können. Das war also eine Mischung aus Glück und dem Umstand, dass man in der Theaterwelt so verdammt viel Geld bekommt.«

»Weißt du auch noch, wann du zum ersten Mal sagen konntest: ›Nun bin ich also richtig reich.‹?«

»Ich habe eine eigentümliche Erinnerung an das Jahr 1988 oder 89, als ich in Maputo mit meiner Steuererklärung kämpfte und plötzlich entdecken musste, dass ich Millionär bin. ›Herrgott‹, rief ich aus, ›ich habe eine Million Kronen!‹ Und das erzählte ich Kari. Da stand es, schwarz auf weiß: Mehr als eine Million Kronen auf dem Konto. Ich erinnere mich, dass es mir kalt den Rücken runterlief, denn ich hatte das nicht mal geahnt …

Seither habe ich nicht mehr viel darüber nachgedacht. Aber ich habe mir vorgenommen, dass ich mich nie verändern werde – in falscher Richtung. Und nach diesem Grundsatz versuche ich zu leben, auch dadurch, dass ich meine Einkünfte in Schweden besteuern lasse, obwohl die schwedische Steuerbehörde mich darauf hingewiesen hat, dass ich das auch in Afrika machen könnte. Da würde es sich nur auf fünf Prozent belaufen, aber nein, ich will in Schweden Steuern bezahlen. Das bedeutet nämlich, dass ich mindestens die Hälfte von meinem Verdienst abführe. Auf diese Weise hat man ein besseres Gefühl dabei, als reich zu gelten.

Natürlich ist es sehr angenehm, hier in Antibes in seinem eigenen Haus zu sitzen, keine finanziellen Sorgen zu haben und im

Alltag keine Angst haben zu müssen vor drohenden Rechnungen ...«

»Fühlst du dich frei bei dem Gedanken, eines Tages nicht mehr so viel schreiben und arbeiten zu müssen?«

»NEIN! Dieses Gefühl und diesen Gedanken habe ich niemals. Aber das Geld gibt mir auf der anderen Seite die Möglichkeit, ohne Bezahlung arbeiten zu können. Ich schreibe Vieles, für das ich nicht bezahlt werde oder woran ich nichts verdiene. Und genau diese Dinge sind mir natürlich wichtig. Zum Beispiel Beiträge für palästinensische Organisationen, die keinerlei Mittel haben. Wenn ich ihnen also sagen kann: ›Macht euch keinen Kopf, ihr müsst mir nichts dafür geben.‹

Ich frage mich manchmal, was ich mir heute eigentlich von dem gönne, worauf ich vor fünfundzwanzig Jahren verzichten musste. Das Einzige, worauf ich komme, ist, dass ich mir die Bücher kaufe, die ich unbedingt haben möchte. Ich überlege nicht eine Sekunde, auch wenn es sich um eine Sonderedition handelt für beispielsweise 3000 Kronen. Möchte ich sie haben, dann kaufe ich sie. Um darin zu lesen und nicht nur um sie zu besitzen.

So etwas macht mir Freude.

Wir trinken unsere Gläser leer und beschließen, nun über Liebe und Begrenzungen zu reden, zuerst im Roman:

Er liebte seine Frau über alles. Jedesmal, wenn er eine Dienstreise antrat und sie zum Abschied küsste, sog er wie nebenbei den Duft ihrer Haut ein. Es war, als würde er diesen Duft lagern wie einen guten Wein oder vielleicht wie Opium, das er hervorholen konnte, wenn er sich so verlassen fühlte, dass er Gefahr lief, die Kontrolle über sich zu verlieren.

Henning Mankells ambitioniertester und dunkelster Roman, *Tiefe*, der 2004 herauskam, handelt von Leidenschaft, Liebe und Lüge.

Die Geschichte nimmt im Oktober 1914 ihren Anfang, also gleich nach Ausbruch des Ersten Weltkriegs. Der Marineoffizier Lars Tobiasson-Svartman aus Stockholm ist Seevermesser, das heißt, er lotet die Tiefe zwischen Schären und Inseln aus, um für die schwedische Flotte die günstigste Fahrrinne zu erkunden, für den Fall, dass Schweden in den Krieg hineingezogen wird.

Lars Tobiasson-Svartman, ein Vermesser aus Leidenschaft, der sich selbst unter Kontrolle zu haben glaubt und sein Messinglot aus Manchester so sehr liebt, dass er es auch im Bett dicht an die Brust gepresst trägt, lebt in kinderloser Ehe mit der anscheinend phlegmatischen Kristina Tacker, die ihren Mädchennamen beibehalten hat:

> Nach neun Ehejahren wusste er, dass es für sie schwieriger war, sich weinend zu zeigen als nackt.

Die Beschreibung ihres Mannes, Svartman, ist nicht minder bedrückend:

> Er fragte sich plötzlich, warum er so selten lachte.
> Wessen war er beraubt worden? Warum dachte er so oft, er sei aus schlechtem Erz gegossen?

Eine kurze Zusammenfassung der Handlung, die leider klischeehaft ausfallen muss, soll an dieser Stelle nicht fehlen:

Während seines monatelangen Aufenthalts auf Panzerschiffen und Kanonenbooten übt sich Lars Tobiasson-Svartman gegenüber der Mannschaft und den Vorgesetzten in Ablenkungsmanövern und spinnt ein Netz aus Lügen, das schließlich auch seine Ehe und das Verhältnis zur Familie zerstört. Denn Svartman hat sich verliebt – »zum ersten Mal in seinem Leben gab es etwas, das er nicht verlieren wollte« – in eine junge Fischerwitwe, Sara Frederika, die allein auf der äußersten Insel im barschen, oft stürmischen Schärengebiet lebt. Hier verliert Svartman die Kontrolle und den Überblick, verfängt sich tiefer und tiefer in seinem eigenen Gespinst und versenkt sich zum Schluss im Meer – als wäre er selbst das Lot –, während seine Ehefrau in der Nervenheilanstalt Säter landet. Nur für Sara Frederika und die neugeborene Laura Tobiasson-Svartman eröffnen sich Möglichkeiten für ein neues Leben:

»Meine Reise hat angefangen, und Du bist nicht mehr dabei«, steht in Sara Frederikas Abschiedsbrief an Svartman.

»*Tiefe* ist ein beunruhigender Roman«, sage ich.

»Dieses Buch bedeutet mir viel. Ich hatte plötzlich einen Menschen vor Augen, dessen Passion darin bestand, Tiefen zu vermessen. Insgeheim hoffte er, es möge keinen Meeresgrund geben. Woher der Gedanke kam, weiß ich nicht. Er war plötzlich da, und ich fand ihn sehr faszinierend. Damit begann es.

Als einzig denkbare Person, die sich erhofft, das Meer könnte bodenlos sein, stellte ich mir einen Menschen vor, der die Seetiefen misst. Darum besorgte ich mir Fachliteratur über Seevermessungen vor einhundert Jahren. Ich habe selbst ein kleines Lot zu Hause, das zirka einhundert Jahre alt ist und das ich in einem Antiquitätengeschäft für maritime Gerätschaften gekauft habe. Die Geschichte entwickelte sich von da an in Ringen, wie bei einem Steinwurf ins Wasser.

Man kann beinahe sagen, ich hätte sie *geträumt*.

Die Nervenklinik ist ein weiteres wichtiges Detail. Heutzutage sitzen die gefährlichsten aller Kriminellen, die Psychopathen, in Säter ein. Es ist aber keine Nervenheilanstalt mehr, zum Beispiel ist der Serienmörder Thomas Quick dort untergebracht. Und ich habe mir sagen lassen, bei Windstille könne man die Schreie der ›Verrückten‹ weithin hören. Das Bild setzte sich in mir fest, und wollte mit dieser Geschichte gerne zusammengebracht werden.«

»Passion, Liebe und Kampf?«

»Ich glaube nicht, dass es eine Liebe gibt, für die nicht täglich gekämpft werden muss. Man muss für wahre Liebe kämpfen. Um sie zu erhalten und lebendig zu halten. Insofern liegt das Buch genau richtig, finde ich.«

»Svartman hat das erste Mal in seinem Leben Angst, sowohl die Kontrolle als auch einen anderen Menschen zu verlieren.«

»Das kann man so sagen …«

»Macht sie – also die Liebe – ihn stärker oder schwächt sie ihn?«

»Ich glaube, sie verwirrt ihn. Macht ihn ein wenig unsicher. Und für ihn ist das Schlimmste, die Kontrolle über Dinge und Menschen zu verlieren. Etwas für Männer Typisches. Viele Männer überkommt Angst, wenn sie die Kontrolle verlieren – Misshandlungen von Frauen haben darin wohl teilweise ihre Ursache –, und dann handeln sie aggressiv. Unglaublich viele Männer haben auch Angst vor starken Frauen, während ich finde, schwache Frauen sind ein Verhängnis.

Das hängt ja aber von jedem selbst ab. Männer, die Angst vor starken Frauen haben, bevorzugen Frauen, die zur Unterwerfung neigen. Hier liegt auch die Erklärung für die vielen asiatischen Frauen in Europa: Sie sind keine Feministinnen! Aber daraus entstehen häufig Tragödien anderer Art. Schlimm, so etwas erleben zu müssen.«

»Als Svartman die Kontrolle verliert, wird er äußerst brutal. Du hast in deinen Büchern mehrmals über Serienmörder geschrieben. Meinst du, das Töten fällt einem Gewalttäter beim zweiten oder dritten Mal leichter als beim ersten Mal?«

»Darauf kann ich dir wirklich keine Antwort geben! Ich hoffe natürlich, es fällt ihm jedes Mal schwerer, aber wissen kann ich es nicht. Es hängt sicher auch davon ab, wie schwer psychisch geschädigt der Einzelne ist. Wenn man einen Menschen tötet, und es ist keine Selbstverteidigung, muss man psychisch abnorm sein. Eine bessere Antwort kann ich dir nicht geben, denn eine solche Frage ist meinem Denken fern.

Selbstverteidigung dagegen verstehe ich gut. Dazu könnte ich in bestimmten Situationen fähig sein. Ich bin überzeugt, ich könnte einen Menschen töten, der Evas Leben bedroht. Eigentlich wäre es schrecklich, wenn man das *nicht* könnte. Vorausgesetzt natürlich, es wäre absolut notwendig.«

»Wie geht es dir beim Beschreiben der vielen Gewaltszenen?«

»Ich glaube, alle Menschen haben mal Gewaltvorstellungen. Ich glaube auch, dass alle mitunter eine so extreme Missgunst oder Eifersucht verspürt haben, dass sie Lust hatten, einen anderen Menschen zu beseitigen. Die allermeisten führen das nie im Leben aus. Aber hat man erst einmal den Gedanken gehabt, dann hat man auch darüber nachgedacht, wie er in die Tat umgesetzt werden könnte.

Die schlimmsten Gedanken, die ich jemals gehabt habe, waren auf Eifersucht zurückzuführen, besonders natürlich, als ich sehr viel jünger war … Heute kann ich nur noch darüber lachen, aber damals war das in keiner Weise lustig!

Nun will ich darauf zurückkommen, dass ich mir als Autor Taten vorstellen können muss, ohne sie selber zu begehen. Die Antwort ist einfach: Was ich auch schreibe und mir in meiner Pantasie ausmale, die Wirklichkeit ist stets schlimmer. Auf so Schreckliches, wie es in der Wirklichkeit passiert, kann ich niemals kommen. Darum muss ich auch über all diese grausamen Verbrechen schreiben. Sonst hätten meine Bücher keine Relation zur Wirklichkeit.«

»Heißt das, du kannst detailliert einen Mörder beschreiben, der beispielsweise seine Opfer skalpiert – wie in *Die falsche Fährte* –, und danach vom Schreibtisch aufstehen und friedlich dein Abendessen einnehmen?«

»Im Prinzip ja. Ich stimme mit dir überein, dass es nicht immer angenehm ist, gewisse Taten zu beschreiben. Ganz im Gegenteil. Am schlimmsten ist es mit Übergriffen auf Kinder und Frauen. Das zu beschreiben ist quälend. Aber wenn ich es tue, dann nur, weil ich glaube, dass ich damit eine wichtige Geschichte erzähle.

Generell macht es mir nichts aus, tagsüber etwas Gewalttätiges, Tödliches oder Tragisches zu beschreiben und mir abends eine

»Schreiben ist für mich ein Grundbedürfnis«, sagt Henning Mankell, der sich bei seinen Aufenthalten in Mosambik jeden Morgen und jeden Abend an den Schreibtisch setzt. (Foto: Torbjörn Selander)

Komödie anzusehen. Das kann ich voneinander trennen. Zwischen Arbeit und Nicht-Arbeit gibt es einen Unterschied.«

»Und Schreiben ist deine Passion?«

»Jeder Mensch hat die eine oder die andere Passion, denn ohne Passion kann man nicht leben. Das kann Fußball sein oder sonst irgendetwas. Bei mir ist es so, dass intensives Leben und kreatives Schaffen zusammenfallen.

Leidenschaft zum Schreiben und Leidenschaft zum Leben sind bei mir eins. Passion und Profession. Ich würde nie etwas ohne Leidenschaft schreiben können. Passion, Kreativität und Leben sind für mich drei Seiten ein und derselben Sache.

Ich weiß, *Tiefe* ist ein unheilvoller Roman, tragisch und düster. Aber das hat mich nicht davon abhalten können, ihn zu schreiben. Ich wollte es unbedingt. Und es ist faszinierend zu beobachten, in welchen Ländern er am besten ankommt. Hier in Frankreich ist er beispielsweise ein Riesenerfolg. Als ich das letzte Mal in Paris war, wollten eine Menge Leute mit mir über *Tiefe* ins Gespräch kommen. Wovon dieser Roman handelt, fragst du? Ganz einfach: Er handelt genau von dem, was in diesem kleinen düsteren Buch, das mir sehr viel bedeutet, geschrieben steht.

Auch wenn Svartman Soziopath ist – oder wie immer wir das nennen wollen –, er ist auch ein typischer Mann, außerstande sich zu seinen Gefühlen zu verhalten. Er ist rational veranlagt, und ich glaube, dass leider viele Männer sich in seinen dunklen Seiten wiederfinden können.

In dem Buch, an dem ich gerade schreibe, *Erinnerung an einen schmutzigen Engel,* gibt es wieder einen Seemann namens Svartman. Das ist der Bruder von Lars Tobiasson-Svartman, und der Leser, der *Tiefe* kennt, wird den *Link* bemerken. Der neue Svartman ist älter und ein ganz anderer Mensch, obwohl auch er etwas seltsam ist. Aber er ist kein Soziopath wie sein jüngerer Bruder in *Tiefe.*

Nachdem Dan das Manuskript gelesen hatte, fragte er: ›Soll es wirklich einen weiteren Kapitän Svartman geben?‹ ›Ja‹, habe ich geantwortet, ›soll es. Sie sind Brüder, und das ist in Seefahrerfamilien häufig so.‹ Also ist ein neuer Svartman auf dem Weg ...«

»In *Tiefe* ist Svartman Experte für Entfernungen, aber nicht für Nähe.«

»Ja, und es ist wohl recht typisch für Männer, dass sie Probleme mit Nähe haben und Angst davor empfinden, Gefühle zu zeigen und ihre Emotionen mitzuteilen. Sowohl mein Vater als auch ich sind das genaue Gegenteil von Svartman, aber ich bin wirklich vielen ›Svartmännern‹ im Laufe meines Lebens begegnet. Und der Name selbst ist ja schon ein Symbol, nicht wahr?

Er ist ein Mann, der sein ganzes Leben lang seine wahren Gefühle nicht zum Ausdruck bringt. Das ist für Männer nichts Ungewöhnliches, man findet diesen Wesenszug überall, auch in Afrika. Das ist so, glaube ich, weil er in den verschiedenen sozialen, traditionellen, kulturellen und politischen Systemen in die Männerrolle eingebaut ist. Auch wenn man Rückschau in die Geschichte hält. Der Mann steht für Gewalt, für Aggressivität, für Jagd. Für alles, was im Gegensatz zu Gefühlen steht.

Frauen sprechen über Muttergefühle, Männer über Ehre. Frauen sprechen von Verantwortung, Männer von Mut. Das ist so tief verwurzelt, dass sich die Frage stellt, ob es nicht genetisch bedingt ist. Es ist ungeheuer spannend, sich mit Paläontologie zu beschäftigen, und ich mache das oft. Man kann erkennen, dass die Schwierigkeiten des Mannes, auf Gefühle zu reagieren, unglaublich weit in Geschichte und Kulturen zurückreichen. Bei Buschmännern in der Kalahariwüste habe ich in gewissem Grad das Gleiche festgestellt. Die Frauen weinen. Die Männer nicht.

Erst in unserer Zeit, in der das Heranschaffen des Notwendigsten – Essen, Kleidung, Wärme – ein kleineres Problem geworden ist, besteht in Teilen der Welt die Möglichkeit, die Geschlechterrollen zu verändern. Der neue Feminismus ist wohl auch ein Zeichen dafür, und er hat sich in deiner und meiner Zeit entwickelt.

Dieser neue Feminismus wird, glaube und hoffe ich, auf dramatische Weise auch die armen Länder verändern können. Vielleicht erst in hundert Jahren, aber wenn man die Lage der Frauen in Afrika nicht verändern kann, kann man die Lage generell nicht verändern. Dass die Frauen eine so unendlich große Verantwortung tragen, ohne den geringsten Einfluss zu haben, muss verändert werden.

Dass Ellen Johnson-Sirleaf 2005 in Liberia Präsidentin geworden ist, hat eine größere Bedeutung, als alle Entwicklungsgelder je haben können. Auch wenn sie wohl ebenso korrupt und angreifbar ist wie die Männer, kann nun nicht länger behauptet werden, dass eine Frau nicht fähig ist, dieses Amt auszuüben«, meint Henning Mankell.

»Beim nächsten Treffen möchte ich gern mit dir über Eva Bergman sprechen«, sage ich abschließend.

Antibes, 2011

Ich bemühte mich, einen Entschluss zu fassen. Sollte
ich weiterhin meine Festung bewachen? Oder sollte
ich mich geschlagen geben und versuchen, etwas aus
dem Leben zu machen, das wahrscheinlich noch vor
mir lag?

Die italienischen Schuhe

Henning Mankell und Eva Bergman. (Foto: Kamerareportage)

Im Jahr 1996 erhält Henning Mankell im *Teatro Avenida* in Maputo ein handgeschriebenes Fax, das ungefähr so lautet:

»Hej, Eva Bergman grüßt. Ich möchte im nächsten Jahr in meinem Theater ein neues Stück inszenieren. Hast du eins auf Lager?«

Eva Bergman ist nicht nur in Schweden eine bekannte Film-, Fernseh- und Theaterregisseurin. Man verbindet ihren Namen mit dem *Dramaten*, dem Königlichen Dramatischen Theater, in Stockholm. Und natürlich mit ihrem Vater, der Filmikone Ingmar Bergman. Ihre Mutter ist dessen zweite Ehefrau, die Choreografin und Regisseurin Ellen Bergman, geborene Lundström.

»1998 habt ihr geheiratet, Eva Bergman und du«, sage ich.

»Ja, ich glaube, wir haben uns genau zum richtigen Zeitpunkt unseres Lebens gefunden. So sieht es auch Eva. Aber wir kannten uns schon seit vierzig Jahren, denn so ist es ja im Theatermilieu. Die Kreise sind recht klein, wenn man sich mit ein und derselben Sache beschäftigt«, beginnt er.

»Doch 1996 schickt sie dir plötzlich ein Fax und fragt, ob du ein Stück parat hast?«

»Und ich habe geantwortet, das habe ich nicht, aber ich schreibe an einem Buch, aus dem man vielleicht auch ein Theaterstück machen könnte. Ich glaube, ich habe angeboten, ihr Teile daraus zu faxen. Ich habe an *Die flüsternden Seelen* gearbeitet und ihr einige Kapitel geschickt. Kurze Zeit danach kam die Antwort: ›Ja, mein Gott, das würde ich gern am Theater machen.‹ ›Cool‹, schrieb ich, ›dann sehen wir uns das nächste Mal, wenn ich nach Schweden komme.‹ ›Ja‹, faxte sie zurück, ›komm ins Theater und sieh dir unsere Aufführung an.‹

Zwei Monate später bin ich nach Schweden geflogen und ging

gleich ins Theater, wo sie im Foyer auf mich wartete. Da ist es passiert, kann man sagen. Die Liebe besteht ja aus vielen verschiedenen Komponenten: Leidenschaft, Freundschaft, Inspiration – unglaublich viele Gefühle. Und Eva und ich reden sehr viel miteinander und diskutieren.«

»Wir haben schon über die Bedeutung von Leidenschaft und Kampf für die Liebe im Roman *Tiefe* gesprochen. Hast du eigentlich jemals über ein lang anhaltendes, unproblematisches Liebesverhältnis geschrieben? Mir fällt kein Beispiel ein …«

»Nein, und ich bleibe dabei, ich glaube nicht an ein unproblematisches Liebesverhältnis. Ich glaube schlichtweg nicht daran. Natürlich bin ich Menschen begegnet, die schon sechzig Jahre zusammenleben und als Fünfundachtzigjährige immer noch so glücklich sind wie bei ihrem ersten Rendezvous. Aber fragt man genauer nach, sagen alle, dass sie ihre Krisen hatten und dass es durchaus problematisch war.

In meinen Augen ist unproblematische Liebe ein Mythos. Es gibt sie nicht. Die wahre Liebesgeschichte ist eine Geschichte mit Komplikationen. Du und ich wissen ja, dass die großen Gefühle – Liebe und Hass – dichtbeieinander liegen. Leidenschaft und Abscheu liegen ebenfalls dicht beieinander. Liebe könnte ich einzig als unvollendete Sinfonie beschreiben. Auf diese Weise kann ich an sie glauben.«

»In deinen Büchern haben die Männer mehr Probleme mit der Liebe als die Frauen.«

»So ist es ja im Leben wohl auch! Männer sind gefühlsmäßig ärmer als Frauen. Darum sind es zumeist die Frauen, die die Scheidung einreichen. Und wenn die Scheidung erfolgt ist, landen die Männer oft direkt in einem neuen festen Verhältnis, während die Frauen in der Regel ein wenig damit warten. Dafür gibt es natürlich eine Erklärung. Unruhe und Eifersucht beim Mann beruhen vor allem darauf, dass kein anderer der Vater der gemeinsamen Kinder werden soll, die Unruhe der Frau aber beruht auf der Befürchtung, dass der Mann sie ins Nichts entlässt und ihr nicht beisteht.

Unruhe und Eifersucht beruhen bei Mann und Frau auf völlig unterschiedlichen Empfindungen. Und das bedeutet, dass man hart daran arbeiten muss, die Liebe lebendig zu halten. Ich bin dreimal verheiratet gewesen und habe nie den Glauben an die Ehe verloren. Ich bin ein durch nichts zu erschütternder Optimist. Ich glaube an die Machbarkeit des Zusammenlebens und daran, dass die Liebe die einzige Gnade ist, die uns zuteilwird.

Aber die Liebe trägt in unterschiedlichen Stadien des Lebens verschiedene Vorzeichen. Ich würde meine Ehe mit Eva heute so definieren: In ihr habe ich einen Menschen gefunden, der, wenn ich es mir wünschen dürfte, meine Hand hält, wenn ich sterbe. Das ist *eine* Definition von Liebe. So hätte ich die Liebe aber nicht definiert, als ich zum ersten Mal geheiratet habe.«

»Hat es eine Bedeutung, dass Eva Bergman auch ein Theatermensch und Künstler ist?«

»O ja, ich hatte jedoch Glück mit allen meinen Frauen. Eins war ihnen allen gemeinsam: Sie waren stark und haben ein eigenständiges Leben geführt. Keine hat versucht, sich durch mich zu verwirklichen.

Eva ist aber diejenige, die ihr eigenes Leben am intensivsten geführt hat, mit eigener Identität, mit eigenem Weg. Es ist natürlich ein großes Glück für mich, ihr kreatives Chaos zu erleben, ihre kreative Kraft, und dass wir darüber reden können. Wir konkurrieren auch nicht miteinander, was verdammt wichtig ist. Keiner von uns muss dem anderen etwas beweisen.«

»Ohne vorgreifen zu wollen auf das Thema Ingmar Bergman, würde ich dich gern fragen, ob du dich selbst als guten Vater siehst.«

»Ich sehe das so: Ich bin selbst ein Scheidungskind, und ich weiß genug über abwesende Eltern. Doch ich weiß auch, dass man einander trotz physischer Distanz nahe sein kann. Ich habe immer großen Wert auf Nähe gelegt, auch wenn ich in Afrika war.

Ich habe eine unendliche Menge Briefe geschrieben, und ich war zur Stelle, wenn etwas passiert ist oder ich gebraucht wurde. Ich glaube außerdem, dass ich immer positive Signale ausgesendet habe, und soweit ich das einschätzen kann, hat es einigermaßen funktioniert. Keines meiner Kinder hat jemals bitter reagiert, im Gegenteil. Es war für sie wohl auch interessant, einen Vater zu haben, der viele Monate des Jahres in Afrika lebt.

Bestimmt hätte ich in vielerlei Hinsicht ein besserer Vater sein können, doch glaube ich nicht, dass ich zu den schlechtesten gehöre. Ich war jedenfalls nie ein so niedriger Mensch wie meine Mutter ... Das kann ich ganz leidenschaftslos sagen. Sie war ein Nichts. Sie war ohne Wert. Das klingt hart, wenn ich das sage, aber es war so.«

»Wenn wir früher über deine Mutter gesprochen haben, hast du behauptet, ihre Abwesenheit habe keinerlei Bedeutung für dich gehabt. Alle Psychologen würden vom Gegenteil ausgehen. Aber du bist anderer Ansicht?«

»Ja, für mich gibt es nur eine Antwort, und zwar folgende: Ich hatte das unerhörte Glück, einen gefühlsmäßig sehr starken Vater zu haben, der viele sogenannte feminine Seiten besaß. Der keine Angst vor physischer Berührung hatte und mental stark war.

Meinen Geschwistern und mir war klar, dass er sich voll für uns einsetzte. Dass wir eine gute Kindheit haben, ein gutes Zuhause. Es ist meinem Vater gelungen, den Verlust vergessen zu machen und die abwesende Mutter zu ersetzen.

Ich erschuf mir eine Phantasiemutter, und das war ganz okay. Meine Großmutter gab es ja auch noch, natürlich eine ganz wichtige Person. Doch meine ich, dass mein Vater mit allem klarkam, und er hat es gut gemacht.«

Henning Mankell legt eine kleine Pause ein, ehe er fortfährt:

»Die Haltung meines Vaters führt mir mit aller Deutlichkeit vor Augen, was meine Mutter mir angetan hat, es war ja ein gigan-

»Ich hatte das unerhörte Glück, einen gefühlsmäßig sehr starken Vater zu haben«, sagt Henning Mankell über Ivar Mankell, hier mit seinen drei Kindern: Helena, Henning und Gustav. (Privatfoto)

tisches Versagen. Das größte Versagen, das ein Mensch begehen kann: sein Kind zu verlassen! Und sie verließ *drei*. Was für Erklärungen sie dafür auch gehabt haben mag, ich pfeife darauf!

Es *war* ein Versagen! Verständlich, dass sie danach ein elendes Leben führte. Sie war ein intelligenter Mensch und beging Selbstmord, als sie Mitte fünfzig war. Darüber kann ich gut und gern mit einem Psychologen diskutieren.«

»Verwendest du auch etwas aus deinem eigenen Leben, wenn du zum Beispiel über Wallanders ewige Schuldgefühle gegenüber seinem Vater schreibst?«

»Nein. Nichts.«

»Auch nichts von deiner eigenen Rolle als Vater?«

»Jedenfalls nicht bewusst. Aber ohne konkret daran zu denken, bringt man natürlich immer Teile von sich selbst ein, wenn man Figuren beschreibt – ob es sich nun um Rachsüchtige oder Mutige

241

oder Engelhafte handelt. Ich kann aber nicht behaupten, dass ich beim Schreiben an das Verhältnis zu meinen Kindern denke und es als Vorlage für das Verhältnis zwischen Wallander und seinem Vater benutze. So arbeite ich nicht. Jedenfalls nicht bewusst.

Seit Eva vor fast zehn Tagen abgereist ist, bis zu dem Tag, an dem du gekommen bist, habe ich mich mit keinem einzigen Menschen verabredet oder mit jemandem gesprochen, bis auf wenige Telefongespräche. Das ist *fabelhaft*. Auf diese Art bin ich immer noch das einsame Kind, von dem ich dir erzählt habe. Ich kann mich nicht an einen einzigen Augenblick in meinem Leben erinnern, auch nicht als Kind, wo ich ein Problem damit hatte, allein zu sein ... Das können andere vielleicht schwer verstehen.«

»Ich weiß jedenfalls, dass es dir gar nicht gefällt, wenn du öffentlich gefeiert werden sollst – was ja häufig geschieht – und die Veranstaltungen dann schon vor oder während des Festessens verlässt.«

»Ja. Man freut sich natürlich, wenn einem Anerkennung zuteil wird, wenn das, was man macht, geschätzt wird. Aber Banketts halte ich nicht aus! Dass man da rumsitzen und über sonst was reden muss, über völlig Belangloses. Diese Esserei und Trinkerei! Daraufhin habe ich es bei Buchvorstellungen zur Bedingung gemacht, dass ich nicht an offiziellen Essen, nicht an offiziellen Empfängen teilnehme, sondern mich höchstens auf eine Tasse Kaffee einlasse.

Das mache ich nicht aus Abneigung gegen bestimmte Personen, sondern weil ich gegen das ganze *set-up* bin. Mittlerweile haben die Leute auch akzeptiert, dass ich so bin. Aber es ist ein Kampf gewesen. In einem Fall habe ich mich geweigert, nach Amerika zu reisen, weil eine Unzahl offizieller Essen auf dem Programm stand. Ich habe geantwortet: ›Ich komme nicht. Tut mir leid.‹

Falls jemand mich deshalb für einen alten Querkopf hält, soll er das tun! Andererseits bin ich gern bereit, an Debatten und Literaturfestivals und sogar an Interviews teilzunehmen, wenn es um Bücher und Politik geht. Ich will bloß nicht stundenlang am Tisch mit Leuten zusammensitzen, die ich nicht kenne und mit denen ich nichts gemein habe. So einfach ist das.«

»Bist du ein glücklicher Mensch?«

»Du weißt, dass ich ein tiefes Misstrauen gegenüber dem Begriff *Glück* hege. Der Begriff wurde in sentimentalem Sinne gebraucht und kommerzialisiert. Und ich verachte zutiefst die Philosophie, die die Menschen zum Glücklichsein auffordert – mal ganz abgesehen vom Preis, der dafür zu zahlen ist. Es war und ist mir vergönnt, ein spannendes Leben zu führen, in dem mir wiederum vergönnt ist, meine kreativen Fähigkeiten einzusetzen und damit sogar Geld zu verdienen.

Ich fühle mich wohl, wenn ich konzentriert arbeiten kann, und ich möchte darum lieber den Begriff *Freude* benutzen. Freude ist ein gutes Wort, ein wahrhaftiges Wort, ein echtes Wort. Glück ist ein falsches Wort. Es ist versteinert. Aber Freude, vielleicht auch Dankbarkeit, vielleicht sogar Gnade, das sind ehrliche Wörter.

Die große Gnade, die uns widerfährt, und die Dankbarkeit dafür, jeden Tag aufs Neue die Sonne aus dem Meer steigen zu sehen, nicht krank zu sein, vom Krebs verschont zu bleiben, immer noch fest auf beiden Beinen stehen zu können ... solche Dinge.

Wir haben schon darüber gesprochen, dass uns vieles von Beginn an gegeben ist: Wer wir sind und wer wir werden. Ich kann mir nicht vorstellen, ein Anderer zu sein als der, der ich bin. Mit diesem Gedanken kann ich wenig anfangen. Und das Schreiben war immer ein lebendiger Bestandteil in meiner Familie.

Im neunzehnten Jahrhundert gab es in unserer Familie auch schon jemanden, der schrieb, aber eher Sachbücher. Doch ich glaube, das Meiste hole ich aus mir selbst heraus! Gedanken aufzuschreiben, Wort für Wort, Satz für Satz, und daraus Geschichten und Anschauungen zu formen, ist ein Wunder. Ist phantastisch.

Ich sage es immer wieder: Mein kreativer Grundtrieb fällt mit dem Lebenstrieb zusammen. Für mich gibt es keinen Unterschied, keine Scheidelinie zwischen den beiden Trieben. Die Erotik nimmt möglicherweise eine Extrastellung ein, sie ist in vielerlei Hinsicht einzigartig. Ist jedoch Schluss mit der Arbeit, ist Schluss mit dem Leben. Ohne Kreativität wüsste ich nicht, was ich hier noch tun, welchen Platz ich einnehmen sollte. Ich meine das nicht besonders dramatisch. So ist das eben. Für mich.«

»Bist du der Meinung, dass man ›Herr‹ über sein Schicksal ist?«

»Ich glaube, es ist eine Mischung. Vieles ist genetisch bestimmt. Dazu zählt auch, ob man zum Beispiel in Bangladesch, dem ärmsten unter den armen Ländern, oder in Schweden, dem reichsten unter den reichen, geboren wurde. Meine grundlegende Philosophie ist jedoch, dass man eine ganze Menge selbst steuern kann. Man kann sich entscheiden, ob man in seinem Leben nach rechts oder nach links geht. Das persönliche Schicksal ist also eine Kombination aus genetischen Anlagen, aus bewusster Wahl und, als drittem Aspekt, aus dem Zufall!

Man weiß nicht im Voraus, an welchem Tag man die Frau trifft, mit der man zusammenleben möchte. Man kann es nicht wissen. Wenn das Schicksal mit drei Bedingungen verknüpft ist, von denen man die eine, die Wahl, selbst bestimmen kann, bleiben noch die beiden anderen, denen man ausgeliefert ist. Die wichtigste Erkenntnis, die ein jeder Mensch haben sollte, ist nichtsdestoweniger die, dass man seine Wahl selbst treffen kann. Man kann wählen, ob man versinken will oder ob man versucht zu schwimmen. Vielleicht wird die Wahl von einer Mischung aus Genmaterial und etwas anderem beeinflusst, denn zwischen den drei Punkten gibt es natürlich keine wasserdichten Schotten. Aber ich bin davon überzeugt, dass die Menschen ihre Wahl sehr viel bewusster treffen können, als sie es heutzutage tun, wo sie vom Fernsehen, von der Werbung …«

»… oder von Katastrophen, Enttäuschungen und Sorgen verfolgt werden.«

»Tja, das, was du gerade nennst, überkommt einen ja wie eine Infektion. Man kriegt Fieber, es geht einem schlecht, nach ein paar Tagen jedoch fühlt man sich wieder besser. Als ob man ein Virus im Körper hätte. Und man muss zusehen, dass man wieder auf die Beine kommt. Meist geht es ja auch vorbei.«

»Ist dein Glaube an die Vernunft der Schlüssel zum Verständnis deiner selbst?«

»Ein Schlüssel schon, aber ich denke, es braucht ein ganzes Schlüsselbund. Der erste Schlüssel ist Vernunft, der zweite Phantasie, der dritte Sensibilität. Alle drei Schlüssel muss man nutzen, wenn man … ja, ich weiß nicht so richtig, wie man es ausdrücken soll, aber … wenn man verstehen will, wer ich bin. Der französische Filmregisseur Jean-Luc Godard hat einen Film gedreht, den er *2 ou 3 choses que je sais d'elle* (dt. *Zwei oder drei Dinge, die ich von ihr weiß*) nannte. Das ist ein verdammt guter Titel. Denn so ist es ja. Man weiß nur zwei, drei Dinge über einen Menschen, auch wenn man ihn richtig gut kennt. Es gibt immer noch unendlich viel, was man nicht weiß.

Ich glaube auch, dass man es in einer Ehe unterlassen sollte, sich gegenseitig ständig die Psyche abzutasten. Alle Menschen haben ihren ›Raum‹, der ganz der ihre ist und in den andere nicht eindringen sollten. Ich glaube nicht die Bohne daran, dass Ehepartner sich nachts um zwei analysieren sollten, denn dann geht die Ehe höchstwahrscheinlich in die Binsen. Das weiß Eva so gut wie ich, und wir halten uns daran. Das ist wichtig.

Ich weiß, dass du später mit mir darüber sprechen willst. Aber für Eva war das absolut kein Spaß in jener Nacht, als ich unterwegs nach Gaza war und Journalisten aus der ganzen Welt bei ihr anriefen und fragten, ob sie bestätigen könne, dass ich tot sei. Das war nicht so einfach. Aber sie wusste natürlich, was ich machte und warum ich das machte.«

»Auf *Ship to Gaza* kommen wir noch zu sprechen. Aber erst wollen wir über Ingmar Bergman reden«, schlage ich vor.

Ingmar Bergman, 1998–2007

Seine frühesten Erinnerungen handelten von Entfernungen. Zwischen ihm selbst und seiner Mutter,
zwischen seiner Mutter und seinem Vater, zwischen
Fußboden und Decke, zwischen Unruhe und Freude.
Sein ganzes Leben handelte von Entfernungen, davon,
sie zu messen, zu verkürzen und zu verlängern. Er war
ein einsamer Mensch, der ständig nach neuen Entfernungen suchte, um sie zu bestimmen oder abzulesen.

Tiefe

Über lange Zeiträume hinweg wohnte und arbeitete Mankell auf Fårö, wo er sich an jedem Nachmittag mit Ingmar Bergman in dessen privatem Kino traf und sich gemeinsam mit ihm einen Film ansah. Hier sitzen beide vor diesem Kino. (Privatfoto)

Zehn Jahre lang saßen zwei Künstler in regelmäßigen Abständen zur gleichen Zeit auf einer sturmumtosten Insel und arbeiteten.

Der Eine in seinem sechsundfünfzig Meter langen Haus aus Stein und Holz, das von einem riesengroßen Raum mit russisch inspiriertem gemauertem Kamin beherrscht wird. Der Andere, einen Steinwurf davon entfernt, in einer am Ufer gelegenen Hütte mit zwei winzigen Räumen, möbliert nur mit einem anderthalb Meter langen Küchentisch. Beide umgeben von Meer, Schafen, Steinfeldern, Kieferngestrüpp und Schotterwegen. Eine barsche, exklusive und malerische Landschaft.

Der Eine war der weltberühmte schwedische Filmregisseur Ingmar Bergman. Der Andere sein Schwiegersohn Henning Mankell. Beide gaben sich einer strengen Routine hin: Arbeit, Arbeit und nochmals Arbeit. So ging das über Tage, manchmal Wochen.

»Es ist etwas ungeheuer Lustvolles, mit niemandem sprechen zu müssen«, hat Ingmar Bergman in einem Filmporträt gesagt. »Stille ist etwas Großartiges.«

Frühstück und Mittag bereiteten sie jeder für sich zu. Sie aßen selten gemeinsam. Um 15 Uhr begaben sie sich zu Bergmans privatem Kino und sahen sich einen Film an. Etwa einhundertdreißig wurden es im Laufe der Jahre. Während der Film lief, machte Ingmar Bergmans Haushaltshilfe sauber und bereitete das Abendessen für ihn zu. Mankell erledigte alles selbst – wenn er daran dachte. Doch wenn sie Zeit und Lust dazu hatten, redeten sie miteinander. Lange.

Zwei selbstbestimmte Künstler, familiär verbunden durch Eva Bergman, aber auch durch ihre gemeinsame Leidenschaft fürs

Theater, für Musik und möglicherweise – was wissen wir? – durch die Erinnerung an ihre Mütter. Mütter, die ihre Kinder nicht so richtig annehmen wollten. Bergmans Mutter war, wie er selbst erzählt hat, dominant und schob ihren Sohn von sich, da Ingmar – in Übereinstimmung mit den pädagogischen Grundsätzen der Zeit – nicht an ihren Rockzipfeln hängen sollte. Er sollte »ein richtiger Junge und Mann« werden.

»Wie war dein Verhältnis zu Ingmar Bergman?«

»Bergman und ich haben uns zum ersten Mal irgendwann in den Siebzigerjahren getroffen. Wir saßen zufällig nebeneinander bei einer Aufführung der *Zauberflöte* in der Stockholmer Königlichen Oper. Wir grüßten einander, und ich hatte das Gefühl, er wusste, wer ich bin. Beide fanden wir die Aufführung schrecklich. Ein paar Jahre später brachte Bergman seine eigene phantastische Inszenierung ebendieser *Zauberflöte* auf die Bühne«, sagt Henning Mankell.

»Als Eva und ich dann zusammen waren, haben wir uns natürlich oft gesehen und schlossen schnell Freundschaft. Einmal hat er gesagt: ›Sehr merkwürdig. Ich bin keiner Seele begegnet, die Schlechtes über dich zu sagen hatte!‹ Er wirkte dabei ganz aufgeregt: *›Det finns ingen jävel, som vil säga något illa om dig.‹* ›Na ja‹, gab ich zur Antwort, ›dann hast du noch nicht die richtigen Leute getroffen.‹ Wir waren gern zusammen, wir hatten viel zu bereden. Und er merkte bald, dass ich keine Scheu vor ihm hatte. Ich sagte, was mir auf der Zunge lag.

Darum gab es viele faszinierende Gespräche unter vier Augen. Was wir beide zu bereden hatten, werde ich selbstverständlich nicht ausbreiten, aber ich kann doch verraten, dass wir natürlich viel über Film, Theater, Bücher und Menschen geredet haben, am meisten allerdings über Musik.

Wenn wir fünf Stunden lang miteinander sprachen, ging es vier Stunden lang um Musik. In diesem Punkt hatten wir viel Gemeinsames. In der Überzeugung, dass alle Kunst ein Moment von Musik enthält. Man kann keinen unmusikalischen Film machen, kein unmusikalisches Buch schreiben. Und wir sprachen über den großen Einfluss der Musik auf das, was man die geistige Dimension des Lebens nennt.

Wir kamen immer wieder auf die Musik. Aber ich war mir auch bewusst, dass er mir Dinge von sich selbst erzählte, die er niemals einem anderen preisgegeben hätte. Sodass wir über zehn, zwölf Jahre sehr vertraut miteinander umgingen. Schließlich war ich ja auch einer der Wenigen, die auf Fårö den Alltag mit ihm teilten. Ich habe nie damit hinterm Berg gehalten, dass ich manches von dem, was er gemacht hatte, mit kritischen Augen sah. Wenn ich ihm das sagte, amüsierte er sich – und respektierte es.

Er war unglaublich neugierig auf das, was ich in Afrika trieb. Er verstand es nicht. Er war neugierig und interessiert, war aber wohl der Meinung, ich solle lieber zu Hause in Schweden bleiben ... Ingmar telefonierte gern, im Gegensatz zu mir, und ich erinnere mich an einen Anruf in Maputo. Er war am Apparat, und ich dachte: ›Oh, was ist denn da passiert?‹ Er aber sagte nur: ›Jetzt habe ich meinen ganzen Mut zusammengenommen, um dich in Afrika anzurufen.‹ Es klang beinahe so, als hätte er Angst vor all den Krankheiten, die über das Telefon zu ihm nach Fårö übertragen werden könnten ...

Er war ein einfühlsamer und einsichtsvoller Mensch, was seine Kunst und andere Menschen angeht. Er sah beispielsweise sofort, wenn ich schlecht gelaunt war, obwohl ich alles tat, um es zu verbergen. Er durchschaute augenblicklich die Fassade und fragte: ›Was ist heute mit dir los?‹

Er konnte vieles durchschauen, und das sage ich, ohne eine mystische Figur aus ihm machen zu wollen. Er konnte aber auch ein richtiger Stinkstiefel sein, hatte aber etwas an sich, was mich schnell wieder mit ihm versöhnt sein ließ.

Ich vermisse unsere langen Gespräche ... Und wir haben ja in seinem Kino eine Menge Filme gesehen. Angefangen bei alten

Stummfilmen bis hin zu den experimentellen. Es war natürlich unglaublich faszinierend, mit ihm über Filme zu reden. Was hatte er entdeckt, was ich nicht darin gesehen hatte? Wenn er eine andere Meinung vertrat als ich, konnte es durchaus geschehen, dass er mir recht gab.

Er wollte nicht in jedem Fall recht behalten. Aber da war ja auch das Alter ... Bei ihm zeigten sich die klassischen Züge, die sich bei vielen älteren Menschen ausprägen: Er erzählte die gleiche Geschichte wieder und wieder. Fragte er mich: ›Habe ich dir das schon erzählt?‹, und ich antwortete: ›Ja, hast du‹, erzählte er es trotzdem.«

»Haben dich die Aufenthalte auf Fårö und bei Ingmar Bergman zu dem Roman *Tiefe* inspiriert?«

»Nein.«

»Auch nicht die Bestimmung, die du der Hauptperson des Buches zuschreibst, nämlich bereit zu sein, alles und alle – oder beinahe alle – für eine Leidenschaft zu opfern, in diesem Fall dem Messen von Wassertiefen?«

»Nein, aber Ingmar mochte den Roman. Problematisch ist ja, dass viele – genau wie du – sagen, Ingmar habe alles für seine Kunst geopfert. Doch wer zum Teufel hat eigentlich Opfer gebracht? Das war doch seine Familie. Sie war es, die Opfer gebracht hat ...«

»Und Bergman selbst hatte nicht das Gefühl, in der Schuld anderer zu stehen?«

»Doch, das hatte er natürlich. Als er älter wurde. Da hat er eingesehen, dass er, wie er es ausgedrückt hat, im Leben ›vorwärtsgestürmt‹ ist. Aber mich interessiert, was die, mit denen er gelebt hat, opfern mussten wegen seiner Kompromisslosigkeit. Es ist aufschlussreich, das Bild eines Künstlers, der alles für seine Kunst hergibt, von allen Seiten zu betrachten. Die anderen sind das Opfer! Denk nur an die Frau des Alkoholikers. Wer ist da das Opfer? Sie ist es! Nicht der Alkoholiker.

Die Konsequenz aus dem kompromisslosen Streben des Künstlers ist es, was mich interessiert. Und das hat mich veranlasst, über Ingmar zu schreiben. Der grundlegende Konflikt, der allgemeinmenschliche Aspekt. Man muss kein großer Künstler sein, um in ein derartiges Dilemma zu geraten. Man kann Taxifahrer sein, Fußballfan oder Firmenchef und sich so ausleben, dass man darüber seine Familie, seine Kinder vergisst.«

Drei Jahre nach dem Tod von Ingmar Bergman im Jahr 2007 hat Henning Mankell das Manuskript zu einer Fernsehserie und zu einem Film über den Schwiegervater geschrieben.

Die dänische Regisseurin Susanne Bier, die im Februar 2011 für ihren Film *Hævnen* (dt. *In einer besseren Welt*) mit einem Oscar als bestem fremdsprachigen Film ausgezeichnet wurde, hatte schon im Sommer 2010 bei Mankell angeklopft.

Als ich frage, wie dicht sein Filmporträt am Menschen Ingmar Bergman ist, antwortet Henning Mankell:

»Ich schreibe über ihn, weil er eine interessante Persönlichkeit ist. Ich schreibe nicht über das, was allein ich weiß, weil wir privat miteinander verkehrten. Entscheidend für mich war jedoch, was Eva sagen würde, denn sie ist ja Teil des Manuskripts. Hätte sie es schlecht gefunden, hätte ich im Fernsehen angerufen und gesagt: ›Daraus wird leider nichts!‹ Aber als sie es gelesen hatte, meinte sie, nun würde sie ihren Vater besser verstehen und sich vielleicht sogar mit ihm versöhnen können.

Mein Vorteil ist trotzdem, dass ich einen Teil von Ingmar kenne, den andere nicht kennen können. Er wusste, dass ich mich manchmal kritisch ihm gegenüber verhielt. Es ist als Hintergrund immer gut, wenn man mehr weiß, als man erzählt. Und das, was ich erzähle, ist allgemeinmenschlich. Welchen Preis muss ein Mensch bezahlen, der so kompromisslos ist? Und welchen Preis bezahlen Ehepartner, Freunde und Kinder?

Ich habe Susannes *In einer besseren Welt* gesehen und kann sagen, sie hat Afrika sehr gut wiedergegeben. Es ist einerseits eine mutige Geschichte, andererseits ist Susanne vorsichtig und begibt sich nicht in etwas hinein, für das sie nicht einstehen kann. Sie führt die Schauspieler hervorragend. Das Wichtigste für mich ist, dass sie ein so gutes Verhältnis zu den Schauspielern entwickelt. Ich scheiße auf alles andere, wenn nur die Darsteller gut sind.«

»Was war dir das Wichtigste, als du am Manuskript gearbeitet hast?«

»Am Wichtigsten war, dass es Eva gefällt. Als sie dann zugestimmt hat, gab es keine Hindernisse mehr. Und als Susanne ebenfalls gesagt hat, dass es ihr gefällt, war die letzte Hürde aus dem Weg geräumt. Es war eine geradezu lustvolle Arbeit.«

»Und Bergman hatte dich darum gebeten?«

»Ja. Eines Tages sagte er unvermittelt: ›Hör mal, wenn ich tot bin, schreibst du doch wohl über mich, nicht wahr?‹ ›Ja, das ist möglich‹, habe ich geantwortet. ›Gut‹, war sein Kommentar. Konkret formte sich der Gedanke bei mir erst nach seinem Tod. Zwischendurch habe ich nicht so viel daran gedacht, denn ein Versprechen hatte ich ihm ja nicht gegeben. Es war nur so ein ›Ja, ja‹. Aber was er zu dem, was ich geschrieben habe, meinen würde, darüber denke ich jetzt nicht nach.«

»Du hast schon gesagt, dass es schwerer ist, über einen Menschen zu schreiben, mit dem man sich gut versteht, als über jemanden, bei dem das nicht so ist.«

»Ja, aber Ingmar hatte auch viele Seiten, die mir nicht besonders gefallen haben. Ich habe ja erlebt, wie er Menschen behandeln konnte. Ich durfte mir herausnehmen, ihm ins Gesicht zu sagen: ›Das gefällt mir ganz und gar nicht.‹ Und dann wusste er, ich sehe das kritisch.

Ich konnte ihm auch sagen, dass ich einen seiner Filme überhaupt nicht verstanden habe. Meine Einstellung blieb ihm also keineswegs verborgen. Und diese Kritik findet sich auch in dem Manuskript wieder, das ich geschrieben habe. Aber ich sollte zum jetzigen Zeitpunkt keine Details verraten.«

»Habt ihr auch über eure Kindheit gesprochen?«

»Er hat eine Menge über seine Kindheit erzählt. Ob ich es auch getan habe, weiß ich nicht mehr.«

»Über seine Mutter, die – wie er selbst sagt – aus ihm einen ›richtigen Jungen‹ machen wollte und nicht guthieß, dass er so zärtlichkeitsbedürftig war?«

»Auf seine alten Tage hat er mit großem Respekt von seinen Eltern gesprochen. Seine Sicht auf die Eltern hat sich häufig geändert. Ich glaube, er hat nie so milde auf seine Eltern geblickt wie in den letzten Lebensjahren. Erst da brachte er ein größeres Verständnis für sie auf.«

»Welcher von Bergmans Filmen gefällt dir am besten?«

»Da gibt es viele, die mir gefallen. Aber wenn ich einen von denen nennen sollte, die er in den Fünfzigerjahren gemacht hat, dann ist es *Abend der Gaukler*. Eine gute Geschichte mit starken Szenen. *Fanny und Alexander* ist natürlich auch ein großer und schöner Film. Auch einige von seinen ganz frühen wie *Gefängnis* gefallen mir. Aber für mich war Ingmar Bergman in erster Linie ein begnadeter Theaterregisseur, und die ganz großen Erlebnisse waren für mich einige seiner Theaterinszenierungen, zum Beispiel Georg Büchners *Woyzeck*, den er schon in den Sechzigerjahren auf die Bühne brachte.«

»Habt ihr auch darüber gesprochen, was schieflaufen kann, wenn den Zuschauer die Vorstellung nicht berührt? Wenn er sich kalt zurücklehnt und sich langweilt …«

»Ja, und ich denke, in einem solchen Fall steht man nicht im Kontakt mit dem Publikum. Man spürt, dass weder in der Inszenierung noch bei den Schauspielern Lust und Wille vorhanden sind, genau diese Geschichte genau diesem Publikum an genau diesem Abend zu erzählen.

Ich sage den Schauspielern immer – ob wir nun in Schweden, Norwegen, Deutschland oder Afrika spielen –, ganz egal, was wir erzählen, die Hälfte der Botschaft muss unsere Lust sein, genau diese Geschichte zu erzählen. Denn wenn die Zuschauer nicht merken, dass wir jetzt nur für sie spielen, und das mit großer Lust, dann werden sie sich abwartend und passiv verhalten.

Ich muss leider feststellen, dass Vieles im modernen Theater elitär, dekonstruktiv und überintellektualisiert ist. Es lässt mich kalt, und nichts ist langweiliger als eine Beinahe-gute-Shakespeare-Inszenierung. Nichts schlimmer als das.

Ich gehe in der Pause, wenn ich mich betrogen fühle, enttäuscht bin oder wenn ich als Zuschauer nicht zur Kenntnis genommen wurde. Im übertragenen Sinn, natürlich. Dann ist Theater absolut tot. Aber wenn Theater gut ist – was gibt es da Besseres? Es muss von der Bühne ausgehen. Das Publikum muss von da oben her eingeladen werden. Wenn das geschieht, will ich mich gern öffnen und die Botschaft empfangen.

Noch eine wichtige E-Mail ist eingetroffen. Ein Beitrag von Eva Bergman.

Eva Bergman

Henning Mankell und Eva Bergman. (Foto: Kamerareportage)

Henning ist ein Mensch, der ein großes Licht in sich trägt, gleichzeitig aber auch eine große Dunkelheit.

Es ist sicherlich nicht einfach, ein solcher Mensch zu sein.

Aber es ist sehr unterhaltsam zu lesen, was ein solcher Mensch schreibt.

Sehr bald nachdem ich mit Henning verheiratet war, musste ich einsehen, dass ich einen Troll geheiratet hatte.

Er wollte am liebsten in seiner dunklen Grotte sitzen. Und schreiben.

Manchmal guckte er heraus, um zu sehen, ob ich noch da bin oder ob einer wütend auf ihn ist.

Jetzt, zehn Jahre später, ist er fast die ganze Zeit draußen. Und schreibt.

Er gleicht mehr und mehr einem richtigen Menschen.

Eva Bergman, geb. 1945, Theater- und Fernsehregisseurin. Tochter von Ellen und Ingmar Bergman. Verheiratet mit Henning Mankell seit 1998.

Antibes, 2011

Viele der auf dem Foto zu sehenden Menschen würden
gern erleben, dass Simone hingerichtet wird. Das hätte
leicht geschehen können, wenn die Widerstandsbewegung
in Chartres nicht von einem Mann mit Moral geleitet
worden wäre, der Lynchjustiz nicht zuließ. Simone wurde
nicht getötet. Aber sie wurde verurteilt.

Gatlopp, dagar och nätter i Chartres
(Spießrutenlauf, Tage und Nächte in Chartres)

Das Foto Chartres, 18. August 1944, *des berühmten Kriegsfotografen Robert Capa, das Henning Mankell zu dem Theaterstück* Spießrutenlauf, Tage und Nächte in Chartres *inspirierte. (Foto: Robert Capa © International Center of Photography/Magnum Photos)*

Wenn Theater gut ist – was gibt es Besseres . .
Da ich weiß, wie ernst Henning Mankell gerade diese Worte meint, greife ich zu einem Teil, das in das Puzzle passt: zu seinem Theaterstück, inspiriert von einem weltberühmten Foto, aufgenommen in Frankreich. Mankells Stück hatte 2010 in Nizza Premiere.

»Ich möchte mit dir über Robert Capas Foto *Chartres, 18. August 1944* sprechen«, sage ich.

Mankell blickt überrascht und erfreut:

»Ich habe das Foto zum ersten Mal vor vielen Jahren gesehen, aber es hat sich festgebissen. Niemand, der das Bild gesehen hat, kann es vergessen, denn Robert Capa hat mit einem Klick *the human condition* eingefangen. Die junge Frau mit dem Kind im Arm, ausgestoßen und verhöhnt und umgeben von einem Hass, der einerseits nachvollziehbar, aber dennoch völlig inakzeptabel ist. Das Bild sagt mehr aus, als man auf den ersten Blick zu sehen meint.«

Henning Mankells Theaterstück *Gatlopp, dagar och nätter i Chartres (Spießrutenlauf, Tage und Nächte in Chartres)* hat seinen Ausgangspunkt in der Aufnahme des Kriegsfotografen Robert Capa. Sie ist gleich nach der Befreiung der südwestlich von Paris gelegenen Stadt Chartres durch alliierte Truppen entstanden, eine Woche vor der großen Siegesfeier in der französischen Hauptstadt.

Ein junge Französin, kahl geschoren, mit einem Baby im Arm, wird von einer Menschenmenge durch die Hauptstraße des Ortes getrieben, neben ihr eine ebenfalls kahl geschorene zweite Frau (halb verdeckt von einem Mann mit Sack).

Robert Johnsson hat auch in diesem Fall einen großen Teil der Recherche für Mankell durchgeführt.

»Henning wollte *alles* über dieses Bild wissen. Ich habe viel gegoogelt. Ich bin nach Chartres gefahren. Aber niemand aus der Generation, die sich hätte erinnern können, wollte darüber reden. Schließlich habe ich den Namen des Mädchens herausgefunden, Simone Germaine Touzeau, und ich fand ihren Grabstein.

Auch wenn ich nicht gerade ein Ass im Französischen bin, habe ich über Germaine nachgeforscht. Germain deutet auf ›Germane‹ hin, die alte Bezeichnung für ›Deutscher‹. Ich habe gedacht: Zufälle gibt es, aber ist sie wirklich zufällig auf den Namen Germaine getauft worden? Ich bin die Straße hinauf- und hinuntergelaufen, habe die Kathedrale betreten, ein gotisches Meisterwerk und unglaublich beeindruckend. Auf dem Foto geht sie in deren Schatten.

In der Bibliothek habe ich ein Protokoll über französische Geschlechternamen gefunden. Touzeau bedeutet ursprünglich ›der Barbierte‹ oder ›der Rasierte‹. Ihr Name hätte also bedeutet: ›Simone – die Deutsche – die Rasierte‹. Und das kann ja beinahe nicht wahr sein, oder? Es klingt wie ein Schimpfname, als ob sie auch im Tod ihrem Schicksal nicht hätte entkommen können. Möglicherweise hat man sie umbenannt, aber das weiß ich natürlich nicht. Falls man es getan haben sollte, sagt das ja etwas über die Stimmung in Frankreich gleich nach dem Zweiten Weltkrieg aus«, meint Robert Johnsson.

Es ist die Golgatha-Stimmung des Bildes, die Mankell inspiriert:

Eine unpolitische, junge französische Näherin, im Stück heißt sie Simone, verguckt sich aus Langeweile und Sehnsucht nach Liebe in den einfachen deutschen Soldaten Helmut, einen überzeugten Hitler-Anhänger. Helmut und Simone beginnen ein Verhältnis, sie wird schwanger und bringt eine Tochter zur Welt, der die patriotischen Nachbarn den Schimpfnamen »Adolf« geben. Jetzt ist die Stadt befreit, und die junge Frau soll ins Gefängnis.

Der Fotograf, ein außenstehender Beobachter und allwissender Erzähler, sagt in der Eröffnungsszene:

ROBERT CAPA: Mein Fotostudio ist die Welt. Ich fotografiere draußen an Ort und Stelle.

[…]

Ich fotografiere keine Gesichter. Eigentlich will ich … Atemzüge erhaschen …

[…]

In Chartres rauschte das Licht an mir vorüber. Doch einen Atemzug habe ich eingefangen. Simones …

Wir erleben die Verdammung durch die Bewohner der Stadt, Simones Angst im Gefängnis, wo sie, nur beschützt von der Widerstandsbewegung, auf ihr Urteil wartet. Und wir erleben in mehreren Rückblicken ihre unbekümmerte Freude beim Tanzen, die Rendezvous mit dem Geliebten, dem Feind, ihre Passivität gegenüber den Übergriffen der Besatzungsmacht und den Exekutionen von Widerstandskämpfern. Aber wir erleben auch, wie ihr Vater, David, seine Tochter verteidigt:

DAVID: Simone ist ein gutes Mädchen. Aber sie ist ins Unglück geraten. Nun wird sie verurteilt, weil irgendjemand verurteilt werden muss. Weil sie nur ein ganz gewöhnliches Mädchen ist, eine Näherin. Kein Kind reicher Eltern oder von vornehmer Abstammung. Diese Mädchen gingen auch mit deutschen Soldaten.

ROBERT CAPA: Aber sie hat ein Kind vom Feind bekommen.

DAVID: Wirklich? Hat sie ein Kind von der gesamten deutschen Besatzungsarmee bekommen? Nein, von einem einzelnen deutschen Soldaten, in den sie verliebt war.

[…]

Aber Gott wird unerreichbar bei all diesem Leiden. Ich kann ihn nicht hören. Falls er zu mir spricht, dann mit so leiser Stimme, dass ich seine Worte nicht vernehme.

ROBERT CAPA: Ich glaube nicht an allgemeine Bösartigkeit. Dagegen an schlimme Umstände. Ich habe all diese rasenden Frauen gesehen, es waren ja vor allem Frauen, die dir und Simone auf dem Weg ins Gefängnis gefolgt sind. Sie sind festgehalten auf dem Bild. Und man kann erkennen, wie sehr sie hassen, vielleicht nicht dich, aber sie und das verabscheuungswürdige Balg, das sie trägt …

»Was willst du mit dieser Geschichte erzählen?«

»Robert hat mir gesagt, dass der Mann mit dem Sack – der ganz vorn läuft – der Vater der jungen Frau ist. Und dann habe ich überlegt: Hier geht der Vater. Wie ist seine Geschichte? Wie ist die Geschichte des Mädchens? Wie sind die Geschichten der anderen?

Es war die Auskunft, dass es der Vater ist, der da vorangeht, die mich überlegen ließ, ob dieser Stoff nicht geeignet wäre für ein Theaterstück.

Und ich habe gedacht, es könnte faszinierend sein, einen Blick in die Welt zu werfen, die sich hinter dem Bild verbirgt. Auch zu erkunden, was Robert Capa selbst gedacht haben mochte, als er diesen gefühlsbeladenen Augenblick einfing. Ich erkannte, dass ein dramaturgisch interessanter Stoff dahintersteckt.

Wenn die Gedanken und die Fragen sich erst einmal in meinem Kopf festgesetzt haben, fange ich an, das Ganze vor mir zu sehen. Ich begann mit dem Fotografen. Robert Capa sagt: ›Mein Leben dreht sich um eine einzige Sache – um das richtige Licht.‹ Dann sehe ich mir die einzelnen Personen näher an: Was hat diese junge Frau bewogen, ein Verhältnis mit einem Soldaten der Besatzungsmacht anzufangen? Wer ist der Vater ihres Kindes? Warum hat sie sich ihm hingegeben?

So etwas passiert ja überall und jederzeit, sodass ich das Gefühl hatte, ich schreibe auch ein Theaterstück über ein gegenwärtiges Geschehen. Junge Menschen verlieben sich nicht selten in die falsche Person. Das kann zur Hölle werden, und manchmal tötet man sie dafür. Nicht nur im Krieg, sondern auch wegen falscher Ehrbegriffe. Das geschieht auf dem Balkan, das geschieht in Pakistan ... Das geschieht in *Romeo und Julia*.

Überall und jeden Tag geschieht es, dass sich Menschen in die Falschen verlieben.

Ich füge das Stück wie ein Legogebilde zusammen, Baustein für Baustein für Baustein, bis hin zu dem Augenblick, an dem man vielleicht ein wenig mehr weiß und versteht, warum die Menschen so sind, wie sie sind, und dass wir die Geschichte nicht ändern können. Am Schluss des Stücks zieht der Fotograf Bilanz; spricht darüber, dass er abgereist und nie mehr zurückgekehrt ist, und dass er einige Jahre später, 1954, auf eine Mine getreten und verblutet ist ...

Ich glaube, alle kreativen Prozesse spielen sich auf unterschiedliche Art ab. Ich muss auf mein Inneres hören: Wie soll ich über das hier schreiben? Welches Tempo braucht es? Schneller oder langsamer? Muss ich es straff halten oder eher dahinfließen lassen? Ich benötige viel Zeit, um – wie soll ich sagen – den musikalischen Strömen zu lauschen, denen ein Buch oder ein Theaterstück folgen soll.

Erst wenn ich das herausgefunden habe, kann ich mit dem Schreiben beginnen. So gehe ich vor. Aber es ist schwierig, diesen Prozess zu erklären.«

»Du sagst, dass sich Menschen immer wieder in die Falschen verlieben. Doch diejenigen, die die Frau auf dem Bild hassen und verhöhnen, haben vielleicht ihre Kinder oder ihren Ehemann im Kampf gegen die Besatzungsmacht verloren, und mit einem von denen hat sie ja im Bett gelegen.«

»Ja, und darum ist es so wichtig, dieses Drama vielschichtig zu erzählen. Nichts im Leben ist schwarz oder weiß. Das Leben ist vielschichtig.

Falls ich gefragt werden sollte: ›Henning, kannst du nicht ein Theaterstück über einen Streik schreiben?‹, würde ich antworten: ›Doch, das kann ich, aber es muss von einem Streikbrecher handeln, denn erst durch ihn wird das Stück interessant, die Komplikationen und die Komplexität nehmen größere Dimensionen an.‹

Besonders interessant ist es immer für mich, wenn ich den schwierigen Weg einschlage. Es ist wie bei einer Autofahrt durch Deutschland: Fährt man auf der Autobahn, geht es schnell, aber aufregender ist es, die kleineren Straßen zu nehmen. Da fliegen einem die Erlebnisse zu.

Ich liebe Umwege. Eine richtig gute Geschichte ist für mich sehr einfach und zugleich auch sehr kompliziert. Aber kompliziert auf eine einfache Weise.

Ich will noch hinzufügen, dass ich natürlich viel darüber nachgedacht habe, wie die Franzosen darauf reagieren würden, wenn ein Schwede in ihrer Geschichte, in ihrer Vergangenheit herumwühlt. Glücklicherweise erhielt ich nach der Premiere viele positive Reaktionen«, sagt Henning Mankell.

Im Stück wird Simone zu zehn Jahren Gefängnis verurteilt, aber zwei Jahre später im Rahmen einer Generalamnestie entlassen. Danach ist sie ein unglücklicher, alkoholabhängiger Mensch. Und niemand weiß, wer ihren Grabstein bezahlt hat, nachdem sie im Alter von dreiundvierzig Jahren gestorben ist.

ROBERT CAPA: Im Grunde ist es ein missglücktes Bild. Simone ist zu weit entfernt. Ihr Gesicht zu undeutlich. Kein Gesicht ist richtig scharf getroffen.
Und trotzdem wurde das Bild sehr bekannt.
Geliebt, gehasst, obendrein gefürchtet. Das ist es wohl.
Ich erhielt einen Brief, in dem stand:
Genau so sieht die Welt aus, genau so, in diesem Moment.

Bevor Mankell und ich uns trennen, sage ich:
»Beim nächsten Mal möchte ich darüber sprechen, wie sich in der heutigen Wirklichkeit ein ›Spießrutenlauf‹ ausnehmen kann, denn ich würde gern von dir etwas über *Ship to Gaza* hören.«

Mittelmeer,
25. Mai bis 1. Juni 2010

Ship to Gaza hat ein klares und wohlüberlegtes Ziel: die ungesetzliche Blockade, die Israel über den Gazastreifen verhängt hat, zu durchbrechen. Nach dem Krieg vor gut einem Jahr ist das Leben für die dort lebenden Palästinenser immer unerträglicher geworden. Viele Voraussetzungen müssen geschaffen werden, bevor es möglich wird, ein anständiges Leben zu führen.

Aber das eigentliche Ziel dieser Reise ist noch klarer definiert. Die Handlung beweist das Wort, denke ich. Es sagt sich leicht, dass man unterstützt, verteidigt oder das eine oder andere bekämpft. Doch erst durch die Handlung werden die Worte bewiesen.

Henning Mankell in seinem Tagebuch

Noch ein Baustein, der eingeordnet werden will.

Im Mai 2010 ist Henning Mankell plötzlich auf den Titelseiten der Zeitungen aus aller Welt zu sehen, nicht als Theatermensch oder Schriftsteller, sondern als Teilnehmer der gefahrvollen Passage über das Mittelmeer. Er ist einer, wenn auch ein sehr berühmter, von Hunderten internationaler Solidaritätsaktivisten, zusammengepfercht auf einem Schiffskonvoi, der versucht, die israelische Blockade des Gazastreifens zu durchbrechen.

Dan Israels Frau Victoria ist als Ärztin dazugestoßen. Die Einschiffung erfolgt im Hafen von Nikosia auf Zypern. Die Wartezeit ist lang, aber am Nachmittag des 29. Mai kann die Gruppe, der Mankell angehört, zunächst an Bord der *Challenge* klettern, von dort auf das schwankende und rostige Frachtschiff *Sophia*.

Am 30. Mai um 16 Uhr geht es endlich in Richtung Gaza. Einen halben Tag später befindet sich der Konvoi in internationalem Gewässer, und um 5.30 Uhr kapern maskierte israelische Militärkommandos die Schiffe. Neun Aktivisten sterben bei der Aktion, und während mehrerer Stunden kursiert in aller Welt das hitzige Gerücht, Henning Mankell sei unter den Toten – oder Verletzten.

Während dieses Dramas ist es ihm und den anderen Aktivisten unmöglich, Kontakt mit der Welt aufzunehmen, da sie elf Stunden lang bei zunehmender Hitze auf Deck hocken müssen, bis die Schiffe einen Kai in Israel erreichen. Von der Hafenstadt Ashdod aus werden sie in Sammellager gebracht.

Mankell vernimmt etwas von Deportation. Die Nacht verbringt er in einem Gefängnis, seine Turnschuhe benutzt er als Kopfkissen. Am 1. Juni werden er und zwei weitere Schweden zu einer Lufthansa-Maschine geführt, und spät am Abend landet er in Schweden, wo er müde, zornerfüllt und unrasiert den wartenden Journalisten *seine* Version des Geschehens darlegt.

Die Israelis haben sich wie Piraten aufgeführt – das ist nichts anderes als das, was vor Somalias Küsten passiert. Von dem Augenblick an, in dem sie die Schiffe in Richtung Israel lenkten, waren wir Opfer von Kidnapping. Die ganze Aktion ist ungesetzlich.
[...]
Wir werden an Land geführt und zu einer Art Spießrutenlauf zwischen den Soldaten gezwungen, während Kameraleute vom Militär filmen. In dem Moment denke ich: Das hier werde ich ihnen nie verzeihen. In diesem Augenblick sind sie für mich nur Schurken.

So schreibt er in seinem Tagebuch, das in schwedischen und internationalen Zeitungen veröffentlicht wird. Und zu Hause in Särö führt er weiter aus:

Am Tag danach, am 2. Juni, lausche ich der Amsel. Ein Lied für jene, die sterben mussten. Jetzt wartet all das auf uns, was getan werden muss. Um nicht das Ziel aus den Augen zu verlieren: die Aufhebung der brutalen Blockade des Gazastreifens. Das wird geschehen. Wenn dieses Ziel erreicht ist, warten andere Ziele. Es braucht seine Zeit, ein Apartheidsystem zu besiegen. Aber keine Ewigkeit.

Henning Mankell und ich sitzen noch immer am Tisch seines französischen Stadthauses.

»In dem Tagebuch, das du nach der Aktion veröffentlicht hast, steht in der Einleitung, dass ihr, du und E., wie du Eva diskret nennst, euch in Nizza aufgehalten habt. War das nicht hier in Antibes?«

»Nein. Wir hatten eine Wohnung von Freunden gemietet, weil wir in dieser Gegend ein Haus kaufen wollten. Das war schon lange unser Plan, denn Eva ist nicht gerade wild auf Afrika. Sie besucht mich dort gern, aber nicht für längere Zeit. Sie fühlt sich da unten nicht sicher, und das hat auch spezielle Gründe. Eva bummelt gern umher, aber das kann sie in Maputo nicht so ohne Weiteres.

Maputo ist, wie wir ja schon erwähnt haben, eine Stadt mit unfassbarer Armut und Kriminalität, und selbst am Tage könnte sie dort nicht ohne Begleitung umherlaufen. Das Risiko, überfallen und beraubt zu werden, wäre zu groß. Aber so sieht eben Armut aus! Ich verstehe Eva gut. Es ist eine Zumutung, wenn man nicht sein normales Leben führen und gehen kann, wohin man will. Es ist ermüdend, einen Begleiter bei sich haben zu müssen, wenn man nur spazieren gehen will.

Doch so ist es eben. Und ich sage ihr immer, wenn ich schwarz wäre, würde ich auch solche Typen wie dich oder mich ausrauben, denn die Chance, bei einem Weißen etwas Wertvolles zu ergattern, ist erheblich größer als bei einem Schwarzen. Die Furcht ist also verständlich und real. Aber der Mensch will nicht lange in Angst leben, wenn es auch anders möglich ist. Eva ist nicht so leicht zu erschrecken, aber sie soll nicht um meinetwillen ein für sie beschwerliches und unüberschaubares Leben führen. Für mich ist das ganz okay.

Na, wir suchten also nach einem Ort hier an der Küste, an dem wir uns aufhalten können, wenn der Winter in Schweden am härtesten ist. Vor allem sollte es ein Ort sein, an dem sie auch allein leben kann. An dem sie sich sicher fühlt. Also habe ich gesagt: ›Darum musst du danach suchen. Ich kann es nicht für dich tun.‹ Sie fand dieses Haus, und als wir es kaufen wollten, ging die Sache mit dem Hilfskonvoi los, und ich flog von Nizza nach Zypern.«

»Aus welchem Grund wolltest du mitmachen?«

»Da müssen wir lange in der Zeit zurückgehen. Ich bin in dem Jahr geboren, in dem der Staat Israel proklamiert wurde, 1948. Ich habe also mein ganzes Leben mit dem Staat Israel gelebt. Und bis zum Ende der Fünfzigerjahre hatte ich kaum etwas von dem palästinensischen Volk gehört. Man sprach über Israel und über die Kibbutzbewegung. Palästina war ein Land, das es vor zweitausend Jahren gab. Ein Land, über das man in der Bibel nachlesen konnte. Nichts darüber hinaus.

Mein Engagement für das palästinensische Volk entstand in den Sechzigern aus der Erkenntnis heraus, dass der jüdische Staat auf okkupiertem Land gegründet worden war und dass seine Proklamation auf der Lüge beruhte, Israel sei auf brachliegendem Land errichtet. In Wirklichkeit waren eine Million Palästinenser gezwungen worden, das Land zu verlassen, oder sie waren von sich aus geflohen. An dieser Stelle begann mein Engagement, und seither habe ich alles versucht, was in meiner Macht steht, um den Palästinensern in ihrem Kampf zu helfen.

Ungefähr ein Jahr nach dem fürchterlichen Massaker in Gaza habe ich einen Anruf bekommen und von der Initiative mit der Armada gehört, und ich hielt das für eine gute Sache. Eine durchdachte Idee steckte dahinter, und die wollte ich unterstützen. Ich verstand auch, dass sie Teilnehmer brauchten, die ein wenig … na ja … bekannt waren, und ich sagte mir: ›Das mache ich. Ich sage zu!‹

Zu dem Entschluss trug bei, dass ich gerade an einem palästinensischen Kulturfestival teilgenommen hatte. Ich sollte die Eröffnungsrede im palästinensischen Nationaltheater in Jerusalem halten. Doch genau in dem Augenblick, in dem ich mit der Rede beginnen wollte, stürmte das israelische Militär in den Saal und stoppte die Veranstaltung. ›Warum?‹, habe ich gefragt. ›Weil du ein Sicherheitsrisiko bist‹, war die Antwort.

In diesem Augenblick ist mir klargeworden, dass Israel ein Land ist, in dem Apartheid herrscht. Und ich habe gedacht: O Gott, geht der Spuk jetzt von vorne los. So hat es also zu jenem Zeitpunkt mehrere Beweggründe gegeben, die mein Handeln bestimmten.

Aber entscheidend war für mich, dass das palästinensische Volk von der Ausrottung bedroht ist, auch wenn natürlich nicht zugegeben wird, dass ein solcher Gedanke existiert.

Als ich dann zugesagt habe, war es, weil ich die Idee als vernünftig und die Aktion als notwendig empfand.

Mir war natürlich klar, dass es unter gewissen Umständen – wenn die Israelis sich dumm benehmen würden – gefährlich werden könnte. Dass sie sich aber *so* unklug verhalten würden, damit hatte ich nicht gerechnet. Dass sie einen Piratenangriff in internationalem Gewässer unternehmen könnten, hätte ich niemals geglaubt. Doch genau das haben sie getan. Plus Kidnapping plus Misshandlung. Ihre Vorgehensweise war voller verbrecherischer, ungesetzlicher und zu verurteilender Elemente.

Andererseits war es auch sehr interessant. Das israelische Militär hat zum Beispiel gesagt: ›Wir stehlen nicht‹, aber bald wurde bekannt, dass ein israelischer Leutnant eine Gefängnisstrafe erhielt, weil er versucht hatte, beschlagnahmte Computer und Handys zu verkaufen. Und auch wir haben unsere Sachen nie zurückerhalten. Mir haben sie einen Rucksack gegeben, der eine Menge Frauenkleidung enthielt. Sonst nichts.«

»Die Israelis haben gesagt, es wären Waffen an Bord der Schiffe gewesen …«

»Es gab keine Waffen. Ich habe zumindest keine Waffe gesehen. Sie nahmen mir meinen Rasierapparat weg und zeigten ihn als Beweis. Das war die einzige Waffe an Bord. Und ein Küchenmesser! Auf unserem Schiff hatten wir einen ägyptischen Koch, einen alten Mann, den sie fürchterlich behandelt haben.

Der arme Alte. Er hatte so große Schwierigkeiten mit den Beinen. Trotzdem zwangen sie ihn, sich hinzuhocken, nachdem sie ihn fast zum Krüppel geschlagen haben. Es war doch klar, dass er ein Küchenmesser hatte. Es lag in der Küchenschublade. Aber sie haben es durch die Luft geschwenkt und behauptet, es wäre eine Waffe. Eine Waffe? Er war doch Koch!«

»Als ihr an Land gebracht wurdet, seid ihr zu einer Art Spießrutenlauf gezwungen worden. Du wurdest sehr wütend und fühl-
test dich gedemütigt.«

»Ja.«

»Als Skandinavier oder als Bewohner der westlichen Hemi-
sphäre haben wir ja – glücklicherweise – sehr begrenzte Erfahrungen damit, den Befehlen militärischer Machthaber folgen zu müssen ...«

»Ja, und für mich war das ... Es war eine Mischung aus unglaublicher Wut und großer Ruhe. Physisch habe ich erst reagiert, als
eine Art Wachmann meinen Arm packte. Ich habe mich losgeris-
sen und einen Fluch ausgestoßen. ›DU RÜHRST MICH NICHT
AN!‹, habe ich geschrien.

Da wollten sie auf mich einschlagen, hielten sich aber dann doch
zurück, weil ein israelischer ›Aufpasser‹ vom Außenministerium
neben mir postiert worden war. Er sollte darauf achten, dass mir
nichts passiert. Die waren über alles informiert. Über alles.

Eine Mischung aus immenser Wut, ein ›Das-verzeihe-ich-euch-
nie‹, und von großer innerer Ruhe beherrschte mich. Ich wollte ihnen beweisen, dass ich stärker bin als sie. Der Wachmann, der mich
packen wollte, hätte mich beinahe umgeworfen. Und einige andere, die protestierten, wurden tatsächlich verprügelt.«

»Als wir über *Chartres 1944* sprachen, hast du gesagt, die Wahrheit sei kompliziert. Die Israelis sagen, sie seien heute die Einzigen,
in denen der Holocaust als Erinnerung lebt ... Ist das in deinen
Augen eine Entschuldigung für ihre Vorgehensweise?«

»Nein! Als der Staat Israel gegründet wurde, hatten sie – und
das sage ich ganz ohne Ironie – alle Karten in der Hand. Mit allen
vier Assen. Nachdem mit den Juden als Volk in den Dreißiger- und
Vierzigerjahren furchtbar umgegangen worden war, war es möglich, die Errichtung eines Staates Israel durchzusetzen. Hätte man
das vor dem Krieg versucht, wäre nichts daraus geworden.

Aber wir wissen aus geschichtlicher Erfahrung: Es ist nicht ungewöhnlich, dass unterdrückte Menschen zu den schlimmsten Unterdrückern werden, wenn die Bedingungen entsprechend sind. Dafür gibt es zahlreiche Beispiele. Der African National Congress in Südafrika zeigt die gleiche Tendenz. Man kann die Art und Weise, wie Israel mit dem palästinensischen Volk umgeht, nicht verteidigen und darf die Behauptung nicht zulassen, alle anderen hätten den Holocaust vergessen. Die Einzigen, die den Holocaust vergessen zu haben scheinen, sind die Israelis selbst. Wollen sie wirklich wie die Nazis sein? Wollen sie wirklich andere so behandeln, wie sie selbst behandelt worden sind?

Ich muss hinnehmen, dass ich nach *Ship to Gaza* einige meiner jüdischen Freunde verloren habe. Sie konnten meine Handlungsweise nicht akzeptieren. Leider. In einigen Fällen war es möglich, über die Angelegenheit zu diskutieren und zu einer Verständigung zu kommen; in anderen Fällen musste der Kontakt abgebrochen werden, was ich sehr bedaure. Das ist traurig.

Man hat mich einen Antisemiten genannt ... und ich habe überlegt, ob ich und vielleicht auch andere nicht über genügend Kenntnisse verfügen, um für unsere Sache einzutreten. Darum habe ich mir im letzten Sommer die Geschichte Israels vorgenommen. Um bessere Argumente gegenüber meinen jüdischen Freunden zu haben. Um besser erklären zu können, warum ich so handeln musste, wie ich es getan habe. Und warum ich kein Antisemit bin.

Ich war der Meinung, dass ein wenig Selbstkritik in jedem Fall angebracht wäre und dass meine Argumentation wohl auf zu schwachen Füßen stand ...«

»Hast du später deine Meinung geändert?«

»Nein, aber ich kann treffendere Beispiele hinzufügen, denn ich habe eine Menge über die Vorgehensweise des Zionismus und dessen Aggressivität gelernt. Dinge, die bis in die Zwanzigerjahre zurückgehen. Über jüdische Terrorgruppen 1975, 1976 und 1977. Meine Argumente sind nun wirksamer, wenn ich mit Menschen jüdischer Herkunft spreche.«

»Hast du auch eine Erklärung dafür gefunden, warum das jüdische Volk durch die Jahrhunderte verfolgt und ausgestoßen wurde?«

»Das könnte sein. Es gibt mehrere Gründe: Der erste ist, dass es nach christlicher Überlieferung die Juden waren, die Jesus töteten. Das hat gereicht, um sie als *scapegoats*, Sündenbock, abzustempeln. Das andere ist, dass die Juden immer Erfolg und Wohlstand auf ihrer Seite hatten und als kleine Gruppe zusammenhielten. So etwas weckt Misstrauen, bringt Neid hervor. Man kann sagen, dass die Juden dieselben Fehler begangen haben wie die Chinesen. Sie haben *Jewish Towns* geschaffen wie die Chinesen *China Towns*.

Doch das wichtigste Problem heutzutage ist, dass Israel für die gleiche Sache einsteht wie die USA. Ohne USA kein Israel. Die USA haben eine große Bedeutung für die Einnahmen in vielen arabischen Ländern, unter anderem wegen des Öls. Bis zum heutigen Tag sind die USA der größte Kunde, aber jetzt ist China dabei, an diese Stelle zu treten. So kann man gespannt darauf sein, ob die Chinesen die Israelis ebenfalls unterstützen werden. Das wissen wir jetzt noch nicht.

Die USA haben immer gesagt: ›Wir wollen, dass Israel erhalten bleibt. Israel wird nicht angetastet!‹

Das sagen die USA aus ihrer Machtposition heraus, und Saudi-Arabien als der wichtigste arabische Staat unterstützt die Amerikaner darin. Die USA haben die Garantie für Israel übernommen. Warum? Weil die jüdische Lobby in Amerika auf allen Gebieten so stark ist, dass kein amerikanischer Präsident es wagen kann, sie zu vernachlässigen, sonst gewinnt er keine Wahl.

Die Frage ist nur, wie lange Amerika in der Lage sein wird, täglich Millionen Dollar nach Israel fließen zu lassen. An dem Tag, an dem der Geldfluss gestoppt wird, ist Israels Existenz gefährdet. Das weiß jeder. Israel überlebt nicht ohne Amerika.«

»Haben die im Streit liegenden Parteien Al Fatah und Hamas deiner Meinung nach auch Fehler begangen, oder gilt das Wort des palästinensischen Dichters und Wortführers Ghassan Kanafani: ›Ein unterdrücktes Volk hat immer recht‹?«

»Die Entstehung von Al Fatah war notwendig, und ein Befreiungskampf ist fast immer blutig. Etwas anderes kann man nicht erwarten. Ich denke auch, dass man in der westlichen Welt einen vereinfachenden Blick auf die Hamas hat. Die Hamas ist kein einheitlicher Block. Es gibt Mitglieder der Hamas, die der Meinung sind, der Staat Israel müsse weg, ausgelöscht werden; aber es gibt innerhalb der Hamas auch die moderaten Kräfte, die sich für einen Dialog einsetzen.

Wenn gesagt wird, Friedensverhandlungen werden nur ohne die Hamas geführt, kann man genauso gut sagen, dass man keine Friedensverhandlungen will, denn die Hamas ist seit der Wahl 2006 an der Macht.

Aber das ist eine komplizierte Geschichte, und ich bin mir nicht sicher, ob die Zwei-Staaten-Lösung die richtige ist. Ich denke, es gibt nur eine Lösung: *Ein* Palästina. Wie in Südafrika, wo Schwarze und Weiße zusammenleben. Und Südafrika hat ja unter Beweis gestellt, dass es möglich ist. Man hat auch vor 1948 in Palästina zusammengelebt, aber da gab es dort relativ wenige Juden, und die Zivilgesellschaft war auch noch nicht so entwickelt wie heute.

Wir wissen heute, dass der Konflikt gelöst werden muss, denn alle Muslime, auch diejenigen, die immer noch nicht die Möglichkeit haben, sich kritisch über die Machtverhältnisse im eigenen Land zu äußern, stimmen jedenfalls in einem Punkt überein: Der palästinensische Bruder und die palästinensische Schwester werden von der Großmacht Israel auf unbarmherzige und unmenschliche Weise unterdrückt.«

»Du hast mir erzählt, dass du vor der ersten Aktion eines getan hast: Du hast einen Brief an Eva geschrieben.«

»Ich habe tatsächlich zwei Dinge getan: Ich habe den Brief geschrieben, ihn in den Tresor gelegt und Eva gesagt, dass er dort liegt. Aber ich habe auch meinen besten Freund angerufen – den

Mann, der mich am besten kennt, auch mein Leben in Afrika – und gesagt, falls das Schlimmste passiere, müsse er mir versprechen, sich um Eva zu kümmern. ›Ja‹, hat er geantwortet, ›das mache ich.‹ Und ich wusste, er würde sein Versprechen halten.«

»Warum hast du auch beim zweiten Mal, im Juni 2011, deine Teilnahme zugesagt?«

»Das ist wohl eine Frage von Konsequenz, nicht wahr? Was wir 2010 gemacht haben, sollte ja vor allem dazu dienen, die Gaza-Frage ganz oben auf der politischen Agenda zu platzieren. Die Problematik besteht jedoch immer noch. Sie ist nicht dadurch verschwunden, dass Ägypten seine Grenze geöffnet hat. Es geht nicht nur um die Okkupation von Gaza, es geht um die Übergriffe Israels auf das palästinensische Volk. Darum war es selbstverständlich für mich, auch dieses Mal teilzunehmen. Gleichzeitig habe ich im letzten Sommer eine Menge anderer Verabredungen nicht einhalten können, was möglichst in diesem Jahr nicht wieder vorkommen sollte.«

»Ist es deiner Meinung nach möglich, dass Israel jemals die Hamas als Vertragspartner akzeptiert?«

»Das weiß ich nicht … Einem Teil der Hamas stehe ich äußerst kritisch gegenüber, denn viele dort sind reaktionär und kriegerisch eingestellt. Osama bin Laden sehen sie als ihren Helden an und benehmen sich in ihrem Hass auf Israel und den Westen geradezu idiotisch. Von diesem radikalen Flügel der Hamas halte ich weit Abstand. Doch es gibt auch die moderaten Kräfte, die diskutieren und verhandeln möchten. Es geht vor allem darum, die Zivilgesellschaft in Palästina zu unterstützen. Und ich bin in Schweden sicherlich einer der hartnäckigsten Kritiker der Hamas.

Aber wenn wir bei dem Vergleich mit Südafrika unter der Apartheid bleiben wollen, so gab es da ja auch von bestimmten Fraktionen innerhalb des ANC schwere Übergriffe. Übergriffe, von denen man Abstand nehmen musste. Doch man darf nicht vergessen, Revolutionen sind keine Teegesellschaft. Und im Hinblick auf Palästina will ich nur sagen: Ich glaube nicht, dass die Hamas die nächste Wahl gewinnt. Wirklich nicht! Das hängt natürlich davon ab, wie das palästinensische Volk sich entscheidet. Aber die Palästinenser wissen, dass das Agieren der Hamas Veränderungen unmöglich macht. Und sie werden täglich daran erinnert, denn der reaktionäre Teil der Hamas geht äußerst brutal gegen das eigene Volk vor.

Es sind viele bittere und unglückliche Situationen entstanden. Das ist nichts Ungewöhnliches, wenn Menschen unterdrückt werden, und in diesem Konflikt spielen gewaltige Machtkämpfe und Gefühle eine Rolle. Ich musste etwas sehr Abstoßendes erleben. Plötzlich haben sie auf Facebook eine Seite auf meinen Namen eröffnet. Sie wurde von einem *impostor* betrieben – einem Betrüger, der sich als Henning Mankell ausgab. Diese Person schrieb politische Kommentare unter meinem Namen. Anfangs waren sie gemäßigt, doch kurz vor der zweiten Gaza-Aktion ging dieser falsche Henning Mankell so weit, einige Aussagen von Hassan Nasrallah, dem Hisbollah-Führer im Libanon, zu unterstützen …

Ich hatte nie etwas mit Facebook zu tun, doch ein Journalist erkannte den Betrug und gab uns Bescheid. Wir haben sofort Anzeige erstattet, und Facebook hat die Seite entfernt. Aber dann tauchte sie wieder auf. Daraufhin haben wir Facebook ein Ultimatum gestellt, die Seite innerhalb von vierundzwanzig Stunden endgültig zu entfernen. Und wir haben gefordert, dass uns mitgeteilt wird, wer dieses Profil eingestellt hat. Facebook war natürlich besorgt um sein Renommee, aber wir wollten unter allen Umständen wissen, wer dahintersteckt.

Es hat sich als außerordentlich schwierig erwiesen, dahinterzukommen. Immerhin hat Facebook eine Sperre verhängt, und nun kann niemand mehr ein Profil unter meinem Namen anlegen. Nicht einmal ich selbst. Doch damit war die Angelegenheit noch nicht erledigt. Später wurden von dem Fälscher oder den Fälschern, die meine Identität gekidnappt hatten, unter anonymen Mailadressen Artikel an internationale Büros und Medien versandt. Dan schrieb in einem Kommentar: Willkommen in der Zukunft! Wir sind der Meinung, das ist organisiert worden und stammt nicht von einer kranken Einzelperson. Dafür war es zu professionell gemacht. Wir werden sehen. Im Moment kann ich noch nicht mehr sagen … Für mich war es eine Art Déjà-vu-Erlebnis, das mich an die Verhältnisse in Südafrika in den Achtzigerjahren erinnert. Einige Fraktionen begehen nach und nach immer abstoßendere Sachen und grenzen sich damit selbst aus.«

»Trotzdem glaubst du weiter daran, dass Israelis und Palästinenser eines Tages Seite an Seite in einem Staat zusammenleben werden?«

»Ja, *ich* glaube daran. Aber ich kann es nicht beeinflussen. Nur die Palästinenser und die Israelis können das entscheiden. Ich sage also nicht, dass es so kommen muss, noch nicht einmal, dass es so kommen könnte … Ich sage nur, was ich *glaube*. Vielleicht irre ich mich. Vielleicht kommt doch die Zwei-Staaten-Lösung. Das denken ja viele. Auf alle Fälle können wir sagen: Der Zustand, den wir heute haben, ist nicht die Lösung.«

»Wenn du jetzt, ein Jahr später, auf deine erste Tour *Ship to Gaza* zurückblickst, würdest du sagen, dass du eine neue Erfahrung gemacht hast? Hast du durch die Wut und die Demütigungen, die du empfunden hast, als dich die israelischen Soldaten verhaftet haben, etwas über dich selbst erfahren?«

»Ich sollte es vielleicht mit dem Frühjahr 1968 in Paris vergleichen, als ich zweimal verhaftet wurde. Immer noch kann man die kleine harte Beule an meinem Kopf fühlen, eine Folge der Zusammenstöße mit der äußerst brutal vorgehenden französischen Polizei. Wir wurden in Kellern ohne Fenster eingesperrt, das war mehr als unangenehm. Darum kann ich nicht sagen, ich hätte bei der Verhaftung in Israel Neues über mich selbst erfahren. Zum Glück habe ich die Kontrolle über mich behalten und meinen Kopf nicht verloren.«

»Aber du warst aufgebracht …«

»Ja, fürchterlich aufgebracht. Es ging in diesem Fall wohl mehr darum, wie andere behandelt wurden. Mit *mir* wagten sie ja nicht so umzuspringen. Sobald sie das Schiff geentert hatten, trat ein Soldat auf mich zu und stellte sich neben mich. Als Beschützer. So war das! Meine Wut galt den Übergriffen, die diese jungen, zum Teil weiblichen israelischen Soldaten an anderen begingen. Das war entsetzlich. Nein, über mich selbst habe ich nichts Neues erfahren. Ich habe damals im Mai 1968 mehr gelernt, als die französische Polizei uns so abscheulich behandelt hat.

Und andererseits … Was habe ich denn erlebt im Vergleich zu dem, was andere an Demütigungen tagtäglich über sich ergehen lassen müssen? Ich bin am Leben, ich habe meine Freiheit, ich habe keine Schrammen, weder physisch noch psychisch, und ich bin nicht täglich dieser Verachtung ausgesetzt. In dieser Hinsicht bin ich als Person recht uninteressant. Aber ich kann über den Widerstandswillen und den gebrochenen Widerstandswillen und die Brutalität reden und schreiben, die ich an anderen erlebe, denjenigen, deren Leben sich mittendrin abspielt. Das ist es, was ich tun kann.«

»Trotzdem hast du auf die Demütigung heftig reagiert …«

»Ich werde ja recht oft wütend, auch wenn sich das mit den Jahren etwas gegeben hat. Aber nie ohne Anlass, meine Wut ist nicht ungerechtfertigt, wenn ich das von mir selbst sagen darf. Und mich plagen keine Gewissensbisse. Dass ich die Wut aus mir herauslasse, ist wichtig. Nur nicht konfliktscheu sein. Ich kann Dinge nicht ertragen, die unter der Oberfläche schwelen. Wir lösen ein Problem oder wir lösen es nicht. Aber wir schieben es nicht auf!

Es ist richtig, ich wurde rasend vor Wut, als wir in Israel an Land gingen und einer mich fest am Arm packte. Das war eine intuitive Wut. Und ich habe auch bei der zweiten Fahrt darauf bestanden, dass ich mein eigenes Rasierzeug mitnehme. Ein Rasierapparat ist keine Waffe.

Waffen darf es an Bord nicht geben, bei keinem.

Särö, 2011

Wenn es Rache ist, und wenn es eine Frau ist, dann rächt sie *andere*. Und das hört sich unsinnig an. Wenn es stimmen sollte, dann habe ich so etwas noch nie erlebt.

Die fünfte Frau

Henning Mankell und Eva Bergman. (Privatfoto)

Das Haus liegt auf den äußersten kahlen Felsen der Küste, zirka dreißig Kilometer südlich von Göteborg. In einem Radius von zweihundertfünfzig Grad bietet es eine ungehinderte Sicht über das Schärengebiet, die Steine und Strandwiesen. Optisch gleicht das Haus einem Schiff, vom Sturm auf die Klippen geworfen. Der Steven ist eine gewaltige Terrasse, am Rand ein Swimmingpool, der zurzeit leer ist.

Das Arbeitszimmer ist vollgestopft mit Büchern, einigen Musikinstrumenten und einem großen Arbeitstisch. Im Eingangsbereich hängt eine imponierende Gallionsfigur aus bemaltem Holz, eine üppige salz- und wassererprobte Frau, die der Filmliebhaber als Wahrzeichen von Ingmar Bergmans Produktionsgesellschaft *Cinematograph* kennt.

»Diese Figur ist das Einzige, was ich mir als Andenken von Ingmar gewünscht habe. Deshalb habe ich sie aus dem Nachlass gekauft«, erzählt Henning Mankell.

Die Wintersonne ist bleich, aber das Licht flutet in das sparsam möblierte Wohnzimmer. Ein gemauerter Kamin, weiße Sofas, große Fensterflächen, die bei stürmischem Wetter mit Salzschlieren überzogen sind und bei Orkan in Schwingungen versetzt werden. Aber sie halten schon vierzig Jahre.

Ein meterlanges Fernrohr, eine riesige Malerei, noch ein Sofa und ein Fernseher. Heute ist das Meer grau und spiegelblank. Mankell schenkt Wasser in ein schönes Glas ein. Der Couchtisch ist mit Stapeln von Büchern bedeckt – ein Prachtexemplar über Bob Dylan, Kunstbücher, Romane, Dramenbände, historische Werke. Henning Mankell nimmt in einem weißen Sessel Platz.

»Bitte lass uns heute über Frauen sprechen«, sage ich.

»Hm.«

»Siehst du etwas Gemeinsames in den Frauengestalten, die du in deinen Romanen erfunden hast?«

»Nee, eigentlich nicht. Als Mann bin ich ja in meinem Leben ständig von Frauen umgeben. Wie die meisten Männer. Und … Nein, ich will anders anfangen: Vor fast dreißig Jahren habe ich das Buch *Daisy Sisters* geschrieben. Aus welchem Anlass? Durch Zufall hatte ich erfahren, dass sich in einem großen Eisenwerk in Borlänge die dort arbeitenden Frauen in einer Gruppe zusammengefunden haben und in ihrer Freizeit einen Studienkreis betreiben. Und das Thema dieses Studienkreises war ZUKUNFT!

Ich fand das unglaublich interessant, habe angerufen und gefragt, ob ich mal bei einer Diskussion zuhören dürfte. Ja, bitte schön. Und da saßen nun diese Fabrikarbeiterinnen – sie hatten ihre Kinder mitgebracht, es war beinahe wie in Afrika – und sprachen über die Zukunft. Wie sie werden würde und was man tun könnte, um sie zu verbessern … Ich dachte: So würden Männer nicht miteinander reden! Und warum ist das so? Was verbindet diese Frauen unterschiedlichen Alters?

Einer der Schwachpunkte der schwedischen Sozialdemokraten ist, dass sie den Glauben an den Menschen als selbständig denkendes Wesen verloren haben. Während der letzten zwanzig Jahre gingen die Sozialdemokraten davon aus, dass Fortschritt mit Kultur gleichzusetzen ist. So ist es aber nicht. Damals vertrauten sie auf Volksaufklärung, darauf, dass die Leute lernen, lesen und in sozialen und kulturellen Zirkeln zusammenkommen, eben wie die Frauen in Borlänge. Diese Frauen bildeten den Ausgangspunkt für *Daisy Sisters*.

Ich finde es auch sehr faszinierend, wenn Frauen über Männer schreiben, und es sollte doch mit dem Teufel zugehen, wenn Frauen es nicht ebenfalls interessant fänden, wenn Männer über Frauen schreiben. Doch dann, als das Buch herauskam, passierte etwas Merkwürdiges …

In Schweden haben wir eine sogenannte tonangebende Feministin, Ebba Witt-Brattström, die inzwischen sicherlich Professorin ist. Sie machte *Daisy Sisters* nach Strich und Faden fertig. Ich hatte jedoch den Eindruck, sie war vor allem darüber aufgebracht, dass ein Mann so gut über Frauen schreiben konnte. Sie war, um es ohne Umschweife zu sagen, fuchsteufelswild auf mich und das Buch. Seitdem strafe ich sie natürlich mit Verachtung. Aber trotzdem hatte *Daisy Sisters* mehrere Auflagen. Ich habe wohl nie ein Buch geschrieben, für welches ich so viele Zuschriften von Frauen bekommen habe wie zu diesem ...«

»Ich sehe die Gemeinsamkeit darin, dass fast alle deine Frauengestalten handlungsstark sind. Einige sogar so sehr, dass sie Gewaltvergehen gegen Frauen rächen.«

»Ja, das ist richtig. Mich faszinieren handlungsstarke Frauen, die in der Lage sind, den Widerstand, den Männer ihnen oft entgegensetzen, zu brechen. Ich bin auch der Ansicht, dass wir nie die grundlegenden Probleme dieser Welt lösen werden, wenn wir nicht die Frauen einbeziehen. Meine Frauengestalten sind wohl eine Mischung aus Frauen, denen ich begegnet bin, und denjenigen, denen ich hoffentlich noch begegnen werde.

Wir haben schon darüber gesprochen, dass ich nie mit einer Frau leben könnte, die versuchen wollte, sich oder ihren Lebenstraum über mich zu verwirklichen. Das wäre absolut undenkbar. Ich würde nicht damit klarkommen. Deshalb hatte ich in meinem Privatleben nur starke Frauen um mich herum, und ich habe zu ihnen allen noch ein gutes Verhältnis. Doch genug davon!«

»Wir haben schon über deine Abwesenheit in puncto Familienleben gesprochen, über Bergman und seine Kompromisslosigkeit. Hat deine Familie unter deiner Kompromisslosigkeit gelitten?«

»Ja, das ist leider so. Aber nicht in dem Maße wie Ingmars Familie. Ich war doch mehr für sie da. Aber klar, ich bin in meinem Leben auch in einer Weise ›vorangestürmt‹, die ich heute kritisch sehen würde. Es war nicht immer gut, dass ich weg war.«

»Du sagst, du *würdest* es kritisch sehen. Aber tust du es auch?«

»Ja! Ja, das tue ich. Nicht alles, aber einiges. Für mich ist das eine wichtige Frage, denn ich könnte nicht damit leben, wenn ich den größten Teil meines Lebens zu bereuen hätte, aber gewisse Perioden muss ich kritisch einschätzen. Dass ich dieses gemacht habe und nicht jenes. Es gibt gewisse Augenblicke, wo ich denke, verdammt nochmal, in diesem Fall hättest du anders handeln müssen. Doch das bereitet mir keine schlaflosen Nächte.

Ich habe mit den Menschen darüber gesprochen, die es betrifft. Und es ist ja ganz gut gegangen, auch wenn ich nicht immer da war. Man darf wegen eines schlechten Gewissens nicht in Mitleid mit sich selbst verfallen. Aber natürlich gibt es immer Dinge, die man bereut.«

»Im Leben eines jeden Menschen gibt es wohl eine gefühlsmäßig chaotische Periode, und beinahe alle Personen in deinen Büchern erleben dieses innere Chaos. Wie steht es dabei mit dir selbst?«

»… Man könnte es vielleicht so sagen: Ich habe in meinem beruflichen Leben, bei meiner Arbeit, immer sehr auf Ordnung geachtet. Aber mein Privatleben war oft chaotisch. Fürchterlich chaotisch. Mit Scheidungen und mit … ja, mit großen Problemen. Das Chaos in meinem Leben hat sich mehr auf der privaten als auf der beruflichen Ebene abgespielt. Auf der beruflichen Ebene lief immer alles ordentlich, denn darauf habe ich großen Wert gelegt.

Das Privatleben ist dann nebenbei gelaufen, das habe ich nicht ganz so gut in den Griff bekommen. Aber im Hinblick auf Kunst, Literatur und dergleichen habe ich nie Chaos aufkommen lassen. Ich bin kein Selbstmördertyp. Auch nicht latent. Ich glaube stets daran, dass sich eine Lösung findet. Aber ich habe natürlich auch Zeiten erlebt, in denen ich sehr niedergeschlagen war.

Ich finde übrigens, es ist wichtig, dass man Sorgen, dann, wenn sie sich einstellen, tief auslotet. Ebenso die Niedergeschlagenheit, man muss sie annehmen. Keine halben Sachen, man muss sie ganz

annehmen. Dann erst kann man sich wieder aus dem Morast her-
ausziehen und eine Umkehr bewirken.

Natürlich bin ich auch oft ganz unten gewesen. Und natürlich
geht es mir ab und zu immer noch so. Ich kann morgens um vier
Uhr aufwachen, und mein erster Gedanke ist: Die Welt ist schrecklich. Wie kommt man damit klar? Wie verkraftet man das? An solchen Tagen sehe ich nur schwarz. Aber darüber muss man hinweg-
kommen. Diese Verpflichtung hat man. Sich selbst und anderen
gegenüber.«

»Einige deiner Personen wollen einfach weg, haben aber kein
Ziel.«

»Hm.«

»Ging es dir auch so, als du das erste Mal nach Afrika aufgebro-
chen bist?«

»Nein. Ich habe nie ein Versteck gesucht wie Svartman in *Tiefe*.
Er sucht einen Ort, an dem ihn niemand aufstöbern kann. Solche
Wünsche hatte ich nie. Ich bin sozusagen immer ein positiv Su-
chender gewesen und war bestrebt, mich selbst besser zu verstehen,
indem ich andere verstehen lerne.

Aber wenn du unbedingt in meine dunklen Seiten eindringen
willst … Ich habe mich leider in meinem Leben auch recht widerlich anderen gegenüber benommen. Ich bin für Menschen, die
mich irritiert haben, ein Ekelpaket gewesen. Ich hätte mir selbst einen Dämpfer verpassen sollen, anstatt aus der Haut zu fahren und
etwas zu äußern, was ich später bereue.

Wie ich mir selbst eingeredet habe, gab es gute Gründe, mich
so zu benehmen. Es ging damals um Schauspieler, von denen ich
mich hintergangen fühlte. Und in diesen Situationen habe ich mich
nicht zuvorkommend benommen und sie rausgeschmissen. Der
Rausschmiss war möglicherweise gerechtfertigt, aber ich hätte es
auf eine andere Art tun sollen. Ich bin kein bösartiger Mensch, das
weiß ich, aber ich habe üble Sachen gesagt und getan. Und damit
lebe ich heute nicht so gut.«

»Du wirkst vielleicht manchmal resolut, weil von dir eine große Ausstrahlung ausgeht, wogegen dir Geduld fehlt?«

»Ich weiß, es gibt Menschen, die Angst vor mir haben, und das tut mir ganz ehrlich leid. Das rechne ich mir überhaupt nicht als Pluspunkt an. Doch in den letzten fünfzehn Jahren bin ich weniger oft aus der Haut gefahren. Heutzutage werde ich tatsächlich viel seltener wütend, aber es kann vorkommen …

Ich denke da an einen Flug im März, wo mir vor Wut beinahe der Kragen geplatzt wäre. Ich war auf der Heimreise von Frankreich nach meiner Teilnahme am *Salon de livre* in Paris. Ich hatte mich auf meinen Platz gesetzt, den Sicherheitsgurt angelegt und versucht, ein wenig zu schlafen.

Da kam ein Mann und sagte: ›Sie sitzen auf meinem Platz!‹ ›Nein‹, habe ich geantwortet, ›ich sitze auf *meinem* Platz.‹ ›Nein, Sie sitzen auf *meinem* Platz‹, fuhr er fort. ›Nein‹, wiederholte ich. ›Aber was haben Sie denn für einen Platz?‹ Er nannte eine Reihe von Buchstaben, und das war also der Platz neben mir, was ich ihm auch erläuterte. ›Nein, das ist nicht mein Platz‹, war seine Antwort.

Da bin ich explodiert! Ich habe meinen Sicherheitsgurt aufgerissen, bin hochgefahren und habe geschrien: ›Können Sie verdammt nochmal nicht lesen, was auf Ihrem Ticket steht?‹ Und habe hinzugefügt: ›Gewissen Idioten sollte das Fliegen verboten werden!‹ Du kannst dir den Tumult vorstellen. Ich hatte recht, aber trotzdem. Er hat sich entschuldigt, doch ich war weiter in Fahrt: ›Ja, ja, ja, quatschen Sie nur …!‹

Und dann musste ich ja die ganze Zeit neben ihm sitzen! Später habe ich gedacht: Diese Explosion war ein Funke aus der Vergangenheit. Als wäre ich um Jahre zurückgefallen.«

»Kommt die Wut daher, dass du nichts weiter willst, als in Frieden gelassen zu werden?«

»Ja. Zirka neunzig Prozent rühren daher, dass ich mich gestört fühle. Zirka zehn Prozent, weil ich meine, andre benehmen sich dumm. Ich wünschte, es wäre umgekehrt. Doch das ist heute kein Problem mehr, denn es passiert selten.

Andererseits sollte man Wut nicht unterdrücken, denn es gibt genug konfliktscheue Menschen. Es ist ein wenig schwierig für mich, Scheu vor Konflikten zu tolerieren. Besser ist, man lässt es raus, argumentiert und regt sich ein bisschen auf, und dann ist es überstanden.«

»Dein Leben kommt einem wie ein Märchen vor. Wie ein richtiges Märchen. Du hast enormen Erfolg mit deinen Büchern und mit deinem Theater, die ganze Welt ist dein Spielplatz, du hast Geld und tust damit viel Gutes. Du wohnst an wunderschönen Orten, bist mit einer Frau verheiratet, die du liebst, deine Kinder kommen gut klar, und deine Freunde halten zu dir. Kannst du dein Leben anders als phantastisch bezeichnen?«

»Nein, es ist tatsächlich so, phantastisch. Ich habe eine Menge Privilegien. Aber das größte Privileg ist, dass ich heute das machen kann, wovon ich als Kind geträumt habe. Das ist das Allergrößte. Alle Menschen träumen, aber es ist sehr wenigen vergönnt, ihre Träume zu realisieren.

Ich weiß natürlich, dass ich ein privilegiertes Leben führe. Aber ich habe es nicht gratis bekommen, ich habe es selbst geschaffen. Und Gott sei Lob und Preis – ich hatte die Fähigkeiten dazu. Ja, natürlich weiß ich sehr gut, dass mein Leben wunderbar ist.

Aber ich muss niemandem mehr meine Dankbarkeit erweisen, und das ist wichtig für mich. Ich habe kein Vermögen geerbt. Alles, was ich besitze und besessen habe, ist das Resultat eigener Arbeit. Und es war mir vergönnt – *knock on wood* – im Großen und Ganzen gesund und gut drauf zu sein.

Ich hatte keine unheilbare Krankheit. Ich bin dreiundsechzig und habe keinen Krebs. Ich hatte keinen Schlaganfall. Ich habe viel länger gelebt, als es den meisten Menschen in dieser Welt vergönnt ist. Und nichts spricht zurzeit dafür, dass ich nicht noch länger leben könnte ... Was kann ich mehr verlangen?«

»Dein Freund und Lektor Dan Israel hat mir gesagt, dass niemand aus der ›Mankell-Gruppe‹ sich hätte vorstellen können, dass dein Werk weltweit eine derartige Entwicklung nehmen würde, sowohl was die Auflagen betrifft als auch den Verkauf insgesamt.«

»Das ist klar. Niemand konnte sich das vorstellen. Man weiß doch nie, was ein Erfolg wird. Niemand kann das vorhersagen. Aber eben darin besteht die großartige Herausforderung für Literatur, Kunst, Musik und Theater.

Der Einzige, der sich vorgestellt hat, eines Tages eine Menge Leser zu haben, das war ich selbst. Davon war ich tatsächlich überzeugt. Und so soll es auch sein. Man kann ›eine Menge‹ nicht definieren, aber eine Menge ist jedenfalls mehr als dreihundert, oder?

Ich war mir immer ziemlich sicher, dass ich viele Leser haben werde, denn ich schrieb Bücher, die ich selber gerne lesen wollte. Wäre ich mir nicht sicher gewesen, dass ich Erfolg habe, hätte ich mich vielleicht auf das Schreiben und Inszenieren von Theaterstücken konzentriert. Oder auf den Film.

Viele Schriftsteller sind natürlich davon überzeugt, dass sie Erfolg haben werden, aber es gelingt ihnen nicht. Darunter sind viele sehr gute Schriftsteller, trotzdem sind sie ihr Leben lang erfolglos. In der Welt der Kunst geht es ungerecht zu. Doch wer sich in das Spiel begibt, muss sich auch den Regeln des Spiels unterwerfen.

Es hat mal jemand ausgerechnet, dass man auf eintausend verkaufte Bücher pro Tag kommt, wenn man alle zusammennimmt, die ich je geschrieben habe. Und zwar vom Tag meiner Geburt an. Da musste ich grinsen. Tausend Bücher würden mein ganzes Arbeitszimmer ausfüllen, aber wo bringt man fast 25 Millionen unter? Eine ganz unwahrscheinliche Menge. Darüber kann man nur grinsen, aber es illustriert auch das unbegreifliche Märchen, zu dem mein Leben geworden ist.

Und noch unglaublicher kommt es mir vor, dass in jeder Sekunde des Tages mit großer Wahrscheinlichkeit irgendwo auf der Welt ein Mensch irgendeines meiner Bücher liest.

Da kommt mir ein Gedicht in den Sinn, das Tomas Tranströmer über New York geschrieben hat. Es lautet, soweit ich mich erinnere ...: ›Eins weiß ich über diese große Stadt, und das ist, dass es irgendwo, in diesem Augenblick, jemanden gibt, der Schubert spielt.‹

Ähnliches fühle ich im Hinblick auf meine Bücher, und das ist ein merkwürdiges Erleben. Es lässt mich demütig, aber auch froh zurück. Ein großes und verpflichtendes Gefühl, das mich still werden lässt.«

»Bist du nicht manchmal traurig darüber, dass dein Vater deine Erfolge nicht mehr erleben konnte, zumindest nicht die großen?«

»Vielleicht habe ich vor vielen Jahren so gedacht. Das Leben ist, wie es ist. Man kann nicht ... Ist man tot, dann ist man tot. Es hätte ihn sehr gefreut, aber so kann ich nicht damit umgehen. Ich habe nicht für ihn geschrieben. Ich schreibe nicht speziell für eine Person.«

»Du hast mal gesagt, du schreibst für diesen jungen Afrikaner, der sich Schuhe auf seine Füße gemalt hat.«

»Ja ... Das ist eher ein Symbol. Ich schreibe in erster Linie Bücher, die ich selbst gern lesen würde. Also schreibe ich eigentlich für mich selbst. Ich habe in der realen Welt keinen bestimmten Leser vor Augen.«

»Also auch nicht den Mann mit den aufgemalten Schuhen?«

»Er ist der nächstliegende symbolische Leser, auf den ich kommen könnte. Gut, wir beide also, er und ich, kann man sagen.«

Auf dem Weg nach Hause denke ich daran, dass mich anfangs regelmäßig eine heftige Erschöpfung nach den konzentrierten Gesprächen mit Henning Mankell überfallen hat.

Vielleicht nicht so verwunderlich. Sein heiliger Ernst kann manchmal einschüchternd wirken. Absolut Respekt einflößend, in vieler Hinsicht sympathisch und zweifelsohne echt. Aber das Vibrierende, Menschliche, Offene, das in dem Ausdruck ›Wir haben

alle unsere Fehler‹ des dänischen Schriftstellers Klaus Rifbjerg liegt?
Nein, das nicht …

Und dann all diese Geschichten über ihn:

Eine Journalistin hat beispielsweise hartnäckig und über lange
Zeiträume hinweg versucht, mit Henning Mankell einen Termin
für ein Interview zu vereinbaren. Als es ihr endlich geglückt war,
hat sie – möglicherweise aus Nervosität oder um das Eis zu brechen – das Gespräch mit den Worten eröffnet:

»Ich weiß gar nicht, was ich fragen soll.«

»Dann fahr nach Hause und überlege es dir«, hat er zur Antwort
gegeben und das Lokal verlassen.

Regel Nummer eins im Umgang mit Mankell ist: Man muss wissen,
was man will, und man muss – wie auch Robert Johnsson betont
hat – die Zeit genauestens kalkulieren. Dann ist Henning Mankell
entgegenkommend und freundlich. Und nach längerem Zusammensein konnte ich zu meiner großen Freude bemerken, dass sich
zwischen uns ein entspanntes, von Zutrauen geprägtes Verhältnis
eingestellt hat.

Zurück in Dänemark ziehe ich mein abgegriffenes Exemplar
Sämtliche Gedichte von Tomas Tranströmer aus dem Regal. Die
Ausgabe ist von 1997, und ich finde das Gedicht, aus dem Henning
Mankell aus dem Gedächtnis zitiert hat.

Schubertiana hat fünf ›Akte‹ und ist in dem 1978 erschienenen
Gedichtband *Sanningsbarriären (Die Wahrheitsbarriere)* enthalten:

Im Abenddunkel auf einem Platz außerhalb von New York, ein
    Aussichtspunkt, von dem aus man mit einem einzigen Blick
    die Wohnungen von acht Millionen Menschen umfassen
    kann.
Die Riesenstadt in der Ferne dort ist eine lange glitzernde
    Wehe ein seitlich gesehener Spiralnebel.
Drinnen im Spiralnebel werden Kaffeetassen über die Theke

geschoben, die Schaufenster betteln die Vorübergehenden an, ein Gewimmel von Schuhen, die keinerlei Spuren hinterlassen.

Die kletternden Feuerleitern, die Fahrstuhltüren, die zusammengleiten, hinter Türen mit Sicherheitsschlössern ein ständiger Stimmenschwall.

Zusammengesunkene Leiber dösen in den Wagen der Untergrundbahn, den vorwärts rasenden Katakomben.

Ich weiß auch – ohne jede Statistik –, dass jetzt in irgendeinem Zimmer in der Ferne dort Schubert gespielt wird und dass für jemanden diese Töne wirklicher sind als all das andere.

Das Gedicht endet mit den Worten:

Aber diejenigen, die neidisch auf die Männer der Tat schielen, diejenigen, die sich innerlich selbst verachten, weil sie keine Mörder sind, die erkennen sich hier nicht wieder.

Und die vielen, die Menschen kaufen und verkaufen und glauben, alles lasse sich kaufen, die erkennen sich hier nicht wieder.

Nicht ihre Musik. Die lange Melodie, die in allen Verwandlungen sie selber ist, mal glitzernd und weich, mal rau und stark, Schneckenspur und Stahltrosse.

Das eigensinnige Summen, das uns gerade jetzt
die Tiefen
hinaufbegleitet.

Schneckenspur und Stahltrosse …!

Wir teilen die Begeisterung über Tranströmers Gedicht.

Antibes, 2011

Wallander träumte, dass er über Wasser ging.
Die Welt, in der er sich befand, war seltsam blau gefärbt.
Der Himmel mit Wolkenfetzen war blau, ebenso der Waldrand und die Klippen, auf denen blaue Vögel saßen. Und
dann das Meer, auf dessen Oberfläche er spazierte. [...]
Es war, als liefe man über eine dünne Schicht feiner Glas-
splitter. Die Wasseroberfläche war uneben. Aber sie trug
sein Gewicht. Irgendwo hinter den blauen Schäreninseln,
am Horizont, war Konovalenko.

Die weiße Löwin

Eigentlich hatte ich an diesem milden Nachmittag in dem französischen Stadthaus über Stil und Inhalt sprechen wollen, über Mankells globale Perspektive und die charakteristische Dynamik seiner Sätze. Und so beginnt das Gespräch auch:

»Ich versuche immer, Ereignisse zu gestalten, zu denen sich viele Leser verhalten können, zu denen sie eine Art Bindung haben, direkt oder indirekt«, erklärt Henning Mankell.

»Ich denke auch, dass ich ganz gut über Dinge erzählen kann, über die die Leute noch nichts wissen, sodass sie wirklich etwas dazulernen. Und schließlich glaube ich, dass ich recht gut darin bin, faszinierende Erzählungen zu schreiben. Darüber hinaus gibt es immer einen Faktor, den man nicht richtig benennen, nicht mit einem Prädikat versehen kann. Eine Art Suggestion ... Etwas, was im Stilistischen zu suchen ist. In der Dynamik der Geschichte. Etwas, was den Leser veranlasst, das Buch nicht aus der Hand zu legen.

Die schwedische Autorin Sara Lidman hat einmal zu mir gesagt: ›Du hast eine Seite lang eine Chance. Man öffnet das Buch, liest die erste Seite, und dann kommt der kritische Augenblick, in dem man die Wahl hat. Entweder man blättert um und liest weiter, oder man klappt das Buch zu.‹ In diesem Punkt hat sie recht, und ich habe oft daran gedacht.

Bei Musik oder einem Film muss man zu Hause aktiv werden, um abzuschalten. Bei einem Buch muss man aktiv werden, um weiterzulesen. Wenn ich etwas umschreibe – oft mehrmals –, dann ist es die erste Seite. Denn ich weiß, auf der ersten Seite muss ich mit dem Leser Vereinbarungen treffen.

Es sind tatsächlich verschiedene Spielregeln, über die sich der Schriftsteller und der Leser einigen müssen. Die Tonlage muss angeschlagen werden, der Rhythmus ... Wir können ruhig die musikalischen Bezeichnungen verwenden: Dur oder Moll, das Tempo, und dann setzt ein anderes Instrument ein. Diese Suggestion im Anschlag, die ersten Sätze, die man schreibt, oder die ersten Zeilen, sind das Wichtigste eines Buches.

Wenn ich in einen Buchladen komme, gehe ich oft umher, gucke und blättere, um zu sehen, wie ein Buch beginnt. Ich greife mir das erstbeste Buch, lese die erste Seite, nehme das nächste zur Hand, lese wieder die erste Seite und so fort.

Es fasziniert mich, Autoren zu entdecken, die gute Anfänge schreiben können, und diejenigen mit den schlechten. Lese ich den ersten Satz, dann weiß ich schon, ob ich das Buch gern – oder nie lesen werde, weil es zu langweilig ist, weil es mir nichts sagt ...«

»In deinen Büchern gibt es zwei Dinge, die dir viel bedeuten: Wetter und Träume.«

»Das ist richtig. Lass uns mit dem Wetter beginnen. Wenn es etwas gibt, worüber die Menschen in aller Welt reden, so ist es das Wetter. Aus sehr praktischen Gründen, denn für viele entscheidet das Wetter, was sie zu tun gedenken. Was sie machen wollen oder auch nicht. Was sie machen können oder auch nicht. Was sie unternehmen oder bleibenlassen sollten.

Mich fasziniert, dass Menschen ganz selbstverständlich über das Wetter reden. In Afrika redet man auch immer über das Wetter. Doch die Bedeutung, die das Wetter hat, ist in Afrika ein wenig anders. Journalisten fragen mich gern nach dem größten Unterschied zwischen dem Leben in Mosambik und dem in Schweden. Und ich gebe zur Antwort, dass die Menschen da unten ihr Tagwerk unter freiem Himmel erledigen, während wir uns nach drinnen verziehen müssen. Das ist der größte Unterschied. Wir beide wissen, dass es so simpel nicht ist, aber das gebe ich normalerweise zur Antwort ...

Dann nennst du Träume ... Zu Träumen haben alle Menschen auf der Welt Zugang. Wir leben in einer gemeinsamen Wirklichkeit, von der wir ein Teil sind, gewiss auf unterschiedliche Weise, aber doch ein Teil. Darüber hinaus haben alle Menschen ihre eigene Welt, und diese eigene Welt nennen wir Träume. Es ist ein unbegreifliches Wunder in der Konstruktion des Menschen, dass wir alle Zugang zu dieser Welt der Träume haben.

Für mich sind Träume ein Zeichen dafür, dass mir mein innerster Kern eine Botschaft sendet und mir sagt, was ich tun sollte, wovor ich mich in Acht nehmen sollte und was ich denken sollte.

Letzte Nacht habe ich geträumt, dass … Ja, es war eine Art Albtraum, der schwer wiederzugeben ist. Das Wichtigste für mich ist die Botschaft, die in dem Traum lag. Denn auch wenn ich von anderen Menschen träume, träume ich doch in erster Linie von mir selbst. Da ist ein reitender Bote in mir drin, der mir eine Nachricht überbringt. Und manchmal ist die Nachricht so bedrückend, dass sie zum Albtraum wird.

Seit heute Morgen denke ich darüber nach, was für eine Botschaft mir heute Nacht mitgeteilt werden sollte. Ich weiß es noch nicht, aber ich komme schon noch drauf …

Es ist unglaublich spannend mit all diesen Milliarden von Träumen hier auf Erden. Alle diese Botschaften, die den Menschen über Träume mitgeteilt werden. Ich glaube nicht, dass ich mehr träume als andere, doch ich kann mich an recht viele Träume erinnern. Das ist schon darauf zurückzuführen, dass ich mir Mühe gebe, sie zu behalten.

Manchmal wache ich auf und weiß, dass ich einen Traum hatte, vielleicht sogar einen sehr wichtigen, aber ich kann ihn nicht fassen, kann ihn nicht hervorholen, und das irritiert mich.

Die Träume, an die ich mich am besten erinnere, sind die, die ich kurz vor dem Aufwachen habe. Ich weiß jedoch auch, dass da im Laufe der Nacht Traumwelten vorhanden waren, die mir unbekannt bleiben. In der Regel muss ich gegen fünf, sechs aufstehen und pinkeln. Wenn ich mich dann wieder hinlege und noch ein bisschen schlafe, da entstehen dann die Träume, an die ich mich am besten erinnere.

Ich träume oft auf Schwedisch, wenn ich nach Mosambik komme, und auf Portugiesisch, wenn ich wieder in Schweden bin. Ich brauche sieben bis zehn Tage für die Umstellung. Erst dann bin ich angekommen, und die schwedische Sprache hat mich in Schweden wieder beziehungsweise die portugiesische in Mosambik. Das ist so geblieben, seit ich vor vierzig Jahren zum ersten Mal afrikanischen Boden betreten habe.

Amüsant und zugleich merkwürdig ist, dass Eva im Traum portugiesisch spricht, wenn ich in Maputo von ihr träume. Sie beherrscht die Sprache aber gar nicht, bis auf ein paar Wörter. Dem Regisseur meiner Träume liegt offenbar viel daran, dass ich verstehe, was ich träume, sodass das Geschehen auf Portugiesisch abläuft, wenn ich in einem portugiesischsprachigen Land bin.

Ich träume auch anders in Afrika. Daran ist nichts Merkwürdiges, denn es ist dort auch nachts sehr heiß, und man schläft ganz anders. Der Schlaf liegt weiter oben, näher am Bewusstsein. Darum behalte ich viel mehr Träume in Afrika als in Schweden. Stelle ich die Klimaanlage an, erinnere ich mich an weniger Träume, vielleicht an genau so viele wie in Schweden. Stelle ich sie nicht an und schlafe bei einer Zimmertemperatur von 28–29 Grad, erinnere ich mich an so gut wie alle Träume. Dafür bin ich am nächsten Morgen zerschlagen.«

»In welchem Punkt fühlst du dich als Schwede?«

»Oi … Ich bin als Schwede geboren und ich werde als Schwede sterben, auch wenn ich für den Rest meines Lebens in Maputo leben würde. Das hat viel mit der Sprache zu tun, die unheimlich wichtig ist, mit Freunden, mit unterschiedlichen kulturellen Traditionen und damit, dass man mit dem Wechsel der Jahreszeiten gelebt hat, so wie wir sie hier kennen. Auch mit der politischen und sozialen Wirklichkeit.

Trotz allem gibt es hier eine größere Sicherheit als in vielen anderen Ländern. Das sind grundlegende Dinge, die bewirken, dass ich mich als Schwede fühle, oder als Europäer.«

»Vielleicht mehr als Europäer?«

»Vielleicht, ja. Ich habe an vielen Orten in Europa gelebt und mich häufig außerhalb der Grenzen Schwedens aufgehalten. Ich habe in Frankreich gelebt, habe viele, viele Male ganz Europa bereist. Ich habe zehn Jahre in Norwegen gewohnt, und Norwegen ist nicht Schweden, ganz bestimmt nicht. So dass ich mich doch mehr als Europäer fühle …«

»Aber ist da ein Geruch, ein bestimmtes Licht oder eine besondere Stimmung, die du immer mit Schweden verbindest?«

»Das kann ein kühler Herbstmorgen nach einem Regen sein. Diesen Geruch in dieser Zusammensetzung findest du nirgendwo auf der Welt noch einmal. Das kann auch ein Klangbild sein, um sechs Uhr am Samstagabend, wenn die Kirchenglocken den Feiertag einläuten. Das ist auch für mich etwas speziell Schwedisches. Und das kommt auf verschiedene Weise zum Ausdruck.

Ich glaube, ich könnte ganze Listen mit solchen Punkten ausfüllen, aber das Wichtigste sind natürlich Sprache, Familie, kulturelle Traditionen, Freunde und das Essen. Das ist *mein* Schweden.«

»Wo fühlst du dich am meisten zu Hause?«

»Dort, wo ich mit Eva zusammen bin und wir vielleicht ein paar Tage haben, an denen keiner von uns einen Termin einhalten muss. Darum geht es eigentlich. Das kann hier sein, in einem Hotel in Nizza oder in unserem Haus auf Särö. Ich glaube, so kann ich am besten deine Frage beantworten.

Machen wir fünf Minuten Pause?«

Während Mankell in sein Arbeitszimmer geht, ordne ich in Gedanken ein paar lose Bausteine. Die hole ich hervor, als er zurückkehrt.

»In *Der Feind im Schatten* gibt es eine winzige Szene, in der Kurt Wallander eine sehr kranke alte Frau im Krankenhaus besucht, nachdem sie ihn darum gebeten hatte. Sie sagt nur einen Satz, und der hat eine einzige Funktion. Die Frau flüstert kaum verständlich: ›Du hattest einen Vater, der dich sehr geliebt hat.‹«

»Ich erinnere mich gut daran.«

»Was wolltest du mit dieser Passage erzählen?«

»Ist es nicht so, dass es genau diese merkwürdigen Begebenheiten im Leben gibt? Torgny Lindgren, ein sehr guter schwedischer Schriftsteller, hat mir erzählt, wie er eine alte Tante im Krankenhaus besucht hat. Sie lag im Sterben, und er hat sich am Bett von ihr verabschiedet. Als er sich in der Tür noch einmal umdrehte, sah er, dass sie winkte. Torgny fragte: ›Winkst du mir zu?‹ ›Nein‹, gab sie zur Antwort, ›ich winke Allem zu.‹

Als ich das gehört habe, dachte ich, welch unglaublich schöner Gedanke liegt in dieser Geste, ›Allem‹ zuzuwinken. Stell dir vor, man nimmt Abschied vom Leben und winkt Allem zu. Kann man sich etwas Gelungeneres vorstellen? Kann etwas schöner gesagt werden? ›Ich winke Allem zu.‹

Ich werde häufig mit dem Satz zitiert: ›Die Barbarei trägt oft menschliche Züge, und das genau ist es, was die Barbarei so unmenschlich macht.‹ Eine andere meiner Formulierungen taucht ebenfalls in vielen Zusammenhängen auf: ›Ich habe keine Angst vor dem Tod, ich habe Angst davor, so lange tot zu sein.‹

Das regt viele Menschen auf. Oder ich sollte besser sagen: Es lähmt sie. Aber es ist doch die Wahrheit, dass man eine so verdammt lange Zeit tot ist, nicht wahr? Trotzdem halten die Leute die Aussage nicht für zutreffend, denn sie meinen, wenn man tot ist, erlebt man ja das Totsein nicht.«

»Bist du in irgendeiner Form religiös – Gott, Allah oder Buddha?«

»Es hat Gott nicht gefallen, mit mir zu reden – und umgekehrt. Wir pflegen einen höflichen, respektvollen Umgang, aber wir verkehren nicht miteinander. Ich habe den größten Respekt vor gläubigen Menschen, allerdings nur, wenn sie anderen mit ihrem Glauben keinen Schaden zufügen.

Ich habe aufmerksam beobachtet, dass unter den großen Religionen nur die Buddhisten keine Religionskriege geführt haben, um ihre Botschaft zu verbreiten. Daher rührt meine große Sympathie für den Buddhismus, der Gott in gewisser Weise in jedem Menschen sucht.

Aus meiner Sicht ist es so, dass wir es waren, die Gott erschaffen haben. Nicht umgekehrt. Und somit verschwindet für mich die religiöse Dimension. Ich spreche lieber von der Existenz einer Geistigkeit in der uns umgebenden Welt. Eine Geistigkeit, die man zum Beispiel in der Musik finden kann. Eine Geistigkeit, die im Verhältnis zu einem anderen Menschen oder zur Natur bestehen kann.

Doch es geht nicht darum, dass ich der Meinung bin, ich werde noch einmal leben. Ich glaube nicht an Reinkarnation. Ich bin davon überzeugt, dass das Großartige und Phantastische am Leben darin besteht, dass es nicht wiederholbar ist. Das Leben gibt es nur einmal.

Der große Evolutionstheoretiker und Atheist Richard Clinton Dawkins beantwortet bei seinen Vorträgen in der Regel auch Fragen, und die häufigste Frage ist, wie es denn wohl um den Menschen in eintausend Jahren bestellt sei. Seine Antwort lautet: ›Auf neunundneunzig Prozent aller Arten trifft zu, dass sie früher oder später aussterben!‹ Ich glaube, er hat recht. Auch der Mensch hat seine Zeit.

Man darf nicht vergessen, dass Vögel und Insekten weiterlebten, als die Dinosaurier ausstarben. Wir stammen von Insekten ab, von winzigen Nachtinsekten. Einige Biologen haben eine Art umgekehrter Evolutionstheorie entwickelt: Man geht bis zu einem bestimmten Punkt in der Evolution zurück, beginnt von vorn und stellt sich die Frage, ob es wahrscheinlich ist, dass genau das Gleiche noch einmal passiert.

Da wir wissen, dass es in der Entwicklung unglaublich viele Zufälle gibt, können wir uns darauf einigen, dass die Chance, so etwas Ähnliches wie den Menschen noch einmal vorzufinden, ziemlich gering ist. Meine Reaktion ist also: Wenn wir so weit gekommen sind in diesem phantastischen Märchen, warum sollten wir darüber hinaus noch mehr verlangen?

In meinem ersten Buch, *Bergsprängaren*, gibt es einen Satz, den ich nie vergessen habe. Der alte Mann sagt: ›Spuck einmal ins Meer, dann hast du all die Ewigkeit, die du brauchst.‹«

»Ich möchte dich um einen professionellen Ratschlag bitten: Im dritten Wallander-Buch stattest du Kurt Wallander mit Diabetes aus, um ihn glaubwürdiger und menschlicher zu machen. Womit sollte ich dich ausstatten, um dich glaubwürdiger und menschlicher zu machen?«

»Ich bin wohl so menschlich, wie man nur sein kann …«

»Hm ja, sowohl als …«

»Was findest du an mir unmenschlich?«

»Nicht direkt unmenschlich, aber du kommst mir manchmal zu ›vollkommen‹ vor … Du *tust* zum Beispiel auch das, was du sagst. Du setzt deine Worte so weit wie möglich in Handlung um. Du sprichst von der gerechten Verteilung der Güter dieser Welt. Und als Konsequenz daraus spendest du einen Teil deines Einkommens der Dritten Welt. Das ist beinahe zu schön, um wahr zu sein. Ja, ich denke, du weißt, was ich meine …«

»Ja, in gewisser Hinsicht … aber ich habe auch genug unschöne Seiten.«

»Welche?«

»Das ist nicht so leicht zu … Sich hier hinzusetzen und zu bekennen, das sieht dann gleich so illustriertenmäßig aus.«

»Versuch es trotzdem …«

»Ich habe eine riesige Schwäche: Ich bin unglaublich ungeduldig.«

»Kannst du es dir erklären?«

»Och … Aufs Große und Ganze gesehen, liegt es daran, dass die politische Entwicklung so langsam vor sich geht. Wenn eine Situation unerträglich ist, warum braucht man so unendlich viel Zeit, um sie zu verändern? Warum muss man auf eine Veränderung warten und wieder warten? Und im Zusammenleben: Ich kann sehr ungeduldig werden, wenn andere beispielsweise nicht schnell genug zum Kern der Sache kommen. Das ist dumm von mir, denn Menschen, die mehr Zeit brauchen, um sich klar auszudrücken, sollen die Zeit natürlich haben.

Man kann aber auch der Ungeduld etwas Positives abgewinnen: Sie vermag eine Triebkraft zu sein. Ich ertappe mich allerdings dabei, dass ich sehr ungeduldig reagiere, auch wenn es völlig unnötig ist. Dafür schäme ich mich. Aber ... Doch, ich glaube, dass ich menschlich bin. In hohem Maße sogar. Mit all den Fehlern, die ein Mensch haben kann. Mit Nachtgedanken. Ich kann mich sehr verdüstern. Ich weiß nicht, was ich noch sagen soll, um dich zufriedenzustellen ...

Und erinnere dich, was ich oft sage: Ich lebe ein sehr undramatisches Leben, auch wenn es an der Oberfläche anders aussehen mag. Die Dramatik findet hier drinnen statt, in meinem Kopf! Ich führe ein sehr regelmäßiges Leben, ohne abenteuerliche Hobbys und so. Manche würden vielleicht meinen, mein Leben sei in gewisser Weise ein bisschen langweilig. Okay, abgesehen davon, dass ich in Afrika lebe und viel reise und dass ich das tue, was mir das Liebste ist: Schreiben.«

»Aber es ist auch ein sehr ernstes Leben ... Worüber kannst du eigentlich lachen? Und existiert der Begriff ›entspannen‹ in deinem täglichen Leben?«

»Ja, ja gewiss. Ich kann durchaus einen ganzen Tag lang auf der Couch liegen und etwas lesen, was nicht so bedeutend ist. Und ich lache oft und viel. Über etwas, was ich sehe. Über etwas, was ich mir ausdenke. Über Monty Python zum Beispiel. John Cleese ist ein großer Komiker. Ich würde das Leben nicht aushalten, könnte ich nicht jeden Tag über etwas lachen. Und das tue ich. Ich kann auch gut über mich selbst lachen. Ich liefere mir dafür die besten Vorlagen.

Eva und ich haben übrigens die gleiche Art Humor, einen Humor voller Ironie, sodass du dir darüber keine Gedanken zu machen brauchst. Und wenn ich auf Bildern so ernst aussehe, dann nur, weil ich mich nicht gern fotografieren lasse.«

»Aber auf der Bühne fühlst du dich wohl?«

»Ich bin kein Schauspieler, und ich sehne mich nicht nach der Bühne und dem Rampenlicht. Aber wenn ich da oben stehe, habe ich die Möglichkeit, über all das zu reden, was mir wichtig ist. Und nach so vielen Jahrzehnten habe ich große Erfahrung mit Auftritten, sodass ich nicht mehr nervös bin, ich kann das ganz entspannt nehmen. Ich weiß ja, worüber ich rede und was ich sagen will. Das ist ein Vorteil. Ich habe keine Ahnung, wie oft ich irgendwo auf der Welt auf einer Bühne oder einem Podium gestanden habe, jedenfalls viele, viele Male. Hätte ich in einer anderen Zeit gelebt, hätte ich meinen Lebensunterhalt vielleicht in Gassen und auf Märkten als Geschichtenerzähler bestreiten können. Das kann ich mir gut vorstellen.«

Ich trinke ein Glas Wasser und stelle die Frage, die ich lange zurückgehalten habe:

»Warum erkrankt Kurt Wallander an Alzheimer? Muss das sein?«

Henning Mankell sieht mich einen Moment lang forschend an, dann sagt er:

»Ich glaube … Kurt Wallander und ich haben eine Sache gemeinsam: das Alter. Und wenn ich mich frage, wovor ich mich in meinem Leben fürchte, dann ist das eben nicht das Sterben. Ich habe keine Angst vor dem Tod, aber ich habe unglaubliche Angst vor der Möglichkeit, eines Tages physisch zwar gesund und munter zu sein, gleichzeitig aber meinen Kopf, mein Gedächtnis zu verlieren, meine Fähigkeit, etwas zu erfassen, zu schaffen und rational zu denken.

Das ist die wirklich große Bedrohung, die ich für mein Leben befürchte. Ich weiß, ich teile diese Angst mit vielen Menschen. Darum lag der Gedanke nahe, wenn es alle treffen kann, warum nicht auch ihn. Und aus den Reaktionen, die ich erfahren habe, konnte ich ablesen, dass es gewiss traurig, jedoch nicht ungewöhnlich und unwürdig ist, wenn Wallander von Alzheimer betroffen wird. Es ist eines der Merkmale, die ihn so menschlich machen.

Und dann gibt es noch eine Gemeinsamkeit zwischen ihm und mir. Ich kann wie er durchaus furchtlos sein, aber wenn Eva oder einer meiner Söhne zu mir sagen sollte: ›Henning, ich glaube, du solltest zum Arzt gehen, denn du benimmst dich ein wenig sonderbar, bist zerstreut und vergisst sehr viel‹, und es sollte sich herausstellen, dass ich an Alzheimer leide, während ich noch in guter physischer Verfassung bin, dann würde ich ernsthaft überlegen, ob die Zeit gekommen ist, Schluss zu machen.

Das meine ich im Ernst, denn damit möchte ich nicht leben. Der Gedanke jagt mir wirklich Furcht ein. Ein funktionierender Körper und ein nicht funktionierendes Hirn. So ein Leben wäre wertlos für mich. Ich akzeptiere und respektiere, wenn Menschen eine andere Meinung dazu haben. Aber ich will meine Entscheidungen selbst treffen!«

»Soll es nicht genug sein für heute?«, frage ich.

Im Laptop blinkt wieder eine wichtige E-Mail.

Diesmal von Jon Mankell, Henning Mankells Sohn.

Jon Mankell

»Ich bin immer stolz auf meinen Vater gewesen, einen Vater, der für das kämpft, woran er glaubt. Ich bin stolz auf sein Engagement, seine Fürsorge und seine Generosität«, sagt Jon Mankell, Filmagent und Produzent bei Yellow Bird. (Privatfoto)

Ich bin mit dem Meer, mit Inseln, Felsenklippen und Schären als nächsten Nachbarn aufgewachsen. Diese Umgebung hat mich geprägt. Es ist kein Geheimnis, dass ich bei Ulla, meiner geliebten Mutter, gelebt habe, auch nicht, dass Vater seine Anwesenheit durch Anrufe und Hunderte von Briefen bekundet hat. Briefe, die ich aufgehoben habe und die heute einen ganzen Umzugskarton füllen.

Und nun, wo ich gerade dreißig geworden bin, haben wir ein nahes, spannendes und vertrautes Verhältnis zueinander. Wir sind Vater und Sohn und auch Kollegen. Seit 2004 produziere ich Filme in der Produktionsgesellschaft *Yellow Bird*, die unter anderem für die Verfilmungen von Hennings Wallander-Romanen verantwortlich ist.

Gerade jetzt beginne ich mit der Produktion von sechs neuen Filmen mit »Papas« populärer Figur Kurt Wallander. Das ist eine spannende Aufgabe, bei der es darauf ankommt, so gekonnt wie möglich das, was Vater erdacht hat, aufzubrechen und so umzuwandeln, dass es für die große Leinwand tauglich ist.

Das schriftstellerische Werk meines Vaters hat mich von jeher fasziniert. Wie kann das kleine Ystad so brutal, der schwedische Winter so reizvoll sein. Und wieso strahlt der afrikanische Kontinent trotz aller Leiden so viel Liebe aus? Warum fesseln mich diese Figuren und Milieus so sehr? Vielleicht weil das alles immer ganz nah bei mir war, vielleicht weil es einfach richtig gut ist.

Mein Vater hat einen seiner Wallander-Romane, *Die falsche Fährte*, mir gewidmet, als ich fünfzehn Jahre alt war. Er handelt von einem fünfzehnjährigen Jungen, der seine Schwester rächen will und zum Serienmörder wird. Ich habe mir manchmal überlegt, warum gerade dieses Buch? Es liegt ja eine merkwürdige Symbolik darin, nicht wahr?

Ich bin immer stolz auf meinen Vater gewesen, einen Vater, der für das kämpft, woran er glaubt. Ich bin stolz auf sein Engagement, seine Fürsorge und seine Generosität. Ein Vorbild, nicht nur für mich, sondern für viele andere ebenfalls. Sowohl durch sein Werk als auch durch seine Person.

Heute, nach dreißig Jahren – mein Alter als Maßstab genommen – ist es vielleicht nicht verwunderlich, dass mein Lieblingsbuch *Tiefe* ist. Das Meer, die Inseln, die Felsenklippen und die Schären.

Jon Mankell wurde 1980 in Norrköping geboren. Er ist schwedischer Filmproduzent bei Yellow Bird, *Filmagent für Henning Mankell und Diplomvolkswirt mit einem Masterabschluss für Marketing.*

Särö, 2011

Ya Ru: »Wir müssen miteinander sprechen. In der Stille.
In Ruhe. Hier finden große Umwälzungen statt. Wir sind
mit einer großen, aber friedlichen Armada nach Afrika
gekommen. Jetzt sind wir dabei, an Land zu gehen.«
Hong: »Ich habe heute zwei Männer gesehen, die einer
Frau einen Fünfzig-Kilo-Sack Zement auf den Kopf pack-
ten. Meine Frage an dich ist sehr einfach. Was wollen wir
mit der Armada erreichen? Wollen wir der Frau helfen,
damit ihre Last leichter wird? Oder gehören wir zu denen,
die ihr Säcke auf den Kopf packen?«

Der Chinese

An der Wand in Henning Mankells und Eva Bergmans Wohnküche auf Särö hängt ein kleines Farbfoto in einem Wechsel-
rahmen.

Das Bild zeigt zwei indische Kinder, Schulmädchen, das schwarze Haar mit buntem Schmuck verziert, dünne Perlenketten um den
Hals. Das Kleid der einen ist pinkfarben, das der anderen gelb mit
lustigem Muster. Beide lachen den Betrachter vorbehaltlos an, die
Augen strahlen. Als Mankell bemerkt, dass ich die Fotografie ansehe, nimmt er sie ab, reicht sie mir und sagt:

»Diese beiden Mädchen haben vor einem Jahr noch nicht so gelacht wie auf dem Bild hier. Das Dorf, in dem sie zu Hause sind, ist
sehr arm, und sie konnten keine Schule besuchen. Heute gehen sie
in die Schule, dafür habe ich gesorgt. Denn es gibt in ihrem Dorf
nun eine Schule, und als Dank habe ich dieses Foto erhalten. Jeden
Morgen fallen meine und Evas Blicke darauf. Wir sehen zwei fröhliche Mädchen.«

»Dein Geld hat ihnen Möglichkeiten eröffnet, die sie vorher
nicht hatten.«

»Ja, aber hör auf, mich als ›Gutmenschen‹ zu betrachten. Für
mich ist das eine natürliche Sache, und ich müsste mich verachten,
wenn ich nicht so handeln würde. Ich passe schon auf, nicht in die
Rolle des ›guten Menschen‹ zu schlüpfen.

Eigentlich wollte ich dir das von den Mädchen und der Schule
gar nicht erzählen, doch da du das Bild bemerkt hast, wäre es ab-
surd, dir keine Antwort zu geben. Nun gibt es also diese Schule.
Das ist ein Faktum. Und ich denke nicht weiter darüber nach. Ich
mache das, weil ich dazu in der Lage bin.«

»Du kannst das Leben vieler Menschen verändern ...‹

»Und das ist doch wohl in Ordnung, oder nicht? Das ist ein Teil des Privilegs, das ich habe. Nein, ich muss sagen, es *ist* das Privileg. Ich kann dazu beitragen, das Leben anderer ein klein wenig zu verbessern. So ist das. Ich kann auch dabei helfen, dass eine wichtige Fernsehdokumentation oder ein Film fertiggestellt wird, wenn den Machern das Geld ausgegangen ist.

Es bringt mich in Rage, dass so viele Reiche, die dieselben Möglichkeiten hätten, es nicht tun. Es gibt so viel Geiz – auch bei reichen Künstlern. Die scheren sich einen Dreck darum, wie es anderen geht. Da komme ich auf ganz schwarze Gedanken. Diese Künstler gibt es. En masse.«

»Zählst du deinen Schwiegervater, Ingmar Bergman, zu ihnen?«

»Ich habe oft zu ihm gesagt: ›Ich finde, du bist geizig, Ingmar!‹ ›Ja, findest du? Ja, vielleicht bin ich das‹, war seine Antwort. Dann war das Gespräch beendet, und ich habe gedacht, warum soll ich ihn auch damit piesacken? Viele alte Menschen haben ja Angst davor, dass ihr Geld sich aufbraucht. Das ist schon ein wenig senil. Etliche alte Menschen mit viel Geld fangen an, Bücher und Schmuck zu verkaufen, weil sie fürchten, sie würden verarmen. Darin zeigt sich ja auch ein Zeichen von Alter. Und Ingmar hat übrigens auf seine Weise viel geleistet, er half auf seine Art einer Reihe von Menschen.«

»Gibt es auch Leute, die sich direkt an dich wenden und um ökonomische Unterstützung bitten?«

»Sehr häufig geschieht das nicht. Ich denke, sie wissen, dass dabei nichts herauskommt. Aber die schlimmsten Briefe sind die, in denen erwachsene Menschen sich als Kinder ausgeben. Wenn Erwachsene mit kindlicher Schrift und kindlichen Formulierungen schreiben, dass sie zu Hause Not leiden und Unterstützung in Form von Geld brauchen.

Wenn ich einen solchen Brief bekomme, reiche ich den an Robert oder Eva weiter und sage: ›Lies mal das hier!‹ Bis jetzt bestätigten sie mich immer in meinem Misstrauen, dass ein Erwachsener sich als Kind auszugeben versucht hat. Dann schmeiße ich natürlich den Brief weg. Das ist ausgesprochen mies. Aber die meisten Leute wissen wohl, dass ich bei meinen Spenden einen Plan habe und eine Strategie verfolge.«

Mankell öffnet die Tür zur Terrasse und zum Schärengebiet. Die Luft ist weich, trägt den Frühling in sich. Ein wenig später sage ich:
»Du hast nicht viele Bilder und Zeugnisse aus deinem Leben aufbewahrt?«

»Ich bewahre auch keine Besprechungen und Rezensionen und Artikel auf. Nichts. Es ist wichtig, sich frei zu halten von den Bildern, die andere Leute von einem haben. Dahinter lauert immer die Gefahr, dass man sich selbst für wichtiger hält als das, was man tut. Irgendwo in einem Archiv oder bei Dan im Verlag und bei Anneli (Høier) ist eine Unmasse Material aufbewahrt. Es ist also vorhanden. Ich muss nichts aufheben.

Aber ich habe ja mein Gedächtnis und meine Tagebücher und weiß ganz gut, was ich in den letzten dreißig Jahren gedacht und mir vorgenommen habe. Übrigens bin ich in erster Linie ein Wortmensch, kein Bildmensch, obwohl ich Kunst und Film sehr liebe.

Mein Leben basiert auf dem Wort. Das Wort ist mein Musikinstrument, mein Pinsel, mein ... *whatever*, meine Stimme.«

»In welche Richtung könnte sich dein schriftstellerisches Werk noch entwickeln?«

»Auf lange Sicht geht es auf die große Stille zu, wo alles aufhört. Doch wann der Tod auch kommt, er wird stören. Ich werde ja nicht in dem Moment, in dem er an die Tür klopft, fertig sein. Ich werde sagen: ›Verdammt nochmal! Ich bin nicht bereit!‹ So wird das Meiste, was ich noch schreiben möchte, ungeschrieben bleiben, denn unsere Zeit ist zu kurz.

Ich kann nur fortfahren, einigermaßen hartnäckig und stetig. Fortfahren, Geschichten zu erzählen, die mir wichtig erscheinen. Und ich fühle, je älter ich werde, wie wichtig es wird, das auszusortieren, was man nicht mehr will. Sonst läuft man Gefahr, seine Zeit zu verplempern.

›Wir haben Zeit genug. Zeit für dieses und jenes‹, hört man oft. ›Nein, wir haben nicht genug Zeit‹, ist meine Antwort. ›*Ich* habe nicht genug Zeit.‹ Deswegen pfeife ich auf so manches, selbst wenn ich Lust darauf habe, weil etwas anderes wichtiger ist. Doch … ich glaube, ich werde noch eine Menge Theaterstücke schreiben, und ich werde noch Bücher schreiben, die im Zusammenhang stehen mit meinem neuen Roman und mit *Tiefe* oder mit *Tea-Bag*. Also diese Art von Erzählungen.

Ich denke, ich werde ein Buch über Afrika schreiben. Ein Buch, das ganz konkret, auf Fakten beruhend und analytisch, von *meinem* Afrika erzählt. Ich werde versuchen, im Klartext über mein Afrika zu schreiben. Das will ich wirklich, denn ich habe etwas mitzuteilen. Ich trage viel in mir herum, was beispielhaft für Afrika ist. Dinge, die ich gesehen und gehört habe und über die ich erzählen kann, um eine andere Sicht auf das lebendige Afrika zu eröffnen. Also das Afrika, das lebt. Nicht jenes, das tot ist oder leidet.

Ich möchte diesen Sack aufschnüren und den Inhalt über den Tisch verstreuen, sodass es vielleicht gar kein Roman wird, mehr ein Gedankenbuch. Ich muss möglichst bald damit beginnen, denn es wird ein paar Jahre in Anspruch nehmen. Darüber hinaus will ich noch mit verschiedenen Erzählweisen experimentieren – ohne dass ich schon genau wüsste, was ich wirklich damit meine …«

»Du sagst, du willst ein Buch über *dein* Afrika schreiben. Wie steht es mit einem Buch über *dein* Schweden?«

»Ja, möglicherweise spanne ich die beiden Dinge zusammen. Vielleicht wird das Buch von beiden handeln? Für mich geht es dabei nicht um politische Schlagworte, sondern darum, das Politische mit einer glaubwürdigen psychologischen Erzählung zu verknüpfen. Das ist es, was mich interessiert.

Ich überlege auch, ob ich ein Stück über Dominique Strauss-Kahn schreibe und über die Anklage gegen ihn wegen der Vergewaltigung im Hotel. Ein Mann, der als Chef des Internationalen Währungsfonds auf den Zinnen der Macht stand und über das Schicksal des verarmten Afrikas zu bestimmen hatte. Oder auch darüber, ob Griechenland den Staatsbankrott erklären muss oder nicht. Aus diesem Grund würde ich gern ein Stück über ihn schreiben, über das schwarze Zimmermädchen und über Strauss-Kahns Frau.

Ich stelle mir ein Stück in zwei Akten vor. Der eine Akt handelt von ihm und seiner Frau, der andere von ihm und dem Zimmermädchen im Hotelzimmer. Man könnte die Akte in beliebiger Reihenfolge spielen. Die Regisseure und die Schauspieler können bestimmen, wie sie es machen wollen. Dieser Stoff war natürlich nicht eingeplant, aber wenn die Wirklichkeit sich aufdrängt, muss man die Pläne ändern. Eigentlich sollte ich jetzt ein Filmmanuskript zusammen mit dem schwedischen Schauspieler Krister Henriksson schreiben, aber im Moment will ich mich lieber mit der Dominique-Strauss-Kahn-Affäre beschäftigen. Vielleicht kann man sagen, das ist meine Methode, mich zu entspannen … Von etwas gepackt zu werden, das urplötzlich geschieht und mit dem ich niemals gerechnet hätte.

Es ist ja auch eine unglaublich facettenreiche Geschichte, die sich da abspielt zwischen einem der mächtigsten und reichsten Männer der Welt und einem Zimmermädchen aus Bissau in Afrika, das für die Allerärmsten steht. Macht versus Machtlosigkeit. Betrug und Lüge. Arroganz versus Widerstand. Hybris versus Nemesis. Und Strauss-Kahns Frau, die ihm zur Seite steht mit all ihrem Reichtum, mit Wohnungen, die aus der Zeit vor der Französischen Revolution stammen. Und er ist auch noch Sozialist und Präsidentschaftskandidat einer sozialistischen Partei, also einer *solidarischen* Partei. In dieser Angelegenheit gibt es so viele Aspekte, es ist fast eine griechische Tragödie.

Ich verstehe ihn nicht, überhaupt nicht. Und unabhängig vom Ausgang der Sache bleibt die Frage, ob er sich selbst versteht. Oder ob er total isoliert in seiner *untouchable world* gelebt hat – und lebt, sodass er glaubt, Regeln, Gesetze und Moral würden nicht für ihn gelten. Seine Frau, Anne Sinclair, erinnert mich an Hillary Clinton, die auch ihrem Mann beigestanden hat, aber der Hass schlug durch, als die Pressekonferenz vorbei war.

Ich werde natürlich nicht über die konkreten Personen schreiben, aber über eine Situation, die der ihren gleicht. Eine Ehefrau kann wohl kaum der Meinung sein, dass das, was ihr Mann getan hat oder wessen er beschuldigt wird, okay ist. In der Öffentlichkeit aber spielt sie das teuflische Spiel mit und verhält sich loyal. Und er bittet in seinem Hausarrest sicherlich um Vergebung und versucht, das Ganze wieder in Ordnung zu bringen, während sie innerlich stark erschüttert sein muss und vor Wut schäumt.

Meine Aufgabe besteht darin, mir vorzustellen, was zwischen diesen Menschen geschieht, und ich muss die Dimensionen der Geschichte entwickeln. Den Akt im Hotelzimmer, der in wenigen Minuten gespielt werden könnte, muss ich ja verlängern und komplizierter gestalten. Ich muss mich in die Gedankengänge einer jeden Person hineinversetzen, und es ist wichtig, dass die drei Personen jeweils eine eigene Sprache sprechen. Einer der interessanten Unterschiede zwischen Theater und Roman ist ja, dass in den Romanen ich als Autor spreche, auf der Theaterbühne aber sprechen alle Personen unterschiedliche Sprachen.

Ein Strauss-Kahn klingt nicht wie ein armes Zimmermädchen. Er kann seine Überredungskunst einsetzen, er ist ein Meister der Sprache, das kann sie nicht – jedenfalls nicht so ohne Weiteres. Darüber hinaus gibt es auch eine feminine und eine maskuline Sprache und Ausdrucksweise. Sprache der Macht und Sprache der Ohnmacht. Es ist sehr wichtig, das zu erfassen, und ja, ich denke, ich weiß, wie ich es mache. Es ist nicht unwahrscheinlich, dass ich das in nächster Zukunft zu Papier bringen werde – mit der Hand schreibend, wie du weißt, weil es Dialoge sind.

Im Herbst werde ich längere Zeit in Maputo sein, weil Manuela und ich verabredet haben, dass ich Ibsens *Hedda Gabler* inszeniere. Und auf etwas längere Sicht … trage ich mich mit dem Plan, etwas über Lascaux im südwestlichen Frankreich zu schreiben. Dort hat man ja Höhlenmalereien entdeckt, die zu den frühesten Darstellungen gehören, die jemals von Menschen mit kulturellem Bewusstsein angefertigt worden sind. Sie sind auf die Zeit von fast zwanzigtausend Jahren vor unserer Zeitrechnung datiert worden. Was aber werden die letzten Zeichen unserer menschlichen Existenz sein? Es ist der radioaktive Abfall, den wir heute in Felsenhöhlen verstauen.

Die große Frage für Experten, die sich mit derlei Dingen beschäftigen, ist: Wie kann ich nach einer Reihe von Eiszeiten, die unausweichlich kommen werden, den neuen Geschöpfen auf der Erde plausibel machen, dass das, was sie in den Erdlöchern vorfinden, gefährlich ist? Die Sprache ist verschwunden, alles andere ist verschwunden. Aber der radioaktive Müll ist immer noch da.

Davon möchte ich erzählen. Von den Höhlenmalereien bei Lascaux und dem radioaktiven Müll. Das wird sicherlich wieder mehr ein ›Gedankenbuch‹ als ein Roman. Über die ersten und die letzten Zeichen menschlicher Existenz. Und das letzte Zeichen bedeutet tödliche Gefahr. Darüber zu schreiben ist wichtig. Ein faszinierender Gedanke, nicht wahr? Und ich kann nur über das schreiben, was mich selbst fasziniert. So ist das.«

»Wenn du mit deinem afrikanischen Schriftstellerkollegen Mia Couto sprichst, den ihr im *Leopard Förlag* herausgebt, was sagt er zu dem Bild, das du von Afrika zeichnest?«

»Er weiß, dass ich versuche, vom Leben in Afrika zu erzählen, nicht vom Tod. Und er weiß, dass ich, auf die Art, wie ich Afrika beschreibe und mich zu dem Kontinent verhalte, ein guter Botschafter Mosambiks bin. All das weiß er.

Wir sind zusammen gereist, und er weiß auch, dass ich ihm den gebührenden Platz einräume. Als auf der Buchmesse in Göteborg Afrika das Schwerpunktthema war, habe ich dafür gesorgt, dass er einer derjenigen ist, die die Veranstaltung eröffnen. Nicht weil er mein Freund ist, sondern weil er ein so phantastischer Schriftsteller ist.

Ich glaube, wir respektieren uns gegenseitig. Ich bin sehr froh darüber, dass es ihn gibt. Er ist auf jede erdenkliche Weise ein guter Mensch und ein glänzender Erzähler. Ich sehe ihn nicht so oft, denn er ist scheu und lebt so zurückgezogen wie ich, aber wenn wir uns treffen, ist das Vertrauen sofort wieder da. Wir haben immer viel miteinander zu bereden.

Was uns unterscheidet, ist vor allem die Tatsache, dass er in Afrika geboren wurde und aufgewachsen ist und ich nicht. Er hat alle Stadien des Kolonialismus und des Befreiungskrieges durchlebt, seine Erfahrungen sind also andere. Aber was die Schlussfolgerungen daraus betrifft, sind wir uns einig. Mir fällt jedenfalls nichts Gegenteiliges ein.

Doch, einmal, als wir unterwegs waren und ich für ihn gedolmetscht habe. Er spricht ein ausgezeichnetes Englisch, aber er wollte lieber in seiner eigenen Sprache, Portugiesisch, reden. Bei dieser Gelegenheit wurde ihm eine politische Frage gestellt, und er antwortete. Aber als ich seine Antwort übersetzen sollte, dachte ich: Meint er das wirklich? Ich habe ihn gefragt: ›Soll ich das wirklich so übersetzen?‹ ›Ja‹, war seine Antwort.

Es kam zu einer absurden Diskussion, denn wir waren völlig unterschiedlicher Meinung – ich erinnere mich nicht, um was es ging –, und unten im Saal saß ein Publikum, das nicht die Bohne von unserem Streit verstand. Ich habe dann schließlich etwas übersetzt, was mehr meiner Auffassung entsprach als seiner. Später haben wir lange darüber gelacht.

Wir haben auch einige Male zusammengearbeitet, und in dieser Zusammenarbeit hatten wir über Jahre hinweg viele interessante Gespräche. Wir beeinflussen einander. Nicht nur er mich, sondern auch ich ihn. Ich würde gern noch anderen afrikanischen Autoren begegnen, doch das ist schwer. Die Entfernungen sind gigantisch,

»Selbst im tiefsten Elend besitzen wir Menschen eine unglaubliche Kraft, die uns befähigt, unsere Würde zu verteidigen und Widerstand zu leisten«, sagt Henning Mankell. (Foto: Torbjörn Selander)

die Flugverbindungen schlecht, sodass es tatsächlich einfacher ist, afrikanische Schriftsteller in Europa zu treffen, weil sie sich oft in London, Paris oder Berlin aufhalten.

Ich spreche im Großen und Ganzen nicht mit vielen Künstlern. Eva ist da anders, wie überhaupt im Umgang mit Menschen. Wenn ich anwesend bin, hält sie sich ein bisschen zurück, weil sie weiß, dass ich mir aus solchen Begegnungen nicht viel mache. Doch wenn ich unterwegs bin oder wenn sie allein in Antibes ist, trifft sie sich mit vielen Leuten. Auf diese Weise funktioniert es perfekt, und es ergab sich daraus für uns nie ein Problem.«

»Was ist das wichtigste Bild in deinem Leben? Welches Ereignis trägst du mit dir herum?«

»Ich glaube, einer der für mein Leben wichtigsten Momente ereignete sich 1992, als der Bürgerkrieg in Mosambik zu Ende ging. Wir haben schon über den Abend im Theater gesprochen, und genauso eindringlich erinnere ich mich an einen bestimmten anderen Tag …

Über eine Million Mosambikaner waren geflüchtet, und nachdem das Friedensabkommen geschlossen worden war, kehrten sie nach und nach zurück. Überall im Land gab es Auffanglager, wo die auf Lastwagen heimkehrenden Flüchtlinge abgeladen wurden. Viele Familien waren während des Bürgerkrieges auseinandergerissen worden.

Eines Tages habe ich ein solches Auffanglager besucht. Wenn die Menschen im Lager erfuhren, dass Lastwagen auf dem Weg waren, entstand Unruhe, denn viele hofften, ihre Verwandten, Eltern, Kinder, Freunde wiederzutreffen – ihre Nächsten, die sie oft seit zehn Jahren nicht gesehen hatten.

Nun treffen diese Lastwagen ein, und die Leute drängen sich um sie herum. Plötzlich höre ich einen Schrei, und eine junge Frau von siebzehn, achtzehn Jahren reißt vor Freude ihre Kleidung in Stücke und reißt sich Büschel von Haaren aus und tanzt um zwei alte Menschen herum, einen Mann und eine Frau. Es waren ihre heimgekehrten Eltern. Nach dem ersten irrsinnigen Freudentaumel nimmt sie vorsichtig ihren Vater bei der Hand und danach die Mutter.

Ich stand ein wenig abseits und dachte: Jetzt bin ich Zeuge von etwas, was man wirklich ein Wunder nennen muss! Ein Mensch, der eine große Freude erlebt, eine Gnade, weil der größte Schmerz vorbei ist. Mein nächster Gedanke war: Ja, es ist wirklich gut, diese Menschen mit Spenden zu unterstützen, denn dieser durch Spenden finanzierte Lkw hat dazu beigetragen, dass Eltern und Tochter einander wiedergefunden haben.

Es war ein unvergesslicher Augenblick, und ein solcher Augenblick gehört zum Wichtigsten eines Lebens.

Wenn ich solche Geschichten erzähle, spüre ich, wie bewegt die Zuhörer sind. Alle Menschen der Welt verstehen das, denn wenn Eltern und Kinder in den Flüchtlingsströmen voneinander getrennt werden und irgendwann doch wieder zusammenkommen, ist das ergreifend. Es liegt etwas Weltumspannendes in diesen Schicksalsgeschichten, ganz unabhängig davon, in welcher Sprache sie erzählt werden.

Es werden viele falsche Dinge über Afrika erzählt. Wir wissen, wie Afrikaner sterben, aber wir wissen fast nichts über ihr Leben. Darum erzähle ich Lebensgeschichten: die aus dem Auffanglager und die von dem Mann, der sich Schuhe auf die Füße gemalt hat. Das sind Lebensgeschichten.

Wir hören so viele Geschichten vom Tod, wir wissen, dass Afrika ein Kontinent mit enormen Problemen ist, aber es gibt auch die andere Seite – die Kraft zum Widerstand und den Willen, die Lebensbedingungen zu verändern. Im Hinblick auf die indische Schule, über die wir gesprochen haben, weiß ich zumindest, dass ich da etwas erreicht habe.

Aber ich kann nicht sicher sein, welche Konsequenzen sich daraus ergeben. Ich hoffe auf einen positiven Effekt. Aber das Wichtigste im Leben kann auch darin bestehen, dass ich auf der Straße einen unglücklichen Menschen anspreche und ihn frage: ›Was hast du für ein Problem? Kann ich dir helfen?‹

Darin liegt eine elementare Wahrheit, die sich in allen Religionen findet: Geben ist seliger denn Nehmen. Alle Religionen bauen auf Mitmenschlichkeit, Nächstenliebe. Die Götter können heißen, wie sie wollen, es ist die Nächstenliebe, die zählt: Behandle deinen Nächsten so, wie du selbst behandelt werden möchtest.

Für mich ist das keine religiöse, sondern eine politische Haltung. Ein sinnvoller Appell. Es ist eine vernunftmäßige Lebensweise, die Solidarität, Mitmenschlichkeit und Nächstenliebe einschließt.

Ich habe nach unserem letzten Treffen darüber nachgedacht. In gewisser Weise habe ich ja das Gefühl, dass alles in meinem Leben geglückt ist. Ich lebe in Frieden, ich habe Eva, ich habe meine Kinder. Ich habe phantastische Freunde, ich bin gesund … Ich bin nicht mehr der Meinung, dass es Zeiten in meinem Leben gab, wo pure Dunkelheit herrschte. Ich verstehe jetzt, warum ich lebe und wofür ich mein Leben verwendet habe und weiter verwenden werde.

An dem Tag, an dem mein Leben zu Ende geht, hoffe ich sagen zu können: Ich habe meine Zeit auf Erden ganz gut genutzt, und ich muss keine Furcht davor empfinden, nun in die Dunkelheit einzutreten … Dort, wo alles aufhört.

So geht es mir jetzt. Ich weiß, das kann sich ändern. Ein norwegischer Dichter leitet ein Gedicht so ein: ›Einen Sommer wie diesen möcht ich noch einmal erleben.‹ Dieses Gefühl habe ich manchmal auch, wenn ich am Morgen erwache. Noch einen Tag, noch einen Sonnenaufgang … Danke dafür.

Ich verlange für mich nichts anderes, nur dieses. Sonst wäre es unanständig, nicht wahr? Aber für andere, für die Armen und Unterdrückten, erhoffe ich sehr, sehr viel mehr. Vor allem, dass ihre Wirklichkeit zum Besseren verändert wird.«

»Eines der ersten Bücher, die du als Kind gelesen hast, war *Robinson Crusoe*.«

»Ich könnte auch andere Bücher nennen, aber *Robinson Crusoe* ist einer der besten Romane der Welt. Vielleicht der beste, der jemals geschrieben wurde, denn er enthält *alles*. Dieser einsame Mann auf einer Insel ... Als Leser siedelt man sich auch auf dieser Insel an und ist von der ersten bis zur letzten Zeile anwesend. Es ist eine absolut geniale Erzählung. Man kann sie nicht besser schrei-

»Sicherlich habe ich damals vieles nicht verstanden«, sagt Henning Mankell über die Klassiker, die er bereits als Teenager las. (Privatfoto)

ben. Und ich bin sicher nicht der Einzige, der *Robinson Crusoe* für das beste Buch der Welt hält.«

»Während der Vorbereitung auf unsere Treffen habe ich es noch einmal gelesen. Es ist ja durchaus kein Kinder- oder Jugendbuch, sondern ein kühner und komplizierter Roman.«

»Vieles daran habe ich damals sicherlich nicht verstanden.«

»Robinson ist auch so ein junger Mann, der in die Welt hinauszieht, eine Menge Geld verdient und versucht, eine neue, bessere Welt zu schaffen. Gleicht seine Geschichte der deinen?«

»Auf diese Weise habe ich nie über *Robinson Crusoe* nachgedacht. Eines verbindet jedoch Robinson und mich: Die Insel! Ich fühle mich Inseln zutiefst verbunden und kann mich sogar Besitzer einer Insel nennen.

Selbstironisch habe ich mir manchmal gesagt, mein Leben sei wie ein Roman von Alexandre Dumas. *Der Graf von Monte Christo* ist ein gutes Beispiel, auch wenn das Buch fürchterlich romantisch und unheimlich ist, weil es von diesem enormen Rachegedanken geprägt ist. Aber es kommt mir manchmal tatsächlich so vor, als hätte Alexandre Dumas gewisse Seiten meines Lebens beschrieben.«

»Du hast die ganze Welt bereist, bist überall aufgetreten, hast dich interviewen lassen und hast den Henning Mankell ›gegeben‹. Bist du in unseren Gesprächen ehrlich gewesen?«

»Ja. Du hast mich hin und wieder dazu gebracht, meine Gedanken noch einmal zu prüfen, bevor ich sie ausspreche …«

»Hin und wieder?«

»Ja, hin und wieder. Und das ist eine Herausforderung, für die ich dankbar bin. Ich war bestrebt, ehrlich zu antworten, ohne die Widersprüche und Komplikationen zu verschweigen, die es in mir gibt. Natürlich gibt es auch Dinge, über die ich nicht sprechen möchte … Aber das ist ein Menschenrecht.«

Die beiden letzten Bausteinchen müssen an ihren Platz gerückt werden.

Während des Gesprächs mit Dan Israel, Henning Mankells Freund seit fünfunddreißig Jahren, über den gemeinsamen Stockholmer *Leopard Förlag* hat Dan auch Folgendes gesagt:

»Wir haben ja mit einer Aktienaufteilung von einundfünfzig zu neunundvierzig Prozent begonnen. Heute besitze ich neunzig Prozent und Henning zehn. Ja, er hatte wohl das Gefühl, nun genug Geld verdient zu haben. Aber er hat eine Seite, die ab und zu etwas belastend sein kann: Er versucht manchmal, Gott zu spielen! Mit den besten Absichten natürlich, aber er möchte für alle alles ordnen und glaubt, dass er das tun *muss.*

Das ist das Einzige, was unser Verhältnis ein wenig belastet hat, nachdem er ein richtig Großer geworden ist. Aber er hat sich menschlich nicht verändert. Er ist für alle seine Freunde weiterhin ein sehr guter Freund, obwohl er das nach außen hin nicht zeigen kann. So war er schon immer, aber mit seiner Berühmtheit hat sich das möglicherweise verstärkt.«

»Ich habe versucht, den Schlüssel zu finden, der mir sowohl sein Werk erschließt als auch …«, werfe ich ein.

»Ich glaube, dass der Schlüssel zu Hennings Werk und Persönlichkeit in dem Punkt zu suchen ist, wo seine Mutter die Familie verlassen hat. Als sie *ihn* verlassen hat! Viele seiner Bücher handeln genau davon: Nur nicht die Kontrolle verlieren, nur nicht kampflos aufgeben. Und vielleicht handeln sie auch von der Furcht vor engeren Beziehungen.

Ich bin davon überzeugt, dass das ein zentraler Punkt in seinem schriftstellerischen Werk ist. In dem Bedürfnis zu schreiben, in dieser konzentrierten Art und Weise …

Es ist ja kein Zufall, dass er sich mit Ingmar Bergman eng verbunden fühlte. Er hatte schon lange vor der Bekanntschaft mit Bergman geäußert: ›Nichts darf meinem Schreiben, meinem künstlerischen Schaffen im Wege stehen!‹ Und Hennings Filmmanuskript über Bergman ist sehr interessant. Viele, die ihm so nahe gekommen sind wie Henning, hätten vielleicht ehrfürchtig zu Füßen des Meisters gesessen. Nicht so Henning. Wenn also jemand glaubt, Henning würde Bergman nur übers Haar streichen, dann liegt er verkehrt. Er schildert eine Person, die alles und alle opfert.

Es gibt bei Henning einen melancholischen, depressiven Zug … Denk nur an so interessante Bücher wie *Tiefe* und *Der Chronist der Winde*. Und wenn er über einen vernachlässigten Jungen in *Die falsche Fährte* schreibt, dann lässt er diesen Jungen sich rächen. Er schreibt nicht das Erwartbare, er schreibt das, was ihm unter den Nägeln brennt. Nie speist er den Leser mit einfachen Erklärungen und Auswegen ab.

Ich erlebe Henning oft als einen sehr herzlichen Menschen, aber er trägt auch einen Panzer, den zu durchdringen selbst für mich sehr schwierig ist. Wir haben privat über die Jahre hinweg viele erregte Diskussionen gehabt, doch wir fanden immer wieder zusammen und blieben Freunde. Du kannst daran ablesen, dass ich deine Probleme, zu ihm als Menschen vorzustoßen, gut verstehen kann. Absolut.

Henning ist ein sehr engagierter und großzügiger Mensch, aber in ihm verbirgt sich ein einsames Kind. Ich glaube jedoch, dass die Begegnung mit Eva ungeheuer viel für ihn bedeutet. Inzwischen weiß sie nur zu gut, was es heißt, mit einem Künstler zusammenzuleben, der unnahbar erscheint und ein starkes Bedürfnis nach Alleinsein hat. Eva und Henning bedeuten einander unglaublich viel«, sagt Dan Israel.

Vor meiner ersten Begegnung mit Henning Mankell in Göteborg habe ich alle seine Bücher gelesen, viele von ihnen zum zweiten Mal. Ein schmales rotes Seidenbändchen legte ich zwischen die Seiten mit folgendem Zitat aus *Ich sterbe, aber die Erinnerung lebt*:

Ein Teil wird sich an ein recht düsteres, möglicherweise melancholisches Geschöpf erinnern, das am liebsten in Frieden gelassen sein wollte und ärgerlich werden konnte, wenn es gestört wird.

Aber Andere werden das Gegenteil erinnern, eine gemütliche, muntere Person, die nicht die Letzte war, wenn zum Fest geladen wurde.

Ich weiß nicht, wie es wird.

Vielleicht hat Henning Mankell aus diesem Grund »Ja« zu unserem Buch gesagt.

Nachbemerkung

Die Zusammenarbeit mit Henning Mankell hat sich über ein Jahr erstreckt. Bei den Gesprächen antwortete Henning Mankell auf Schwedisch, ich fragte auf Dänisch. Anschließend habe ich seine Antworten ins Dänische übersetzt.

Mein Dank gilt zuallererst Anneli Høier (ohne deine Hilfe kein Buch) – und natürlich Henning Mankell selbst und Robert Johnsson.

Ferner Eva Bergman, Lasse Lohmander, Janken Varden, Dan Israel, Jon Mankell, Kenneth Branagh, Tamar Thomas, Desmond Tutu, Manuela Soiero, Hendrik Barkeling und Horst Köhler für Vertrauen und Beiträge.

Und nicht zuletzt meinem Mann Lars Herluf Jensen (der mir den ersten Henning-Mankell-Roman zum Lesen gab – und damit die Idee zu diesem Buch), Jørgen Koldbæk, Inge Gorm Hansen und Tue Byskov Bøtkjær für Ratschläge und Ermunterung, Heine Pedersen für Hilfe bei der Suche nach Familienbildern, die freundlicherweise vom *Kulturcentrum MANKELL* in Sveg zur Verfügung gestellt wurden, und meiner Lektorin Birthe Melgård für die stets anregende Zusammenarbeit.

Kirsten Jacobsen   Juli 2011

Nachweise

Zitate aus Büchern von Henning Mankell
im Paul Zsolnay Verlag

Die fünfte Frau. Roman. Aus dem Schwedischen von Wolfgang
Butt. Wien 1998

Der Chronist der Winde. Roman. Aus dem Schwedischen von
Verena Reichel. Wien 2000

Mörder ohne Gesicht. Roman. Aus dem Schwedischen von Barbara
Sirges und Paul Berf. Wien 2001

Die weiße Löwin. Roman. Aus dem Schwedischen von Erik
Gloßmann. Wien 2002

Die Rückkehr des Tanzlehrers. Roman. Aus dem Schwedischen von
Wolfgang Butt. Wien 2002

Das Auge des Leoparden. Roman. Aus dem Schwedischen von
Paul Berf. Wien 2004

Ich sterbe, aber die Erinnerung lebt. Aus dem Schwedischen von
Verena Reichel. Wien 2004

Tiefe. Roman. Aus dem Schwedischen von Verena Reichel. Wien
2005

Kennedys Hirn. Roman. Aus dem Schwedischen von Wolfgang
Butt. Wien 2006

Die italienischen Schuhe. Roman. Aus dem Schwedischen von
Verena Reichel. Wien 2007

Der Chinese. Roman. Aus dem Schwedischen von Wolfgang Butt.
Wien 2008

Der Feind im Schatten. Roman. Aus dem Schwedischen von
Wolfgang Butt. Wien 2010

Henning Mankell
in anderen Verlagen

Der Hund, der unterwegs zu einem Stern war. Jugendbuch.
   Deutsch von Angelika Kutsch. Verlag Friedrich Oetinger,
   Hamburg 1992
Bergsprängaren. Författarförlaget/Leopard Förlag, Stockholm
   1973
Gatlopp, dagar och nätter i Chartres. Theaterstück, in: *Darwins
   Kapten och andra pjäser.* Leopard Förlag, Stockholm 2010

Weitere Zitate

Tomas Tranströmer: *Die Lichtung* und *Schubertiana* in: *Sämtliche
   Gedichte.* Übertragen von Hanns Grössel. Carl Hanser Verlag,
   München 1997

*Der Ehrendoktor Henning
Mankell mit Eva Bergman vor
der University of St. Andrews in
Schottland. (Privatfoto)*

Preise

Henning Mankell wurde mit
zahlreichen Preisen ausgezeichnet. Darunter:

Nils-Holgersen-Preis, 1990. Kriminaliteratur-Preis der schwedi-schen Akademie für den besten Kriminalroman, 1991. Skandina-vischer Krimipreis Glasnyckel, 1991. Deutscher Jugendliteraturpreis, 1993. Bester Kriminalroman (Schwedische Akademie für Kriminal-literatur), 1995. Romanpreis des Programms P1 von Sveriges Radio, 1996. August-Preis (Schwedische Verleger), 1996. Astrid-Lindgren-Preis, 1996. Kulturpreis des Arbeiterbildungsvereins Göteborg, 1996. Preis der schwedischen Buchhändler, 1996. Kinderliteratur-preis der schwedischen Zeitung Expressen, 1996. Kinderbuchpreis »Lesereise um den Erdball« des Senats von Berlin, 1997. »Schrift-steller des Jahres« (Verband der schwedischen Kommunalbeamten), 1997. Katholischer Kinder- und Jugendbuchpreis, 1999. Britischer Krimipreis GOLD DAGGER, 2001. Barnens röst, Preis der Jury des schwedischen Kinderbuches, 2001. Kulturpreis der Kommune Ystad, 2001, CORINE Literaturpreis, 2001. Taschenbuch des Jah-res (Expressen), 2002. Deutscher Bücherpreis (Publikumspreis), 2003. Toleranz-Preis (Evangelische Akademie Tutzing) 2004. Pepe-Carvalho-Preis (Spanien), 2007. Berliner Märchenpreis, 2007. Premio Reina Cristina de Suecia (Spanien), 2008. Die gol-dene Feder, 2008. Ripper Award (Europäischer Krimipreis), 2009. Erich-Maria-Remarque-Friedenspreis, 2009. XV Arcebismo San Clemente (Polen), 2010. Medaille der Stadt Lyon, 2013.